大都市区

土地配置机制及转型路径研究
——以珠三角地区为例

雷诚 著

中国建筑工业出版社

序

早在 1980 年代初期，同济大学城市规划学科的前辈董鉴弘、陶松龄等教授就鼓励我们要勇于开拓城市规划的研究领域，尤其要关注城市发展的经济社会等因素。这实际是时代的诉求。市场为导向的改革开放及新时期的城市规划建设，较早就引致了土地使用制度的变革——土地供应和使用从计划划拨和无偿、无期限使用，向建立土地市场和引入市场机制转变。这是我国城乡空间演变等学术研究所不可回避的关键问题。1990 年代中期，在跟踪城乡改革发展和土地制度创新的基础上，我与鲍桂兰、侯丽老师合著了《土地使用制度改革与城乡发展》一书；这是规划学界交叉研究的早期尝试之一。此后，我与我指导的研究生一直在做这方面的探索。

在一般认知中，制度具有决定意义，制度决定了和规制着社会行动。但在我国先发地区的大都市区空间发展中，土地使用表现出强烈的"二元化、双轨化"的特征；这固然与转型期有关，但也证明了制度与行动、结构与能动是双向互动的。同时也表明，对国土空间这一城市规划对象的研究，不能囿于土地资源本身，而必须要对土地制度、相关权利人，以及管控制度和空间演化的实际状况做综合分析。因而，涉及土地资源配置的研究需要有理论框架的创新。此时，英国著名社会学家安东尼·吉登斯的理论引起了我们的注意。吉登斯对以结构主义、功能主义和解释社会学等为代表的现代社会学研究方法提出了反思，进而对社会学的研究方法形成了重建。他的"结构化理论"对于既定结构下的不同实践主体和行动选择所形成的"结构—能动"双重构造及互动关系具有很强的解释力，似可以应用于我国市场化改革背景下的城乡空间发展研究。但吉登斯的理论堪称艰涩，对其研读和应用注定是一个艰巨的探索过程。

雷诚博士的著作《大都市区土地配置机制及转型路径研究——以珠三角地区为例》在其博士学位研究工作的基础上修改完成。雷诚在学术上勇于挑战，他的博士学位研究工作尝试将大都市区土地配置问题置于中国城乡二元发展的历史背景之下，以"结构化理论"为主要理论工具，构建了"结构与能动"解释框架。他把握中国土地制度演进的脉络，从宏观层面系统考察了"双轨城镇化的双向动力影响",从微观层面解析了"土地产权制度演进与政策行为、土地市场流转制度与运作行为、土地使用管制制度与博弈行为",归纳了"权力、行为、利益"所构成的土地配置的关键性要素,从一个新的视角解析了大都市区空间演化背后的土地配置的作用机制。他的研究以国内外大都市区比较的视野,充分运用珠三角调研案例和数据,从行动主义整体过程来探讨制度和行动之间的相互作用。他对新制度理论的制度变迁、社会选择等领域的理论概念能准确把握,所做的理论演绎和实证分析均有较强的说服力。

尽管这项研究已经完成多年,但其对于城乡规划体系性的思考仍具有现实意义和实践价值。本书最大的创新之处在于将"结构化理论"引入城乡空间发展研究,对改革开放以来的以大都市区为代表的城乡空间演化做了独具见解的思辨,初步厘清了大都市区空间演化与土地制度之间的关联性问题。就研究方法而言,从主体和能动角度开启了我国城乡规划与土地配置的新研究领域;尤其是其从人文社科维度提出的"结构与能动互为镜像,相互作用不断修正"的概念,构建了一种新的反思—理论互动模式,隐含着若干有待开掘的研究价值和方法论意义。一定程度上,本书的研究工作为同类研究树立了标杆。

雷诚本科和硕士就读于重庆大学,后留校任教;2006年离职来同济大学攻读博士学位。在同济期间,他参与了我们团队的多项珠三角地区的规划课题,表现出较强的项目研究和组织能力。他在学术上孜孜以求、不断提高,曾在重要学术期刊上发表过多篇文章,还曾主编过一期《理想空间》。他较早表现出对制度、政策及土地问题的研究兴趣;通过在江苏、广东等地开展的大量实地调研,对城乡土地配置的复杂背景和机制有了较深入的认知,逐步形成了博士论文的研究思路。我对他的研究工作和论文写作曾给予了一定指导,同时我也在他的研究中收获良多。从前期磕磕碰碰到论文逐渐成熟,到答辩时获得评委认可和高度评价,再到今天出版专著,一路走来颇为不易,但这一切又都是值得的。

很高兴雷诚毕业后再次选择了在高校继续从事教学科研工作,如今他已经成为苏州大学建筑学院的教学和科研骨干;他曾先后获得国家自然科学基金青年和面上项目资助,科研工作不断取得新的进展。作为他曾经的导师,非常欣喜他的学术成就,衷心祝贺他的学术成果付梓出版。希望他事业人生一切顺利,让学问成为一生的气质。

是为序。

同济大学建筑城规学院教授

摘 要

在我国的大都市区化发展中，土地配置表现出强烈的"二元化、双轨化"特征，由土地引发的问题已经成为全社会关注的热点问题。基于国内外大都市区发展的分析，大都市区发展体现出了城区"自上而下"的空间外拓和区划调整背景下的郊区城镇及乡镇的"自下而上"式的建设蔓延势态，亦即这两种发展交错在大都市区有限的土地上。在这种发展模式下，土地配置中的产权和利益关系难以清晰，由此导致了空间发展、社会管理等多方面的矛盾和冲突。这背后既有深刻的制度性成因，同时也源于不同土地权益主体之间的复杂关系及行为。

本研究以新制度主义为理论视角对大都市区土地配置展开剖析，从行动主义整体过程来探讨制度和行动之间的相互作用，侧重于问题成因和机制的解释，在研究范式上探索创新。研究工作借助于著名社会学家安东尼·吉登斯的"结构化理论"，以其所提供的思维范式和研究方法构建了"结构与能动"解释框架，建立起规范性研究范式。在具体研究中，通过要素转化和重构，设定对土地配置有决定性影响的四个核心要素，即"制度、权利、主体、行为"。认为制度既是大都市区发展和土地配置的必需资源因素和限定条件，同时也是行动的限定条件和基本规则——制度决定了主体共同参与决策的条件，权利的大小决定了个人可以行动的程度和范围，并影响着行动选择；政府、企业、公众等作为相关主体，各自根据不同的土地权利关系和其他相互关系，通过土地市场交易与互动而进行行为选择与表达，并不断超越和改变这些结构性条件并促使其走向新的平衡点。以此界定为基础，本书紧密围绕土地制度的三个层次——作为基础的土地产权制度、作为资产和要素交换的土地市场制度、作为空间资源配置的土地使用管制制度，分别归纳了对应于结构的相应能动行为特点——地方能动行为、市场运作行为、空间博弈行为。由此，本书重点分析了珠三角地区大都市区土地配置过程，辅以充分的案例调研资料，从"结构与能动"角度描述了大都市区土地配置演化的过程，解释了有关现象的基本成因。

在宏观层面，大都市区土地配置中的问题可以归结为上级（市级）政府主导的、以主城区为中心向外延伸的"城市郊区化外扩"，和以村镇街行政区为单位、依托集体用地沿道路交通设施不断填充密实化、蔓延生长的"本地的工业化城镇化"所引发的"双向土地配置"问题，即"双轨化发展的空间诉求在土地上的冲突及其集中表现"，笔者称之为"双轨城镇化的双向动力影响"。"城市郊区化外扩"是一种"自上而下"式的城市空间建设拓展，向外发展侵入乡村地区；都市区外围地区的"本地城镇化"是"自下而上"地在广大乡村集体土地上不断蔓延，所带来的多头发展建设导致普遍的争夺土地发展建设权现象，并在"混沌"的产权制度安排下引发了土地配置中的一系列复杂主体行为及利益关系。

在微观层面，"制度决定的权利和主体能动行为"在双轨城镇化背景下尤为错综复杂，形成了三个独特点：一是产权制度演进中的地方政策演绎主导特点，以大都市区政府为主导的地方土地政策能动演绎已经成为我国制度建设中的重要特征，体现了能动实践对制度的诱导性；二是土地市场运作中的流转利益分层契合特点，在土地流转的自发尝试中已形成了"正规国有土地市场和农村非正规隐性市场"并存的局面；三是土地使用管制中的发展利益空间博弈特点，由于两个土地市场各自的流通环节不同、参与市场运作的主体不同、各主体行为特征不同，由此引发了在发展用地控制、规划编制、规划管理等方面的博弈行为，其矛盾焦点在于土地空间发展利益的分配。

"权力、行为、利益"三者构成了土地配置中的关键性要素；土地制度建设完善的过程是不断明确细分权利的过程，而土地行为能动过程则可推进权力结构的动态平衡及利益分配的契合。由此，大都市区土地配置问题必须从"权力分配、行为选择和利益协调"三方面来寻求对策。研究的主要启示为：现有的由城市政府主导、以国有土地为中心而建设城市的土地空间管制模式已无法适应大都市区化背景下的城乡土地配置和建设发展任务；必须探寻在国有土地和集体土地上共同建设和管理大都市区的有效路径，必须以权力结构的调整、利益格局的重构和行为秩序的规范为支撑，寻求大都市区土地配置问题的解决途径，以实现"土地配置方式的转型"。

关键词：大都市区，土地配置，土地制度，结构，能动

目 录

第1章 绪 论 ········ 001
  1.1 研究背景及意义 ········ 002
  1.2 研究视角及内容 ········ 005
  1.3 国内外相关研究综述 ········ 010
  1.4 研究方法及框架 ········ 023

第2章 理论框架：结构与能动的统一 ········ 025
  2.1 理论工具：结构化理论 ········ 026
  2.2 解释性概念框架 ········ 032

第3章 大都市区土地配置问题解析 ········ 039
  3.1 国际大都市区发展趋势 ········ 040
  3.2 国内大都市区发展概况 ········ 050
  3.3 大都市区化中的土地配置问题 ········ 074
  3.4 本章小结 ········ 097

第4章 土地产权制度演进与政策行为研究 ········ 099
  4.1 我国土地产权制度概述 ········ 100
  4.2 土地产权的权利配给 ········ 111
  4.3 土地产权的地方化演绎 ········ 121
  4.4 土地产权制度的"结构"与地方政策的"能动"分析 ········ 137
  4.5 本章小结 ········ 143

第5章 土地市场流转制度与运作行为研究 ········ 145
  5.1 我国土地市场制度框架 ········ 146

5.2 土地市场的权利构成 ··· 156
　　5.3 土地市场的主体运作行为 ·· 162
　　5.4 土地市场制度的"结构"及利益主体的"能动"分析 ············· 199
　　5.5 本章小结 ·· 213

第6章　土地使用管制制度与博弈行为研究 ································· 215
　　6.1 土地使用管制制度框架 ·· 216
　　6.2 作为空间资源配置机制的城乡规划 ······································ 223
　　6.3 土地使用管制下的空间博弈行为 ··· 231
　　6.4 土地使用管制制度的"结构"及主体空间"能动"分析 ·········· 251
　　6.5 本章小结 ·· 265

第7章　大都市区土地配置转型路径探讨 ···································· 267
　　7.1 大都市区土地配置转型的方向 ·· 268
　　7.2 探索第三条道路——大都市区土地配置问题的对策 ·············· 274
　　7.3 本章小结 ·· 293

第8章　结论与展望 ·· 295
　　8.1 研究结论 ·· 296
　　8.2 主要创新点 ··· 299
　　8.3 讨论与应用展望 ·· 300

参考文献 ··· 302
后　记 ·· 312

第 1 章

绪 论

1.1 研究背景及意义

1.1.1 研究背景

改革开放四十多年来，以大城市区为核心的高度城镇化新型地域空间"大都市区"（Metropolitan Areas）已成为中国城镇化的新阶段（王兴平，2002；章光日，2003；陈有川，2003；谢守红，2004；韦亚平、赵民，2006；雷诚、范凌云，2011；等）。相较于国外大都市区发展，我国大都市区发展表现出极为突出的"双轨"发展特点，以大或特大城市为核心"自上而下"式的城市空间拓展向外"侵入"乡村地区，并伴随着外围的乡镇村"自下而上"式的建设空间蔓延生长。"双轨城镇化"在都市区土地空间上重叠并置，共同快速推进区域空间一体化发展，引发城乡空间和土地资源竞争，这不仅带来了严重的土地配置问题，更引发深层次的城乡社会发展矛盾。

首先，大都市区土地开发利用中折射出的"权属问题"。土地资源消耗的速度不断加快，开发区、产业园区以及大学城层出不穷，导致大量耕地被各类建设项目占用[①]。土地权属存在着国有与集体之分，还夹杂着宅基地、村属发展用地、农保地等，实际权益和利益主体关系极为复杂。基于两种不同土地权属的"争夺"引发不同土地使用问题。其次，大都市区土地"市场"流转引发的利益问题。大都市区形成了"正规与非正规"的二元土地市场并存，土地市场交易复杂，而且形成若干地方利益团体，引发了诸多社会性问题。在东部沿海地区甚至出现较严重的集体农地非农化流转现象，如珠江三角洲地区的农村集体建设用地占区域城乡建设用地总量的50%以上[②]，由此形成基于土地竞合的复杂主体能动作用关系。最后，大都市区土地使用管制与空间规划面临极大困境。在这种快速发展的需求和复杂土地约束条件下，包括地方政府——市政府与区级政府，甚至乡镇、村级管理主体之间，用地企业与土地使用占有者之间，对于土地利益的博弈竞争已经成为主导地方土地配置的重要影响因素，并引发了日益突出的"空间增长决策"矛盾。多种"土地配置博弈"问题交织在一起，往往导致城乡规划与管理的"失效"，使得试图通过"传统空间规划和管理"来化解上述矛盾的努力往往难以奏效。

这些土地配置问题都不是孤立的，贯穿于土地产权、土地市场和空间管控等方面，它们共同统一在"城市郊区化外扩"与"本地工业化城镇化"的"双轨发展"进程之下，这构成了大都市区化的基本内容（雷诚、范凌云，2011）。土地配置问题既涉及制度政策等宏观性内容，也涉及主体行为等微观层次作用，错综复杂地交织在一起，已成为影响大都

[①] 从国土资源部公布的数据显示，经过2003~2006年的清理整顿，全国开发区数量由6866家减少到1568家，减少77.2%，规划面积由3.86万 km² 压缩到9949km²，减少了74%。参见国家发展改革委权威解读开发区清理整顿工作，中国投资，2007.5。
[②] 据国土资源部估算，珠江三角洲农村集体建设用地占全部建设用地总量的50%以上，佛山市南海区接近50%，东莞市40%，深圳市宝安区高达80%。参见土地市场制度建设调研分报告，国土资源通讯，2002，5。

市区空间和社会健康发展的重要因素之一。如何有效解析土地配置问题的根源所在，将成为大都市区空间发展和治理的核心议题。

1.1.2 研究问题聚焦

"双规城镇化"并存于有限的大都市区土地空间内，以不同方式推动着主体之间围绕有限的土地展开"无限的"想象，引发对土地发展的争夺而产生了种种矛盾。由于土地的属地化（不动产）、基层土地利益的复杂化，进一步导致地方土地配置出现多元化趋势，正规土地市场与隐性市场并存，影响着经济宏观调控效果，使得不同层面的政府空间规制难以引导各地土地市场的健康发展，在大都市区空间上表现为"政府主导的较高效有序的国有土地开发"与"民间主导的低效无序的集体土地开发"二元化矛盾冲突。这构成了本课题以"大都市区土地配置的问题"为研究对象的出发点。

大都市区化土地配置问题的内在逻辑是"双轨发展的空间诉求在土地上冲突的集中表现"，具体反映出相关主体对土地尤其是对集体土地建设权的争夺，暴露出城乡二元土地产权制度和市场制度下的困境，同时暴露出城乡土地使用管制的缺陷。可以说，不同土地权利主体在现有体制框架下寻求各自对应的运作空间，而其中作为特殊利益主体的地方政府游弋于体制和市场运作之间；各种主体的市场逐利运作行为越来越难以协调和沟通的状况下，在具体城市的空间规制手段设计过程中尚缺乏对于土地市场运作的相应机制研究（表1-1）。

土地配置对城市系统的挑战及城乡规划应对的缺憾　　　　表1-1

主要系统	面临问题和挑战	城乡规划应对
产业—经济系统	1. 外来项目投资对城市用地功能、结构、空间和密度的冲击 2. 利润最大化原则加剧城市土地开发的紧张 3. 人口非农化与城镇工业化促使农村用地的不断转变	通过总体规划、控制性详细规划进行用地控制，缺乏有效配置手段；土地扩张主要是依托大型基础设施和政府强力推动达到，缺乏有效的市场跟进
人口—社会系统	1. 都市区人口剧增对城市供给带来压力 2. 新区拓展与旧区改造不同步，忽视弱势群体利益 3. 人口分异、外来人口流动频繁，贫富差距加大	缺乏对人口的有效疏解措施，公共设施供给与开发脱节； 村民自发形成利益团体； "开发商办社会"
生态—环境系统	1. 城市摊大饼式蔓延，基本农田不断被侵占 2. 城市建设密度增加，开放空间和城市绿带缺乏 3. 城市污染加剧、都市区环境整体恶化 4. 交通设施建设与土地开发脱节	城市发展战略的目标实现是通过新增土地的不断追加达到的，忽略生态建设用地或等同于不可开发用地

（资料来源：笔者自绘）

纵观现有的理论研究，多数集中在对于城市空间结构优化、城市空间有效增长、土地利用模式优化等方面，多从城市研究的某一个学科领域进行理论探索，较重视方法上的创新,而忽略宏观制度性与中微观能动性的"结构性"问题研究,因而难以有效地指导实践。在当前国土空间规划体系初步建立的时期,面对复杂的空间发展约束以及城乡规划中土地要素配置的结构性缺位,必须进一步回答"如何匹配宏观空间规划与微观土地开发、如何统筹政府空间规制与土地市场运作、如何协调土地配置的市场主体利益和政府利益"等问题。城乡规划学科必须要有新的发展,要深入研究既定制度框架下行为的"超越"现象,并与土地配置的市场运作紧密结合起来,共同构建空间规制实施的土地配置保障体系,有效地平衡各种土地权利主体的合法利益诉求,这在土地市场化程度较高的沿海快速城镇化地区显得尤为紧迫和重要。

1.1.3 研究目的意义

改革开放至今,我国已经进行了多次土地管理制度的改革,但经济体制仍处于转型期,城市发展仍处于较为复杂的制度环境中,不能忽视当前中国土地使用制度改革与城市空间转型的紧密联系(陈银蓉,2003;叶嘉安、徐江,2007)。因此,通过研究我国土地配置体制框架(包括产权、市场与管理制度等),辨析多主体共同作用影响下的都市区空间演化脉络,对我国土地有效配置与空间结构优化具有重要意义。进一步审视当前的研究工作,我国城乡规划的空间结构研究与土地利用配置分别从属于城乡规划和土地学科领域,更多的是从城市空间结构、土地利用模式、土地利用结构角度来分析城市空间的演化,以"特征化"的描述性总结为重点,对"规律"和"机制"演绎分析有所欠缺。较多流于表象,属于总结性、描述性研究,需要关注体制和实际运作的深层次问题。

由此,本书以"土地配置问题"为研究对象,通过借鉴国外的有关理论研究成果,从"结构和能动"的角度能更有效地解释大都市区的土地配置问题的内在动因和规律。并结合较为深入细致的"本土"实证研究,从而为我国城乡土地配置的发展提供转型路径及策略。

本研究目的是以"问题求解"为导向,体现"机制"与"规律"研究的实用性。从"结构化理论"这一崭新视角,借助新制度经济学、公共政策学等相关学科的理论与方法,在宏观土地政策、土地主体行为与城市空间发展之间建立有效的分析框架,通过揭示土地制度变迁与主体能动之间的结构化变迁特点,藉以探索我国城市空间结构中的土地配置实施和治理机制,并力图对城市土地政策过程与空间规划程序提出指导性建议。

本研究的主要学术意义在于:将"结构与能动"两个不同层面的内容整合在一个统一的解释框架中。这个框架可对区域性城镇化空间——"大都市区"的土地配置做出一般化的整体性解释。同时,框架建立在对我国整体制度性建构和地方发展选择的理性判断基础之上,符合政府空间规制和土地市场运作的一般性规律,从而可以成为一个能在逻辑上对相关发展案例和经验进行清晰考察的应用理论工具。

本研究的主要实践意义在于:我国长期以来秉承着"摸着石头过河"的探索发展方式,

明显表现出地方政府以"能动"不断"渐进"地影响和突破既有的规则设定，甚至最终促使某种新制度的产生。虽然在此过程中可能会付出极大的政治和社会成本。土地配置研究立足"结构"和"能动"相互作用的视角，关注既定政策和制度设定下，不同主体的空间行动可能产生的作用，有利于预判各类主体行为的效果或影响，及时采取相应的策略。本研究关注地方"发展联盟、企业化的政府行为"等"地方政府的经济人格"，讨论基于地方城市发展的土地配置运作手段，强调"公共结果的实现"和寻求实现中央和地方发展的协调、地方土地配置的合理方法和措施。为此，本研究旨在为现实制度设计提供理论支持并指导地方实践，意义重大。

最后，研究在关注国内外大都市区发展宏观视野下，重点选择了珠江三角洲大都市区案例展开深入剖析，"由点及面"，对大都市区化中核心的土地问题展开研究。所选择的案例代表了中国经济发展的前沿，均在都市区化进程中面临着系列问题。涉及土地配置中的制度性产权设定和利益分配、城市空间外拓引发的土地利益博弈、乡村集体土地非农化和非正规市场等多种矛盾焦点。显然，这些都市区化发展与土地配置的问题已不仅仅是技术性问题，需要从制度与政策层面来寻求解答。因而，该研究成果对我国沿海发达地区大都市区的可持续发展将更具应用意义。

1.2 研究视角及内容

1.2.1 研究视角

本书以本体论的哲学思辨为源泉，构建"结构与能动统一"的解释性研究框架，展开对土地配置参与主体的行动分析——从行动者所利用的规则、资源以及利益、战略决策出发，对土地配置实践方式进行考量，并与上述实践所构成和反映的经济、政治组织等更大结构层面上的动态特性联系起来。研究从制度分析着手，侧重于问题和机制的成因解释，基本属于"解释性经验研究"及其应用讨论。

研究的理论源泉来源于著名社会学家安东尼·吉登斯（Anthony Giddens）所提出的结构化理论（Structuration Theory），具体理论分析工具分别是新制度经济学[①]范畴下的"制度变迁理论"和"社会选择理论"，两者构成了本书重要的分析手段。

首先，所谓的制度变迁是指一种制度框架的创新和被打破。制度变迁理论的提出者诺思将产权和制度结合在一起，建立了经济学意义上的制度概念，即它"是一系列被制定出来的规则、服从程序和道德、伦理的行为规范"，诺思称之为"制度安排"。制度安排旨在提供一种使其成员的合作获得一些在结构外不可能获得的追加收入，或提供一种能影响法

---

① 新制度经济学是相对于旧制度经济学而言，两者都重视制度对经济效率的影响，但两者仍然有区别：旧制度经济学对经济问题的分析主要是从法律、文化等逻辑的角度；而新制度经济学由于引进了"交易费用"的概念，将制度问题纳入古典经济学的分析框架，进而使得用制度因素对经济问题的分析可以实现形式化、模型化。

律或产权变迁的机制,以改变个人或团体可以合法竞争的方式(这与本研究所借鉴的结构化理论中"结构"在一定程度上是相似的)。该理论提出了制度的构成要素主要包括:正式制约(例如法律)、非正式制约(例如习俗、宗教等)以及它们的实施,这三者共同界定了社会和经济的激励结构。制度变迁的原则是,制度可以被视为一种公共产品,它是由个人或组织生产出来的,这就是制度的供给。由于人们的有限理性和资源的稀缺性,制度的供给是有限的、稀缺的。

随着外界环境的变化或自身理性程度的提高,人们会不断提出对新制度的需求,以实现预期增加的收益。当制度的供给和需求基本均衡时,制度是稳定的;当现存制度不能使人们的需求满足时,就会发生制度的变迁。制度变迁的成本与收益之比对于促进或推迟制度变迁起着关键作用,只有在预期收益大于预期成本的情形下,行为主体才会去推动直至最终实现制度的变迁,反之亦反。推动制度变迁的力量主要通过决策主体来进行。从制度的角度,土地空间配置是一个动态制度变化的过程,当常规的土地制度发展由"量变"累积到一定程度的"质变"以后,就称之为发生了"转型"。

就本书研究的问题而言,珠三角地区土地配置已经到了一个转型发展的边缘[①]。按照新制度经济学的理解,推动转型的基本力量以及作为这一过程的必然结果都是种种制度环境的变迁。制度变迁理论的基石是"制度是内生变量"的认识;积极的制度变迁能够提高劳动生产率和实现经济增长,反之亦然。在大都市区,这必然涉及如何在土地产权关系复杂的条件下运用现代产权理论,合理界定和安排不同土地产权,构建与经济发展相适应的土地产权及利益分配关系[②]。

其次,社会选择理论作为现代经济学的重要发展成果之一,主要是分析个人偏好和集体选择之间的关系。其研究的根本性问题是各种社会决策是否尊重个人偏好,能否对不同的社会状态进行公正的排序或以其他某种方式加以评价。社会选择理论在社会政策中,承认社会成员在偏好、环境资源、条件和机遇等方面存在差异的前提下,探索采取何种制度安排、政策决策以实现社会选择;同时也考虑到不同层面的社会成员、社会群体和党派组织,以及制度、文化、不平等和社会福利等社会因素,其理论实质是研究"个人价值与社会选择之间的冲突与一致性的条件"(张恒龙、陈宪,2006)。社会选择理论不仅适用于政治等公共领域,也适用于社会活动的其他方面。在我国大都市区发展过程中,土地利益主体多元化趋势和个人利益主体意识不断增强,个人价值与集体价值的冲突在所难免,甚至会影响到制度和政府决策的执行。因此,可借鉴该理论对于个人和集体的研究,来建立一套有效的社会选择规则以调和这种冲突,从而形成有效的土地配置格局。

---

① 事实上,我国目前正在探讨的农村土地制度改革试点已经吹响了土地制度转型的号角。
② 此外,我们还必须注意到,在现实制度中与本书密切相关的物权制度已构成了制度经济分析所必须考虑的重要因素之一。物权是特定人对特定客体物的排他支配权,是民事权利的一种,这随着我国《物权法》的颁布已经得到明确。在市场经济条件下,不同主体财产所有权享受平等保护,主体地位平等是民法的一项基本原则(谭纵波,2007)。

本研究定位为"解释性研究",以区别于"分析性研究"。一般而言,分析和解释是城市研究领域中的两个对应类型,分析性研究关注"是什么",而解释性研究关注"为什么"和"如何"(Ethridge,1995)。在日益注重经验研究的城市发展成因性机制研究中,分析性和解释性研究已经成为紧密关联的两个方面(栾峰,2005)。在社会科学研究领域,分析性和解释性研究有着更深刻的意义,这包括:社会科学在其发展进程中已经与其哲学基础间有着更紧密的关联(Anthony Giddens, 1979),这反映在认识社会的问题上日益哲学化的趋势。其次在社会学研究中,众多学者(如 D.Harvey)认为分析性和解释性研究两者之间并没有本质上的区别。吉登斯(1998b)还指出了两者间本质上的紧密相关性,其引起广泛关注和讨论的双重解释性(Double Hermeneutic)概念则主张"社会学研究不像自然科学……它应对的是一个预先解释的世界,由能动主体发展的意义实际上参与这个世界的构成或生成,因而社会理论的建构涉及独一无二的双重解释"。因此,基于上述认识,本研究对将要涉及的大都市区土地配置问题研究中的分析性和解释性研究间的复杂关系归纳如下:其一,全面而绝对分离的分析性和解释性研究是不存在的,由此本研究更加侧重于解释问题成因,即"为什么"和"如何";其二,采用整体哲学性的思考基础,采用一定的研究范式来回答研究问题,这个范式也许会超越具体研究方法与工具。

1.2.2 概念界定

(1)大都市区

结合土地配置问题的空间分布,本研究范围界定为大都市区(Metropolitan Area)[①]。大都市区不仅包括"城市建成区",还包括在经济社会意义上与中心城有密切联系的外围城镇以及其间的乡村地区。总结国内外都市区的发展以及众多学者的理论研究,均强调空间圈层式的层次分布。由此,研究结合1951年日本学者木内信藏提出的"三个地带学说[②]"以及彼得·霍尔城市演变模型[③]等理论研究成果,将大都市区整体空间分成"核心区、边缘区、外围地区"三个层次(图1-1)。

一是大都市区核心区(Metropolis Central Area),即中心城建成区,集中在国有土地为核心的土地配置类型。二是大都市区边缘区(Metropolis Edge Area),即中心城区边缘城乡

[①] 在一般概念意义上,大都市区(MA)包括一个大的人口集聚中心(Nucleus)以及其周边具有较高度经济社会联系的相邻社区。或者是几个相毗邻的城市、城镇以及邻接地域,有一个或两个以上的大城市作为核心(Hub or Hubs)。

[②] 1951年,日本学者木内信藏通过研究城市人口增减的断面变化与地域结构的关系提出了"三个地带学说",分别是中央带、郊外带、大都市圈,尔后他的思想进而被发展为"都市圈"的概念,并作为日本及许多西方国家城镇群体重要的空间组织特征之一。

[③] 按照英国著名城市地理学家彼得·霍尔(Peter Hall)总结欧洲和北美1950~1980的城市空间变化规律,所提出的城市演变模型中,将一个国家分为"都市区和非都市区",都市区又分为首位城市体系和一般城市体系,都市区由中心城区和其边缘区构成。

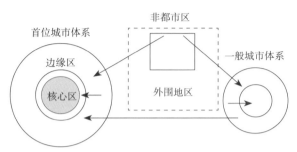

图1-1 根据彼得·霍尔城市演变模型确定的大都市区空间层次
（资料来源：根据相关资料改绘）

结合交错的边缘地带，也称为"城乡结合部"，是都市区化的重要组成部分，其外围延伸的距离取决于城镇化扩张的方式和速度，也是属于土地产权、利用性质、空间形态变化最剧烈的地区。三是大都市区外围地区（Metropolis Peripheral Area），类似彼得·霍尔城市演变模型中的非都市区部分，是大都市向外拓展的腹地。该区域跨越城乡地域，受到中心城区和外围次中心城镇的共同影响，"城区、镇（乡）、村"的发展呈多向交错状态，形成众多不同土地产权背景、不同使用状态的"斑块"交叉。部分学者将其形象地比喻为"马赛克"，也称为"半城镇化空间蔓延区"，"是一种空间临近、连绵成片的松散的城镇组合（赵民、柏巍等，2008；雷诚、范凌云，2011；等）"。在这三个层次中，研究重点关注变化最剧烈的城市边缘区和外围地区，针对前者的土地流转和后者的土地非农开发，讨论会超越城市行政辖区的空间界限。

研究关注的大都市区包括上海、北京、广州、深圳等国家中心城市，其中重点研究了珠三角地区[①]的广佛大都市区（广州—佛山）与深莞惠大都市区（深圳—东莞—惠州）。选择珠三角地区作为典型案例的原因在于：长期以来，珠三角地区作为国内发展最迅速、变化最大及最受关注的地区之一，在现阶段面临着行政区划调整、多层级主体参与、规划实施管理和土地利益诉求变化等一系列问题，涵盖了土地配置的多方面内容，研究价值和意义重大。因而本书在关注国内主要大都市发展的基础上，结合笔者参与的《广州市战略规划咨询》《番禺区规划实施回顾》等研究课题，对案例地区展开了系统调研工作。

（2）土地配置

土地配置（Land Allocation），也称为"土地资源配置"。一般意义上的"土地配置"是指合理确定土地使用类型和方式，其含义远大于"土地利用（Land Use）"范畴。

不同侧重点的研究对土地配置的解释也不尽相同。如唐子来、寇永霞（2000）从城市规划专业角度，认为土地资源配置是城市规划的一项核心任务；宋艳玲（2001）从市场供求综合判断，将土地配置定义为"包含了土地供给与需求的平衡（调节）、土地（权属）的流动和转移、区位布局的调整"；陈美球（2002）从土地产权角度定义"土地配置其实

---

① 本研究中所指珠江三角洲行政上包括广州市、佛山市、深圳市、珠海市、江门市、中山市、东莞市、惠州市、肇庆市等9个地级市，总面积约4.17万 km^2。

是土地产权的调整，是对空间位置固定的土地，重新规定哪些人可以使用，可以怎么样去使用"；袁剑（2003）从土地"资源和资产"双重属性角度分析，作为资源的土地开发利用应该符合生态要求，实现可持续利用；作为资产应该充分挖掘土地的利用价值，实现土地利用的效益最大化；陈梅英等（2009）认为土地配置是一个确定土地布局的技巧或行为来达到一定特殊目标的合理选择，是一种过程和手段；杨俊锋（2014）认为"土地资源配置是影响中国土地制度的重要因素"。综合而言，土地配置实质上是一个实现土地使用效率最优化的过程，涵盖了经济、社会及技术多方面内涵。

基于上述理解，本书结合研究目标提出"制度、经济、空间"构成了土地配置的三个基本特征，各有其内涵。一是土地配置的制度性：涉及土地配置规则层面，指土地流转配置过程中遵循的制度、政策，这主要属于经济社会领域中制度设定和政策研究的内容。二是土地配置的经济性：包括土地在流转过程当中经济利益的获取和分配，侧重于土地的经济属性及市场运作，属于土地经济、经营操作层面的内容。三是土地配置的空间性：是土地资源在空间利用上的优化组合，即通过土地不同利用方式的比较而寻求空间最优化和利益最大化，这主要是技术和管理结合实施层面的内容[①]。

由于大都市区研究范围涵盖了城市土地和农村土地，即国有土地和农村集体土地，对于城市内部土地的再开发，本次研究不展开讨论；对于农村用地，涉及宅基地、留用地、耕地等多种类型用地，主要研究其向建设用地流转的配置过程，即"农转非"的过程。对于不同类型农耕用地之间的流转，例如耕地向菜地、经济林地的转换等，则不在研究讨论范围之内。

1.2.3 研究内容

本研究借鉴"结构化理论"建立研究概念框架，对中国土地配置的问题成因进行分析，寻求制度、权利、主体与行为的相对统筹机制和方法。所谓"结构化"是指社会关系凭借结构二重性（Duality of Structuration）[②]，跨越时空不断形成结构的过程（吉登斯，1998a）。该理论阐述了结构（Structure）和能动（Agency）[③]之间相互作用、转化的过程，"结构既是能动的约束，也是能动的媒介"，从而促使社会的宏大结构得以不断构建。

从历史发展的角度考察，"结构化理论"对结构和能动的描述与我国改革开放四十多年的发展极为契合：在既有整体"结构"（制度）缺失和不足的情况下，以地方政府为核心的各种土地权益主体通过各种"恰当和不恰当"的实践"能动"（具体行为）不断超越

---

① 我国城市土地行政配置体系具体手段包括国民经济计划体系和土地利用计划、城市规划、土地行政管理体系等多方面。本书也遵循这种机制设定，将涉及土地总体规划、城市规划的技术手段归纳为行政规制机制。
② "结构既是行动的约束，也是行动的媒介"。吉登斯把结构的这种双重性质，称为"结构的二重性"。结构最基本的意思是规则与资源。行动是一种"连续的行动流"，也就是个人或群体的连续性的能动性活动。详见后文理论解释。
③ Agency：部分著作翻译也称之为"行动"或"使动"。

既有"结构",进而制度性不规范甚至违规的积累"由量变到质变",最终促使整体制度发生结构性转变。我国"摸着石头过河"的发展过程充分印证了结构化理论中"结构和能动的互构性":一方面使得能动得以结构化(制度化),另一方面也使得结构得以通过能动而连续不断地得到再生产。

本研究的概念框架核心假设我国"大都市区土地配置"涉及"制度、权利、主体和行为"四个研究要素,形成"结构和能动"两个核心条件。即:结构是制度和权利,制度决定了主体共同参与决策的条件,权利的大小决定了个人可以行动的程度和范围,影响着主体在市场交易中的行为选择;能动是主体和行为的体现,是主体通过行为选择在市场交易过程中,进行权力交换获取利益,且不断借助现有权利来超越现有制度的过程。根据土地制度的不同层次构成及行为方式,形成了土地配置核心机制性研究内容,包括三部分:

一是,土地产权制度结构下的主体行为。通过分析我国土地产权制度的构成,把握二元土地产权制度的特点和缺陷,该部分明确了土地产权在不同主体间的分配和构成关系。深入分析分权化和地方化背景下,不同层级城市地方政府能动地通过土地政策实施,不断改变运用"权力"的手段(征地、转地)及改变产权格局,而农村土地主体则趋于拓展自身产权效用。并且这种双规产权格局的转变方式极大地影响了大都市区利益格局的演化。

二是,土地市场流转制度下的主体行为。关注在土地市场交易机制下土地主体的行为作用,该部分从城市国有土地市场和城郊农地隐性土地市场角度,结合实际案例分析政府企业化、农村土地利益团体、企业资本的土地行为。这些规范或不规范的"土地运作行为"通过市场交易中进行权力交换从中获取各自的利益,形成了主体"分层契合"的市场行为选择。这也是在发展的大潮基调下"行为"逐步突破"规则"的过程。

三是,土地使用管制制度下的主体行为。该部分分析了大都市区空间发展中的土地配置管控体系(Regulation System),是政府空间规制与土地市场运作之间的互动,其中最为重要的机制之一是城乡规划。城乡规划是政府空间规制的核心手段,同时也应当是市场运作的重要依据,直接反映了制度性变迁和主体行为之间的作用过程。笔者从城乡规划编制与管理实施角度分析相关主体在城乡规划中的行为特征与作用,从"空间利益调节"角度出发探讨相应的空间规划策略,进而探索国土空间规划治理的方向。

将研究问题分解为由三个子系统(变量组)构成的复合系统,通过系统分析可以重新定义和解释土地配置机制。任一子系统的变化都会影响整个系统的其他部分,同时也会被其他部分所影响。

1.3 国内外相关研究综述

通过整理既有研究成果,发现大都市区土地配置问题相关研究集中在大都市区化和土地配置的两个方面。现有研究中,"大都市区发展"与"土地(资源)配置"作为两个各具内涵和相关性的术语,与其有关的大都市区化与土地配置研究分散于城市经济学、土地经济学、城乡规划学、发展经济学、城市地理学、区域经济学、不动产法律等研究领域中，专门综合"大都市区化与土地配置"这两者的研究资料很少。因此，本章分别归纳了其理论发展和实际应用的类型特点，以及既有研究的不足。

对于既有理论综述基于两个要点：一个是结合研究关注的空间区域——大都市区的空间发展角度来展开，主要从城市、区域宏观空间"现象"来归纳，重点关注大都市区空间结构、郊区化、城乡交错空间演变等内容；二是结合土地配置的相关"微观"演变来总结归纳相关研究，包括对土地制度的分析、城乡土地配置和流转的分析。

1.3.1 大都市区化相关研究

大都市区的研究历史悠久，国外研究学者从多角度进行了概念、界定、形成机制、发展阶段分析，以及总体特征、空间结构、规划等多个方面的讨论与探索。主要集中在大都市区相关概念辨析与空间范围研究、大都市区结构演变研究（包括空间、产业、人口、社会、土地利用等结构，以空间结构演变研究为主）、大都市区增长管理研究、大都市区区域治理及行政区划研究、大都市区规划与发展战略研究等五个方面。本书重点关注了大都市区空间结构演变、大都市郊区化拓展的相关研究。

（1）大都市区结构演变研究

城市结构（空间、社会、经济、产业等）的演变属于城市研究的传统内容之一。从早期的区位理论（杜能等），到空间扩散理论（哈格斯特郎 T.Hagerstrand）和核心边缘模型（John Friedmann）的转变，形成了所谓的"三大古典地域结构及演变模式"。包括伯吉斯（Burgess）的同心圆结构模式、巴布科克（Babcock）提出的轴向—同心圆结构模式、霍伊特（Hoyt）的扇形结构模式[①]。这些早期经典研究理论，就是对于城市地域结构的研究。

在上述古典模式中，同心圆模式注重城市化原因，其基本原理是流入城市的移民集团的同化过程；扇形模式注重社会经济地位，焦点是不同地价住宅地区的发展；多中心模式强调各种不同人口集团经济活动的城市地域内的次地区，并不排斥土地使用放射型或同心型模式的存在，只是更有层次性与主次性。从空间关系上看，扇形模式强调连续性，多中心模式强调分散性，在一定程度上可视为同心圆模式在两种方向上的延伸。但三者均展开了对城市空间结构的分析，且同心圆是扇形与多中心模式的基础。

1）国外大都市区空间结构研究进展

1950年代以后，随着技术创新和城市的高速扩展，西方城市空间结构产生了巨大变化，上述经典模型明显难以做出合理的解释。于是众多学者开始把目光转向了更大区域尺度的结构模型探索。在其后提出了一系列城市区域结构模型，包括塔弗（E.J.Taaffe）和加纳

---

① 其后还产生了补充性模型，如哈里斯和乌尔曼的多核心结构模式，认为城市由若干不连续的地域所组成，这些地域分别围绕不同的核心形成和发展。并认为行业区位、地价房租、集聚效益和扩散效益这四种导致城市地域结构分异的主要因素，加上历史遗留习惯和局部地区的特殊性，是现代城市多极核心产生的根源。

（B.J.Gauner）提出了"城市地域结构模型"，以向心型功能分区方式划分了城市系统。洛斯乌姆（L.H.Russwurm）从城市地区和乡村腹地联系的角度提出了"区域城市模型"，将区域城市由中心向外层划分为4个部分，包括城市核心建成区（Core Build-up Area）、城市边缘区（Urban Fringe）、城市影响区（Urban Shadow）、乡村腹地（Rural Hinterland）。其后随着城市功能区的不断扩展，学者们逐步提出了大都市区、大都市带（Megalopolis，法，戈特曼J.Gottmann）、世界连绵城市（Ecumnopolis，杜克西雅迪斯Doxiadis），加拿大地理学家麦吉针对亚洲地区的研究提出了"Desakota"的术语，日本山鹿诚次通过制造业分布提出东京三大都市圈的空间结构图，等等。

1980年代以来，伴随着西方国家郊区化发展的不断蔓延，大都市区可持续发展问题逐步成为各国学者研究的重点，大都市区空间结构、交通、土地、环境等方面的研究得到高度重视。国外相关研究关注主要内容集中在以下几个方面。一是大都市区空间结构演变研究。美国学者比尔·斯科特根据美国大都市区地理、经济和社会空间结构的演进，将大都市区空间结构的演化划分为三个阶段：单中心（中心城市为主导的阶段）、多中心（中心城市和郊区相互竞争的阶段）和网络化阶段（复杂的相互依赖和相互竞争关系）。克拉克（C.Clark）、布雷德福和克利吉恩（D.Bradford & H.Kelejian）、米尔斯（E.S.Mills）、惠斯顿（W.C.Weston）等人试图通过建立数理模型，从定量的角度来揭示大都市区人口和产业变动的空间过程，进一步分析大都市区空间结构演变的动力机制。西方国家对大都市区空间结构演变过程的研究始终是和人口、产业等的郊区化、中心商务区的形成紧密联系在一起，通过居住和就业的区域迁移比较，来从中寻求内在的结构演变动力因素。二是大都市郊区景观形态演变。1990年代中期以后，大都市区核心区扩散中又呈现相对集聚（Barlow，1991）。继卫星城市、外围城市（Outer City）、郊区城市（Suburban City）、技术郊区（Techno Suburbs）之后，边缘城市又成为美国大都市区外围区域的一种新的城市形态。其中包括美国的城市蔓延现象、英国和加拿大的郊区巨型购物中心（Megamall）。三是生产要素的时空作用。空间结构的演变源于生产要素的时空作用。为此，一些学者从产业空间分布的区位变动和要素相互作用的角度来研究大都市区的空间结构。如戈登分析了美国1969~1994年之间的大都市区和非大都市区的劳动力就业趋势，确认了美国大都市区的人口和就业由大都市区中心到郊区、外围地区直到乡村地区的离心化趋势。四是信息时代对大都市区空间结构的影响。从工业化时代到信息时代，随着通信、交通设施的日益发达，大都市区经济活动在空间上更加分散，大都市区的空间结构将日益向更加均衡和分散的方向发展。

从上述各国学者对大都市区空间结构及其演化机制的研究可以看出，"从工业化时代到信息时代，大都市区的空间结构呈现有机集中，同时相对分散趋势，趋于由单中心到多中心，进而向网络模式的开放型空间结构转化（徐海贤等，2002）"。

2）国内大都市区空间结构研究进展

空间结构是国内大都市区研究的热点之一。随着"大都市区"概念在中国的引入和发展，通过大量国际文献和经验的介绍，历史学者则侧重于分析和总结美国大都市区化、郊区城市化的经验和教训，以期对我国大都市郊区化建设有所启示与借鉴（阎小培等，2000；徐海贤、庄林德，2002；谢守红，2004；王旭，2006；许学强、林先扬等，2007；华杰媛、孙斌栋，2015；班鹏飞等，2018；等）。改革开放以来，我国城市迅速发展，城市化水平不断提高，大城市和特大城市有了很大发展，经济实力和辐射扩散能力不断增强，地域范围日益扩展，与周边地区县（市）的社会经济联系日益密切，出现了类似西方国家大都市区的现象，大都市区成为推动我国经济和城市化发展的重要地域空间形式。

周一星（1995，1999）率先提出我国都市区和都市连绵区的界定标准。随后逐步开始了针对部分大城市开展的案例研究，分别从大都市区社会空间结构、结构特征、形成成因、重构机制等多角度展开。如冯健、周一星（2003）利用人口普查数据，采用因子分析和聚类分析技术研究了北京都市区社会空间结构及其演化规律。冯健、周一星等（2004）进一步总结了1990年代北京大都市区最新发展趋势，认为都市区居住空间格局发生明显变化，工业郊区化发展幅度不断加大，商业郊区化趋势初见端倪。徐海贤、顾朝林（2002）以温州为例，在对区域经济发展水平差异和客流、物流分析的基础上，界定了温州大都市区范围，认为宏观政策机制、市场机制、工业化模式、温州人精神和温州社会网络是温州大都市区形成的重要动力源泉。朱喜钢、官莹（2003）在分析深圳城市空间演化的历史与现状特征的基础上，结合深圳未来大都市区发展的内外条件与可能的发展趋势，运用空间有机集中理论，提出了深圳大都市区的结构规划。宁越敏（2006）根据上海城市体系空间结构演化的规律，提出三圈层空间结构的设想。徐寒梅、李继东等（2005）以大都会带理论为指导提出了广州都市圈区域联动发展的总体思路，阐述了广州都市圈核心层、内圈层、外圈层的构建与对策。此外，还有部分学者从土地利用、交通、生态、人口、结构绩效等方面展开了大都市区结构演变研究（华杰媛、孙斌栋，2015）。近年随着大数据方法的运用，国内外学者基于社会统计数据、夜间灯光遥感数据、兴趣点POI（Point of Interest）及微博签到大数据等，并综合运用GIS空间分析、网络分析、格局指数等多种方法，从多维时空尺度对城市扩张的过程、格局和形态特征等开展了广泛的研究（焦利民、龚晨、许刚等，2019）。

（2）大都市区半城市化研究

郊区化最初出现于西方发达国家城市蔓延领域的研究。郊区化被认为是西方城市化发展中的阶段之一，所形成的半城市化的相关研究是大都市区化的重要相关研究领域之一。由于制度背景差异，国内外对于郊区化和半城市化现象的形成机理解释并不完全相同。

1）国外半城市化的研究

20世纪初期，西方国家郊区化现象首先在欧洲南部和英国大城市的近郊产生，城市因素向外拓展中农村要素逐渐衰减。1950~1960年代已达到了高潮阶段，郊区化浪潮席卷美国，并形成了极具特色的郊区化生活，所形成的城市低密度蔓延成为美国城市发展的重要特征。1970年代后日本出现郊区化现象。郊区化标志着城市由集聚式发展转变为扩散式发展。Douglas（1994）将西方国家的郊区化发展分为"郊区化前的外迁、1920~1950年汽车郊区化、1950~1980年普遍郊区化、1980年代功能逐步完善的郊区化、1990年代郊区边缘新城形成"5个阶段。

相关学者根据研究视角和关注点的不同，总结国外郊区化的理念大致有以美国为代表的西方派和以日本为代表地东方派两种（杨忠伟、范凌云，2006）：一是，西方国家的"郊区化"（Suburbanization）更多地指在外部交通网络吸引下，人口、产业和就业岗位向郊区转移形成的离心分散化发展，伴随着显著的郊区低密度蔓延和中心城区"空心化"衰落，因此也被部分学者称为"逆城市化"；二是以日本、中国等为代表的城区向外膨胀，市中心和建成区的住宅、工厂、学校、办公楼等城市设施外迁，促使郊区乡村地域空间向城市建成空间转换，带来功能、交通、景观等格局的郊区化演变。

半城市化空间伴随着郊区化现象发展逐步形成。1950年代，戈特曼在大都市带理论中就提到了半城市化地区，随后不同时期学者展开了深入解析，将半城市化现象描述为："处于城市之间的非城市用地也并非传统意义上以农业经济活动为主的乡村地区，而是以与城市完全不同的景观和产品同城市密切地联系在一起，为城市人口提供游憩场所，同时获得来自于中心城市的各种服务的所在"（Pahl，1965；Rakodi，1998，Webster，2002；等）。1990年代中期，半城市化研究从发达国家逐步转向不同发展中国家和地区的案例实证研究，形成了多种独特的解析模式。如加拿大地理学家McGee研究亚洲发展中国家大城市之间的交通走廊地带，提出了著名的"Desakota"模式。21世纪以来研究关注领域逐步扩展，从产业转移、土地利用、空间区划、设施建设和生态环境等方面，对半城市化形成的机理展开了深入的研究，研究成果日益多样化。如Adrian G.A（2008）对非法居住人群对墨西哥半城市化形成的影响和作用机制展开了深入分析；Caitlin Kontgis等（2014）从空间和人口增长视角研究了越南胡志明市都市区的半城市化现象。研究者提出了对于半城市化的多种定量测度方法，包括指数密度函数估计法、联立方程模型估计法、离散选择增长模型估计法等，进一步提升了研究的丰富性。

上述国外学者通过对半城市化形成特点、机制成因进行了理论和实证上的探讨，为国内学者提供了不同视角和研究方法上的借鉴。

2）国内半城市化的研究

1990年代初期，我国开始引入西方郊区化研究的相关思想和理论研究。周一星、孟延奏（1998）、石忆邵、张翔（1997）总结了国外大城市郊区化发展的历史背景和特点。曹广忠等（1998）比较分析了国外郊区化研究的多种理论和方法。随着地理学、社会学、经济学、城乡规划学等多学科领域研究者的介入，从郊区化到半城市化、从特点分析到机制研判、从制约因素到调控措施，国内学者展开了深入讨论并形成了诸多论著。

伴随着"城乡结合部、城市边缘区、城乡交错地带"等与郊区化发展有关的概念辨析，国内半城市化的研究逐步展开（贾若祥、刘毅，2002；郑艳婷、刘盛和、陈田，2003）。在此过程中，学者分别从不同的角度对半城市化现象进行了研究，半城市化的概念和内涵逐渐清晰，他们认为"在城市边缘区或城镇密集区普遍存在的一种介于城市与乡村之间的过渡性地域类型"，具有城乡用地空间混杂，社会经济结构更替剧烈和动态不稳定性等特征（袁弘、陈田、谢婷，2008；田莉、戈壁青，2011；韩非、蔡建明，2011；陈贝贝，2012；等）。

从发展历程来看，我国半城市化具有本土特点和内在作用动力。改革开放后，在全球化与地方力量的双重作用，外来资本与本地资源相结合，推动着大城市辐射、乡村工业化等多种动力共同作用，城市系统和乡村系统在一定地域相互渗透、相互融合，其发展受到城市中心扩散效应和远郊乡村向城市集聚效应的双重影响（曹卫东，2005；叶可，2007；等）。因此，我国长三角地区、珠三角地区等东部发达地区率先表现出半城市化现象。郑艳婷、刘盛和、陈田（2003）研究认为珠三角地区的产业结构和就业结构已高度非农化，城市经济强劲推动，但同时，地区人口与产业的空间转移与集聚尚未完成，仍保持着农村的户籍、土地及行政管理体制，导致城镇化严重滞后、人口和非农产业的空间集聚程度较低、公用基础设施短缺，因而半城市化地区呈现出"村村像城镇，镇镇像农村"的独特空间景观形态。

虽然半城市化是一种城市化进程中的全球现象，但是不同国家、不同国情有着不同的动力机制。张丽（2007）认为，西方半城市化地区驱动机制是以人口居住外迁为主要推动力而自发产生的，中国半城市化地区发展的根本动力是产业和经济的驱动，经济推动的城市动能外溢推动就业岗位的外迁促进了半城市化的发育。曹国华、张培刚（2010）通过考察长三角发达城市，认为形成半城市化的驱动机制有"区位条件和交通网络、大中城市增长带动与辐射作用、迅速发展的民营经济推动的非农化进程、外资的大力推动"等四个方面。部分学者更关注中国城乡二元体制，以及户籍、土地、行政等管理体制的影响力。刘盛和等（2004）认为区位条件是半城市化现象形成和发展的基础；外国投资涌入、大都市辐射与扩散、乡村工业化等工业化驱动力是其形成的推动力；而农村型管理体制的阻碍则是其形成的直接影响因素。总体上，由于我国城乡政策和制度独特性，中国半城市化地区的形成因素是多方面的。虽然半城市化地区形成的基本驱动力可聚焦在"市场力、政府力、社会力"三种动力控制之下，但形成半城市地区的驱动机制是复杂的，其影响因素也是多方面的；不同区位的半城市化地区具有特殊地方性，同一地区在不同发展阶段其影响因素和影响力度也不尽相同（陈贝贝，2012）。

在解析半城市化相关机制基础上，国内从不同角度讨论了半城市化问题的破解之道。杨廉、袁奇峰（2012），郭炎、袁奇峰、李志刚等（2017）基于佛山市南海区案例的解析，发现珠三角的半城市化呈现出"非农化村庄集合模式"，独立村庄在村集体经营下，对村域集体土地进行多种开发和经营，众多村庄的"理性开发"组合后出现"合成谬误"导致了"半城半乡"现象。他们针对这一特点探究了治理诱致破碎与混杂空间格局的机制，从开发治理演变的角度提出了相应的治理途径思考。梁印龙（2014）基于长三角的江阴市和珠三角的顺德区案例比较，指出当前土地利用模式面临着新的挑战，传统外延式扩张难以适应"控增逼存"机制下内涵式发展的要求,针对性地提出破解半城市化地区土地利用困境的政策建议。程哲、蔡建明、杨振山等(2017)针对成都市半城市化地区土地冲突及重构矛盾,提出通过城乡规划进行合理调控和引导开发,新城集约增长、发展都市农业和挖掘地域特色的规划策略。

尽管郊区化和半城市化两者之间的概念内涵不尽相同,但都可以归纳在"大都市区"这一典型空间概念之下。本书强调将"郊区化"的进程融入大都市区空间整体演化中,同时关注大都市区半城市化的内在作用机制和要素。在新型城镇化背景下,基于上述研究基础,进一步关注"推动都市区化内在的土地机制和主体能动作用",使对大都市区土地配置的解释更具信服力。

1.3.2 城乡土地配置相关研究

"由于城市土地利用学与城市经济学、土地经济学、城乡规划学、房地产学、城市土地管理学等学科存在较多的交叉(宋启林等,1983)",从事城市土地利用结构优化研究的学者也有各种不同的专业背景,其研究侧重点也不一致(表1-2)。

土地配置研究的相关学科侧重　　　　表1-2

学科	研究方法特点	研究内容重点
规划(建筑)学	在规划、建筑学专业知识背景的基础上,严格参照城乡规划和建设的要求,擅长工程技术的可能性和经济性分析,并注重进行多要素分析和多方案比较	土地与城市空间 土地集约利用
经济学	以城市经济学为理论基础,发挥经济数学基础的优势,擅长从土地利用的经济效益角度分析城市土地利用结构优化问题	土地经济 房地产市场价格、分布
地理学	充分发挥人文地理学优势,将自然、经济与社会紧密结合起来作为研究城市土地利用结构优化的理论基础。重视地域差异与分工,采用计量地理学方法和GIS工具等技术手段	城市空间模型
生态学	生态城市理论将城市作为典型的社会—经济—自然复合生态系统,从物质能量流、生态协调系数、自我调节能力等方面为城市土地利用结构优化研究开辟了一个新的视角	生态容量、生态结构

(资料来源:笔者自绘)

通过文献检索,我们可以将现有国内土地配置研究归纳为四个方面,包括:土地配置的制度与政策研究、土地配置的模式与技术研究、土地配置的效率与优化研究、土地配置的利益博弈与调控研究。本书重点关注土地制度与政策研究和利益博弈与调控研究两部分。

(1)土地配置的制度与政策研究

由于土地所有权限制,关于土地配置问题的研究具有明显的意识形态特征,不同国家和地区土地制度不同，其土地配置机制也有所区别。由于国内和国外的差异较大，土地配置制度与政策方面的研究，基本以介绍性文献为主。

国内土地制度性研究类型丰富，更多的针对具体制度政策展开研讨，主要可以分为两大类：制度政策型研究和应用型研究；可以细分为土地制度与政策研究、土地市场管理研究等。实际上我国土地制度与政策研究主要开始于1990年土地制度改革以后，主要集中于土地产权制度和土地储备制度研究。

早期的研究主要通过对国外及我国港台城市规划法规的介绍和比较，集中于从土地角度研究规划立法和法规制定。赵尚朴（1996）对比英、美、法、德、日、韩等国家和地区的情况，对中国城市土地使用的问题提出许多建议。吴唯佳（1996）认为德国城市规划法除了含有规划编制和管理内容之外，主要还是土地使用的法律，也就是要求土地使用者应对土地开发的补偿，土地投机的抑制作出相应的规定，只有这样才能从总体上把握城市的建设开发活动。此后，1990年代初Zoning的研究成为规划界研究热点之一，Zoning的理论探讨对我国控制性详细规划的理解和改进产生很大的作用。可以说，早期从立法角度和规划管理角度对土地的研究为更新城市规划体制注入了一股新的力量，也引导了进一步研究走向土地产权的界定和规划中公共利益的法律保障，这也更接近市场经济条件下城市规划的实质。

1990年代后期，中央加强了耕地保护，要求严格审批建设用地，"这是否意味着城市发展受限，并进而衰退？城市发展何去何从？不但思想认识层次上有必要加以澄清理顺，具体规划技术操作也必然面临着新的调整，中国的城市规划势必面临一次新的思维变革"。随后，众多学者们对此展开了深入的研究。例如，张京祥（1998）指出"土地资源制约已使得我国不得不重新思考城市发展的道路、方式，实现城市规划的一系列思维、概念技术转变，而其在中国现实发展中何尝不是一个异常艰巨的课题！"，探索中国式的土地集约使用的城市持续增长模式，是一项迫切而具有深远意义的工作。张青森（1998）对我国城市土地使用制度和土地市场现状进行剖析，指出解决城市用地规划管理中的问题，需要城市土地有偿使用制度的完善和土地市场的规范，强调城市规划不仅要适应城市土地的资源市场配置方式的转变，而且要为这一转变创造条件，文章提出建立城市规划用地管理新机制的尝试。赵民等（1998）论述了城市发展、耕地保护和土地使用制度的相互关系及理论，并重点研究上海城市土地使用制度改革与城市发展的关系。书中指出："尽管土地使用制度的改革使城市土地使用方式和房地产市场运行形成了一个非常复杂的局面，也带来某些发展的新问题，但它对城市发展所起到的促进作用，为城市发展带来的巨大的活力、是以往任何一项制度变更所不能达到的"，"作为意识形态上层建筑和具体政策实施工具的城市发展计划、城市规划等面临城市社会经济体制全面的改革，无论是在理念方面还是在整个计划、规划体系上都需要有所变革和创新，以便切实担负起引导和控制城市发展的任务"。季刚等（2006）认为"必须在明确所有权主体和职能的前提下，强化土地使用权的地位，理顺多种形态使用权之间的关系，从而降低土地使用权的交易成本，促进土地有偿使用规模的不断扩大；构建中央政府与地方政府的效用函数，对不同土地产权管理模式的制度安排进行动态博弈模型分析，以寻求达到产权制度均衡的途径"。刘守英（2018）通过研究我国在乡土中国转型为城乡中国过程中的土地问题，提出推进以城乡中国阶段为背景的土地改革，要明确土地功能定位、推进土地配置制度改革、重构农地权利和市场经营体系等改革。

随着市场经济体制的建立，我国土地市场制度的研究也纳入视野，周其仁（2002）、钱忠好（2004）、刘小玲（2005）、曲福田、陈江龙等（2007）对于制度变迁中的城乡土地市场发育展开了研究，重点关注了土地非农化现象。值得关注的是，与城镇化同步的是我国不断推进的行政治理和市场体制改革，各类土地利益主体的"维权"意识逐步发展；尤其是地方政府已经逐步摆脱中央"代理人"的单一角色，开始在区域经济发展进程中扮演重要的角色，成为"准市场主体"，企业化的治理倾向愈趋明显，地方政府在地方经济事务中的决策空间和功利化倾向得到了极大的拓展（Walder，1995；Ma.L.J.C，2001；Wu.F.L，2003a，2003b）。这种地方政府角色的转变也导致了长期以来中央和地方对于土地发展目标的不一致——中央强调土地保护，而地方更强调的是发展，两者之间目标存在差异。此外，对于近年开始研究的城市土地储备制度，部分学者也指出这是政府部门或公共机构依照有关程序预先取得土地，进行开发整理并予以储存，在适当时机将储存的土地投放到市场，实现城市有序发展，保障公共目标的实现以及合理调控土地市场等目的的城市土地制度。

（2）土地配置的利益博弈与调控研究

1）国外相关研究

国外对于土地配置的利益博弈与调控研究最早起源于土地开发管理研究，包括对于土地开发许可制度方面的研究，随着制度经济学和博弈理论的发展，逐步转向了隐藏在制度背后的土地利益分配和土地市场监控等方面，其中很重要的部分是对于土地利用规制的研究（Bromley，1989；Douglas，1994）。

Dale和Mclaughlin（1999）对土地管理的定义为："调控土地与产权以及土地利用与保护、通过出让、租赁、征税获得税收解决有关土地所有权和土地利用的冲突的过程。"Enrico Gualini和Willem G.M.Salet（2002）探讨了在大都市区域层面上对多样化集约式土地使用实行优化的机会和局限，研究的切入点是各种空间概念得以发展和实施的制度环境。研究的主要目标是大都市地区空间政策的形成与制度结构之间的相互作用关系，而后者应该能够促成有效的治理过程并保证空间决策得以实施。美国林肯土地政策研究所的Gerrit J.Knaap（2001和2003）编著出版了《土地市场监控与城市理性发展》（Land Market Monitoring for Smart Urban Growth）和《土地规划管理——美国俄勒冈州土地利用规划的经验教训》（The Regulated Landscape——Lessons on State Land Use Planning Form Oregon），认为土地是政府和私人部门进行商业和住宅决策时的平衡点，土地市场监控的关键是如何理解土地成本，认为政府可以利用市场数据来判断现存建设用地是否充足，判断批准新开发区或拓展基础设施用地的请求是否必要。并认为在推行土地管理制度方面，俄勒冈州较为成功。Robert and Vicki（2003）认为优化利用城市土地以及改进居民社会福利的主要手段是通过安排合理的土地利用制度和控制机制以及明晰产权来实现，而不像现代城市规划实践那样强调对城市形态的控制。

国外研究城市土地利用规制的学者主要来自于城市经济学、法律经济学、公共经济学、地理经济学和政治经济学等领域（李强、杨开忠，2004）。研究的内容包括城市土地制度安排、政府干预城市土地利用的政策及具体土地利用实施控制过程，以及各种土地政策制定过程中多主体之间的博弈等内容。国外学者从实证研究和规范研究两个方面，分别关注特定的地域内具体土地规制制度、政策的实施作用影响（对住房、地价、形态、社会分异等方面）和理想状态下实现土地最优化配置的规制制定。

2）国内相关研究

国内相关研究集中于土地利用规划决策及行为主体研究、规划实施和控制等方面。总的来说由于我国市场经济不成熟，对土地制度政策认识上存在偏差，理论上基本照搬西方经验，没有把土地对农民社会保障作为土地经济学重要理论加以考虑，没有把农民社会保障作为土地制度依据。因此，在纯粹把土地作为生产资料单一前提下，展开的利益博弈研究难免缺乏相应的针对性。

在土地利用规划决策及行为主体研究方面，孟庆民、韦文英（2000）认为土地配置关乎各个行为主体的利益追求，要谋求社会各种矛盾不断获得解决和协调，其中，各种矛盾主要是行为主体之间的矛盾，如政府、企业和公众，从三方面体现了对土地配置的不同偏好，从而基本形成了在可持续发展观指导下，市场经济运行中的政府、企业和公众三大行为主体的土地资源配置统一体。土地配置过程中要强化政府土地管理的政治行为和社会行为，改善企业使用土地的经济行为，发展公众保护土地的社会行为和文化行为。王松林、郝晋眠（2001）认为土地利用总体规划的公共管理决策是一个行为选择过程，决策科学合理与否，与规划决策主体的行为规律密切相关。由于政府主体在决策时存在获取信息不充分和表达个人偏好等不足，因此，需要科学的公共决策模式和公共决策行为规范予以约束和指导。施源、陈贞（2005）认为我国区域经济运行具有明显的行政区经济特征，在这一经济格局下，地方政府具有"政府"和"经济人"双重身份，政府规划行为在矫正"市场失灵"和"经济人理性"方面均不充分，在价值取向上追求政府形象和个人利益以及地方经济利益，为规划上下级之间、区域之间的协调，维护公众利益埋下了隐患，并提出了政府规划行为的调整方向。唐红波、彭波（2005）提出合理地解决中央、地方以及土地使用者三方之间的矛盾冲突，科学配置有限的土地资源。曾伟（2015）研究认为地方政府的"行为失范"会导致城市土地配置不合理，并使其难以成为有效的"制度实施"主体。另外，众多的学者对土地利用规划决策的公众参与，实行决策主体的多元化提出了自己的见解。

在土地相关规划实施与控制研究方面，陈锋武、刘前（1997）认为土地利用规划的实施、规划"龙头"作用的体现应着力于经济、法律政策上的宏观调节,实行土地利用功能区域总量、质量上的中观控制,强化建设项目和具体用地单位、土地类型的微观管理,宏观目标要明确,中观控制要得力,微观效果要明显。邓红蒂、董柞继(2002)在分析了国内土地利用规划实施管理现状的基础上,借鉴国外规划管理实施的措施,提出了建立我国土地利用规划实施管理保障体系的目的、原则,从法律保障、行政管理、经济制约、社会监督和科技管理等方面着手,初步建立了我国土地利用规划实施管理的框架体系,并就法律、行政、经济、社会、科技等有关措施的内容以及相互关系进行了阐述。王人潮、王珂(2005)认为很难制订出一个最佳双赢、广泛适应、动态管理的土地利用规划方案,规划实施存在众多的不确定性和困难;指出充分可靠的现实性数据是制订和实施规划的前提,科学合理的规划依据是制订和实施规划的基础,科学地保持耕地总量动态平衡是制订与实施规划的关键。刘芳梅(2005)认为我国土地利用规划实施中的问题是由规划实施的法律、管理等保障机制不健全和规划编制理论、方法上的先天不足共同作用的结果,并从规划的重点、内容体系、规划方向、决策转变等规划编制方法和理论以及规划的价格屏障、法律地位和规划信息系统等方面提出了保障规划实施的见解。邓红蒂、俞冠玉等(2005)以及其他一些学者对土地利用规划实施评价进行了探讨,包括土地利用规划实施评价的基础数据,评价方法的采用,对规划实施目标、实施效益、实施影响的评价,公众参与等方面。周江(2007)认为土地管理的构成主要有地籍管理、土地权属管理、土地利用管理、土地市场管理、国有土地资产经营管理、土地价格评估等方面。林坚、陈诗弘、许超诣等(2015)认为空间规划的实质是基于土地发展权的空间管制,各类规划主管部门围绕土地发展权的空间配置开展博弈,各类空间规划应实现语境对接、创新实施机制,共同建构国家空间规划体系。

1.3.3 既有研究评述

国外在大都市区化和城市土地配置方面的研究已有丰硕成果,在广度和深度上都远远领先于国内的相关研究。大都市区是一个空间概念,偏重于实质范畴的界定,土地配置属应用基础研究,偏重于技术概念,两者均重视方法上的创新。这反映在以下两方面。

首先,从大都市区的相关研究看,可以发现曾经历了两个不同阶段。①从最初的概念定义和空间范畴解析,从现象特征研究入手,进而到发展特点的归纳总结,包括空间、产业社会、人口等,其中不乏对土地利用方面的研究,如都市区化的定量界定方法、动力机制以及对城市的发展影响等。总的来说,这一阶段是对大都市区这一业已存在的客观载体的认识阶段,研究视角包括了经济学、环境学、社会学、地理学、城乡规划学等范畴。②第二阶段主要借助都市区的规律掌握,对城市进行有效的增长管理、治理和发展战略规划的控导性方法的探索,主要是针对城市发展的应用型研究,研究重点从静态的空间结构向空间的动态发展过程转移,研究问题由城市的自然环境空间、经济空间拓展到了社会空间、政治空间、制度空间，研究视角扩展到了城市管理学、政治经济学、制度经济学等学科。尤其对于土地配置的动力机制识别从单一因素发展到了经济、社会、政治等的多因素综合，研究的深度也由表面的形态现象研究演化到内在博弈机制的探索。与本书紧密相关的是大都市区的土地利用研究和区域治理研究，这两方面国内外的研究均有部分涉及，主要集中于土地利用方式、土地利用结构、土地可持续发展战略等方面。

其次，从土地配置方面的研究来看，可发现具有如下研究发展趋势。①研究综合化：土地同时具有自然属性和社会、经济属性，因而土地配置不仅仅是一项技术性工作，同时也是一项综合的研究工作，相关研究已逐步走向多学科综合化。②技术模型化：土地空间配置研究的发展不仅表现在理论上的逐步完善，而且也表现在土地配置研究的方法和技术手段的更新。尤其是运用遥感等辅助技术，以模型方法科学指导土地配置，以及具有专家系统水平的智能分析与决策等方面的深入，为土地配置研究带来了新的突破，并开辟了广阔的前景。③过程动态化：随着土地配置研究的深化，越来越注重它的制度性和政策调控价值。事实证明土地调控手段在我国经济社会发展的宏观调控中发挥着相当大的作用，该方面研究强调土地转化过程的动态管理，由静态、类型和结构的研究转变为动态、过程和机制的研究，以及进一步的动态监测、优化调控和预测预报研究。应当说，土地配置利益博弈部分研究与本书的研究内容有部分交叉，但还需要针对案例地区特殊现状进一步拓展研究。

归纳现有的研究，有两种不同的研究视角：部分学者从大都市区发展的角度展开研究，研究内容涵盖了大都市区结构演变、大都市区郊区化、大都市区区域治理、大都市区规划与发展战略等方面；另一部分学者从土地配置的角度入手，更多的是关注土地制度与政策、土地利用模式与技术、土地配置效率与优化、土地利益博弈与调控等问题。研究视角逐步由空间转向深层次的制度和政策，开始反思城乡统筹发展模式和城乡规划方法等深层次问题。在研究的方法上，运用的技术手段和理论也较多，包括空间发展理论、制度经济学、博弈理论、土地产权理论、土地管理方法等。但既有研究方法较为单一；一种研究方法和研究视角仅能够解释土地配置某一方面的问题，还缺乏一种系统解释的理论工具。对宏观与微观的制度和政策性研究及与主体能动性的比较研究还不够重视。由此，在面对大都市区微观层面的具体实践中还难以发挥有效的指导作用。

通过与本书拟研究的核心问题的交叉分析和比较，可以发现现有研究尚存在若干不足或可以发展的空间，主要包括两方面。①在大都市区化研究领域中与本书紧密相关的是大都市区空间演变和郊区化进程中的土地利用，总的来说，对大都市区的研究更加关注于大都市区的现象解释，偏向于从空间发展的角度来探讨都市区的演变，基本是对现象的特征性描述和基本动力分析，偏重于土地利用的空间解读式研究或者预测，或偏重于技术分析而忽略制度或政治性干预问题；较重视市场机制及经济利益而忽视对主体性价值和行为方式的研究，甚至还带有一定的理想化情绪。②在土地配置的空间分布研究上，关注城市为核心的用地置换、农业耕地保护、自然生态用地较多，而实际上土地更替极为激烈的地区较多集中于大都市区边缘和外围地区，这部分研究的关注还很不够；在方法上，多拘泥于对土地构成、转变的结果分析，对于土地利益相关行动者的研究还较少。

一方面，不可否认这些研究已经提出了一系列的假设，并含蓄或明确地提到了以行动者作为研究对象的研究方法或制度框架分析方法。但无论是对个体行动者的研究，还是对制度框架的分析，都无法建立起有关个体行动者及其行为与更为广泛的背景之间的关系理论，即能够分析背景与过程以及结构与能动作用之间的动力关系的理论。另一方面，国内外大都市区发展的国情背景截然不同，中国长期以来的城乡分离以及双轨制的发展道路使得国外诸多先进理论工具因"水土不服"而难以发挥有效作用。国内大量基于国外案例的探讨和经验借鉴对于类似珠三角地区复杂的土地发展现实也无异于"隔靴搔痒"。

显然，研究的针对性不容回避。①在我国大都市区快速发展的背景下，空间快速蔓延，城市土地利用失控现象严重，生态环境和耕地保护不力，这些均使得既有研究难以迅速跟上现实发展而显滞后。国家宏观经济调控、土地政策调控、大都市区不断推进的地方行政体制改革和行政区划调整，都使得大都市区的发展势态日趋复杂；当前建设"和谐社会"的目标更是对大都市区发展提出了新要求。②由于长期以来我国建设的重心在城市中心城区，土地利用的重点也在中心城区，对于更大尺度的都市区还缺乏研究的力度和实际操作的经验；长期以来，都市区的土地问题已为土地部门和环境部门所关注，但还缺乏规划工作者在微观层面的深入探究，特别是对于土地"运作"层面的关注较少，忽视土地背后利益主体间的"争夺"，使得按"规矩"编制的规划难以落实。而这种土地配置机制的"实施性缺位"正是导致各种土地政策无法有效落实和贯彻执行的重要原因。这也提醒我们必须更加关注制度背景下，各种相关主体（包括政府、企业、公众）是如何发挥能动，个体行动者是如何通过行为来影响和干预结果的，必须采用动态的及具有微观支持的方法来深入研究大都市区的土地配置问题。研究一方面能够兼顾大都市区发展过程中涉及的综合性多因素，并且能够分析多要素之间的转换过程，另一方面还必须符合中国都市区发展的现实。因为在未来相当长时间内，我国土地资源管理的难点在于协调经济社会快速发展与农地资源保护的关系，重点在于如何确定合理的土地资源保护规模和相应的空间布局，以及在此基础上如何高效配置土地资源，尤其是建设用地资源；如何逐步转变长期存在的依赖大量低成本土地消耗的经济增长方式，同时有效地兼顾各级地方政府寻求新发展空间的需求。从更普遍的意义上来说，这种研究可以增进我们对地方经济发展中建成环境的形成过程和开发过程中的政府角色的了解。

总括而言，本研究需要回答：现有土地制度是否存在漏洞？国家土地制度和地方土地政策之间是否存在衔接上的问题？大都市区不同土地主体行为为什么会超越现有制度框架？现有土地规划与管理体系是否存在问题？等等。笔者认为应当建立一种整体的研究框架，需要有一种成因解释的理论工具，包括选择和尝试新的理论研究工具，以深入探索大都市区整体发展的内在规律；同时，基于理论和现实的目的性，本研究既要有城市发展的哲学思辨高度①的讨论，又要有较强的政策导向性。

1.4 研究方法及框架

1.4.1 研究方法

本研究属于规范研究范畴，是广义的规划方法研究。基于相关假设，依据大都市区发展的内在联系和逻辑关系，以问题为导向，侧重于理论指导下的经验研究（Informed Empirical Study）。具体运用的研究方法如下：

（1）文献收集和实地调研相结合：充分运用传统方式和互联网收集国内外有关大都市区土地配置方面的文献资料，把握国内外大都市区发展的特点，了解国内外最新的研究成果和理论动态。同时结合实地踏勘与访谈展开深入调查研究，把握影响都市区演化变化的客观因素。

（2）类型比较与模式归纳相结合：大都市区空间是一个动态的过程，如何将土地配置和区域空间治理合理地结合，需要从理论和实践中展开类型比较研究。结合我国大都市区发展的现实，归纳土地配置体制和运作的不同模式，类型化辨析相关要素的关联作用机制。

（3）理论研究与实证研究相结合：研究采取跨学科交叉研究方法。借鉴城市地理学、土地经济学、城市社会学、行政管理学等相关学科的理论概念，应用于大都市区空间演化的基础分析。尝试引入"结构化理论"来建构新理论框架展开解析，以揭示我国大都市区发展的内在规律。同时，结合我国城乡发展和国家政策的现实状况展开实证研究，进一步校验创新理论框架在我国发达地区实践中的适用性，提高研究的应用价值。

（4）宏中微观多层次分析相结合：不同尺度分层次研究有助于厘清都市区演化中的内在机制。宏观层面把握大都市城乡区域演化的背景，中观审视大都市区内部行政区划、土地利用和土地开发等分要素作用的过程，微观深入村镇展开社会主体行动分析。宏中微观递进式分析，整体概括和微观研判相结合形成综合分析。

（5）静态分析与动态分析相结合：相对静态"理想蓝图式"的传统空间规划管理，大都市区空间在时间维度呈现动态演化特点。采取动静结合的方法研究土地配置在相对静态运作条件下的演变，有助于回溯和解析大都市区空间变化的历史历程，同时也能体现出土地配置模式在不同发展阶段的相对稳定性。

---

① 应该说，将规划问题提升到哲学问题的层面来讨论，是近年来国际上一些重要规划理论家的共同认识。麻省理工学院先后两位规划系主任卢德温（L.Rodwin）和萨亚（B.Sanyal）在《论城市规划行业》(The Profession if City Planning)一书中把规划学和哲学、经济学、文学、政治学放在一起讨论，比较这五门社会科学从1950年到2000年的变迁，就是很好的例子。

1.4.2 技术路线

本书共分为三大部分，由八大章节组成，技术逻辑路线如图 1-2 所示。

（1）大都市区土地配置问题解析及研究架构。第 1~3 章通过相关背景介绍，明确研究价值和意义，提出研究界定和假设。基于相关理论研究综述梳理大都市区化和土地配置的相关研究成果，评述既有研究的不足，归纳理论发展和实际应用的类型和特点。结合研究的基本视角，借助"结构化理论"工具，提出了本书的核心理论架构和研究概念框架。在梳理国内外大都市区发展的基础上，辨析我国大都市区土地配置的三种核心问题，及其作用与影响的基本关系。

（2）大都市区土地配置问题的机制研究。第 4~6 章从不同层次的"土地制度"和"能动行为"出发，从"土地产权制度和政策行为、土地市场制度和运作行为、土地使用管制制度和博弈行为"方面，对大都市区土地配置机制展开分层次的"解释性"研究。

（3）大都市区土地配置转型路径及对策探讨。第 7~8 章是总结土地配置问题的内在逻辑及相关影响因素，结合我国土地制度和规划体制的改革，从国土空间规划视角探讨了针对大都市区土地配置转型的方向，提出城乡发展的"第三条道路"，并针对性地提出了对策思考。总结研究成果指出了研究创新点，并展望后继努力的方向。

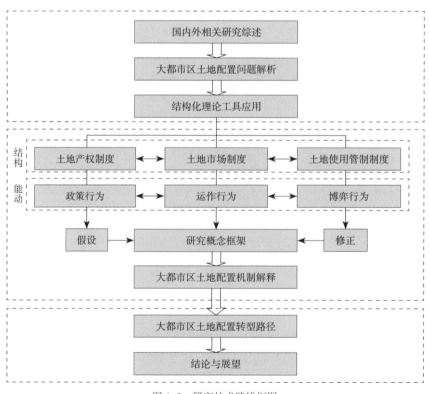

图 1-2 研究技术路线框图
（资料来源：笔者自绘）

第 2 章

理论框架:
结构与能动
的统一

2.1 理论工具：结构化理论

2.1.1 理论的本体论渊源

结构化理论（Structuration Theory）的产生源于个体主义和整体主义的思辨，因而"结构与能动[①]"的关系问题涉及社会历史观的本体论问题，因此有必要首先了解在诸多社会理论中对"个人与社会的关系问题"的讨论。在学界根深蒂固地存在着两种对立的理论视角，"主体与结构、社会与个人的关系（即结构与能动的关系），一直就是社会科学的一般理论最为棘手的老问题（苏国勋，1996）"，可以将其概括为"个体主义（行动主义）和整体主义（或结构主义）"之辩。

一是，个体主义（行动主义）主要包括解释学和各种形式的"解释社会学"，它在当代产生了显著的影响，确立了主体的某种霸主地位。个体主义认为，对于阐明人的能动而言，具有首要地位的是行动与意义，结构的概念则不那么重要，对制约问题也很少涉及，具有明显的唯意志论色彩。目前，个体主义作为主流共识的有力批判者，摧毁了主流共识在社会理论中的中心地位。

二是，整体主义（或结构主义）主要包括结构主义和功能主义等分支。整体主义认为，"社会整体相对其个体组成部分（即那些构成它的人类主体行动者）而言，具有至高无上的地位"，结构凌驾于能动之上，它的制约性特征受到了特别的强调（董才生、王远，2008）。

这场争论迄今为止未见终场。但从1970年代开始，西方社会理论界出现了一股试图超越并克服上述各种对立的潮流。英国著名社会学家安东尼·吉登斯成为其中重要的领军人物。作为当今世界最重要的思想家之一，他所提出的"结构化理论"对当代社会学领域做出了卓越的贡献[②]（图2-1）。尽管个体主义（行动主义）和整体主义（或结构主义）分别强调个体（或能动）和整体（或结构）的本源性，两者的一个共同局限，就是把结构（Structure）和能动（Agency）看成是割裂的双方，主体和社会客体之间概念区分存在裂痕，结构与能动（行动）之间的二元理论对立依然存在。而吉登斯认为，

图2-1 安东尼·吉登斯
（资料来源：网络资料）

---

① 在不同的场合，哲学家选择了"行动"作为"能动"的替代词，本书统一称为"能动"。
② 安东尼·吉登斯（Anthony Giddens）1938年1月18日出生，不仅是孔德、斯宾塞以来英国最著名的社会学家和政治思想家，而且是当今世界最重要的思想家之一，与罗尔斯、哈贝马斯等思想家一起引领了20世纪中后期全球社会理论的发展。吉登斯的结构化理论在国际学术界产生了重要的学术影响。他所主张的"第三条道路"影响尤其深远。1998年之后，布莱尔、克林顿、施罗德、达伽马、若斯潘等西方国家领导人纷纷标榜"第三条道路"（Third Way）的政治主张，欧洲一时间变成了所谓"粉红色的欧洲"，吉登斯也由此被誉为布莱尔等人的"精神导师"。（引自《南方周末》）

客体主义和主体主义这两种对立的视角不仅仅是认识论的问题,而且是一种本体论的问题,他明确意识到结构与能动(行动)之间的二元理论对立,力图从本体论上实现结构与能动(行动)之间的统一,从而创立了著名的"结构化理论"。

吉登斯抛弃了个体主义和整体主义的视角,从人类社会实践出发去考察结构与能动及其关系,把结构与能动视为人类社会实践活动的两个侧面,而结构是人类社会实践活动的中介和结果。即是说,能动和结构通过实践而得到了互构,这构成了"结构二重性理论"。在该理论中,吉登斯对于行动、结构以及行动和结构之间关系所做的新解释都是建立在"实践意识"这一概念基础之上的,"实践意识"是结构化理论中至关紧要的一个概念(谢立中,2019)。在吉登斯的结构化理论中,引入了时空的关系,阐明了社会的构成,划分了社会的类型,揭示了社会的变迁。他的理论在国际学术界产生了重要的学术影响,推动了当代西方社会历史观的重建;同时,结构化理论也成为考察现代社会变迁的重要理论工具之一。

2.1.2 理论的核心范畴:结构、能动与实践

(1)结构(Structure)

通常意义上的结构,常用于指代类似于某种有机体的骨骼系统或形态,或是某个建构筑物的构架,或是构成某一系统的各要素之间内在的联系方式及特征,等等。在绝大多数学者的概念里,结构指的是一种社会关系或社会现象的某种"模式化",尤其以结构功能主义者为代表。他们认为结构形同于某种框架,制约着个人的行为。但吉登斯别出心裁,重新定义了结构的内涵。他提出:"结构指的是使社会系统中的时空'束集'在一起的那些结构化特征,而赋予了'系统性'的形式。"结构作为一种规则和资源,不存在于现实的时间和空间中,而是存在于人们的大脑记忆痕迹中,并通过人们的行动而展示出来。也就是说,结构不是具体的实体或外在的框架,而是作为"某种虚拟的秩序"起作用,存在于延绵的行动流中,表现为一系列的规则和资源(田启波,2007)。

归纳结构化理论中的"结构",其最基本的意思是规则与资源。一是,"规则"包含了管制性和构成性两个层面,"是在社会实践的实施及再生产活动中运用的技术或可加以一般化的程序",它构成了人类"认知能力"的核心,是人类社会实践活动中所运用的实践性知识,它所提供的是就一系列不确定的社会情境作出反应和施加影响的一般化能力。规则不仅是对于行动的解释,而且是行动的程序。二是,"资源"包含了配置性和权威性两种类型,是对各种物质现象和行动者产生控制的各类"转换能力",是权力得以实施的媒介,是社会再生产通过具体行为得以实现的常规要素。

吉登斯认为:"通过这些社会活动,结构被再生产为根植在时空跨度中的社会系统的结构性特征。"因此,结构不是实体性的存在,而具有社会系统的属性,体现为社会系统的虚拟秩序。人类社会是建立在实践活动之上的松散性系统,正是通过结构这种虚拟秩序,

处在某一时空之中的无数的日常实践活动得以组织起来,并且具有大致相同的特点,从而构成了一个可以识别开来的社会系统(王莉,2008)。所以在这个意义上,规则和资源(即结构)根植于人类社会实践活动之中,是人类社会实践活动的条件和结果。

(2)能动(Agency)

在社会哲学中,"能动"常常被用于对微观领域的分析之中。但是,能动本身也不是一个清晰的概念,其最重要的特征常常受到忽视。在结构化理论中,吉登斯(1998b,2003)将能动定义为一种"连续的行动流",也就是人的连续性的能动性活动,"它是行动者实际上或预期对不断行进的实践的干预流"。能动不是互不联系的单个行为的总和,而是一种持续不断的行为流,能动也不是由一堆或一系列单个分离的意图、理由或动机组成的,而是一个我们不断地加以监控和"理性化"的过程。同时认为"行动者[①]"是具有知识的、引发行动的自主个体或者群体,具有能知和能动的特点。在该理论中,能动概念是通过对有关"行动者的分层化"来说明的。在行动者分层模型中,可以分为"能动的反思性监控(调节)、能动的理性化(合理化)、能动的动机激发过程(动因)",其关系如图2-2所示。该模型清晰地指出了能动具有反思性、理性化及动机激发过程。在第三个分层中的"动机意识"层面上,行为也可以具有"无意识动机、实践意识和话语意识"三个不同层次,即:无意识动机源自行动者的本体论安全感(信任他人和消除焦虑),是激发行动动机的原动力;实践意识是行动者只可意会,却不能言传的意识;话语意识是行动者可以言传的意识。

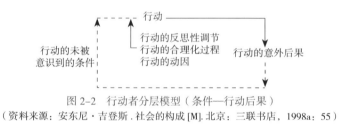

图 2-2 行动者分层模型(条件—行动后果)
(资料来源:安东尼·吉登斯.社会的构成 [M].北京:三联书店,1998a:55)

在吉登斯看来,实践意识和话语意识都是对于规则的意识,构成了行动的反思性,即根植于人们所展现、并期待他人也如此展现的对行动的持续监控过程。行动动机、实践意识和话语意识构成并贯穿于行动者有意图的能动过程,虽然行动者不能完全认识行动的各种条件,行动的诸多后果也是超出预期的,但是,行动者对于行动的各种条件依然具有相当的认识,并且成为行动的构成要素。

此外,能动还具有规范和沟通的一面,因为能动涉及规则与规则的遵守,而且既然它隐含着规则,那么所有的能动都是社会的。作为能知和能动的行动者在各种实践活动中能够不断地利用各种规则和资源,并且在各种实践活动中生产和再生产出规则和资源,因而结构既不断融入实践活动之中,成为能动的组成部分,同时又在实践活动之中再生产出来,

---

① 吉登斯所说的行动者并非只是指个体,也指社会组织或集体生活中的某个集体,而能动并非仅仅指个体拥有的特征,而且也是某种社会组织或集体的特征。

成为能动的结果。

（3）社会实践

吉登斯（2003）提出，社会实践是指行动者在一定时空之中，运用规则和资源不断改造外部世界的行动过程。他认为实践是人类社会的基础，人类社会本身是建立在实践活动之上的，实践既是人类行动者的存在方式，也是社会系统的基础。同时，实践也是结构主体与客体、个人与社会、能动与结构等二元对立，化解二元矛盾的关键因素。

（4）结构二重性原理（Duality of Structuration）

吉登斯还认为，结构与能动不是固定不变、截然分离的两种既定现象，而是根植于人类实践活动之中相互渗透的两个层面，是"社会实践一体的两面"，并且在人类社会实践活动中实现了统一。这也是吉登斯最核心的理论——结构二重性原理（图2-3）。

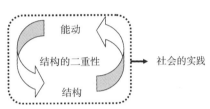

图2-3 结构、能动与社会实践的关系
（资料来源：陆春萍，邓伟志.社会实践：能动与结构的中介——吉登斯结构化理论阐释[J].学习与实践，2006（3）：76-83.）

结构二重性是作为能动与结构二元论的替代物而提出来的[①]，强调"结构既是能动的约束，也是能动的媒介"，旨在诠释能动与结构的对立如何被消解在实践之中，这正是结构化理论的主题。其核心要点如下：

一是，强调规则和资源（结构）根植于人类社会实践活动之中，是人类社会实践活动的条件和结果。由此可见，在行动过程中，规则对行动者有双重作用，即解释作用和规范作用，规则一方面构成行动者行为互动过程中意义交流的基础，同时，规则又对行动者的行为构成制约。"规则一方面与意义的构成联系在一起，另一方面则牵涉到对各种类型社会行为的约束。"

二是，理论强调把结构和能动看成是互构的双方，相互依存。结构和能动的这种互构性，一方面使能动得以结构化，另一方面也使结构得以通过能动而连续不断地得到再生产或改变，并跨越时空距离而扩展。结构不再仅仅是对能动施行约束的条件，而且也是能动得以启动的媒介。能动离不开结构，正如说话离不开语法规则，但能动又不断再生产着结构，正如说话再生产了语法规则。结构制约着能动，但能动在每一刻也"可以是另外的样子"。

2.1.3 理论的应用价值及前景

（1）理论价值与评价

吉登斯把制度的维系与人的本体论联系起来，试图揭示人的心理机制和制度之间的内在关联，这无疑是一个很有启发性的见解，在某种意义上是开辟了一个研究制度的新视角（金小红，2006）。另一方面，国内外一些学者对该理论也提出了尖锐的批评，例如李猛（1995）

---

① 所谓"二元论"，是把能动与结构当作外在的两种东西；所谓"二重性"，是指二者是同一个物体的两个不同侧面。参见：田启波，2007：57。

在《哈贝马斯、吉登斯和社会学基础的批判性重建》一文中指出：吉登斯的理论更接近哲学人类学，带有很强的思辨哲学色彩（笔者认为甚至带有一定的诡辩色彩），而缺乏社会学经验研究实践和实质性理论以及较为完整系统的认识论。也有部分学者认为吉登斯依然夸大了行动者的主体性，赋予了其过高的能动性，因而吉登斯的主体概念具有浓厚的主体主义的色彩，"对于人的主体性的夸大理解导致了一系列的错误后果和理论偏差，并且最终给吉登斯历史观蒙上了鲜明的唯意志论的色彩（李红专，2004）"。还有一些学者也指出吉登斯理论的零散感，概念与概念之间缺乏逻辑性，因此难以某些社会学范畴进行解释。

总而言之，吉登斯不仅理论建树丰富，而且将其充分融合到社会发展的研究中，包括对现代资本主义社会、现代性和全球化的研究等，其中较为著名的有"社会的变迁"分析和"第三条道路"设计[①]。国外也有部分学者直接借鉴吉登斯的结构化理论而进行一些有创意的经验研究，如罗斯在《结构化理论和实践的信息系统发展框架》中运用该理论对信息系统的发展展开分析研究，韦赖恩和海斯卡恩在《研究信息和沟通技术》中也用来分析信息和沟通技术，等等（金小红，2007a）。虽然该理论与其他任何理论一样难免有局限性或不足，但其在当代社会政治学中的地位显著，学界较普遍认为结构化理论是社会学中揭示个体行为与社会系统互动关系的重要理论。

（2）当前理论应用评价

从国内学术界的状况看，可以说吉登斯的理论正在成为社会科学界被关注的热点之一，一些相关的思考和探讨正在逐步展开（金小红，2007b）。目前国内应用该理论来分析社会发展的实践类型还较少，早期主要集中于社会科学界内对制度性的分析，如洪彦等（2008）分析制度变迁与农户经营行为；李慧敏、张洁（2005）关注了教育的二重性；郇建立（2007）解释了国家政策、农民与农村贫困等制度性变迁的过程。近年来结构化理论开始被逐步应用于实际构成性解释，如贺建军（2016）分析了"社会企业与农村社区化"，认为农村社区化是一个不断结构化的过程，农村社区化的结构化也是作为行动者的农民和作为结构的村庄规则与资源之间的二重化，最终表现为农民身份的重塑和村庄结构的重建。吴予敏（2016）解释了城市公共文化服务的结构二重性和社会行动者的关系，认为城市公共文化服务体系是由政府主导、民众自主参与的社会行动所共同建构的，既不是单一的科层制管控架构，也不是纯粹顶层设计的政策产物，而是基于不断成长的社会文化需求的社会行动过程。总体而言，上述研究方向较为分散，将结构化理论应用于城市发展和城乡规划领域的研究还较少见。

根据文献检索，国外有学者（Patsy Healey & Susanm.Barret）在分析了新古典主义经济学和马克思主义经济学在土地和房地产开发过程研究中的缺陷和不足之后，提出了建立在吉登斯"结构化理论"基础上的概念方法，认为针对个体行动者进行的研究将会富有成果，

---

① 吉登斯于1981年和1985年分别出版了《权力、财产与国家》《民族、国家与暴力》，这是运用结构化理论分析和研究现代资本主义社会的著作；1990年以来，先后出版了《现代新的后果》（1990）《现代性与自我认同》（1991）、《亲密关系的转变》（1992）等著作，运用结构化理论分析了现代性及全球化的问题。

因为"这些行动者参与了发展过程，利用资源、奖惩规则和意义规则做出决策"。并通过例子说明善于创造的能动作用是如何应对条件变化的冲击并对这些条件进行调整。作者通过借鉴吉登斯关于结构与能动作用的研究方法，将之与经济概念和政治结构联系起来，可以对时代背景和特殊事件之间的关系有更多的理解。该研究强调的是结构与能动之间的相互关系，而不是时代背景和能动作用之间的确定性关系。

国内将结构化理论运用于城市发展的研究还很少。可查阅到的有同济大学栾峰博士论文，该论文将结构化理论划归"结构主义学派"，作为一个分析的视角、运用批判的研究视野[①]，将城市空间形态演变的成因归结为特定时空范畴内的复杂人类活动；并在此基础上建构了两个层面的城市空间形态演变成因机制解释性研究框架，包括结构性因素层面和主要能动者层面，其中结构性因素包括制度、经济、文化、技术、空间五个要素；主要能动者层面包括城市发展进程中的主要能动者及其关系，即其目的和作用等。在该文中，结构化理论并非分析和研究的主要工具，而是作为结构主义的一种新类型展开论述，因而并未能充分反映结构化理论的具体价值。

（3）实践中应用价值

国内外的研究实践已初步展示了结构化理论在城市研究中的广阔应用前景。透过艰涩的理论概念，我们可以发现其在应用层面的价值。

一是，吉登斯由结构化理论出发，研究人类社会发展，认为人类社会包含了无数具体的实践活动。人类社会"并不是一个'预先给定的'（Pre-given）客体世界，而是一个由主体的积极行为所构造或创造的世界"（吉登斯，1998b）。行动者在日常接触中进行区域化和例行化的活动，从而构成了日常生活实践；这种活动在一定区域和地点的反复进行构成了制度性的实践，导致社会制度（由结构中被反复使用的各种规则和资源所构成的模式化社会关系体系）的形成，社会制度[②]本身又同时是区域化和例行化的日常生活实践的中介。社会系统体现为社会关系在时空之中的模式化，而这种模式化是由处在一定时空之中的无数具体实践活动来实现的；由规则和资源所构成的结构是一种由各类社会关系脱离时空的虚拟秩序，是体现在无数具体实践活动之中并且把它们贯穿起来的一条"红线"。

二是，吉登斯对于制度所作的分析与他对结构所作的分析具有密切联系，"对社会研究来说最重要的那些规则类型，是与制度化实践的再生产紧密交织在一起的，而所谓制度化实践，就是在时空之中最深入地积淀下来的那些实践活动"。他认为制度分析最为全面的层次在于结构性原则的确定及其与跨社会系统的联系，每一种结构性特征有一种制度相对应，而各种制度的集群就形成了所谓的社会系统。根据对意义、支配和合法性的结构分析，可对制度进行简洁的分类（表2-1）。

---

① 笔者认为：结构主义所提倡的"结构"与吉登斯的结构化理论的"结构"并不一致，吉登斯重新定义了结构的概念，两者没有任何关联。参见本文对结构的解释。
② 在吉登斯的分析框架中，"社会制度"包含政治制度、经济制度、法律制度和符号秩序等四种类型。参见：吉登斯，2003。

吉登斯的结构与制度分析　　　　　　　　　　表 2-1

结构	制度
意义——支配——合法性	符号秩序／话语形态
权威性支配——意义——合法性	政治制度
配置性支配——意义——合法性	经济制度
合法性——支配——意义	法律制度

（资料来源：金小红.吉登斯结构化理论的逻辑[M].武汉：华中师范大学出版社，2008：131）

三是，结构化理论中关于行动者行动的主观能动性与客观制约性有机结合并由此产生某种现代性的意外后果等概念，以及在此基础上提出了"第三条道路"等社会发展道路问题等对城市发展有深刻的启示意义。吉登斯强调结构与能动的关系，政府与市场、国家与公民社会的关系，在"第三条道路"中将国家的作用明确限定在为市场和公民社会的和谐发展制订有效规则的功能上；把"不在场与整合"类比于地理位置上的城乡分离和经济上的相互依赖。这些概念也为我们研究大都市区提供了新的研究视角和理论基点。

总而言之，结构化理论是对人类社会实践进行哲学思辨的理论，其结构和能动的二重性体现了制约性和能动性的统一。该理论具有"双重解释学"的特点，即社会是两套意义框架的互动和互相转化,使得相对立的整体和个体达到了相对统一[①]。这为我们研究大都市区的发展提供一条崭新的思路。

2.2 解释性概念框架

大都市区土地配置问题涉及复杂的土地产权、土地流转和土地管制。这里既有"制度性"的要素，也有不同主体的"行为能动"要素。由此，本书基于新制度经济学的研究视角，主要以"结构化理论"来构建研究的基本框架，即立足于制度视角研究各种行为对于都市区土地配置的作用。该框架由两个方面构成：一是从结构化理论演绎的研究要素构成，这包括了结构和能动的相互转化；二是研究的层次构成，这直接来源于对于研究问题的深刻认识。

2.2.1 研究范式建立

本研究立足于对结构化理论的理解，借助该理论提供的思维范式和研究方法，针对我国大都市区发展的现实背景，分析"各种社会关系凭借结构二重性，跨越时空不断形成结构的过程"。在结构化理论中，"结构"最基本的意思是规则与资源，这是吉登斯通过总结

---

① 双重解释学强调有普通人构成的现实社会世界和社会学家创造的抽象社会世界，两者在社会科学的实践中相互交织，相互渗透。参见：金小红，2008：80。

人类社会发展的历史后所进行的哲学性归纳，具有高度抽象性和概括性。该理论强调"结构与能动不是固定不变、截然分离的两种既定现象，而是根植于人类实践活动之中相互渗透的两个层面，是社会实践一体的两面，并且在人类社会实践活动中实现了统一"。因而，在将这种概念应用到城市发展研究中——由抽象性哲学研究转换到具象性社会研究，我们必须进行相应的要素转换，只有通过这样的转换才能够将虚拟抽象的要素与城市发展和大都市区进程中的问题相联系。同时，这个转化的过程也就是本书研究范式逐步形成和完善的过程。

（1）结构——制度和权利

1）制度

在结构化理论中，规则是"能动的程序"，包含了管制性和构成性两个层面，是必须遵守的秩序集合体。反映在城市研究中，可以归纳为"制度"，这包括一系列与城市发展相关的法规、法律、政策、条例等，在本书中重点强调"土地制度"。这既是由具有绝对权威性的规则制定者界定，同时也不排除多元主体的自主活动性。"制度"构成的是一个不可触摸、但现实客观存在的"秩序空间"，是城市居民有意识或无意识遵守着的行为基本规则，这也是人类社会实践活动中形成的经验性总结和归纳，这些"制度"因素能够影响能动概念的形成以及各参与者之间交互作用的行为模式[①]。从人们的利益博弈与制度的建立的角度，制度是一种"公共品"。从制度和组织（个体）的关系，如果制度是社会游戏的规则，那么组织和个人就是"玩社会游戏"的角色。制度经济学中对于制度的解释无疑为结构化理论的演绎奠定了基础。由此，在本研究中制度被认为是人的权利的总合及其选择的结果。

在城市发展中，城市制度是现代城市发展的基本规则，其主要构成包括了土地制度、社会制度、经济制度、户籍制度、住房制度、行政管理制度等，类型众多。这些制度共同引导和规范着城市的发展，其中土地制度处于较为主导的地位。土地制度是反映人与人、人与地之间关系的重要制度；它既是一种经济制度，又是一种法权制度，即土地经济关系在法律上的体现。广义的土地制度是指包括一切土地问题的制度，是人们在一定经济社会条件下，因土地的归属和利用问题而产生的所有土地关系的总称，其中也包括城乡规划行政管理关系。我国土地制度"促进城市土地资源的合理配置、确定城市公共物品的提供、推动城市经济的发展、降低城市土地利用的交易费用、减少城市土地管理中的寻租行为，是城市规划的主要制度作用（戴小平、陈红春，2001）"。

2）权利

结构的第二层含义是"资源"，包含配置性和权威性两种类型，相对"规则"而言具

---

① 著名制度经济学家诺思认为，制度是一种社会博弈规则，是人们所创造的用以限制人们相互交往的行为框架。这种博弈规则可以分为两大类：正式规则（宪法、产权制度和合同）和非正式规则（规范和习俗）。舒尔茨把制度定义为一种行为规则，这些规则涉及社会、政治及经济行为。爱伦·斯密德（1996）认为制度是有关人们有序关系的集合，它界定人们的权利、责任、特权以及所面对的其他人的权利。

有一定的指代性，是对各种物质现象和行动者产生控制的各类要素，也是能动得以实施的媒介。在吉登斯的世界里，它代表了社会再生产通过具体行为得以实现的常规要素。简而言之，就是一个结构转换的媒体，作用在规则和主体行动之间的纽带。

笔者认为，在城市研究领域，尤其在城市空间、大都市区研究领域，能够成为规则转换和主体行为调控的要素和方式有很多，最基本的、与制度紧密相关的是"权利"，既包含了结构要素性，也包括了"权力和相关利益"，它是城市主体拥有能动性类型、大小的直接表现，使主体能够运用权力、享受利益分配的基本保证。这具体在本书研究的核心——"土地"上，表现为"土地权利"，既包括与土地产权相关的土地归属和收益的分配，同时也符合吉登斯定义"资源"的"配置性和权威性"特点。

概而言之，通过这些必要的转换，结构在城市发展层面被再生产为根植在时空跨度中的整体结构性特征，并且对应于不同的结构性要素。这种结构不是实体性的存在，而具有社会系统的属性，体现为社会系统的虚拟秩序。从这个意义上来说，"制度＋权利"根植于城市发展的实践活动之中，是城市发展与土地配置实践活动的两个重要条件和结果。

（2）能动——主体和行为

能动在哲学领域定义较多，通常被用于对微观领域的分析之中，但是，能动本身并不是一个很清晰的概念。在此，笔者借鉴相关研究将"能动"概括为"主体之间行为的综合"，即能动是主体及其行为的完整统一。

1）主体

所谓主体（Agent），本书认为是权利主体，是权利参与者[1]。根据上文对权利的定义，权利与主体的结合形成了"权利主体"，特指依法享有权利和承担义务的法律关系的参加者，即法律关系的主体，又称权义主体，是法律关系的构成要素之一。城市主体所拥有的权利来自于法律和制度赋予的权利，根据不同制度规定，城市主体具有不同的权利类型，例如，城市居民享有购房权、规划参与权、规划知情权、建议权等权力；农村居民享有耕种权、宅基地建设权、承包经营权等多项权力，并且在享受权力的同时拥有从中获取合法利益的保障。权利主体作为法律关系上的主体，应该具有权利能力和行为能力[2]。

在各种主体中，政府因为具有调控作用而超越于主体，可适当分离；环境是提供主体行动和作用的空间，是与之相对应的、"不能对刺激发生反应的被动事物"（姜怀宇，2006），这在本书中主要是指土地及其附属建筑物、构筑物等载体；交流是主体之间、主体与环境之间相互交流项目和过程的总和，包括各种有形和无形的媒介，在城市当中表现为空间区位、城乡规划控制作用和地产市场的动态过程。由此，按照这样的定义，权利主

---

[1] 这可以沿用吉登斯理论中"行动者（Actor）"来解释，又称为代理、角色，具有知识的、引发行动的自主个体或者群体，具有能知和能动的特点。吉登斯所说的行动者并非只是指个体，也指社会组织或集体生活中的某个集体，而能动并非仅仅指个体拥有的特征，而且也是某种社会组织或集体的特征。
[2] 权利能力指依法律得以参加某种法律关系、并在该法律关系中享有权利和承担义务的资格。行为能力指以自己的行为行使权利和履行义务的能力。行为能力需要有法律所认可的权利能力的存在为前提。

体可以是多样化、多类型的，在本书中主要依据利益分配的集团化原则，将相同利益团体作为独立主体，包括政府（层级政府）、企业（生产性企业和房地产开发企业）、公众（市民和农民）三种主体[①]，这三者也是城市研究中最重要的主体，这也符合结构化理论中"能动概念是通过对有关行动者的分层化来解释的"。

这几点对主体的扩大界定有助于我们进一步把握"能动"的构成；同时也更符合复杂城市系统的发展。

2）行为

在结构化理论中，吉登斯将能动定义为一种"连续的行动流"，也就是人的连续性的能动性活动，这也基本反映了行为的界定。本书认为行为是主体在自我意识条件下，对于外部环境和条件所采取的相应动作和反应；在城市研究领域，"行为"所呈现的方式众多，随着主体的不同，其表现的方式也不尽一致。行为不是互不联系的单个动作的总和，而是一种"持续的过程"，可能涉及个体行为或者集体行为；同时行为也不是由一堆或一系列单个分离的意图、理由或动机组成的，而是一个通过主体思考而不断地理性化和价值最大化的过程。进一步在土地配置领域可以解释为"主体的土地权利通过既定市场环境和条件来实现权力配给、转移、交换来限制或者促进利益获取的过程"。这种反应可以是在规则容许之内，也可以超脱于规则之外，即合法或违规，并最终由主体承受所带来的结果（好的或者坏的结果）。

由此，根据结构化理论将"结构"具化为"制度和权利"，将"能动"具化为"主体和行为"；形成了本书研究范式的组成要素，包括：制度、权利、主体、行为，正是由于这四大要素相互作用形成了大都市区复杂的土地配置逻辑关系。并构建了研究的逻辑过程如图 2-4 所示。

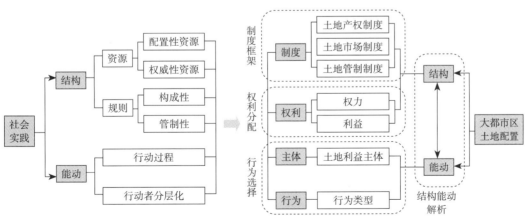

图 2-4　基于结构化理论的概念框架
（资料来源：笔者自绘）

---

① 在主体中还应当包括中央（国家）的角色，借鉴吉登斯在"第三条道路"中将国家的作用明确地限定在为市场和公民社会的和谐发展制订有效规则的功能上。本研究认为国家具有限制和宏观调控性背景，因此将其设定为整体制度性的框架要素，而忽略其独立人格主体的特点。

一是建立制度框架分析。从制度框架入手，分析现有土地相关制度层次下，法定框架的构成有哪些。即：把握在"一般"状态下，制度规定的合法的参与者及行为要求。二是明确权利分配。藉此解析不同制度层次下各种土地相关权利在主体之间的分配关系。三是分析行为选择。在主体能动指导下，不同主体的行为方式类型和特点。四是解析结构能动关系。总结由于主体能动对于制度的"超越"关系，以及两者之间是如何相互作用和影响的，从中发现结构和能动对大都市区发展的作用规律、存在问题以及未来改进的方向。

2.2.2 研究层次构成

制度和制度变迁是新制度经济学研究的主要内容，这也是本书研究的基本切入点和核心要素。就研究重点关注的土地制度而言，土地制度是反映人与人、人与地之间关系的重要制度，通常认为有广义和狭义的概念之分。广义的土地制度是指包括一切土地问题的制度，是人们在一定社会经济条件下，因土地的归属和利用而产生的所有土地关系的总称。广义的土地制度包括土地所有制度、土地使用制度、土地规划制度、土地保护制度、土地征用制度、土地税收制度和土地管理制度等；狭义的土地制度仅仅指土地的所有制度、土地的使用制度和土地的国家管理制度。部分学者进一步辨析了土地制度的内涵（周诚，1989；毕宝德，2001；丛屹，2007；等），认为土地制度首先是一种经济制度，是人们在一定社会制度下利用土地所形成经济关系的总和，是社会经济基础的组成部分；同时土地制度又是一种法权制度，是土地经济关系在法律上的体现，是构成上层建筑的有机组成部分。

在总结土地制度内涵基础上，根据 Seabrooke and Kent（2004）研究，影响土地交易决策的因素或游戏规则可以归纳为三个层面：体制层面（Constitutional Level）、操作层面（Operational Level）和管治层面（Governance Level）。通过对土地制度的进一步解析，笔者将土地制度分为土地产权制度、土地市场制度、土地管制制度，这三者构成了土地配置的制度和规则，明确了主体对应的权利分配和行为的基本规则，主体行为对规则的超越推动着相应土地制度的演变，即：结构与能动共同作用于土地配置，形成了大都市区土地问题的基本解释框架。

在不同制度层次下行为具有不同特点，如土地产权制度下的行动更具有"政策性"，因为我国政府掌握公共权力、"分权化地方化"发展下具有更强烈的土地产权政策改革的利益驱动；土地市场的行为具有"运作性"的特点，各种主体采取不同的市场经营、交易方式来运作土地获取利益（如政府的土地经营、村集体的招商引资等）；土地管制制度直接针对土地空间开发进行管理，具有明显的"空间行为"特点。并且主体构成多元化（如政府有中央地方政府之分、公众有城市和农村之分、企业有工业生产和开发商之分），而在制度框架下，"权利和行为"这种复杂的能动关系在双轨城镇化背景下错综复杂、交织在一起，这正是本书需要厘清的核心内容。由此构建本研究的三大层次"土地产权制度及政策行为、土地市场制度及运作行为、土地管制制度及博弈行为"，如图2-5所示。

（1）土地产权制度演进与政策行动

主要集中于土地产权制度，"权利法定"，既有制度决定了权利的构成，界定了各个主体拥有的土地权属和利益关系，是主体行为和市场交易、运作的基本框架，也是影响大都市区发展的核心结构要素。核心在于"权利"，是通过土地制度框架的不断完善，不断明确细分、进行权利分配的过程。而制度在地方政策演绎作用下产生了不同的能动结果。

（2）土地市场流转制度与运作行为

土地市场制度决定了市场交易规则和行为活动的边界，是市场交易中通过进行权力交换、交易、转换的行为选择来获取各自利益的过程，这也正是都市区多样性问题和矛盾的来源。其行为可以分为以政府为核心的企业化行为与以企业和公众为主导的市场运作行为，涉及地方政府、开发商、居民等多种主体的行为博弈和利益竞争，结果形成了主体"分层契合"的市场行为选择，同时在发展的基调下"行为"逐步突破"规则"，强调各土地主体行为对体制的反馈作用。

（3）土地使用管制制度与博弈行为

既是现实中结构与能动的相对平衡状态，也是"结构与行为"的重要交集，也是土地制度下权利分配和利益主体的行为选择共同统一于大都市区的土地发展控制，形成了"大都市区土地配置导控机制及体系"。从该角度，土地配置导控是不同利益主体利用制度赋予权利进行博弈的利益平衡过程，也是权力分配、利益协调和行动选择统筹后的城乡发展

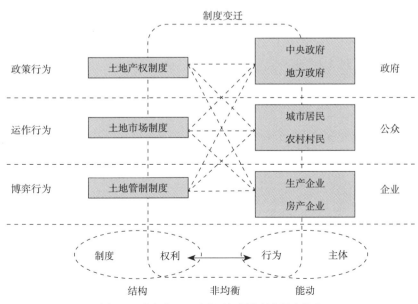

图2-5 大都市区土地配置问题的研究层次构成
（资料来源：笔者自绘）

规则。导控体系的核心内容在于"城乡规划",承担了"政府规制和市场运作"的职能,形成了都市区发展的引导和推动力量,虽然目前有一定的制衡作用但还存在不足,未来有必要寻求新内容和方法的创新。

总而言之,"土地产权制度及政策行为、土地市场制度及运作行为、土地管制制度及博弈行为"三个层次将组成本书研究的主要内容。这也是将吉登斯的哲学化"结构化理论"转化为大都市区土地配置逐步解析的聚焦过程。笔者强调以该逻辑演绎来有效解释"大都市二元对立发展的现实矛盾",尝试从"结构、能动、结果"三者相互作用中找到土地配置所有问题的原因,包括结构自身的缺陷、能动对结构的超越或者两者统筹结果失调等方面。未来必须以"结构和能动的统一"为目标,走向结构和能动二重性的统一契合。此外笔者认为,本研究应当重点关注大都市区土地配置的相对微观过程,下文将聚焦地方发展,并对地方主体利益、地方政策等相关要素和行为展开进一步解析。

第 3 章

大都市区土地配置问题解析

我国的城镇化已经进入加速发展时期，城镇化地域不断拓展，目前已经形成了珠江三角洲、长江三角洲、京津冀等大城镇密集地区。随着我国新型城镇化快速推进，以大城市区为核心的高度城镇化新型地域空间——都市区逐步成为研究的焦点。众多学者认为大都市区将成为中国城镇化发展的新阶段（王兴平，2002；章光日，2003；谢守红、宁越敏，2004；韦亚平、赵民，2006；冷炳荣等，2016；焦利民等，2019）。从世界范围来看，以美国纽约、日本东京为代表的大都市区发展，其独特发展模式和历史治理经验对于我国有极其重要的参考价值。在当前国家提出培育发展现代化都市圈背景下，本章通过国内外大都市区发展的类比分析，在把握大都市区演化的基本特征基础上，进一步解析土地配置面临的问题及困境。

3.1 国际大都市区发展趋势

在集聚和扩散的核心动力下，中心城市及外围区域经过了"城市—都市区—都市圈—城市群"的时空演化过程。根据大都市区的发展历程总结，20世纪国际上主要都市区的发展规律为：人口从中心城市向郊区疏散，形成郊区独立的城市次中心，最终构成中心城市和周边次中心城市共同组成的大都市区（徐和平，1996；阎小培等，2000；张晓莲，2001；徐海贤、庄林德，2002；雷诚、范凌云，2011；华杰媛、孙斌栋，2015；等）。根据相关研究，可将大都市区空间结构的演化划分为三个阶段。①单中心阶段：以中心城市为主导的发展阶段，交通线路由市中心向外放射状分布，城市集中成片发展。②多中心阶段：中心城市和郊区相互竞争的发展阶段。当城市集聚式发展达到一定阶段，中心城区的功能有向外疏解的需求，这一需求表现为在郊区形成多个具有社会经济独立性的核心城市，与中心城共同承担城市的总体功能，共同形成区域城市群。③网络化阶段：以多个大都市区相连接组合为特点的发展阶段，形成在更大区域发展的城市群与城市群复杂的组合发展态势，大都市区间相互依赖、相互竞争。

因而，"大都市区化（Metropolitanization）被认为是一个具有规律性的现象，是城市化发展到较高级阶段时的一种城市空间组织形式"。当前，大都市区已成为参与全球竞争与合作的核心城市区域，纽约、伦敦、巴黎等国际领先城市纷纷推进大都市区建设并取得巨大成就。

3.1.1 美国大都市区发展解析

从大都市区发展历史来看，以美国为代表的大都市区化发展最具典型性，是各国城市发展竞相学习的样板。早在1910年，美国管理与预算署提出了"大都市区（Metropolitan District）"的概念，并用于地区人口和经济统计，其标准为"人口在10万及10万以上的城市以及与中心城市连绵不断、人口密度达150人/平方英里的地区，均可以县为单位统计为大都市区人口"（王旭，2006）。这一统计口径先后经历了数次调整和变更，均持续关注中心城区和外围地区的人口、社会经济联系程度。该统计概念被各国争相模仿，如加拿大提出的"统计都市区（Census Metropolitan Areas：CMA）"、英国的"标准大都市劳动市场（Standard Metropolitan Labor Area：SMLA）"、澳大利亚的"统计大区（Statistical Devisions：SDs）"等（易承志，2013）。

（1）美国大都市区发展概况

从发展阶段来看，美国大都市区发展大致经历了两个阶段（张京祥、刘荣增，2001；王旭，2014）。第一个阶段是郊区化引发的都市空间拓展阶段（1920~1940年），随着郊区化的分散化推动，城市人口大规模向郊区迁徙，数量众多的郊区新城带动大都市区的蓬勃发展。二十年间，大都市区的数量从58个增长到140个，人口比重从占美国总人口的34%增长到48%。第二个阶段是以大城市为核心的大都市区快速增长阶段（1940年至今）。该阶段美国大都市区发展引导作用极为突出，所吸引的人口占比超过全国人口数的80%。其中百万人口以上的大型大都市区成为美国城市区域增长的主要模式，"数量由11个增加到60个，人口由3490万增加到14050万，占美国总人口的50%以上"。

2017年，美国共有300万人口以上的大都市区21个，包括纽约、洛杉矶、芝加哥、华盛顿、旧金山、波士顿、达拉斯、费城、休斯敦、迈阿密、亚特兰大、底特律、西雅图、凤凰城、明尼阿波利斯、丹佛、克利夫兰、圣地亚哥、奥兰多、波特兰、坦帕，主要分布在东部和西部的沿海岸地区（表3-1）。排名第一的是纽约大都市区，也是全世界最大的都

美国人口排名前15位的大都市区　　　表3-1

序号	名称	人口（人）	GDP（亿美元）
1	纽约大都市区	23876155	18890
2	洛杉矶大都市区	18788800	11990
3	芝加哥大都市区	990171	7691
4	华盛顿—巴尔的摩大都市区	9764315	7243
5	旧金山湾区大都市区	8837789	8210
6	波士顿大都市区人口	8233270	5832
7	达拉斯—沃斯堡大都市区	7846293	5659
8	费城大都市区	7206807	5518
9	休斯敦大都市区	7093190	6076
10	迈阿密—劳德代尔堡大都市区	6828241	3674
11	亚特兰大都市区	6555956	4013
12	底特律大都市区	5336286	2932
13	西雅图大都市区	4764736	3584
14	凤凰城—梅萨大都市区	4737270	2300
15	明尼阿波利斯—圣保罗大都市区	3946563	2566

（资料来源：人口为2017年数据，GDP为2018年数据。数据来源于：维基百科检索；美国的21个大都市圈，国民地理。）

市区之一。都市区跨越了"纽约州、新泽西州和康涅狄格州"三个州的十余个县,总面积达到了17400多平方公里。核心城市是全美最大城市纽约市,其他大小城市近二十个,大量国际性大公司总部集中在此,形成了美国金融证券交易中心、贸易流通中心和文化胜地。

(2)西雅图大都市区案例

本书重点介绍西雅图大都市区的发展。西雅图位于美国西北部的太平洋沿岸。该市始建于1869年,得名于西雅图酋长之名。19世纪后期,该城市已成为商业和造船中心,是克朗代克淘金热期间通往阿拉斯加的门户。经历150年的发展,现已经成为华盛顿州和北美西北太平洋地区最大的滨海城市,是美国西海岸与亚洲进行贸易的重要门户,2015年成为北美第四大集装箱运输港口。

1)西雅图大都市区区位环境

西雅图大都市区所在的"普吉特海湾"是美国最大的海洋河口,西雅图及其周围郊区的卫星城沿岸分布,周边许多河流汇入海湾的中心地区,并在湾区形成了城市、农场、森林和山脉的独特景观,因此也被称为"大普吉特海湾地区(Puget Sound)"。西雅图大都市区跨越了环普吉特港湾的4个县(County),包括金县(King)、萨普县(Kitsap)、皮尔斯县(Pierce)和斯诺克米西县(Snohomish)及其82个城镇(图3-1、图3-2),面积近6300平方英里(16300km^2),包括城市用地、农村用地及资源地(Resource Lands),各种山丘、山脉和湖泊使该地区地形丰富多样,其地形起伏范围从普吉特海湾的海平面到雷尼尔山(Mount Rainier)超过14000英尺(4000m)。

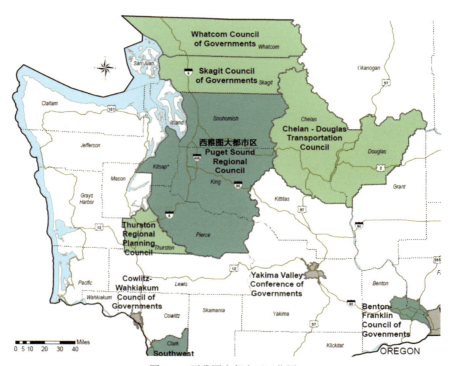

图3-1 西雅图大都市区区位图
(资料来源:VISON 2040:Puget Sound Regional planning,2001年)

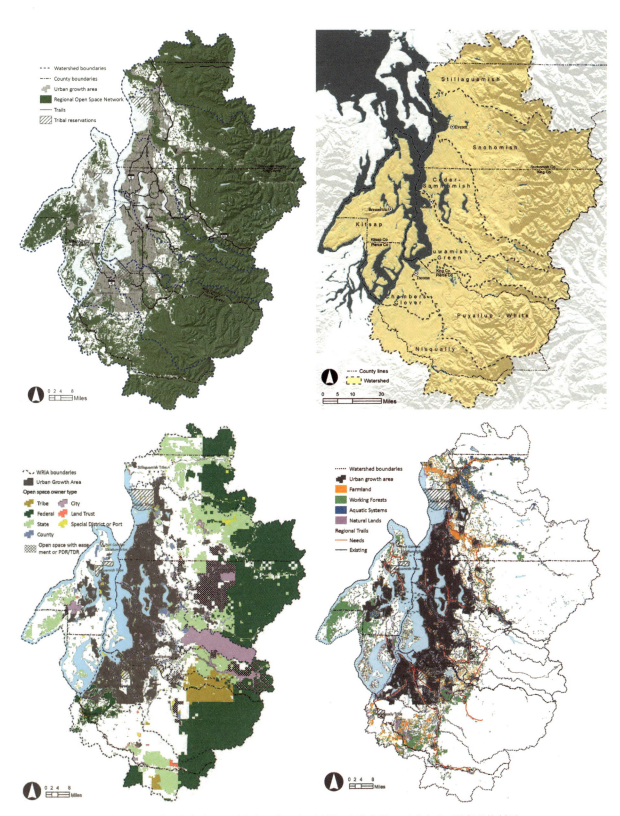

图 3-2　西雅图大都市区开放空间网络、主要流域、长期保护土地分布及区域保护控制图
（资料来源：https://www.psrc.org/vision）

2）西雅图大都市区发展解析

1940年代常被认为是美国城市发展分化的一个重要转折点，区域核心城市完成了初步的人口和经济积累，逐步向大城市、特大城市跃迁。西雅图亦是如此（图3-3），1940年后传统中心城市西雅图市由滨海中型城市快速向大城市转变，城市用地在沿普吉特港湾东岸和华盛顿湖之间迅速蔓延开来，在南侧巨头波音公司强劲的产业经济推动下，逐渐形成南北向贯穿"柯克兰—西雅图—塔科马"等城市的"海湾城市带"。1960年后，随着滨海用地的逐步填充密实，都市区发展的中心逐步向东侧转移。尤其是1980年代后普吉特海湾中部地区凭借其众多优势而赢得了国内和国际的关注。借助壮观的自然地区、微软等高科技和航空航天公司以及世界贸易地位的提高，强劲的经济推动着大都市区向东侧贝尔维尤、雷德蒙德等湾区中部城市快速蔓延。2000年以后更是呈现出全域城市化的态势，外围新兴城市中心不断涌现，购物中心、办公园区和停车场迅速消耗了大量外围闲置未开发的土地。

进一步总结西雅图大都市区近百年发展历史，其发展过程中有如下特点：

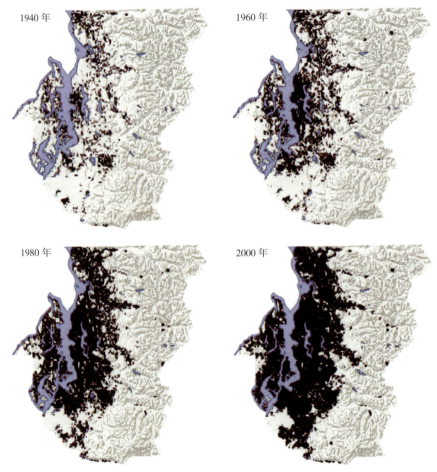

图3-3　西雅图大都市区建设用地发展情况（1940~2000年）
（资料来源：VISION 2040：Puget Sound Regional planning，2001年）

一是新兴产业经济推动城市扩张。在都市区创业公司密度方面，西雅图显示出稳定的增长。尤文·马里恩·考夫曼基金会（Ewing Marion Kauffman Foundation）研究发现，西雅图在过去20年都跻身创业公司密度最高城市的前20位。浓厚的创业生态系统和创新氛围使得西雅图在科技和创意领域快速崛起，诞生了数量众多的各类科技公司。这些软件、生物技术和互联网公司的健壮成长成为大都市区发展最主要的内生动力。西雅图也因此被认为是没有单纯地模仿硅谷而跻身世界科技中心城市的典型案例。

二是吸引外来技术移民为代表的人口快速聚集。美国人口普查局将该区域都市圈定义为华盛顿州"西雅图—塔科马—贝尔维尤"都市区统计区域。截至2017年，西雅图大都市区人口470多万，是美国第13大都市统计区，几乎占华盛顿州总人口的一半。西雅图大都市区的快速扩张，离不开以亚马逊（Amazon）和微软（Microsoft）等高新科技巨头共同营造的高科技城市氛围，加上星巴克和波音等世界休闲、旅游与航空航天的知名品牌，形成了浪漫和科技的结合。独特的地理环境诞生了滨海风情与浪漫，所催生的科技又使这座浪漫之城增添了魔幻色彩，吸引了大量高素质的技术移民人口涌入，外来移民成为西雅图人口的重要来源。一方面这些精英人群享受着中产阶级的高收入，不断膨胀的生活需求推动都市空间的快速扩张。另一方面，华盛顿州整体较弱的农业生产使得西雅图大都市区没有太多的城乡矛盾和城镇化负担，外围用地迅速被低密度住宅区所覆盖。

三是低密度空间蔓延主导郊区化用地扩张。便利的区域交通，长期以来以私有小汽车为主的交通模式是美国城市郊区化的重要因素。一系列政府、银行出台的财税和贷款政策促使郊区化大规模蔓延，并以此为动力形成美国大都市区空间组织模式。从西雅图2000~2015年单户住宅（Single-Family Housing）和多户住宅（Multifamily Housing）增长的数量和空间分布来看（图3-4），传统意义上的西雅图都市核心——西雅图中心区集中了较多的多层公寓增长，而量大面广的独栋住宅则在华盛顿湖东侧、南侧的都市区外围"四处开花"。这些外围低密度居住区基本处于距离核心区1小时车程以内，吸引了大量中产阶级前往置业，形成潮汐式钟摆交通。

四是城市区域空间结构网络化逐渐形成。在区域交通一体化推动下，中心城市和外围城镇关系日趋紧密。一方面，传统意义上的大城市（Metropolitan Cities）和核心城市（Core Cities）功能密集化，并推动了中心区复兴运动。另一方面，外围中小城市（Larger /Small Cities）规模日益提升。两者共同推动西雅图大都市区密集的城市网络逐步形成。

五是多方统筹协调的区域战略规划。随着经济社会快速发展，普吉特海湾地区面临着一系列问题，如公共空间缺失、公共资金不足、空气质量下降、对能源问题的担忧日益增长以及城市持续扩张、对汽车的依赖带来的其他影响，亟需一个更加紧凑、可持续增长的发展模式。为此，区域成立了规划协调和管理组织"普吉特湾区委员会（Puget Sound Regional Council）"，分别于1990年、2000年和2019年编制了三版"普吉特湾区战略规划"，分别是VISION 2020、VISION 2040、VISION 2050，旨在建立一个共享的规划（A Shared Vision）。为遏制分散发展、保护公共空间，各版规划制定了一系列政策，如改善交通环境，

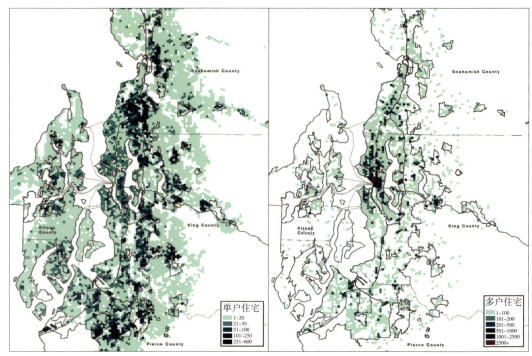

图 3-4 西雅图都市区 2000~2015 年单户住宅和多户住宅增长分布图
（资料来源：https://www.psrc.org/vision50）

提倡共享车辆的使用，减少对私家车的依赖，提倡高效、清洁能源发展模式（More Energy Efficient and Less-Polluting Development Patterns），形成"区域增长战略"提倡地区经济均衡发展（图3-5）。

3.1.2 国际大都市区发展特征

结合案例解析，进一步与传统的城镇化、郊区化等相比较，可以清晰把握大都市区化发展的特征，涵盖了功能、空间、产业、交通和治理等多方面。

（1）功能联系一体化

伴随着城镇化进一步发展，大都市区内城市之间各种物质要素、活动极度交织，城市之间的经济活动越来越密切，城市的功能是在都市区的范围内以一种群体的方式进行组织。大都市区内的城镇在空间上和职能上都相互紧密交织，周围城镇与中心城市之间保持密切的经济社会联系，形成具有一体化倾向的城市功能型地域。随着大都市区生产和生活功能联系和空间联系的日益强化，大都市区成为人口集聚的重要区域。1980年代，大多数欧美国家的人口有一半以上居住在20万人口以上的大都市区，按次序排列分别是：德国84%，以色列79%，美国78%，瑞士73%，加拿大63%，西班牙55%，法国51%，荷兰50%，挪威46%，波兰43%，匈牙利36%，瑞典32%，捷克27%（王旭，2014）。

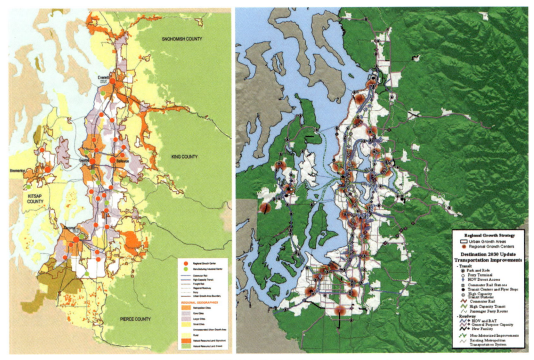

图 3-5　西雅图大都市区区域发展战略分析图（2050 年）
（资料来源：https://www.psrc.org/vision）

从宏观上来看，围绕中心城区形成了具有"圈层分工"特点的功能组织体系，如巴黎大都市地区包括巴黎市、近郊三省、远郊四省三个圈层，核心区为世界名城和经济强市的巴黎市区，近郊分布了五个新城，远郊是工业、仓储物流等企业用地，三者之间形成了极为紧密的功能联系（冷炳荣、王真、钱紫华，2015）。从美国大都市区化发展历程来看，随着中产阶级迁往郊区，中心城区功能衰退不可避免，众多人口内外迁移导致大都市区的不同空间集聚具有社会分异特点，白人和黑人种族之间的社区隔离现象突出，中心城区流浪者问题和社会矛盾突出。这也是西方大都市区化发展引发的社会危机之一。

（2）空间结构网络化

快速变化的城乡空间组织伴随着频繁的人口与资金的流动，大都市区空间表现出集聚与扩散并行。一方面，主要城市的向心内聚力不断加强，大力推进旧城区更新改造，极大改观了中心区景观环境，城市服务能级不断升级或转换，日益发挥着生活与生产性服务中心的职能；另一方面，随着大量的人口、资本和技术外流，大都市区外围地区迅猛发展，郊区节点城镇的发展步伐不断加快，并在外围的一些具有交通或资源优势的中心点形成综合或专业化的次中心，即新城或新市镇。

为避免中心城区"摊大饼式"地向外蔓延，采用划定增长边界、卫星城等方式，控制中心城区人口和功能过度集中。由此，全球大都市区空间发展均呈现"从单核心向多中心、由单一线性向网络化"的演化趋向（图 3-6）。克鲁格曼（2000）认为，尽管各国发展背

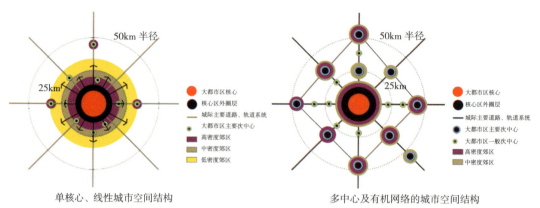

图 3-6　全球大都市区域的空间发展演化趋向
（资料来源：科瑞澳（Chreod）咨询公司研究报告，2006）

景各异，就巴黎、纽约、东京、伦敦等国际知名大都市及其所影响辐射的区域城市化过程而言，其空间演化规律基本为"强核—外溢—织网—整合—耦合"递进式的发展阶段。在从"外溢"到"织网"阶段，城市外围的半独立发展中心逐步形成功能完善、自我循环的独立发展体；在"整合"发展阶段，形成多中心大都市发展空间，各种发展职能逐步明确；到了"耦合"发展阶段，部分外围发展独立体发育为大都市区中心城市的副中心。其中，大都市从"外溢"到"耦合"中期阶段城市化的重要表现之一是"空间结构演变将会突破原有的行政界线"，这已经被世界大都市区发展的经验证明。Edward Leman（2003）通过分析全球大都市区化现象，指出"在超过 50 个正在发育的都市区中，其内部及周边地区将长时间存在城市化现象，并且绝大部分城市化进程将会跨越行政边界，这是由于地方市场的发展突破了原有的行政边界"。

（3）产业体系互促化

冷炳荣等（2015）通过对国内外知名大都市区空间尺度的研究，指出大都市区一般会形成 30~50km 半径的功能一体化区域。其中大都市区核心建成区用地连续范围的半径一般在 25~30km 左右，外围是以轨道交通为主导的功能一体化区域。

国际经验表明，大都市区基本覆盖在 50km 左右的 1 小时通勤距离内。在这样一个半径尺度的大都市区中，通常伴随着不同类型产业空间相互促进，形成"内外圈层分工、节点集群发展"的网络化重构。一方面，内外互促使得中心城市的产业发展出现明显的第三产业化的特点，促使服务业在中心城市集中，中心城市由工业经济形态向服务业经济形态快速转变。中心城区集中了大量高端生产性服务业，如金融信息、网络服务、文化产业等。另一方面，第二产业的制造业向中心城市周边疏散，随着高科技产业发展迅速，外围地区形成带动大都市区经济增长的强大推动力。并且随着产业的外迁和郊区次中心的形成，显著增强了外围节点城镇的实力，成为中心城市制造业与相对低端服务业转移的承接地，通过"上下游临近布局、集群化产业聚集"形成完善的产业链，使得节点城镇在区域整体进化中发挥着日益突出的作用。内外圈层之间相互协调，形成密切联系的网络共享和分工合作体系。

（4）交通组织同城化

随着大都市区的尺度不断扩大，主城与外围地区的通勤人口不断增加，逐步形成大都市区"同城化"的通勤圈。通过大都市区一体化综合交通规划编制，融合大都市区内铁路、公路、城市道路、轨道交通、水运、航空等客货运输发展的规划布局，增强各种交通方式之间的有机衔接，尽快形成快慢结合、层次分明、功能完善的一体化交通网络。

一般在中心城市内部及中心城市与郊区之间构建快速轨道交通系统，形成以城市轨道和市郊铁路为主的公共交通体系，以40分钟至1小时左右、高效便捷的同城化交通圈来解决日益增加的通勤需求。如巴黎大都市区建立了地铁、快轨、郊区铁路、公共汽车等多种公共交通体系，大运量轨道交通承担了近80%的公共交通量，是世界上较完备的城市公交系统之一，极大地推进了内外地域的同城化发展。

（5）治理模式扁平化

大都市区化带来的另一个典型结果是"都市区的治理组织模式既强调都市区整体在功能上对大区域的集聚与辐射，也重视其中心市区在空间上对外围地区小地域的直接扩散与带动（王兴平，2002）"。这意味着都市区内部不同层级发展核心通过功能和空间的有机联系，形成一个扁平的、网络化的区域治理结构，改变了原有的"单中心"管理模式。"网状发展将给区域所有城市和地区一个公平的发展机会，竞争、互补、协同关系将成为城市或地域间的主要作用方式（陈有川，2003）"，并会在不同层级发展主体之间形成"一种强烈的竞争"，这种竞争会带来生产要素的高度流动与合理配置，大大提高资源利用的效益与区域发展的活力。随着都市区的结构模式由单中心向多中心网络化转变，不同层级发展主体自由竞逐发展空间，不仅放大和强化了中心城市向外扩张的功能，也通过空间的有机疏解解决了中心城市存在的环境约束问题，而且还将有助于区域的有机整合，促进区域一体化发展。

除此之外，以美国为代表的大都市区管理中的特色之一在于非政府组织在主导跨行政区的统筹协调规划上发挥了不可或缺的治理作用，亦被称为"第三部门"。根据美国联邦法律要求，任何人口为5万以上的城市化地区，都应由一个被称为"大都市规划组织（MPO）"的区域性实体指导和维护。例如，加利福尼亚州就指定了18个区域协调组织，覆盖了该州约98%的人口，并且通过地方法令规定，明确了该类组织在区域规划中的作用。虽然这类机构并没有执法权，多为县市政府组成的自愿组织，但由于其较好地解决了区域问题并为成员带来实质性的利益，因而成为一个相对稳定的联合体（张京祥、刘荣增，2001）。从都市区治理结果来看，这些大都市规划组织极大地推进了区域城市政府合作，在区域协调、规划统筹、设施共建等方面发挥了巨大的作用。

从国际经验来看，大都市区是一个动态演化的概念，有别于城和乡分离的发展模式，更趋向于城乡空间一体化发展，突破了"中心城—外围郊区城镇"的传统层级化城镇结构，向"网络化"城市区域转变的过程，也称为"都市区化"（韦亚平、赵民，2006）或"大都市区化"（王旭，2006）。众多学者认为，相较于宽泛的城镇化概念，"大都市区化"更准确地概括了大都市区在城镇化中的核心地位与作用，同时突出了城乡地域空间演化的整体特征，更容易把握发展的总体趋势。通过上述回顾，大都市区化已成为欧洲、美国和日本等发达国家重要的城市发展模式，并引发了城乡区域的系列变化，包括功能联系、空间结构、产业体系、交通组织和组织治理等方面。掌握这些趋势将有助于我们进一步分析国内大都市区的发展。

3.2 国内大都市区发展概况

改革开放以来，随着我国社会经济的快速发展，城镇化水平也不断提高，大城市和特大城市有了长足发展，城市经济实力和辐射影响力大大增强，地域范围不断扩张，与周围地区的经济社会联系日益密切，出现了类似西方国家"大都市区"那样的城市空间形式，在一定意义上标志着我国城镇化进入了一个新的发展阶段。这种大都市区现象不仅在我国沿海经济发达地区普遍存在，在内陆一些较发达地区也出现了大都市区的雏形。

目前我国"大都市区"概念尚未有官方正式界定。在理解国外概念的基础上，可以结合我国规划实践领域的空间范畴来展开比较：大都市区某种程度上与中国大城市的"城市规划区"范围类似，包含"城市空间增长边界"范畴；大城市中心城市区外拓过程与国外的"都市区化"亦有类似之处。另外，在部分城市编制的"城乡一体化规划"中，所划定的"规划管控区"也具有与国外都市区相似的空间特征（韦亚平、赵民，2006）。例如，北京、上海、广州、深圳等一些特大城市在1小时通勤圈内（50km半径的空间范围），人口规模为1000万以上，且区域非农化水平超过70%以上，距离、规模等要素均与国外的都市区形态较相似。由于我国统计口径的影响，部分学者也将大都市区的空间范畴简化为行政区边界涵盖的范围（王海滔、陈雪、雷诚，2019）。

由于国内还缺乏大都市区的统一标准，不同的界定方法导致中国大都市区的数量说法不一。早在1990年代，周一星（1999）率先提出了中国大都市区的界定标准，并指出中国会发展形成6个具有中国特色的都市连绵区；胡序威等人（2000）从非农人口规模、非农劳动力占比、空间相邻距离等提出了大都市区的界定方法。另有一些学者用联系流指标、时空通勤距离、企业关联度等指标，采用引力模型、遥感识别和GIS等技术手段，分别对上海、北京等大城市都市区范围进行了界定。而中国社会科学院在2004年的《中国城市竞争力报告NO.2》中提出，中国已经或正在形成九大经济区域和九大都市区[①]。在科瑞澳（Chreod）咨询公司研究报告中，爱德华·李孟（2006）根据2000年县市非农人口规模，提出中国有53个都市区。张欣炜、宁越敏（2015）利用"六普"分县人

[①] 该报告认为，目前九大区域的核心区即都市区已经或正在形成，这九大都市区分别为：大香港都市区、大上海都市区、大北京都市区、沈大都市区、青济都市区、大武汉都市区、成渝都市区、关中都市区、大台北都市区。

口数据，采用城镇化率、人口密度等指标，界定出了 2010 年中国 128 个 50 万人以上的大都市区，并指出中国大都市区沿海、沿长江以及沿京广、京沪、京哈、陇海等主要交通干线密集分布的格局依然明显，尤其在长三角和珠三角等地区，已出现了首尾相连的都市连绵区。

赵民、柏巍等（2008）通过大城市行政区划调整情况判断了中国都市区化发展的态势，认为中国大城市正处于快速都市区化进程中，大都市区将成为中国社会、经济发展的主要空间形式。从发展阶段来看，中国沿海发达城市基本上还处于大都市区的外溢、织网发展阶段，面临极大的城乡转换代价，极易引发各种发展中的矛盾和冲突。从发展特征来看，相比较于国外以多个大中城市为中心、向周边蔓延的大都市郊区化过程[1]，我国大都市区化在空间转换上更接近"城市和乡村区域一体化"。但不同地域大都市区的发展必定有所差异，面临的土地相关问题和困境也不尽相同。在此，本书对上海、北京、广州（深圳）大都市区展开简要分析，通过横向类比来把握大都市区土地配置问题的共性与差异。

3.2.1 上海大都市区发展概况

上海自开埠以来迅速发展成为东西方贸易交流中心，奠定了百年繁华的基础。改革开放后，依托优势区位成为我国对外开放的桥头堡。上海市域总面积为 6340.5km²，下辖 16 个市辖区。改革开放四十年来，全市常住人口从 1978 年的 1104 万人，至 2018 年末为 2423.78 万人。其中户籍人口为 1447.57 万人，外来人口为 976.21 万人（约占总人口的 40.3%）。上海地区生产总值四十年增长了一百多倍，从 1980 年的 311.89 亿元迅速增长，到 2018 年 GDP 为 32680 亿元。上海市当之无愧地成为我国第一大城市，世界著名经济中心之一，国际经济、金融、贸易和航运中心。

（1）郊区化到全域都市区化

宁越敏、邓永成（1996）研究表明，改革开放后上海市郊区化初现端倪，1990 年代，国家提出浦东开放开发战略，上海进入快速发展时期，郊区化外拓的趋势日益明显。1990 年代中后期，随着上海轨道交通线的相继建成，中心市区人口积极向外疏导，外围郊区传统乡镇地区人口迅速增长，各区人口规模不断扩大，外来人口流入现象极为突出。石忆邵、谭文垦（2007）指出上海大都市区的郊区化逐步由"近域郊区化"向外围拓展，过渡到"远域郊区化"。上海市郊区化的趋势更加明显，郊区化外延的进程不断向外围地区加速。在浦东开发开放和中心城"退二进三"战略的推动下，中心城向浦东、宝山、闵行地区拓展。而郊区工业区建设则带动了郊区城市化的进程。城市格局呈现中心城圈层式扩张与郊区城市化并行的特征。

---

[1] 从国外发展历史来看，无论从人口数量的增长还是地域的扩展，郊区的发展都是大都市区的主导力量。这些郊区是中心城市功能外延的产物，是大都市区的有机组成部分。通过郊区化，中心城市与周围郊区次中心结合起来，构成了大都市区的复中心结构，出现一种全新的城市景观。

21世纪以来，随着中国加入WTO，上海成为国家最重要的门户城市。上海因势利导，提出建设国际航运中心，积极推动"1966城镇体系、一城九镇、173试点工业园区"等一系列郊区重大发展导向，通过11个包括临港新城、空港新城等卫星城和郊区新城的建设，带动了区域基础设施的规划和建设，极大地加快了全域都市区化进程。

（2）上海大都市区构成及特点

四十年来，上海都市区空间经历了"外缘拓展和轴向延伸"并举的发展过程，中心城区与周边城镇、外围乡村的联系越来越紧密，表现出明显的都市区化特征。

一是单中心集聚特征明显，多层级、多中心的空间格局尚未形成。以全市域建设用地增长为基础（图3-7），综合分析经济发展、人口分布、交通联络等关联性要素格局，可以发现中心区和边缘区仍然保持了高位增长，中心城极化趋势并未得到有效遏制，仍表现出向外不断蔓延的趋势。同时，外围新城发展不均衡，新市镇和村庄发展更为滞后，公共服务设施配套水平与中心城区相去甚远，难以发挥优化资源配置和提升功能布局的作用。

二是近沪、邻沪区域一体化态势显著。从毗邻上海周边市县、城镇和产业布局来看，上海与江苏、浙江邻近地区发展呈现出一体化特征，包括苏州、南通、无锡、嘉兴、湖州等地。

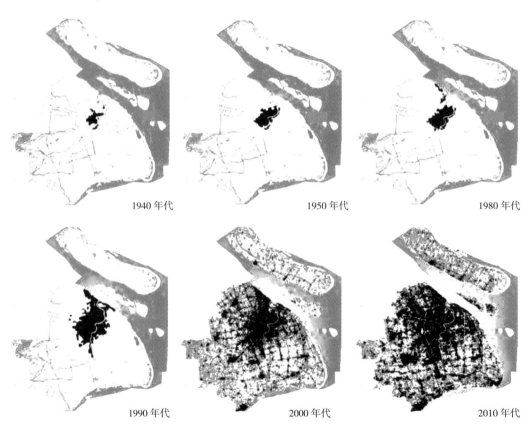

图3-7　1940~2010年代上海大都市区建设用地变化

（资料来源：张尚武.上海大都市区空间规划，《上海市城市总体规划（2015—2040）》专题讲座材料，2016，9）

通过现状用地分布和构成分析，发现上海外围邻近的长三角县市沿主要交通廊道纷纷"接轨"上海，表明了上海及周边地区的空间发展正由"极核集聚"向"极核扩散"阶段转变（张玉鑫，2011）。区域一体化发展突破行政边界限制，嘉定、昆山和太仓已经形成空间上的对接和连绵发展，不断推动上海大都市区能级提升和发展转型，逐步具备了在更大空间尺度范围内构建上海大都市群的基础。

三是空间层级化和产业板块化的特征突出。从区域大尺度来看，上海中心城区构成了第一层级的核心圈层，外围市辖区和苏州邻近县市构成了第二层级的近域圈层，崇明、南通及嘉兴的区县形成第三、第四层级的郊区圈层和外围圈层（郑德高、朱郁郁、陈阳等，2017）。在这种圈层架构中，逐步形成了相对专业化分工的产业板块聚集，带动周边县市和城镇的快速发展，"网络化功能格局"正在形成中。如技术密集型、资金密集型企业布局在距离上海半径较小的边缘县市，而劳动密集型企业则沿交通走廊在远距离县市布局，研发、商务等生产性服务业具有区域分片集聚的特点。

四是"接轨"上海的交通廊道效应逐渐凸显。上海与长三角地区之间依托高速公路、高速铁路等快速交通网络，逐步形成四条主要交通廊道：沪宁交通廊道、沪杭交通廊道、北沿江交通廊道和南沿江—滨海交通廊道。从实际发挥的接轨效应来看，沪宁廊道承载了极为突出的联系功能，沿线建设用地连绵发展，在功能和机制上充分与上海衔接，具备良好的产业一体化接轨的基础；沪杭交通廊道具备较好的制造业基础，但建设用地整合力度不足，廊道发挥的带动作用还有待提升；北沿江和南沿江—滨海廊道的作用还在进一步培育当中，未来有望承担更为重要的接轨作用。

五是大都市区的生态环境危机加剧。从环境污染分布来说，上海市域淡水和海水污染严重，水质极差。近岸海域劣四类海水比例为49.5%，主要城市河道水质以五类和劣五类为主，太湖和淀山湖等主要湖泊备受关注。长三角地区的雾霾污染高居全国前列，各地市城市空气平均不达标天数为35.8%。究其缘由，可以归结为超规模的人口聚集对土地高强度的开发，造成区域绿化生态体系退化和脆弱。

（3）市域重要规划编制及作用

回顾上海大都市区发展历程，城乡规划作为重要的政府调控手段和措施发挥了关键性作用。上海先后编制了三轮城市总体规划和众多区域专项规划，逐步构建了上海大都市区发展的基本轮廓，其中有两个影响较大的规划需要重点介绍。

一是1999版上海市总体规划的出台[①]。1999年正式上报《上海市城市总体规划（1999年—2020年）》，2001年获得国务院原则批复同意（图3-8）。①该版总规按照城乡一体、协调发展的方针，明确上海是我国重要的经济中心和航运中心、国家历史文化名城，并将逐步建成社会主义现代化国际大都市，国际经济、金融、贸易、航运中心之一。②总体规划覆盖6340km²的市域范围，提出了"多轴、多层、多核"的市域空间布局结构，统筹上

---

① 参见：上海市城市规划设计研究院整理上海四版总体规划材料。https：//www.supdri.com/2035/。

图 3-8　1999 版上海城市总体规划　　　　　图 3-9　1966 城镇体系规划

（资料来源：上海市人民政府，《上海市城市总体规划（1999 年—2020 年）》，2001 年）

海的生产力布局和重大基础设施建设，拓展沿江、沿海发展空间，提出上海的城市发展空间从"浦江时代"拓展到"长江时代"，在传统的沪宁、沪杭发展轴线的基础上，进一步发展滨江沿海发展轴。③确立了"中心城—新城（含县城，下同）—中心镇—集镇"组成的四级城镇体系，形成由沿海发展轴、沪宁、沪杭发展轴和市域各级城镇等组成的"多核、多轴"市域空间布局结构以及"多心、开敞"的中心城空间布局结构。④以环境建设为主体，营造上海城市新形象，促进上海可持续发展，保护体现上海历史文脉的传统建筑和街区，特别是优秀近代建筑及其环境风貌，展示上海现代化建设丰厚的传统文化底蕴。该版规划符合当时上海总体发展需求，与上海建设现代化大都市区相匹配，因而成为 21 世纪上海城市规划与建设的重要法律文件之一。

　　二是 2005 年提出来的"1966 城镇体系规划"（图 3-9）。上海"十一五"经济社会发展纲要中，重点提出从国际大都市区整体出发，结合产业、人口、生态、设施、禀赋等诸多要素，建构全市建设"1 个中心城，9 个新城，60 个左右新市镇，600 个左右中心村"组成的上海"1966"四级城镇体系框架。该项规划强调"大上海"的发展理念，突破 660km² 中心城区，扩大至整个上海 6340km² 的郊区，使上海的城市规划由中心城市向农村地区延伸，是对上海市域范围内协同发展的综合布局。"1966"四级城镇体系的具体规划如下①：1 个中心城指上海市外环线以内的 600km² 左右区域；9 个新城包括宝山、嘉定、青浦、松江、闵行、奉贤南桥、金山、临港新城、崇明城桥，规划总人口 540 万左

---

① 参见：上海十一五规划亮点："1966"四级城镇体系框架，文汇报，2006 年 02 月 05 日。http://www.gov.cn/jrzg/2006-02/05/content_178052.htm。

右，其中松江、嘉定和临港新城 3 个发展势头强劲的新城，人口规模按照 80 至 100 万规划；60 个左右新市镇则指从人口产业集聚发展、土地集约利用和基础设施合理配置角度，集中建设 60 个左右相对独立、各具特色、人口在 5 万人左右的新市镇，对于资源条件好、发展潜力足的新市镇，人口规模按照 10 到 15 万规划；600 个左右中心村，中心村是农村基本居住单元，也是郊区"三个集中"推进的关键问题，将对分散的自然村适度归并，合理配置公共设施。

这两轮规划在推进上海从"郊区化到全域都市区化"进程中，发挥了重要的作用，不断推动着上海大都市区的发展。但从实施效果来看，仍存在一些不足。一是 1999 版总体规划常住人口增长预测估计不足。该版确定的 2020 年规划人口规模目标为 1600 万人，但实际上 2000 年上海的常住人口已达 1680 万人，2018 年人口规模已达 2424 万人，超出规划预期一半多。二是 1966 城镇体系未能充分发挥控制中心城蔓延的作用。"1966"体系企图通过建立外围新城、发挥"反磁力中心"的吸引作用，从而限制中心城区的不断蔓延扩张。但实际上随着人口增长的"脱缰"，外围部分新城（宝山与闵行）反而被中心城"捕获"，沦为中心城区的"拓展区"，基本原因是郊区新城用地规模过小，难以抗拒拥有远超能级的中心城巨量人口的强大向心力。这也导致 2010 年制定的"十二五"规划，基本上延续了"十一五"规划对城镇体系的构想，但郊区新城的数量也相应地由 9 个减少为 7 个，变成了"1766 城镇体系"。因此，上海都市区规划实施的焦点问题在于"人与地"的空间配置问题，应当进一步关注和协调人口增长和用地空间的矛盾。

此外，进一步结合《上海土地利用总体规划（2006—2020）》，对比 1997 年和 2006 年的全市空间形态（图 3-10），其主要特点为：①由中心城周边的近郊郊区化逐步转向远郊郊区化的拓展，通过新城、新镇的建设逐步向外拓展，表现为中心城进一步向外蔓延式拓展，中心聚集度仍然很高；②近郊沿原有轴线与中心城几乎连绵建设；③远郊郊区结合新城、产业区建设，轴向发展进一步强化；沿公路形成次一级发展轴线；沿海轴线基本形成，并有进一步成片的趋势。

在上海的大都市区化过程中，面临的主要问题如下。①规划用地结构失衡：由于人口与产业的传导作用，住宅、商业、办公业、配套设施等都出现了郊区化特征，但商业、办公业与配套设施的郊区化滞后性较明显，尤其配套设施发展缓慢。②土地利用质量有待提升：尽管上海提出土地利用"总量锁定、增量递减、流量增效、存量优化、质量提高"的基本策略，但土地利用质量仍有差距，还存在土地利用强度不充分、土地配置效率不协调、土地利用绩效不均衡等问题。③交通干线压力过大：城市郊区化形成的"集中点"过于依赖交通干线，造成城市郊区化过程中建设用地呈"摊大饼"式向外蔓延，增加了居民工作地和居住地的分离现象，给交通带来了负担，也给居民生活带来了不便。④生态环境压力增大：由于人口大量集聚、产业结构偏重导致污染排放仍处于高位，复合型、区域型环境污染和城乡环境差异问题也开始凸显。⑤空间聚集上的失衡：上海郊区近年来人口和建设用地的增长主要集中在近郊区而不是规划的新城，这导致局部规划完整合理而区域整体规

图 3-10　上海市域用地现状图（2015 年）
（资料来源：《上海市城市总体规划（2017—2035）》）

划面临失衡、失控的挑战。①

（4）从大都市区到"大都市圈"

2017 年《上海市城市总体规划（2017—2035 年）》编制完成，次年"上海 2035"获得国务院批复之后，上海积极联动江苏、浙江两省和周边城市的政府，启动编制《上海大都市圈空间协同规划》。在新一轮规划中，从实施国家战略的高度，把握住各城市空间结构优化的机遇，从区域层面构建开放协调的空间格局，发挥空间协同规划的引领作用

---

① 这种规划失控通常伴随大量规划"巨型"新城和新市镇的出现，是产业区与生活区分离规划的现象。严格地讲是由于产业区（工业区、物流园区、大学园区等特定功能区）独立于新城、新市镇的范围之外，不受规划平衡制约的结果。

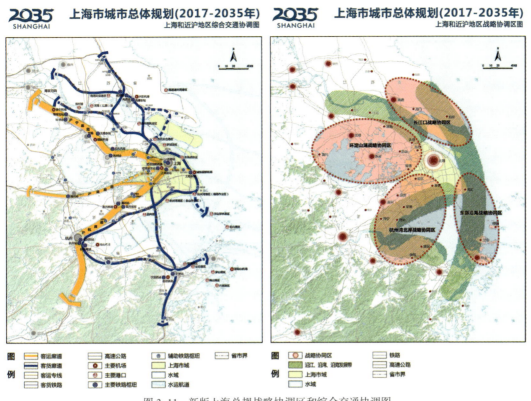

图 3-11　新版上海总规战略协调区和综合交通协调图
（资料来源：《上海市城市总体规划（2017—2035 年）》）

（图 3-11）。初步设想的上海大都市圈包括上海、苏州、杭州、无锡、宁波、南通、常州、绍兴、嘉兴、湖州、舟山，规划面积 4.9 万 km²，常住人口约 6500 万人。

通过区域协同编制和治理，全面拉开了从大都市区到"大都市圈"的重大跨越。通过统筹编制规划有利于充分发挥大都市圈空间协同规划的引领作用，协调并指引区域内各城市总体规划编制和实施，重点加强在空间功能、交通衔接、设施平台、生态环境等方面的高效互联互通，促进空间协同和有序发展。从上海和周边城市联动发展的角度，通过规划实现区域多中心、有序分工和无缝衔接的一体化发展格局，引领未来长三角地区迈向真正意义上的世界性城市群。

3.2.2　北京大都市区发展概况

首都北京位于华北平原北部，是国家中心城市、超大城市，全国政治、文化、国际交往和科技创新中心，是世界著名古都和现代化国际城市。市辖区总面积 16410.54km²，共辖 16 个市辖区。截至 2018 年末，北京市常住人口 2154.2 万人，实现地区生产总值 30320 亿元，人均地区生产总值实现 14 万元。

（1）北京空间结构演变历程

周一星教授在《北京的郊区化及其对策》一书中指出，北京在1980年代开始了城市中心区的人口、工业的向外分散，进入了郊区化的起步阶段。1990年代，北京人口郊区化的幅度加大、速度加快。具体而言，北京城市空间的变化伴随着人口转移——城市中心区人口外迁至近郊区，人口数量和人口密度减少；随着工业郊区化发展幅度不断加大，外围商业等服务设施逐步成规模，整个都市区居住空间格局发生明显变化（冯健、周一星等，2004）。

根据方修琦、章文波、张兰生等（2002）以TM影像和历史地形图为基础，研究北京城市空间扩展规律（图3-12），发现：1980年代后北京市核心区向西北海淀方向不断扩大，1990年代后城市向西北、西部、南部及东南方向快速扩展，城市空间呈现多翼状加速扩展，各方向扩展变异系数仅为0.38，城市呈现相对均衡式的蔓延，年扩张速度达到19.9km^2。同时带动近郊区城乡过渡带范围不断增加，到1996年北京核心区面积达到307.5km^2，包围城市核心区的城乡过渡带平均宽度达到14.7km，面积达1583.8km^2，模糊了城乡边界使得都市区域结构逐步变化。2001年后，城市空间扩展呈现出多中心蔓延趋势：从拓展方向上看，北京市北部、东部地区的发展快于西部、南部，并沿着重点轴、翼快速扩张，特别是沿着北部昌平发展轴、怀柔发展轴、东北部的顺义—密云发展轴、东南部的亦庄发展轴扩展；从蔓延趋势来看，城市向重点新城聚集的同时，围绕中心城和新城周围无序蔓延（王亮、加雨灵，2013）。

在快速城市化和城市增长背景下，改革开放四十年间，北京都市区人口和就业分布都呈现多中心空间结构（孙铁山、王兰兰、李国平，2012）。根据统计资料整理，发现北京

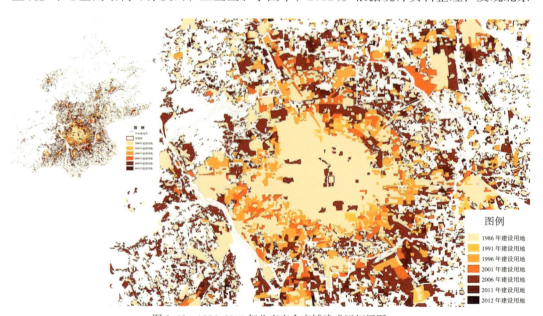

图3-12　1986~2011年北京市全市域建成区拓展图
（资料来源：引自王亮，加雨灵.北京市城市空间的扩展与空间结构演变分析[C]// 中国城市规划学会.城市时代，协同规划——2013中国城市规划年会论文集.北京：中国建筑工业出版社，2013）

市的人口规模增长经历了三个阶段。一是改革开放初期的人口平稳增长阶段。1978年北京人口达到了871万，相较于1949年时的人口（420万人）已经翻了一番。随后十余年内经济平稳发展，人口规模持续小幅增长，到1990年人口规模达到1086万人。二是外来人口快速增加阶段。该阶段随着经济快速增长，对外地人口尤其是华北、东北地区的居民产生了巨大的吸引，出现一大批"北漂蚁族"，中心城区人口快速增加。到2000年（五普）人口达到1356.92万人，2010年（六普）达到1961.24万人，10年间人口增长了44%。这种人口快速增长趋势到2016年达到了顶峰（2173万）。随后进入第三个阶段——抑制缓慢增长阶段。2017年起北京市开始加强外来人口管理，采取多种措施控制人口无序增长，总人口数缓慢下降，2018年降至2154万人。

人口从中心城和近郊不断向远郊"波浪式"迁移和聚集。1980年代以来，随着人口郊区化，北京都市区人口次中心数量不断增加，并由近郊向远郊扩展，人口分布呈现明显的分散化和多中心化趋势，但人口分散的空间范围还比较有限（孙铁山、王兰兰、李国平，2012）。从人口增长的空间分布来看，北京市统计局发布的人口抽样调查报告表明，北京市中心城区人口向外围迁移的趋势显著。从1980年代初期开始，人口不断从传统意义上的北京中心城区（包括宣武区、崇文、东城区和西城区）向外围近郊区（包括石景山区、海淀区、朝阳区和丰台区）疏散。二环以内中心区人口密度持续降低，三环、四环近郊人口不断增多。随着1990年代开始的北京中心区大规模旧城改造，人口外迁不断加速，1990年中心城区人口下降3.38%，到2010年的30年间已累计下降了10%。这种向外疏解的趋势促使近郊区成为人口增长最为集中的区域。2000年以后，随着外来人口涌入以及地铁交通向外围延伸，远郊地区（通州、昌平等区县）人口暴涨式增长，甚至部分区人口年均增长率保持了两位数。从常住外来人口的分布来看，向郊区聚集的特点则更明显，中心城区增加的外来人口仅占总人数的7%，45%以上的新增外来人口聚集在了通州等远郊区。而且2000年到2010年这十年里，中心城区和近郊区的外来人口占比分别下降了3.8%和7.8%，只有远郊区的比重上升了12.5%[①]。总体看来，北京市人口增长的空间规律既体现了首都经济快速发展产生的人口集聚作用，也与西北部山区的生态环境建设、中心区旧城保护以及功能疏解等政策密切相关（饶烨、宋金平、于伟，2015）。

综上，北京市中心城和外围的人口变化趋势较为明显，数据显示，五环以外有1098万常住人口，占全市51.1%，意味着北京市有一半多的常住人口住在远离中心城区的五环以外。但由于就业岗位分布相对集中在五环以内，中心城区仍然有不可替代的吸引力，也使得外围郊区具有明显的"卧城"倾向，以居住功能为主缺乏配套产业，功能失衡导致通勤距离越来越长、交通潮汐现象严重，带来大量钟摆式交通压力。孙铁山、王兰兰、李国平（2012）通过研究人口与就业空间的分异状况，指出2004~2008年北京都市区就业格局与人口的分散化趋势不同，仍呈现向心集聚的趋势，这说明北京都市区的单中心或强中心

---

① 参见：30年来北京人口分布数据变化：从城区到郊区 [EB/OL]. http://bj.bendibao.com/news/2015522/188744.shtm.

结构并未能彻底改变，造成远郊就业次中心的影响不断被弱化，都市区空间结构的多中心性有所降低。最终的问题根源是"北京大都市区人口的分散化和就业的向心集聚之间的矛盾"，即宏观面上人口—就业的空间失衡。

（2）北京大都市区发展问题

根据 2005 年的土地利用变更调查结果，北京市农用地为 110.55 万 km²，占总面积的 67.4%；建设用地为 32.3 万 km²，占 19.6%；未利用地为 21.25 万 km²，占 13.0%。总体上看，北京市建设用地比重较高，具有大都市的土地利用特点[①]。在北京市的大都市区化过程中，也出现了若干问题（图 3-13），包括：

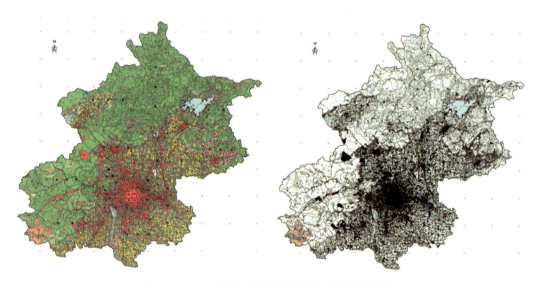

图 3-13　2004 年北京土地利用现状及建设用地分布图
（资料来源：《北京市土地利用总体规划（2006—2020 年）》）

①城市"摊大饼"式蔓延，绿化隔离带被蚕食。北京城市规划总体上采用"分散集团式"布局模式，中心城区和边沿卫星城镇开辟绿化隔离带，但大量的近域迁移导致城市不断向四周蔓延，城市的外延式平面扩展在所难免，北京郊区化促使建成区继续呈外延式发展，北京"摊大饼"仍在继续，城郊隔离绿带不断被蚕食。②工业企业往往利用外迁时机抢占优势区位，占用大量廉价优质土地，超前征地、盲目圈地、征而不用、非法转让等问题比较突出，并带来布局分散、污染搬家、破坏生态环境等问题。③都市区严重的交通问题。北京的多圈层环城交通组织实际上成为"摊大饼"发展和交通问题的最直接根源，外围新城产城不融合、职住难以平衡也更加剧了交通拥堵问题。同时，北京高比例的汽车保有量也是"不能承受之重"的重要原因之一。据统计，北京市的机动车保有量长期全国第一，截至 2016 年，北京的机动车保有量已经达到 548 万辆，不到 4 个北京常住人口中，就有一辆机动车。④集体土地违法建设现象严重，2007 年以来发生在集体土地上的违建量占

---

① 数据来源于《全国 2005 年土地利用变更报告》。

全市违建量的98%[①]；小产权房屡禁不止，甚至愈演愈烈。

（3）城市总体规划编制情况

21世纪以来，北京先后编制了两版总体规划并得到中央批复，分别是《北京城市总体规划（2004年—2020年）》和《北京城市总体规划（2016年—2035年）》。

1）2004版总体规划

针对上轮1993版总体规划确定的2010年的部分发展目标已经提前实现，城市发展面临诸多矛盾和问题。这些问题包括：城市中心区功能过度聚集，交通拥堵问题日趋恶化，环境污染依然严重，历史文化名城保护压力巨大，建成区呈现无序蔓延的趋势。城乡二元结构的格局没有根本改变，城乡差距明显。因此，2004版总体规划必须针对"单中心的发展格局已经难以解决城市发展面临的诸多问题"，运用新的思路修编城市总体规划（图3-14）。

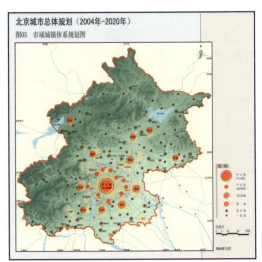 

图3-14 2004版北京总体规划市域城镇体系规划图和中心城区规划图
（资料来源：《北京城市总体规划（2004—2020年）》）

一是本轮规划从大都市区宏观层面，提出了京津冀大区域协同发展的思路。通过推进环渤海地区的经济合作与协调发展，发挥北京作为京津冀地区核心城市的作用。以加强渤海湾枢纽港群海洋运输体系的协调，建立以北京为核心的区域高速公路和铁路运输体系，以及航空运输体系。强化以京津城镇发展走廊为主轴，京唐、京石城镇发展走廊和京张、京承生态经济走廊为骨架的区域空间体系，实现区域统筹协调发展。

二是从北京市域大都市区中观层面，构建了"中心城—边缘集团—新城—重点镇——般镇"的区域城镇体系。其中，中心城是北京政治、文化等核心职能和经济功能集中体现的地区；边缘集团是承担了中心城产业与人口聚集的重要地区，包括清河、北苑、酒仙桥、东坝、定福庄、垡头、南苑、丰台、石景山、西苑10个近郊功能片区；新城是承担

---

① 北京市规委向人大代表汇报工作资料。网络资料：http://www.tiandihang.com/website/Detail.aspx?id=d730fe1c-b1a6-47b8-88f3-c1d9064163ef

疏解中心城人口和功能、集聚新的产业，带动区域发展的规模化城市地区，包括通州、顺义、亦庄、大兴、房山、昌平、怀柔、密云、平谷、延庆、门头沟11个新城。

三是从核心城区微观层面，提出构建"两轴—两带—多中心"的城市空间结构。其中"两轴"是沿长安街的东西轴和传统中轴线的南北轴；"两带"是东部发展带和西部发展带；多中心包括了多个服务全国、面向世界的城市职能中心，如中心城的CBD、中关村、奥林匹克中心等，以及外围新城中心，如通州、顺义、亦庄等。

2）2016版总体规划

从2005年国务院批复《北京城市总体规划（2004—2020年）》以来，北京市认真贯彻执行国务院批复和总体规划，在指导城市建设发展方面发挥了重要作用。随着北京步入国际化现代大都市，逐步显现出一些深层次矛盾和问题，"大城市病"问题凸显。如何制定有针对性的治理目标和对策，需要从城市总体规划的战略性、全局性角度，寻求综合解决方略。时任北京市规划委员会主任黄艳形象地将本次规划修编的创新点归纳为"加减乘除"，通过了一系列看似简单的"四则运算"来破解"城市病"（图3-15）。

一是城"加"乡。规划中首次突出"乡村"内容的控制。由于以前规划对于乡村建设忽视，厂区缺乏规划引导，北京乡镇的产业和建设无序发展，郊区尤其是边缘区的农村集体土地缺乏管控，导致基于农村集体用地的建设过快增长。类似城中村违法增建加建情况、郊区集体用地小产权房等违法建设问题层出不穷，乱搭乱建、环境安全、火灾隐患等问题突出。新版规划突出城乡统筹规划内涵，从单一的城市规划转变成城乡规划，统筹城乡建设用地管控、协调城乡开发建设与管理，通过严格控制城与乡的建设用地规模，修正并降

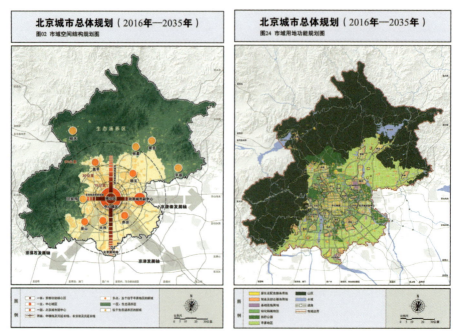

图3-15 2016版北京城市总体规划市域空间结构规划图和市域用地功能规划图
（资料来源：《北京城市总体规划（2016年—2035年）》）

低对集体土地的盲目使用。市规划委员会分析，"总体规划要重点明确集体建设用地利用的规划原则和实施机制，通过分类指导和逐步试点，引导集体土地的合理流转和统筹、高效、集约利用。"

二是"减"人口规模。由于北京长期中心集聚发展，导致首都和北京市级政府等职能和政治、经济、文化、金融等功能过度集中，人口密度高度聚集在中心区，人口调控成为特大城市面临的严峻形势。而且2004版规划确定的2020年1800万人的规模已经被突破。因此，也确定了北京新规划城市规模控制和措施的重点是控制人口规模。首先，"改变以往增量式、保障式规划思路，根据资源环境承载能力，反过来提出城市规模控制目标"。通过区域水资源、大气污染治理和生态环境保护等方面的控制，构建区域生态安全格局合理控制规模。其次，针对城市功能紊乱的病症，通过功能疏解的"减法"，在重新明确城市发展定位的基础上，有针对性地向雄安新区疏解一些"非首都"功能、外迁部分产业，"淘汰一批产业效率低、耗能耗水大、不符合首都发展定位的产业……遏制住人口盲目过快增长趋势"。

三是多中心为"乘"。北京市有73%的就业岗位、90%的优质教育、医疗保健资源仍集中在中心城内，六环以内吸引了约80%的机动车和70%的小客车出行量，各类功能在中心城高度叠加、相互冲突，高度集中的单中心格局并未能得到根本性改变。因此，新版规划中控制规模的重要内容之一是转变当前北京市单中心空间结构，采用改变城市人口、功能在中心城过度集聚的状况。新版规划将严格控制城市中心地区建设规模，遏制中心城蔓延，"多中心"格局将承担疏散的城乡产业、住房和公共服务设施，因此建设北京副中心和外围新城成为重中之重。通过协调与天津、河北省的区域重大基础设施建设，对接区域城际铁路、高速公路等交通廊道，以区域交通一体化促进人流、物流等要素的趋于合理聚集。避免新城沦为"睡城"和"鬼城"带来的巨大浪费，加快郊区新城、新镇和新乡村的建设，提升中心区功能疏解的成效。

四是三规合一为"除"。推动"三规合一"成为实施总体规划的关键。新版规划通过将城乡规划、经济社会发展规划和土地利用规划合一，在规划安排上互相统一，同时加强规划编制体系、规划标准体系、规划协调机制等方面的制度建设，强化规划的实施和管理，使规划真正成为建设和管理的依据和龙头。"在规划内容、空间平台、协调机制、行动计划等方面加强'三规'的衔接，完善衔接配合机制，从而使各级各类计划在统一的空间平台上得到落实，实现公共财政投入、土地供应、重点工程推进与空间布局的相互协调。"

3.2.3 珠三角大都市区发展概况

珠江三角洲（Pearl River Delta）位于广东省中部珠江入海口地区。1994年10月，广东省政府首次提出了"珠三角经济区"的概念，即传统意义上的"珠江三角洲地区"，最初的范围包括广州、深圳、佛山、珠海、东莞、中山、江门7个城市（不含香港、澳门)。后来,"珠三角"的地域范畴逐步扩大,形成由珠江沿岸广州、深圳、佛山、珠海、东莞、中山、惠州、江门、肇庆 9 个城市组成的区域,这就是一般所指的"珠三角"或"珠三角经济区"。随着讨论尺度的扩大,进一步衍生出了"大珠三角"和"泛珠三角"的概念[①]。

从地理区域角度界定"珠江三角洲"包括广东省的广州、佛山、肇庆、深圳、东莞、惠州、珠海、中山、江门 9 个城市,以及香港和澳门两个特别行政区。珠江三角洲总面积 5.6 万 km^2,2018 年末城镇化率 83%,总人口已达 7000 万人,是有全球影响力的先进制造业基地和现代服务业基地,全国科技创新与技术研发基地,是中国人口集聚最多、创新能力最强、综合实力最强的三大城市群之一。

(1)珠三角历史发展回顾

改革开放以来的珠三角在国家经济中一直占有举足轻重的地位,是中国开放程度最高、经济活力最强的区域之一,是我国重要的经济增长引擎,在国家发展大局中具有重要战略地位。在长期的竞争与合作的四十年间,珠三角成为全国吸引外资和产业转化最成功的地区,形成了特色鲜明的差异化区域产业集群和独特的城市群发展格局。2015 年世界银行《东亚变化中的城市图景:度量十年的空间增长》报告指出,珠三角已成为东亚地区规模最大的"巨型城市区域"。

1)珠三角四十年发展历程

许学强、李立勋等学者的研究将改革开放四十年来珠三角的发展历程归纳为三个阶段。

① 1978~2000 年的"前店后厂"式加工与合作阶段。1980 年代深圳、珠海等经济特区的建立,凭借先行的制度优势、毗邻港澳的地缘优势和社会文化相同的人文优势,珠三角实现跨境一体化生产与服务,创造了优势互补的"前店后厂"综合经济体系。借助港澳提供的资金、技术和服务平台,吸引了全国的廉价劳动力和资金、人才、技术等生产要素聚集,珠三角以发展"三来一补"出口加工经济为主,逐步发展成为世界生产网络中的加工贸易重要组成部分。

② 2000~2014 年服务业主导的区域经济整合阶段。21 世纪开始,珠三角地区发展进入了以服务业为主导的区域合作时代,合作向纵深发展,重点在现代生产性服务业领域开展了地区之间、城市之间的交流和合作。通过区域城市群的互动联合,珠三角不仅经济上取得大踏步前进,而且人文社会环境各方面素质都跃上一个新台阶。

③ 2014 年至今的区域经济网络结构重构阶段。该阶段主要通过战略性制度创新、顶层设计建构来推动地方合作,并获得国家政策的有力支持。2014 年广东省政府开始提出"湾区经济",构建对外开放新格局。2015 年广东自贸区的设立全面启动了高端服务业和服务贸易自由化为主导的合作新阶段。2016 年国家"十三五规划纲要"正式提出支持"粤港

---

① "大珠三角"一般指广东、香港、澳门三地构成的区域。"泛珠三角"的概念,其包括广东、福建、江西、湖南、广西、海南、四川、贵州、云南 9 个省区和香港、澳门 2 个特别行政区,简称"9+2"。

澳大湾区"建设。2019年2月中共中央 国务院印发了《粤港澳大湾区发展规划纲要》，推进粤港澳大湾区建设，高水平参与国际合作，提升在国家经济发展和全方位开放中的引领作用。

2）珠三角发展的优势基因

回顾珠三角的华丽转身，其内在发展的核心动力机制来源于"国家政策支持、行政统筹管理、比邻地缘、文化同源及资金技术"等优势与机遇。1978年广东省作为改革开放的前沿阵地，"设立经济特区"成为引领性战略举措，当时四个特区有三个在广东，深圳特区、珠海特区分别直接对接香港、澳门，促进广东和相关地区发展成为"先行先试"的经济和政策高地。经济体制的成功改革对珠三角城市群的形成和发展起到了极为关键的作用。其次，同一省域管辖的行政协调能力，充分发挥了统一的组织、协调和规划优势，统筹整合各城市资源，促进市际合作交流、分工协作，城市群之间逐步形成良好循环发展。再次，珠三角比邻港澳，与香港、澳门同根同源的文化背景，契合了改革开放初期港澳产业结构调整升级的时机，吸引了大量制造加工业和资金技术的流入。其中，深圳作为我国最早、最大的经济特区，充分利用了毗邻香港的优势，通过香港与世界各地沟通联系；而广州作为中国最具活力的国际贸易城市之一，也始终承担着内外部市场的联系枢纽作用，作为区域中的特大城市，与佛山共同吸收了进入珠三角区域的最优质产业资本；东莞连续两年入选新一线城市[①]名录，在最新发布的榜单中名列15座城市的第11名，经济和发展潜力远超许多落选一线城市的省会城市。

从发展的历程来看，珠三角的兴起是一个特殊的空间政治经济过程。从发展的趋势来看，珠三角的未来又必将走向更为普适的空间经济竞争路径。由于多年来"港-珠"之间的"前店后厂"式的分工格局，不但使区域产业发展拓展了广阔的外部国际市场，而且使区域内的本地加工制造业迅速崛起。改革开放初期由于长期"短缺经济"留下来的广阔国内市场，则为这种粗放式的加工制造业发展提供了充分的市场规模，促使本地化的加工制造业得以快速发展壮大，并且在区域内形成专业化、集群化的产业空间发展，城镇经济实力显著增强。与此相应，地方产业空间的发展吸引了大量的外来劳动力，城镇人口迅速增加，并刺激了大都市区生产和生活空间的生成，使区域的城镇空间结构和布局发生了根本变化，大都市区空间上的分工协作更加系统，各级城镇之间的联系需求也越来越高。

3）珠三角都市区发展困境

大都市区的发展伴随着空间的扩张，在珠江三角洲都市连绵发展的进程中，空间扩张的粗放与土地利用的无序已经成为影响区域可持续发展的重要因素（图3-16）。一是，城镇建设用地的迅速增加。2002年珠三角城镇建设用地面积7012km^2，比1996年增加了

---

① 新一线城市是《第一财经周刊》新一线城市研究所依据品牌商业数据、互联网公司的用户行为数据及数据机构的城市大数据对中国338个地级以上城市综合评比后划分的名单。

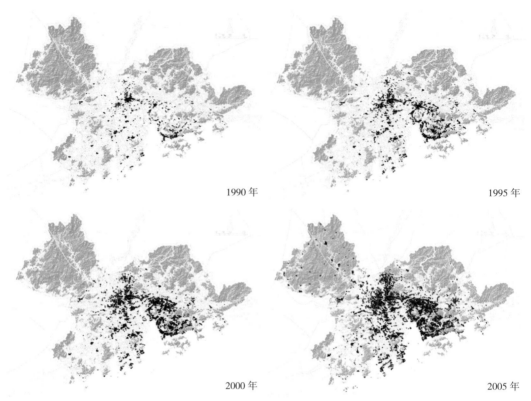

图 3-16　1990、1995、2000、2005 年珠三角地区城市建设用地变化
（资料来源：珠江三角洲城镇群协调发展规划等资料）

1039km²，年平均增加 173km²。二是，耕地保护面临巨大压力。2002 年珠三角耕地面积为 7173km²，比 1996 年减少 1327km²，年平均减少 221km²。2002 年珠三角人均耕地面积仅 0.3 亩（广东省人均耕地面积 0.46 亩），耕地保护的压力极大。以传统的发展路径看，土地供给的紧张已经严重制约了产业发展；反映在基层就是建设用地"指标太低""应放宽限制"等呼声日益高涨。

在都市区连绵发展的进程中，一方面是土地资源不足，另一方面是土地的浪费、闲置现象。据广东省国土部门调研[①]，"广东省土地利用存在的主要问题是，浪费土地现象比较普遍，征而不用、开而不发、用非其所、闲置撂荒情况仍然存在；违法用地现象时有发生，违法用地性质以未批先用、少批多用、不批乱用为主。"[②]

总之，随着工业化和城镇化进程的加速，珠江三角洲土地紧缺已经成为一个十分突出的问题；耕地以惊人的速度在消耗，农业用地、生态用地和城镇建设用地之间的矛盾日趋尖锐（表 3-2）。

---

① 资料来源：广东省城镇化发展趋势及其用地需求研究报告，广东省城市发展研究中心，2007。
② 事实上，珠三角地区与空间利用的粗放无序同样严重的是区域基础设施建设的缺乏协调。不仅城市之间，甚至城市内部各区、各城镇的交通设施与市政设施，都普遍出现重复建设、恶性竞争的现象。

珠三角城镇建设用地、GDP 增长比较（1996~2002 年）　　　表 3-2

	1996 年	2002 年	1996~2002 年均增加
城镇建设用地面积（km^2）	5973	7012	173
1996~2002 城镇建设用地年均增长率（%）		2.812	
GDP（亿元）	4667	9536.39	811.5
地均 GDP（亿元 /km^2）	0.78	1.36	0.097
1996~2002 GDP 年均增长率（%）		12.6	
GDP 增长 1% 消耗城镇建设用地（km^2）		13.7	
GDP 增长亿元消耗城镇建设用地（km^2）		0.213	

（资料来源：中国城市规划设计研究院 . 珠江三角洲城镇群协调发展研究报告 [Z]. 2004）

（2）大都市区缘起及规划编制

从"经济特区"到"珠三角"，再到当前热议的"粤港澳大湾区"，概念迭代的背后是地方政府通过"行动"作用不断激发国家宏观区域发展战略的调整和升级。从区域发展的角度，关于珠三角地区建设定位也随着形势和政策变化不断。根据马向明等（2019）的研究，珠三角城镇群的规划从 1989 年开始，到现在经历 4 版区域性规划及多次相关研究报告。

1994 年编制了第一版《珠三角经济区城镇群规划》。该轮规划中首次采用了"城市群—大都市区—城市"完整的空间管理与组织方式，所提出的"大都市区"的概念沿用至今，为后来历次规划奠定了基础（赖寿华、闫永涛、刘冠男等，2015）。

2004 年编制的《珠江三角洲城镇群协调发展规划（2004—2020）》，提出"全面提升区域整体竞争力，进一步优化人居环境，建设世界制造业基地，走向世界级城镇群"。该轮规划改变了上一版规划中所提出的珠三角中心"一主（广州）+ 两副（深圳、珠海）"的提法，提出"两个主中心（广州、深圳）+ 一个副中心（珠海）"，强调整合大都市区优势资源，形成多点联动合力，共同参与区域竞争（图 3-17）。

2008 年广东省政府发布《珠江三角洲地区改革发展规划纲要（2008—2020 年）》，并获得国家政策层面的支持。2009 年粤港澳三地政府有关部门联合发布了《大珠三角城镇群协调发展规划研究》，这是一份具有显著的官方背景、跨"一国两制"制度边界的空间协调研究报告。研究报告提出"粤港澳"合力建设充满生机与活力、具有全球竞争力、可持续的世界级城镇群。通过大尺度空间结构优化构建"一湾三区集聚、三轴四层拓展、三域多中心"发展的整体空间结构。其中，"一湾三区"是指珠江口湾区和"同城化的广佛都市区、国际化的港深都市区、特色化的澳珠都市区"三大都市区，首次明确了珠三角三大都市区的战略发展方向。

2010 年后，粤港澳三地政府在《珠三角规划纲要》《粤港合作框架协议》等文件中分别提到了"世界级城市群""世界级新经济区域""一湾三区"等构想。国家"十二五"规划提出了"世界级城市群"，国家"十三五"规划明确提出了"粤港澳大湾区"。2017 年，

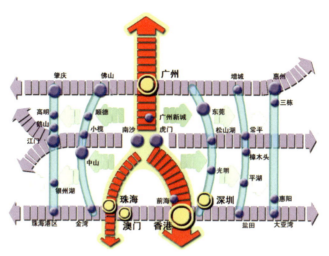

图 3-17 珠江三角洲城镇群规划结构示意
（资料来源：引自《珠江三角洲城镇群协调发展规划》文本）

国务院总理李克强在政府工作报告中提出，要推动内地与港澳深化合作，研究制定粤港澳大湾区城市群发展规划。由此，粤港澳大湾区正式上升为国家战略，成为中国战略发展的三大世界级城市圈之一，也是国家建设世界级城市圈、整合资源并参与全球竞争的重要空间载体。

2019年2月中共中央 国务院印发了《粤港澳大湾区发展规划纲要》。这份纲要是指导粤港澳大湾区长期合作发展的纲领性文件，确立了建设粤港澳大湾区的基本原则。纲要中提出："完善创新合作机制，促进互利共赢合作关系，共同将粤港澳大湾区建设成为更具活力的经济区、宜居宜业宜游的优质生活圈和内地与港澳深度合作的示范区，打造国际一流湾区和世界级城市群。"完善城市群和城镇发展体系，增强香港、澳门、广州、深圳四大中心城市对周边区域发展的辐射带动作用。

（3）珠三角都市区演化趋向

从大都市区演进视角来看，珠三角最初发展的动因是制度约束解除后的地缘经济优势。其后的迅速崛起主要是因为国家层面给予的改革开放实验政策支持，但真正发展壮大是得益于大都市区产业一体化的网络演进，并且这种区域分工协作网络的形成是通过市场来组织完成的（George，2007）。在此过程中，各个空间层面的主体充分发挥了自主性，呈现出发展思路灵活、模式多样；走出了一条市场经济导向下的多元城镇化道路，各级城镇或村镇通过引进技术和资本迅速形成了本地化的产业经济，进而在空间上形成了城市建设空间连绵的"大都市区化"发展态势。城镇化水平的迅速提高极大地促进了城镇功能的多样化，为此珠三角各城镇不断加强城镇基础设施的建设，以加强不同城镇空间之间的交流和联系；城镇之间交往日益密切，网络化发展已成趋势。

不同地域背景下的都市区发展具有不同的特征及演化路径。珠三角地区有设市城市17个，建制镇369个，城镇密度达94个/万km²，许多城镇的建成区已联成一片。马向明等（2019）认为珠江三角洲城市群属强联系多核心的城市群，其城市间经历了"先连绵、后互动"的发展过程，在城市间功能互动的过程中，已形成了在空间上连续的"广佛肇、深莞惠"和"珠中江"的珠江口沿岸大都市连绵发展带。

对比历史发展进程，珠三角三大都市区城市互动发展趋势显著。从早期邻近区域基础设施建设（高速公路、地铁等）的对接优势吸引产业扩散和转移，伴随着就业人口圈层扩散后的需求增长推动节点服务设施共建共享的兴起。从人口密度分布来看（图3-18），具有显著的跨城市联动发展特点。研究表明，随着中心城市功能的增强，其与周边城镇的功能互动不断增加，当前珠三角城市群内出现了"广佛都市区、深莞惠都市区、珠中江都市区"三大都市区，延续了2009年《大珠三角城镇群协调发展规划研究》提出的发展思路，并契合广东省实际情况，因而三大都市区处于不同发展阶段，特征各异：①广佛都市区紧密联系、同城化发展；②深莞惠都市区"涟漪效应"显著，产业人口初步扩散中；③珠中江都市区多点分散发展，互动联系较低。本书重点介绍广佛都市区和深莞惠都市区的发展过程及特征。

1）广佛都市区：高度同城化

广州、佛山两市逐步形成了完整的"核心—边缘"的圈层式空间形态，建设用地已经形成连绵发展趋势，连为一体，逐步打破行政壁垒，形成大都市区域一体化建设。从用地空间拓展来看，广州、佛山同城化发展大致经历了三个阶段。

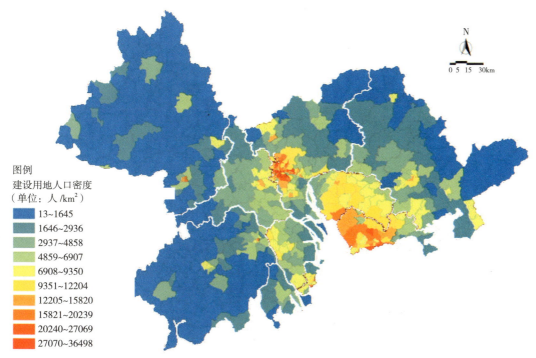

图3-18 珠三角地区2018年建设用地人口密度分布图
（资料来源：马向明，陈昌勇，刘沛，等.强联系多核心城市群下都市圈的发展特征和演化路径——珠江三角洲的经验与启示[J].上海城市规划，2019（2）：34-39）

一是1990年代开始的市场自发推动建设阶段。广州与佛山分别是广东省的第一大、第三大城市，接壤边界长约200千米。两市从1990年代开始就产生区域互动（图3-19）。广州老城区部分功能向西侧边界外溢出，佛山借助地缘优势便捷发展商贸批发等产业，吸引了广州产业、功能和人口的流入。

二是21世纪开始的初步合作共建阶段。2002年两市首提共建"广佛都市圈"，开始了探索区域基础设施尤其是城市道路、公交和地铁等设施的对接。2009年签署《广佛同城化建设合作框架协议》，编制了《广佛同城化发展规划（2009—2020年）》和《广佛同城化建设城市规划3年工作规划（2009—2011年）》等各类规划多项，通过确立联席会议制度协调相关设施和空间建设的一体化发展。提出按照不同组团、城镇和产业空间在广佛都市区的地位和分工，广佛将形成"主中心城区—副中心城区—重点城镇或簇群——一般城镇地区"四级城镇空间体系。有效促进了以广州为中心的产业向佛山扩散，人口向佛山

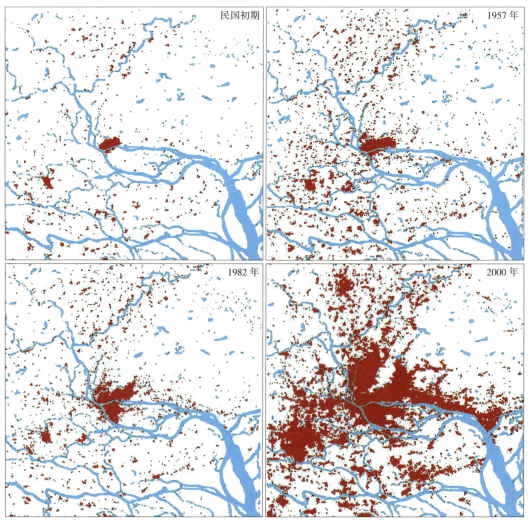

图3-19　广州—佛山大都市区用地空间演化过程
（资料来源：根据广佛同城化城镇空间发展战略资料整理）

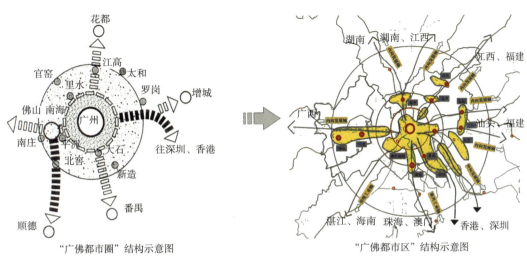

图 3-20 广佛一体化向大都市区转变
（资料来源：广州市城市规划局，佛山市规划局．广佛同城化城镇空间发展战略 [Z]. 2009）

的扩散推动了"广佛都市圈"向"广佛都市区"的转变（图 3-20）。两地政府通过从基础设施对接到制度对接，特别是公共交通一体化运营，为跨城通勤、跨界居住提供了保证，广佛地区逐渐同城化。据广东省住房政策研究中心与百度地图慧眼 2018 年联合发布的一项研究报告，广佛两市间的通勤人口已超过 45 万人，目前已呈现高频通勤的成熟都市圈特点（马向明等，2019）。

三是随着粤港澳湾区概念的提出和落地，两市进入共融共建阶段。2017 年 9 月，广州、佛山两市人民政府联合发布《广佛同城化"十三五"发展规划（2016—2020 年）》，成为广佛同城发展的重要纲领性文件。该规划涵盖了广州、佛山两市 11232km² 范围，2015 年地区生产总值 2.6 万亿元，常住人口 2093.17 万人。规划近远期结合、明确了广佛同城化发展目标、战略布局和重点任务。提出打造珠三角世界级城市群核心区、建设全国同城化发展示范区的发展目标，从交通基础设施、产业开发等方面重点推进"荔湾—南海、花都—三水、番禺—南沙—顺德"三大同城化合作示范区。

从广州佛山同城化的发展轨迹来看，两市围绕共同目标与运作方式，以发展规划一体化、基础设施一体化、市场运行一体化、产业发展一体化和城市服务一体化引导，实现了从"诸侯割据"到城市联盟的融合发展（图 3-21）。广佛都市区建构的过程也暗合着大城市功能疏解的过程，通过城市区域化和区域一体化两个过程建构新的空间尺度，在更大的地域范围上整合空间功能，客观上起到了疏解广州中心区人口和产业过度集聚的难题，提升了中心城区的发展质量，进而提高了整个广佛都市区的综合竞争力（班鹏飞、李刚、袁奇峰等，2018）。

2）深莞惠都市区：面向一体化

深莞惠是珠三角典型的"形态先连绵，功能后互动"的地区，可形容为以深圳为主角的辐射扩散至东莞、惠州的"涟漪效应"——从距离深圳最近的片区向外拓展至其他区域。

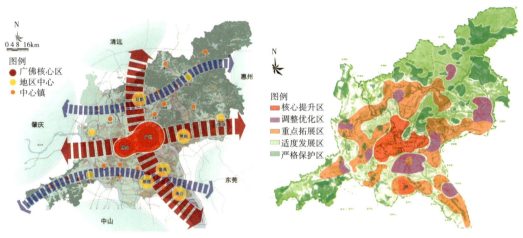

图 3-21　广佛总体发展空间格局、主体功能区布局示意
（资料来源：《广佛同城化发展规划（2009—2020 年）》）

从发展历程来看，大致经历了两个阶段。

一是，1990 年后期到 2007 年深圳作为区域核心地位的确定阶段。1997 年亚洲金融危机削弱了香港在珠三角地区的强势地位，深圳逐步凸显其区域地位。21 世纪以来，深圳瞄准区域创新与金融中心目标，推进产业向外围转移，确立了城市的核心地位（周铁昆，2017）。随着深圳转型发展成功后，城市快速发展使城市建设用地不断紧缩，促使制造新产业不断往周边城市溢出，转移至东莞和惠州地区。因此三市之间的产业联系不断加强，并带动了区域交通和居住服务产业的升级换代，以深圳为中心的大都市区"核心—圈层"形态结构逐步形成。东莞北靠广州、南接深圳，位于珠江口东侧重要发展轴线上，具有独特的区位和土地资源优势。通过持续推进产业转型升级，建成了较为齐备的配套产业链及相关设施，惠州则有土地、劳动力的成本优势，两者共同承接深圳的产业和人口的外溢。

二是，2008 年后深莞惠一体化逐步兴起阶段。国务院批准的《珠江三角洲地区改革发展规划纲要（2008—2020 年）》，提出了推进深莞惠一体化发展的任务和要求。2009 年，深莞惠三市政府经过多轮磋商，签订了"三市一体化合作相关协议"，包括发展规划、产业发展、社会公共服务、交通运输、界河环境保护等方面，并建立了"三市党政主要领导联席会议制度"，形成了互补互惠的区域发展平台。2013 年，由三地共同编制的《深莞惠区域协调发展总体规划（2012—2020）》发布。规划提出，"三地将以体制机制创新为动力，打破行政体制障碍，发挥深莞惠三地比较优势，促进要素合理流动和资源有效配置，实行空间布局构建、产业发展共荣、基础设施共建、生态环境共保、公共服务共享，加快实现经济互融、生活同城，全面提高区域整体竞争力和辐射带动力，为全国区域协调发展发挥积极的示范带动作用"。2017 年，广东省政府进一步提出了推动"深莞惠区域协同发展试验区"建设，在政策层面得到进一步支持，将加速推动深莞惠一体化和产业融合发展。

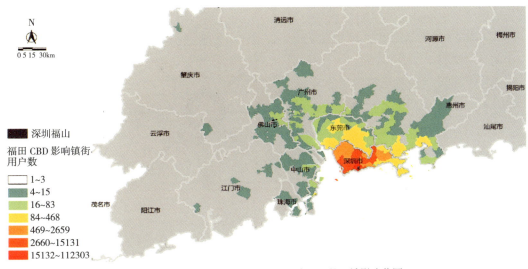

图 3-22 基于手机信令解析的深圳中心区的区域影响范围
(资料来源：马向明，陈昌勇，刘沛，等.强联系多核心城市群下都市圈的发展特征和演化路径——
珠江三角洲的经验与启示[J].上海城市规划，2019(2)：34-39.)

马向明等（2019）研究发现，2008~2018年间深圳中心城区制造业大量外迁，三地在临界地区开展了重点平台的打造，如深圳的大空港、坪山新区，东莞的松山湖、滨海湾新区，以及惠州的潼湖生态智慧区、罗浮新城等，出现边界地区现代服务业快速集聚的迹象（图3-22），大都市区一体化作用下不断推动深莞惠城市空间结构的重构；同时也指出"深莞惠之间的城市轨道交通系统尚未衔接成网，通勤网络尚未完善，交通出行过于依赖公路通道，跨界客运公路运输占98%，轨道运输仅占2%，导致人口扩散规模较少、范围较小"。总体上，深莞惠一体化发展成熟仍然还有很长的路要走。

3.2.4 国内大都市区发展小结

通过上文对"北上广深"大都市区的简要分析，可简要总结我国大都市区发展的规律性和差异性所在。

首先，从我国宏观都市区发育程度来看，大都市区发展已经成为我国特大城市和大城市发展的共同趋势。连绵的广域建成空间、更为错综复杂的外围地区成为都市区空间演化的"符号表达"。根据区域一体化的发育程度，大都市区目前有"同城化发展、联动发展和协调发展"等不同发展阶段，不同程度地反映在我国不同大都市区中。

其次，以区域核心城市为核心推动的大都市区化发展呈现出"涟漪效应"，集聚与扩散双向作用下引发了空间要素的"圈层化"。首当其冲的是核心城市"产业"要素外溢，随后诱发了空间扩散和人口向周边城市转移，在这种寻求发展低成本的"涟漪"作用下形成圈层式空间体系。随着都市区结构由单中心向多中心网络化转变，城市外拓能力不断增强，并在多中心思想下形成更为复杂的动态空间地域体系。这突破了一般意义上的城市概念，视野转向更为广阔的"城市地域",涵盖了"中心区、边缘区和外围空间"三个基本空间要素(图3-23)。

再次,中国的大都市区空间具有较强的城乡二元性。尤其在珠三角地区,都市区不仅涉及城市建成区,也涉及广阔的外围乡村地区,实质上承担了中心城"自上而下"的郊区化外拓空间,以及乡镇"自下而上"突围式的蔓延,这两种不同发展途径所造成的城乡二元矛盾交织在都市区化进程中,导致了土地分割交错现象加剧、

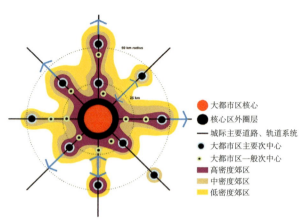

图3-23 多中心大都市区的空间结构模型
(资料来源:Edward Leman Metropolitan Region: New Challenges for an Urbanizing China, 2003. https://www.researchgate.net/)

产业空间分散化、服务设施供给匮乏等一系列难以协调的问题。伴随着大量类似"撤县设区、撤镇设街道"的行政区划调整,在改变了既有行政区划格局的同时加剧了土地利益和主体剥离的矛盾。

最后,大都市区跨越单一城市边界,走向多城市协同发展成为必然。这符合国外都市区发展的大趋势,形成扁平化的网络组织结构。未来我国大都市区发展将不再拘泥于核心城市,而应当是一种与周边城市形成"城市联盟",采取相互协调的集体行动。因而如何借鉴国外大都市区治理的宝贵经验,整合城乡发展的多元主体和力量,探索契合我国城乡发展国情的治理体系改革,在作用机制研究和体制创新等方面仍然还有很长的路要走。

3.3 大都市区化中的土地配置问题

基于上述国内外大都市区的比较与分析,本书择选珠三角大都市区展开进一步深入分析。珠三角是国内发展最迅速、变化最大及最敏感的地区之一,其发展涉及行政区划调整、多层级政府管理、规划实施管理、企业和个人利益博弈等一系列问题,在我国快速城镇化地区具有代表性。其许多发展问题与土地有关,可以说矛盾的焦点是土地配置问题。

3.3.1 土地配置的形态特征

(1)大都市区域的圈层划分

按照大都市区的界定标准和大都市区各区域功能特征、空间形态及行政界线来划分,可以将广州—佛山大都市区大致划分为三个圈层(图3-24)[①]。

---

① 因为任何大都市区的具体空间划分需要更为深入的量化分析方法,本书为研究需要仅作出大致的空间划分。

大都市区核心区（Metropolis Central Area）：包括广州越秀区（含原东山区）、荔湾区、白云区、海珠区，佛山禅城区、南海区部分，是全市经济、政治、文化等功能的核心区域；已经形成了区域的商业中心、商务中心、服务中心、文化中心等功能密集区。

大都市区边缘区（Metropolis Edge Area）：主要包括广州黄埔区（含原萝岗）、白云区、番禺区和花都区，佛山南海区南部、顺德区北部；是处于中心城市扩张的主要方向上，接受中心区扩散和辐射作用最强烈的地区。另外由于交通的相对便利，该区的农村工业化和集体土地非农化程度较高，整体上正处于城乡交替的剧烈转变过程中。

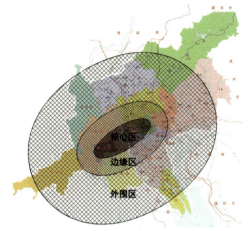

图 3-24　广州—佛山大都市区结构示意
（资料来源：笔者自绘）

大都市区外围地区（Metropolis Peripheral Area）：包括广州南沙区、增城区、从化市，佛山顺德区南部、高明区、三水区[①]；均是与新城区有着紧密联系的外围行政区或县级市，受中心城辐射和扩散作用明显，尤其在中心城二次工业化扩散过程中起到了较好的工业承接作用。该地域由于远离中心区，功能自成体系。

总体上，广佛大都市区圈层式的分布特征明显。核心区土地利用的主导功能以商服、居住、工业等用途为主；边缘区主要以发展城郊型农业、外围大型居住区、大型基础设施和大中型工业企业为主，如花都的新白云机场、番禺的华南大盘、广州新城、大学城、广州新客运站等；外围区主要以村镇发展和农业为主，基本已经形成了连绵发展格局（图 3-25）。进一步从人口密度分布来看，呈现出较为显著的从核心到外围密度逐步递减的格局，作为传统核心区的越秀区人口密度高达 3.44 万人 /km²，荔湾区、海珠区、天河区等新核心区人口密度基本在 1.6 万人 /km² 以上；处于边缘区的白云区、黄浦区和番禺区人口密度基本为 0.2~0.35 万人 /km²；外围区的南沙区、增城区、从化区人口密度相对较低（表 3-3）。

下文将分别分析三个圈层的土地利用演变特征。

（2）大都市区核心区外拓化

1）总体发展特征

大都市区核心区属于城市的建成区，总体上呈现不断向外拓展的特点。表现为城市建设用地总体数量不断增长，用地增长空间多集中在中心城区外围，甚至表现为大项目带动的"飞地型"增长。在此以广州市中心城区（老八区）建设用地的增长来说明这种趋势。

2004 年，广州市建设用地总面积为 1324.43km²，占土地总面积的 18.03%。其中，城市用地面积 509.80km²，占总建设用地的 38.49%；镇建设用地面积 306.52km²，占总建设

---

① 鉴于顺德区发展与中心城区的关联度较低，具有较强的独立发展特点，本书倾向于将其归为外围地区。

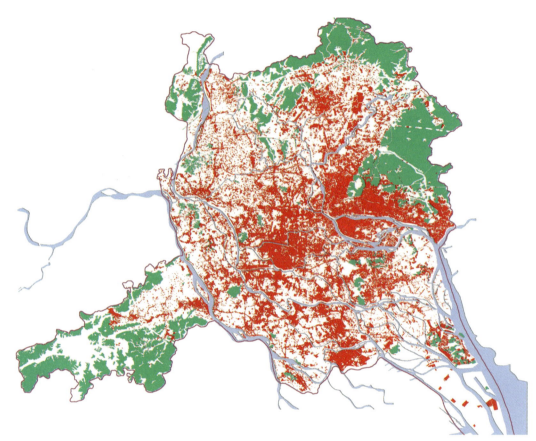

图 3-25　广佛大都市区核心区和边缘区建设用地分布图（2007 年）
（资料来源：广州市城市规划局，佛山市规划局．广佛同城化城市规划城镇空间发展战略规划 [Z]. 2009，7）

2017 年广州市各区土地面积和人口密度　　表 3-3

分地区	行政区面积（km²）	年末常住人口（万人）	年末户籍人口（万人）	常住人口密度（人/km²）	户籍人口密度（人/km²）
全市	7434.40	1449.84	897.87	1950	1208
荔湾区	59.10	95.00	73.59	16074	12452
越秀区	33.80	116.38	117.82	34432	34858
海珠区	90.40	166.31	104.03	18397	11508
天河区	96.33	169.79	90.28	17626	9372
白云区	795.79	257.24	98.92	3233	1243
黄埔区	484.17	109.10	48.94	2253	1011
番禺区	529.94	171.93	93.45	3244	1763
花都区	970.04	107.55	74.90	1109	772
南沙区	783.86	72.50	41.54	925	530
从化区	1974.50	64.21	62.63	325	317
增城区	1616.47	119.83	91.77	741	568

（资料来源：广州市统计局）

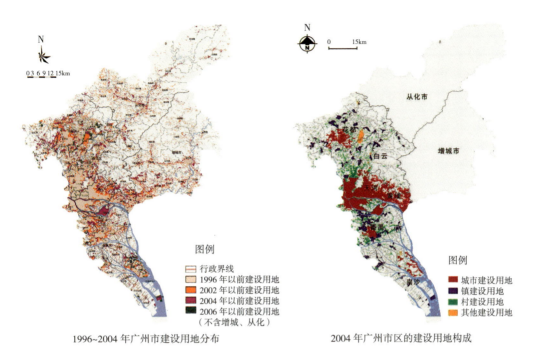

图 3-26　广州建设用地分布及用地构成
（资料来源：广州市城市规划局）

用地的 23.14%；村建设用地面积 347.38km²，占总建设用地的 26.23%（图 3-26）。在建设用地数量上，广州市 1996~2004 年建设用地的总量呈逐年递增的趋势，从 979.85km² 增加到 1324.43km²，平均每年增加 43.07km²。与 1996 年规划基数相比较，其中的城市和镇建设用地增加较快，8 年共增加了 258.48km²，占新增建设用地总量的 82.85%，平均每年增加 35.69km²[①]。在用地增长空间分布上，新增建设用地主要分布在大都市区中心区和边缘区，中心城区总建设用地面积为 529.55km²，占总建设用地的 39.98%；而占市域土地总面积 50.71% 的外围区从化、增城两市（现为从化区、增城区），其建设用地仅为 301.32km²，占总建设用地的 24.75%（表 3-4）。

2004 年广州市各类建设用地分布表（单位：hm²）　　表 3-4

	中心城区	花都	番禺	增城	从化	合计
城市用地	339.30	51.95	69.55	36.80	12.21	509.80
镇建设用地	38.55	48.76	122.14	73.18	23.90	306.52
村建设用地	96.56	48.73	88.06	65.10	48.92	347.38
其他建设用地	55.14	46.84	17.53	18.92	22.30	160.73
合计	529.55	196.28	297.28	194.00	107.32	1324.43

（资料来源：根据广州市城市规划编制研究中心提供资料整理）

---

① 数据来源于：广州市人民政府. 广州市土地利用总体规划（1996—2010）[D]. 1998 和广州市规划局. 新一轮广州市城市总体规划前期研究报告 [D]. 2007。

2011年，根据土地利用变更调查数据①，广州市土地总面积为7246.60km²，其中：①农用地5161.09km²（其中耕地854.38km²），占全市土地总面积的72.22%。2004年到2011年间，广州市耕地面积呈下降趋势，由2004年的1469.03km²下降到2011年854.38km²，8年减少四成多，减少了614.65km²，耕地保护面临着严重的挑战。②建设用地1682.46km²，占土地总面积的23.22%，其中，城乡建设用地1324.4km²，交通水利用地302.21km²，其他建设用地29.92km²；建设用地面积由1990年的408.27km²增加到2011年的1682.46km²，20多年增加了4倍多；从增长速度看，2000~2011年广州年均新增建设用地38.6km²，且2009~2011年间的年均建设用地增量已增加为38.96km²。从各区的情况来看，番禺区的建设用地不仅总量规模增长最大，增长速度也相对较快。③未利用地403.05km²，占土地总面积的4.56%。

2015年，根据土地利用现状变更数据②，广州市土地总面积为7248.86km²，其中：①农用地5073.54km²，占全市土地总面积的69.99%。农用地减少113.85km²，年均减少22.77km²。②建设用地1787.14km²，占土地总面积的24.65%。2010~2015年，全市建设用地增加137.94km²，年均增加27.59km²。③未利用地388.18km²，占土地总面积的5.36%。未利用地减少21.83km²，年均减少4.37km²。

2）演变阶段特征

从用地增长时间阶段来看，新增建设用地具有一定的时间阶段特征。这可以从1996年至2015年土地变化图判断。土地增长变化主要集中在四个阶段（表3-5）。

① 1996~1999年间，带状延伸阶段：广州市的空间格局囿于地形地貌，城市沿珠江带状生长。主要在以白云区为主的北翼组团和以天河区、黄埔区为主的东翼大组团扩展。这一方面是因为在"九五"计划中，这些地区是城市建设用地的主要发展方向，另一方面，当时的番禺和花都还不属于广州市政区的一部分，因此，广州的城市增长难以在大区域统筹。

2000、2004、2005年广州各区建设用地面积（单位：km²）　　表3-5

建设用地面积	全市	白云	天河	越秀	荔湾	海珠	黄埔	萝岗	花都	番禺	南沙	从化	增城
2000年	854.87	153.1	73.72	7.63	11.06	52.64	55.86	—	67.55	166.95（北区）	81.57（南区）	44.27	96.31
2004年	1324.4	240.19	90.95	23.61	40.63	57.28	49.05	48.21	191.16	239.27	87.71	108.05	178.32
2005年	1451.94	276.17	95.76	22.89	41.88	61.52	69.97	—	207.72	305.25	108.45	139.79	230.95

（资料来源：根据广州市城市规划编制研究中心提供资料整理）

② 2000~2004年间，分散式发展的核心都市区蔓延阶段：伴随着行政区划的调整，花都、番禺撤市设区，广州市空间发展战略规划确定了"南拓、北优、东进、西联"的城市

---

① 参见：广州：近十年年均新增建设用地38.6平方公里，南方日报，2013年07月30日。
② 参见：广州市土地利用第十三个五年规划（2016—2020年），广州市人民政府办公厅，2017年3月24日。

空间发展方向。在现有中心区外侧形成集中开发用地，同时为后期跨越发展作土地储备，发展重点是大学城、科学城，并重点控制了广州新城的发展用地。重点以天河中轴线、科学城的建设带动东部黄埔、新塘等地区的开发；北部的花都和南部的番禺均保留了部分用地管理审批权，空间拓展呈现"自上而下"和"自下而上"的双重驱动力。

③ 2005~2010 年间，依托城市乃至区域级的重要设施推动阶段：主要集中在北部的花都、新白云机场和南部的大学城、南沙深水港；这些设施的先后建设和投入使用也代表了新一轮土地开发重点的转移；南部番禺、北部花都和东部大组团成为建设用地的主要增长地区。

④ 2011~2015 年间，南部番禺[①]、南沙区和北部花都区继续成为建设用地增长的重要阵地，尤其是南沙区依托临港新城建设，逐步成为广佛都市区重要的副中心。

3) 土地利用转变

由于广州市毗邻港澳地区，具有区位优势，加之交通便利，因而吸引了大量的资本和外来劳动力；土地利用也表现出"开放性""外向型"的特点。主要体现在：第一，辐射区域的商业服务业用地不断增加，包括大都市区外围的次级中心商业服务用地也不断增加。例如城区的北京路、上下九等传统商业功能的强化和商业用地的增加，天河北、体育中心、珠江新城等城市商务服务业功能的强化与服务业用地的空间拓展；第二，区域性公共基础设施建设用地增加，如新机场、大学城、奥林匹克体育中心、琶洲会展中心等的建设和规划建设的新火车站、亚运村等；第三，外向型产业集聚区的发展，如广州经济技术开发区、南沙开发区、新机场发展控制区、广州港区、南沙港区等建设，使对外联系的基础设施及产业用地进一步拓展。这些新的土地利用都构成了大都市区外拓的组成部分（图 3-27）。

（3）大都市区边缘区广域化

1) 总体发展特征

大都市核心区进一步向外扩张，同时地方自身的工业化和城镇化进程也在不断加快。在外源和内生的两种力量下，边缘区[②]成为大都市区发展矛盾的集中点。可以说珠三角大都市区边缘区的发展具有了更强烈的广域化特点，传统的"城市边缘区[③]"研究强调

---

① 2012 年 11 月 30 日，广州市政府调整行政区划，将番禺区的南部三镇"大岗镇、东涌镇、榄核镇"划归南沙区管辖。
② 自从 1936 年德国地理学家哈勃特·路易斯（Herbert Louis）在研究柏林的城市地域结构时，首次提出城市边缘区这一概念以来，关注该地区的研究日益增多，并衍生出许多相类似的术语，如城市蔓延区（the Area of Urban Sprawl）、城乡结合部（Urban-rural Fringe）、城乡边缘区（City-country Fringe）、城乡过渡地带（Urban-rural Transition Belt）、城乡连续区域（Rural-urban Continuum）等。事实上这些概念还被交叉使用，在地域上存在一定程度的交错重叠，并且与本书研究空间范围有所重合。
③ 国内在 1980 年代展开了城市边缘区的研究，顾朝林（1989，1995）、崔功豪、武进（1990）、陈佑启（1995）等人在总结前人研究基础上分别提出了各自的论点。城市边缘区的概念在我国应用比较广泛，但对它的描述和界定，还没有形成比较一致和全面的看法。笔者通过总结不同概念定义，基本涵盖了空间、行政地域、城市化程度、社会发展、经济等多方面。其中顾朝林教授提出的"城市边缘区位于城市建成区的外围，从社区类型看，它是从城市到乡村（或者是乡村到城市）的过渡地带；从经济类型看，这一地域自然成为城市经济与乡村经济的渐变地带"，成为国内主流的概念定义，国内大量的理论和实证研究也是以这个定义为理论基础而开展的。

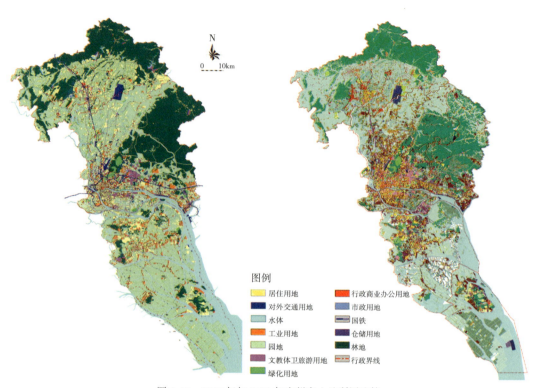

图 3-27 2000 年与 2006 年广州市土地利用比较
（资料来源：广州市城市规划编制研究中心．土地利用模式转变下的广州城市空间发展战略分析 [Z]. 2007）

"基于单一中心城市为中心"、"城市建成区外围"的边缘区界定已经不适合。比较 1996、2004、2007 年广州市番禺区的建设用地增长及分布，可以清楚地看出边缘区土地变化的轨迹（图 3-28）。

首先，在大都市区化推动下的城市和区域一体化的过程中，城市边缘区实质上承载了大都市"自上而下"的郊区化外拓和区划调整后区、乡镇"自下而上"式的城镇蔓延这两种压力。例如广州在 2005 年行政区划调整以后，番禺的城镇化进程越来越深地融入了广州都市区化的进程：在用地控制上，番禺作为广州市南拓战略实施的重点地区，成为广州大学城、广州铁路新客站、广州新城等众多重点项目的建设地；在交通联系方面，区域级、城市级的交通基础设施逐步建成，快速道路、轨道交通三号线、四号线串联着广州市中心和番禺区；在城市功能协调上，番禺北部地区已承接了若干广州的城市功能，突出体现在居住和旅游休闲方面；同时，一部分工业也在向番禺迁移，如新中国造船厂、广州造船厂、广州重型机械厂等。番禺在一定程度上被看成是"广州中心的延伸部分"，是广州市未来城市功能布局的战略性增长地区；但与这种城市功能外溢现象相对比的是本地化的村庄建设、工业开发和房地产建设——规模大、分布广，用地结构极不平衡，用地中的矛盾和冲突也趋多。

其次，随着都市区的结构模式由单中心向多中心网络化转变，不仅放大和强化了中心城市向外扩张的功能，同时也通过空间的有机疏解解决了中心城市存在的环境约束问

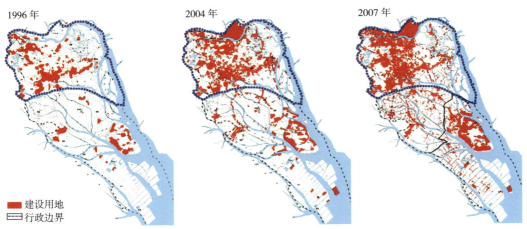

图 3-28　1996、2004、2007 年"广州—番禺"边缘区建设用地分布及增长变化
（资料来源：同济大学，广州市规划局番禺分局. 广州市番禺区规划编制与管理实施体系检讨 [Z]. 2007）

题，而且还将其力量所及的区域有机整合。但是这种不同等级中心城区相互作用也带来了复杂的边缘区"多重"空间交叉关系：市一级中心城区拥有相对"高等级"的边缘区；外围多个区级中心城区不断强化本级城镇的吸引能力而形成各自的"次级"边缘区；这些不同等级的"城市边缘区"在大都市区有限的地域空间中呈"多中心复合交错"——促使边缘区的空间向纵深拓展，将不同等级城区之间的城乡延绵用地纳入其范畴。

笔者认为，大都市区化作用下的边缘区发展内涵已经超越了传统意义上的"城市边缘区"[①]，这种多因素作用下的"地域空间扩大化"是大都市边缘区发展的一个必然阶段，是大都市区多中心网络发展、行政区划调整和多级政府管理重迭发展的结果

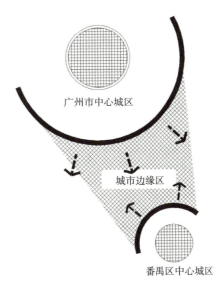

图 3-29　"广州—番禺"边缘区的演化
（资料来源：作者自绘）

（图 3-29）。在笔者参与的《广州市总体发展战略规划咨询 2007》调研中，城市边缘区受到广州中心城和外围次中心的共同影响，众多的土地"产权斑块"交叉，导致城市和乡村（镇）的发展相互交错。对此，部分学者称之为"半城镇化空间"蔓延区，"是一种空间临近、连绵成片的松散的城镇组合"（赵民等，2008）；部分学者甚至直接将这种扩大化的边缘区称为"大城市外围地区（彭涛、易晓峰，2007）"或"中心城区外围地区（任雨来、江曼琦等，2007）"，并认为这是边缘区发展中的一个特殊阶段（表 3-6）。

---

① 顾朝林等（1995）早期提出的概念更局限于单中心城市背景下的界定。

大都市区化边缘区演化特征比较　　　　　　表3-6

时间 要素	演变前	演变后
演化因素	郊区化	大都市区化
结构模式	单中心扩散	多中心、网络化发展
管理方式	独立市级和县级管理主体	多层级市－区（镇）利益主体
空间边界	单一边界、相对隔离型	多重边界、复合交错型

（资料来源：笔者自绘）

2）土地利用特征

在这个特殊的阶段，边缘区的土地利用也呈现出与核心区不同的特点。除了普通的城市功能外溢和大型项目的"空投式"的土地利用以外，在该区域用地更多地表现为土地利用的非农化，如据2005年底番禺区不同类型建设用地构成分析，该区域总建设用地面积占土地总面积的22.6%。其中城市建设用地面积96.55km²（含广州大学城和番禺区中心城用地），仅占总建设用地的23.4%；镇建设用地面积122.14km²，占总建设用地的41.1%；村建设用地面积88.06km²，占总建设用地的29.6%；对外交通和独立工矿等其他建设用地面积17.53km²，占总建设用地的5.9%[①]。由此可见，在该区域主要的土地利用集中于镇和村级的土地非农化，这几项占了总建设用地的70%以上（图3-30）。

其中除了集中的房地产开发用地和村镇工业园区外，主要是本地居民聚居点的建设。其构成和特征为：

①大型房地产开发：广

图 3-30　2005 年"广州—番禺"边缘区建设用地类型分布
（资料来源：同济大学，广州市规划局番禺分局．广州市番禺区规划编制与管理实施体系检讨[Z]．2007）

---

① 数据来源：同济大学．广州市总体发展战略规划咨询[D]．项目负责人赵民．2007 和同济大学建筑与城市规划学院，广州市城市规划局番禺分局．广州市番禺区规划编制与管理实施体系检讨[D]．项目负责人赵民．2007．

阔的边缘区已经成为接纳城市居住功能外延的重要地区，尤其在中心与中心之间的地带，但是由于土地是村镇发展经济的主要途径，促使村镇超前提取土地效益，造成土地开发整体失控、征用地零乱，以村镇招商引资为特点的房地产开发，规模过大且各自为政[①]。房地产项目征地往往将周边的村庄、现状零星的工业等其他建设用地剔除；用地零乱、破碎化，不仅不利于城市功能及交通的组织，还破坏城市结构的完整性，导致地区性市政道路统筹和公共服务设施的建设困难。此外，还有"大盘开发所引起的社会阶层空间分离造成长期的社会冲突（朱介鸣、刘宣等，2007）"。

②村镇工业园区：从工业用地空间分布和发展规模来看，边缘区的工业用地布置散乱，缺乏统筹规划，这在很大程度上是受以村镇经济为主动力、在外来资本的驱动下的工业化道路的影响。工业发展较多是以镇、村、甚至村以下集体为单位创办建设工业[②]。

③农村居民点建设：城乡结合部分布着大量的农村居住点，与大型居住区和零星工业用地混杂在一起，由于缺乏统一的规划和控制，居民点建设大都较为混乱，违规占用集体土地的现象较为严重。一方面是由于村庄规划编制的滞后，未报先建、乱搭乱建等各种违法建设大量涌现；另一方面源于大面积的拆迁安置与"经济留用地"等做法，带来了大量土地征用遗留问题。

（4）大都市区外围区密实化

1）总体发展特征

在外围区，由于远离中心城或者本地区主要城市首位度较低，中心城市对外围用地的侵蚀作用并不明显，总体上呈现乡镇蔓延格局基础上的密实化发展，表现为用地多点扩展、均质化趋势，同时也有向村镇所在地、主要交通干道集中的倾向；相比较边缘区的"城乡结合"空间特色而言，外围地区的景观更加"城不城、乡不乡"。例如东莞市作为深莞惠都市区的外围，全市域总面积2465km²，2004年建设用地总面积已达到940km²，在整体风貌景观上表现为"城乡难分"特点（图3-31）。

从珠三角城市发展的轨迹来看，目前已纳入大都市区外围地区的城市，在早期发展过程中多为发展能动性较强的独立县市，在都市区发展洪流中被卷入其中，但早期"不规范"发展的轨迹使其积重难返。这也导致我们立足当前历史节点上审视时，总会察觉这种难以协调"并轨"的基层抗争和冲动压抑。以佛山市顺德区为例展开深入分析，其原为佛山市下辖县级市，远离佛山市中心区，总体上呈现出较强烈的独立发展个性。改革开放四十年来，与工业化经济发展相对应，顺德城乡建设空间的发展表现为四个阶段（图3-32）。

---

① 据土地、规划部门近年统计资料，番禺区房地产多年持续高速增长，主要房地产项目用地已达约41.03km²，项目数已达到101个，主要集中在广州和番禺之间的大石、南村、钟村等镇（俗称华南大盘）。
② 例如番禺区2000年各镇上报的工业园多达165个（布点也达165个之多），导致城乡结合部地区的现状工业布点以镇或村为基础在周边布置，在整个地区遍地开花，并由于行政区划的限制，形状多不规整（尽管通过对全区18个镇上报的工业园区进行整合，形成以镇为单位的共53个工业集聚点，但仍然摆脱不了村行政边界的约束）。

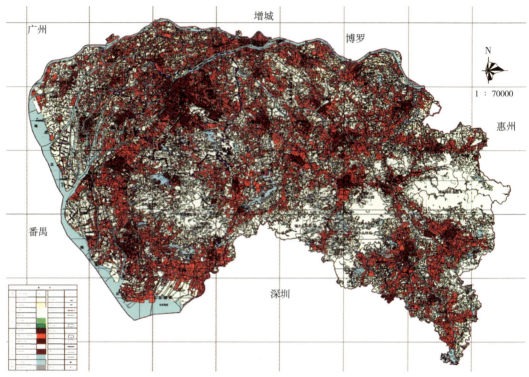

图 3-31　东莞市土地利用现状图（2005 年）
（资料来源：东莞市总体规划）

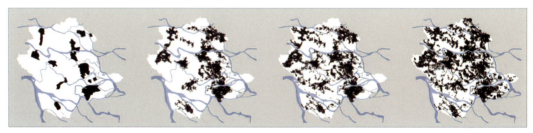

图 3-32　顺德区土地空间拓展的四个阶段
（资料来源：顺德区总体规划研究报告）

①多点簇状发展：乡镇企业兴起，乡村工业化发展的分散格局形成。改革开放以后，当时的顺德县政府确定了"以工业为主、以集体经济为主、以骨干企业为主"的发展战略[①]，催生了多种发展工业的力量以及多个工业发展的主体，出现了村、镇两级工业区齐头并进发展的格局。由于经济利益的分配、土地使用制度上的差异，镇办企业和村办企业都倾向于在各自范围内布局。"村村点火、户户冒烟"成为这一时期产业空间发展的生动描述，

---

① 从实际的发展轨迹来看，顺德的工业发展可以概括为以乡镇企业为核心的发展。在发展乡镇企业的过程中，存在着两种力量：一方面各乡镇政府在原人民公社的社队企业基础上发展镇办企业，并特别注重培育、支持骨干企业的发展；另一方面，各乡镇政府又将权力下放到各村，允许它们在自己范围内兴办企业，发展村办工业区。

呈现一种多点簇状发展的空间格局。

②多点圈层式扩张，沿道路向外轴向扩展，企业规模化后用地扩张。1980年代中后期，顺德的乡镇企业实现了初级工业化，由传统的农业县发展成为新兴工业城市，企业也逐步成长壮大[①]。但这一时期政府没有雄厚的资金和财力、能力进行大规模的基础设施投资建设，市场自发依靠对外道路，发挥"马路经济"的灵活性优势，开始低成本的沿路贸易市场、工业生产点的布局，呈现出"多点圈层式蔓延"，并孕育了沿道路向外轴向扩展的趋势，成为未来顺德空间形态的主导因素。

③轴向延伸与圈层扩展并重，集中点片发展。1990年代初中期，随着"美的"等大企业的规模扩张带动了周边地区上下游配套、服务企业的发展，这些企业为了降低成本主要围绕在大型企业周围集中布局，形成所谓的"工业集群体系"，在这一阶段表现为用地局部的重组、集中，政府提供的基础设施建设、社会管理和公共服务逐步提升。

④蔓延格局基础上的密实化发展：镇街分隔式蔓延格局依旧，"新兴产业引进"以及"土地资源稀缺"不断推进半建成区的密实化发展。21世纪以来，由于土地资源日趋紧张，政府开始引导工业企业向工业园区集中，沿街交易向交易市场集中[②]，开始向集中的"点""片"发展。由于空间发展方面的历史路径依赖，镇街之间仍然呈现"背对背"式的发展现象，过去累积下来的建设空间蔓延格局依旧十分突出；同时，新兴产业的引进，以及规模化集约工业园等项目的建设发展，也正不断推进半建成区和建成区的密实化发展。

2）土地利用特征

类似顺德处于广佛大都市区外围地区的用地，与核心区、边缘区有很大差异。如图3-33所示，表现出如下特点。

①在用地数量上，建设用地比例居高不下。顺德区建设用地面积已达$338km^2$，占全区面积的42%，逐步趋近地区生态承载底线[③]；且建设用地分布零散，使用效率较低（按常住人口计算人均建设用地面积$164m^2$），对地区生态格局带来巨大影响，整体生态格局堪忧，持续发展能力受到挑战。

② 在土地利用类型上，以乡镇集体建设为主导，村镇工业园和村镇居住建设用比例较高。顺德全区17个集约工业区已经基本形成，但村级工业园区仍然大量存在，198个村（居）共有240个工业点，每个村（居）都有自己的工业点，其中最多的村有7个工业点。村级工业园区规模往往较小，绝大部分工业点的面积小于$50hm^2$，平均为$20.5hm^2$，达不到很多基础设施配套的门槛。1990年代以后，尽管乡镇企业已经普遍实现了产权改制，

---

① 针对全市一下子冒出的几千个企业，顺德区重点发展技术水平和附加价值高的新兴工业，及时提出优化行业结构，短短几年间，一批以科龙、美的、华宝、万家乐等大型工业集团应运而生。
② 例如兴建了全面开放、集大量交易的MALL式交易市场，乐从的皇朝、名匠轩、罗浮宫等大型企业设立的专门店。
③ 据统计，2007年顺德的建设用地面积达42%；若计上$35km^2$的施工、平整地和闲置地，建设用地面积将占总面积的46.3%。除去基本农田（8%）、山体（2%）、水体（7%）以及推平未建地（3%）外，可供发展的空间余约38%。

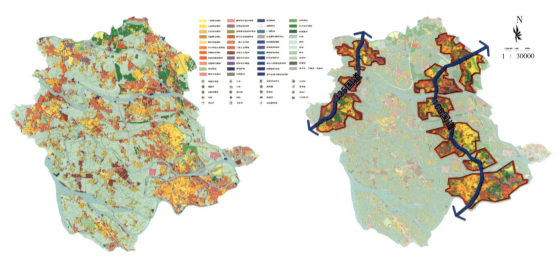

图 3-33 顺德土地利用现状及集散分析（2009 年）
（资料来源：根据《顺德区城市总体规划（2009—2020）》资料改绘）

但工业仍在集体土地上大量发展，并与集体组织的土地受益联系在一起，具体方式为：获取土地股份受益；将集体土地出租给私人企业，获取租金；在分税制下，参与企业税收的分层（Yao，2000）。

③ 在土地使用集中度上，以村镇行政范围为边界的本地化土地利用，导致了开发的分散化及填充密实化。由于缺乏统一基础设施建设和服务配套，形成了"小集中，大分散"蔓延式的土地分布格局。如顺德区，从大的空间格局上看，325 和 105 国道构成了顺德的主要城镇发展轴[①]（图 3-33）。325 国道串联了乐从、龙江，形成了"十里长街"式的交易市场，成为两镇产业和空间发展的主要轴带；主要聚集点外围还有一些星星点点的开发，城镇呈现出四处开花的"蔓延"式空间形态。

④ 在土地使用效率上，人均建设面积偏高，地均 GDP 产出值较低。如顺德区从城镇建设规模和集中度看，按常住人口 200 万人来计算，人均建设用地面积 170m^2；如按户籍 120 万人来计算，人均建设用地面积更是高达 282m^2。而全区单位建设用地平均 GDP 增加值仅为 25 万元 / 亩[②]。分析表明，工业用地的平均产出效率极低（图 3-34），与深圳、苏州等发达地区相比有相当大的差距。

⑤ 在建设风貌方面，外围地区表现为城乡空间混杂、建设形态趋同、整体质量不高的状态（图 3-35）。呈现出"四不像"的特征，即"城不像城、乡不像乡、镇不像镇、村

---

① 325 国道串联了乐从、龙江，形成了"十里长街"式的交易市场，成为两镇产业和空间发展的主要轴带；105 国道串联了陈村、北滘、伦教、大良、容桂，在国道两侧分布着伦教木工机械交易市场、大良汽车城等交易市场，以及北滘、容桂两大工业集聚地。勒流、杏坛和均安位居两轴之外，表现为三个独立的点状形态。
② 17 个集约工业区彼此之间的差别大，各园区企业的平均产值从 200 万元到 2.2 亿元不等，各园区每亩用地的产值从 5 万元到 296 万元不等。17 个集约工业区总的地均产值为 105 万元，超过平均值的为陈村岗北、广隆工业区、北滘工业区、世龙工业区和伦教工业区。

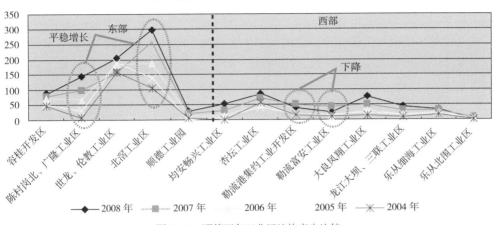

图 3-34　顺德区各工业区地均产出比较
（资料来源：广州市规划院，同济大学. 顺德区总体规划 2009）

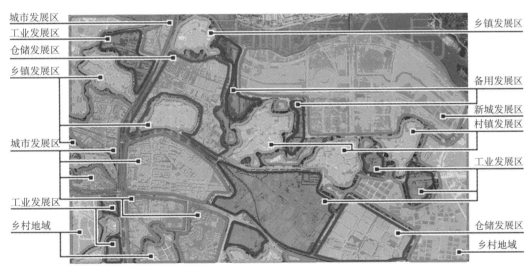

图 3-35　顺德区城乡混杂的空间形态
（资料来源：广州市规划院，同济大学. 顺德区总体规划 2009）

不像村"，到处是城市，到处是乡村，城中村、城中厂交织重叠。各类用地功能混杂，布局混乱，住宅区、商业区以及工业区混建现象严重；旧城区拆迁改造不彻底，新旧城区分界不明显，新城中有旧城，旧城中也有新城。

总而言之，迄今珠三角大都市区外围地区的总体特征为：区、街、镇、村各主体平行发展，保持了较快的经济增长，外围地区实力和规模不断加强；但发展层次较低，仍属于"街镇"的发展格局、组织方式和空间形象，未能形成整体的城区框架，城乡用地空间整体质量不高。这既体现了制度层面的"统而不合"，也可归咎于分散化主体的自发力量使然。

3.3.2 土地配置的特征比较

北上广深四个重要大都市区的发展代表了我国城乡经济发展的第一梯队，统计数据表明，北上广深四个大都市区的经济总量均在3万亿元左右，其总量已经超过了全国GDP总量的1/8（表3-7）。按照核心城市统计，2018年北上广深GDP总量已经突破10万亿元大关，上海GDP总量位居首位；但如果按照大都市区来统计，广州+佛山大都市区经济总量反超上海成为第一，深圳+东莞的组合也超过北京排名第三。除此之外，国内各大经济媒体都有大量四个城市之间的竞争优势、经济增速等方面的比较。在这些城市层面竞争中逐步暴露出深圳、广州所面临的土地资源限制，尤其是深圳面临的土地资源约束已经在不断倒逼城市产业的转型升级。

2018年广佛GDP总量与各大城市对照　　　　　表3-7

城市、地区	人口（万人）	GDP（亿元）	陆域面积（km²）	人均GDP（万元）
广州	1490.44	22859.35	7434	15.34
佛山	790.57	9935.88	3875	12.57
广州+佛山	2281.01	32795.23	11309	14.38
深圳	1302.66	24221.98	1996.85	18.59
东莞	839.22	8278.59	2465	9.86
深圳+东莞	2141.88	30717	4461.85	14.34
上海	2423.78	32679.87	6340.5	13.48
北京	2154.2	30320	16410.54	14.07
香港	748.25	28453（港元）	1106.34	38.03（港元）

（资料来源：根据相关统计资料绘制）

在这些类似的经济总量数据背后，是不同途径、各具特色的土地配置机制在发挥作用。相较于长三角地区、京津冀地区的大都市区，珠三角大都市区的土地配置问题既有共性，更具有明显的差异性。下文通过对广佛、上海及北京等三大都市区的"土地配置"做简要比较，以发现政策制度背景、空间拓展模式、土地市场、主体能动等多方面的异同点（表3-8）。

（1）地方化政策制度演化

宏观土地制度改革、住房制度改革大背景相同。1980年代中期以来，我国城市逐步实行土地有偿使用制度，加速了城市中心区的产业结构转换。由于城市中心区地价最高，单位土地面积产出率高，能够支付较高地价与地租的商业、服务业等逐步占领城市中心区，而单位土地面积产出率低的工业企业，不能够承受中心区高地价与地租，只好退出城市中心区，迁到地价较低的近郊区甚至远郊区。土地有偿使用使企业区位发生重组，商业、服务业等第三产业向城市中心区积聚，工业向郊区迁移，促进了工业郊区化。

广佛与上海、北京大都市区土地配置的比较　　　　　　　表 3-8

	广佛大都市区	上海大都市区	北京大都市区
政策制度背景	宏观土地制度改革、住房制度改革大背景相同		
	双轨化经济发展，地方性政策或做法层出不穷，市区县各有一套	微观地方政策较为统一	微观地方政策相对统一
土地利用特征	用地布局各自为政，较为分散凌乱，外围村镇建设用地量大	核心区 + 边缘各区主导城市建设用地拓展，相对较为集中	城市建设用地围绕中心城向外拓展为主导
空间拓展模式	多中心分散发展模式	单中心 + 外围组团外延发展模式	单中心集核外延发展模式
土地市场状况	二元土地市场，正规城市建设用地市场和隐形不规范农村土地市场并存	以城市建设用地市场为主，市级政府主导土地市场	以城市建设用地市场为主，市、区级政府主导为主，外围县级政府为辅
主体能动作用	市、区（县）、镇、村多级土地利益主体相互竞争、对抗，能动作用强，形成土地利益联盟	以政府主导为主，区（县）、镇有一定能动性	以政府主导为主，区（县）、镇有一定能动性
规划施行控制	发展迅速，缺乏规划控制；上下级规划衔接失控严重；与土地利用总体规划有冲突；集体土地违规建设现象严重	市、区（县）上下层级规划衔接局部失控；与土地利用总体规划有冲突	市、区（县）上下级规划衔接局部失控；与土地利用总体规划有冲突；集体土地违法建设现象严重

（资料来源：笔者自绘）

由于各地对政策理解不同，微观的土地制度和实施政策有所不同。在广佛地区，地方政策层出不穷，市区县的做法各有差异。这与珠三角地区经济发展背景的独特性有关，早期外来资本的涌入，基层政府、村集体充分发挥各自的主观能动性，在国家大的政策指导下各层级政府针对各自情况出台相应土地政策，因而导致各县市征地补偿、留地返利的方式和标准差异极大。"规范和不规范"的土地政策和土地交易市场并存，"自上而下和自下而上"两种管控方式交织。随着大都市区发展的行政区划调整后，不同城市辖区内的政策逐步统一。相比较之下，上海、北京两地的地方政策较为统一，体现了市级政府管理权能的相对集中，多强调自上而下的规划调控方式。

（2）土地利用特征

改革开放初期，各大都市区不同程度都经历过乡镇企业迅速发展状况下的外围用地蔓延。21世纪以来，随着社会经济和都市区化的逐步发展，发展道路有所差异。

广佛都市区的发展受到城市经济和外围乡镇企业推动，齐头并进、双轨发展，基层乡镇经济构成了城市经济的重要部分，尤其是外围的区县（如广州市外围的番禺、花都，佛山市外围的顺德等）。以市区为中心的土地外延扩展和外围乡镇企业建设用地在蔓延格局基础上的密实化发展，导致了在用地分布上更加具有破碎、斑块化的特点，亟待有效空间二次整合。

1990年代以后，上海、北京的乡镇企业发展速度放缓，城市土地市场开始发育，对土地控制加强。总体表现为以城市建设用地为主导，拓展用地相对集中于城市中心城区外缘地区。由于单中心圈层差异形成了中心外围"二元结构"，中心逐步形成区域服务中心，集中了大量商务、现代服务业用地，"服务业就业保持强大的向心态势"，外围承担了更多的制造业等产业用地空间。这也造成了上海、北京外围新城发育迟缓，产业高度聚集造成了外围空间破碎化、城镇化远远滞后于工业化水平，整体面临"再城市化"的不确定性。

（3）空间拓展模式

三大都市区表现为不同的空间拓展路径。一是广佛大都市区的多中心分散发展模式。由于行政区划用地面积限制，在迅猛的外资和产业转移浪潮下，广州、佛山呈现出"双子城"发展格局，外围县区保持了较高速的共同发展，空间上呈现多中心格局。二是上海的"单中心＋外围组团"外延发展模式。围绕较为强大的中心城区，外围建设新城、新市镇，城市发展模式由单一中心向外扩张的模式，转变为结合郊区组团的发展模式。三是北京的单中心集核外延发展模式。由于中心城的"单中心＋环线"结构，长期以来以旧城为单一中心、以改造旧城为主导方向发展城市，形成了向外建设环线、新区包围旧城、同心同轴蔓延的生长模式。这种"单中心"蔓延引发的城市空间问题一直以来饱受诟病，历版总体规划的编制和实施均力推"多中心、分散化"的发展思路，但收效甚微。随着近年来形成高层共识，强调非首都功能的疏散，不断加强了副中心及郊区新城建设，北京正逐渐转向多中心结构。

（4）土地市场状况

我国在不断优化土地资源利用过程中逐步建立并完善了土地交易市场，在不同区域市场发育的程度并不完全相同，同时存在着城市和农村二元土地市场、正规和非正规土地交易并存的现象。近二十年来，中央政府不断加强土地管理及调控力度，完善土地管理制度并坚守18亿亩耕地红线。

不同土地利用和交易方式影响着城市发展模式和城市治理理念，这也使得不同都市区土地市场交易的行为极为复杂。长期以来广佛都市区独特的发展背景，"压缩式"的快速城乡空间演化使得"二元"土地市场格局极为显著——正规城市建设用地市场和隐形农村土地市场并存。历史遗存下来的"非常规"土地交易大量集中在基层镇村，尤其是早期镇村籍借乡镇企业、村办企业等方式流转了大量的集体建设用地。据初步估计，2018年广州市不规范使用的集体用地约有600km²，远超国有土地市场规模（广州珠江新城占地面积仅为6.19km²）。如此规模庞大的集体建设用地，也不断倒逼地方政府不断出台新的规定加强相关市场管制，如"加强农村集体土地利用管理、农村集体土地出让必须招投标"等类似规定，但"非法转让农村集体土地使用权"的现象至今仍屡禁不止，市场仍然面临极大的土地监管和查处压力。

上海市和北京市总体上以城市建设用地市场为主，农村土地市场发展逐步试点[①]。在市政府主导下，自上而下积极应对土地资源紧缩下的新形势和新常态，建设用地"零增长"倒逼土地侧供给改革，不断优化土地要素配置。并采取了多种方式减少对土地财政的依赖，提升土地可持续开发和利用，如"限制开发商散售、提高持有物业比例和时限、带规划出让、基础性建设一并出让"等，城市土地市场向品质化转变。另外，2001年上海开始提出实行农村集体土地使用权流转，至2016年已基本建成农村土地承包经营权流转市场并开始运行，逐步形成城市和农村并轨的土地市场，有效地规范了土地开发行为。

（5）主体能动作用

我国改革开放的发展常用"摸着石头过河"来形容。改革开放后较长时间内，在不清楚也没有足够的资源去实现基本目标的情况下，中央允许地方、部门根据自身条件大胆去试、勇敢去闯。由此形成了"地方创新，中央认可"，也由此激发了超常态的主观能动和积极性。这直接反映在我国土地交易制度改革进程中，并直接影响到大都市区的形成和发展。大都市区的发展始终摇摆在"自上而下和自下而上"管控和突破的二元路径的矛盾冲突中。尤其在广佛地区，在改革开放初期更是形成了"市、区县、镇、村"各级土地主体齐头并进，甚至相互竞争的格局。从土地利用格局形成机制来看，基层土地利用主体对于广佛都市区整体土地流转和配置的作用较为明显，这种主体能动作用的后果影响至今。

相比较而言，上海、北京强调强市政府管控为主，区（县）、镇在总体框架下有一定能动性；镇村能动作用有一定影响，但随着1990年后乡镇企业的式微，"论实力不如国企，效率不如外企，活力不如私企"，开始大规模转制。随着浦东开发引领下的外资大举进入，都市区工业化进程在外向型经济推动下不断加速，以城市开发区为代表的热潮推动都市区空间的迅速扩大。随着时间推移，镇村基层作用的影响逐渐削弱，对大都市区整体作用基本上处于自上而下的集权管控之中。

（6）规划施行控制

在规划施行和控制方面，各大都市区均存在用地开发超越总体规划控制、不同层次的规划衔接不对应的问题，下层次规划不断突破上层规划用地控制面积，或者现实建设空间

---

① 上海市分别于2001年5月颁布《关于上海市农村集体土地使用权流转的试点意见》（沪府办〔2001〕54号）；2010年1月3日颁布《关于开展农村集体建设用地流转试点工作若干意见的通知》（沪府办发〔2010〕3号），由上海市规划和国土资源管理局、上海市农业委员会编制。

增长突破规划控制等。这些"发展冲动下违规"的情况在广佛都市区发展进程中屡禁不止，尤其在行政区划调整后由"自组织转向他组织"时期，规划失效和空间失控的违规现象尤为突出。在2000年番禺撤市设区前后，随着政策并轨但原有的行政隔阂未能被彻底消除，土地是村镇发展经济的主要途径，促使村镇超前提取土地效益，番禺一度出现土地审批失控的现象，直接催生了为人熟知的"华南板块"，造成土地开发整体失控、征用地零乱，给日后广州南拓埋下隐忧（雷诚、范凌云，2010）。

上海市规划管控的问题集中在上下级规划衔接局部失控，与土地利用总体规划有一定冲突。土地资源紧约束的瓶颈越来越严峻，城市规模增长与空间效能提升的矛盾十分突出。上海1999版总体规划（1999—2020）确定了"中心城区人口约800万人，城市建设用地约600km^2"，而事实上，集中建设区已基本建成，现状规模突破总体规划设定的界线，到2006年城市建设用地已经远远超过了总体规划远期控制的用地规模。这也意味着大都市区规划编制体系存在着一定的不足。而过去十多年上海人口增加超过700万人，都市区空间急剧扩大，人口分布加剧了城市空间蔓延趋势，导致在外围地区规划屡屡突破控制，滋生用地违规现象。同样，类似诸如"上下级规划衔接局部失控，与土地利用总体规划有冲突，外围地区集体土地违法建设现象较突出[①]"的情况在北京同样表现较为突出。这也反映出我国城乡规划编制的科学性和实施的管控能力不足。

3.3.3 土地配置的核心问题

通过上文对珠三角大都市区三个空间层次的土地利用、土地流转以及空间变化等表征的分析，可进一步讨论当前珠三角大都市区化进程中的土地配置问题。主要可以归纳为三大方面的问题，即土地利用与权属问题、土地市场问题、土地管制问题。

（1）大都市区土地开发中折射出的"权属问题"

大都市区土地使用的总体特征为：核心区围绕中心城区及依托大型基础设施向外圈层式扩张，不断寻求城市发展的新增长空间，将集体土地转变为国有土地，表现出较强的"圈占"农地的态势；而边缘和外围地区在分散式村镇工业化推动下，空间沿交通干道不断"蔓延"与"填充"，两者之间缓冲空间逐步压缩，城与乡两种不同土地权属类型之间产生巨大的二元矛盾。

根据广州市各区的建设土地变化图分析（图3-36），通过征用集体土地而使得国有建设用地增长主要集中在三个阶段。1996~2002年为分散式发展的城市向外蔓延阶段，重点以天河中轴线、科学城的建设带动东部地区开发；北部的花都和南部的番禺在撤市建区前拥有建设用地审批权，土地出让量很大。2002~2004年为核心都市区大

---

① 北京市规委负责人向市人大代表汇报违法建设查处情况时怒斥个别基层政府"挂羊头卖狗肉"的行径。继房山青龙湖别墅被查之后，规划部门又在通州发现百万平方米"小产权房"。2007年以来，北京的集体土地违法建设现象严重，发生在集体土地上的违建量占全市违建量的98%。

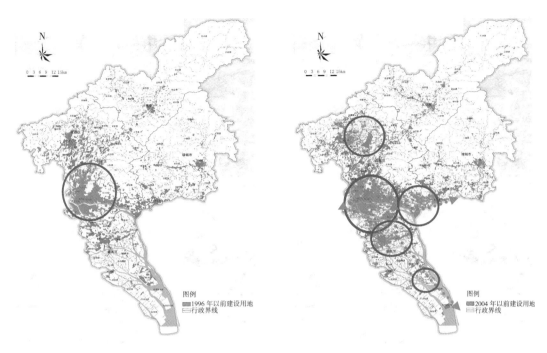

图 3-36　广州都市区 1996、2004 年建设用地分布及城市增长点变化
（资料来源：广州市城市规划局提供总体规划专题资料）

力外拓阶段，不但在中心区外侧集中开发，同时也为后期跨越式发展储备土地；开发的重点是大学城、科学城，并对广州新城的规划用地实施控制。2004 年后为依托城市乃至区域级重要设施的推动阶段，主要的征地集中在北部的花都、新白云机场和南部的南沙区周围。

在大都市区边缘和外围地区，则表现为基于集体土地的分散式村镇工业化推动下的空间"蔓延"与"密实化"。伴随着乡镇企业兴起，"村村点火，处处冒烟"的分散格局形成，多点簇状发展的"碎化、斑块化"现象突出。土地粗放利用、空间破碎的局面既有历史原因，更大程度上还是集体土地无序流转造成的，而流转后所带来的产权分散则固化了空间碎化的局面。事实上，自 20 世纪末起，珠三角地区各基层政府及村集体各自为政进行招商引资，再加上集体土地隐性市场的活跃，私下交易盛行，导致土地权属关系紊乱；即使在同一村庄内，也会存在集体土地、国有土地（包括征地后的留用地）及权属不明用地等多种用地。

基于不同土地权属和"争夺"，在截然不同的土地发展方式下，大都市区形成截然不同的土地空间利用，并引发不同的土地使用问题，包括用地结构问题、土地使用效率问题等。一方面，大都市区核心区根据城市总体发展战略，有序推进用地布局建设，城市建设用地增长逐步趋于合理；但在都市区总体层面仍存在区域土地利用不均衡、用地结构失衡的问题。例如广州全市农业人口已由 1996 年的 253 万下降到 2004 年的 82.85 万，但是村建设用地的面积却没有相应地减少，反而逐年略增，至 2004 年已达 347.38km^2，人均超过 400m^2。

另一方面，在大都市区边缘和外围地区村镇建设和工矿用地持续增长，但用地破碎，且使用效率不高，与城区形成明显对比；合理的都市型的土地利用结构尚未形成。整个都市区建成区的建设密度虽高，但土地利用比较粗放，人口密度、单位用地产出都比较低，公共服务设施用地、公共绿地不足。例如，顺德区大部分工业厂房以单层为主，开发的建筑密度高而容积率低[①]，与此同时，却是可供顺德将来发展的成片土地所剩无几[②]。受到土地资源的硬约束，现有发展模式难以为继。由于农保地指标的空间落实极为分散、破碎，加之农村建设占地多、"宅基地"难以调并，后继用地调整的难度很大。总体而言，缺少以"集中做增量"来推进"空间结构调整"的余地。而这种土地利用中出现的种种问题的背后是大都市区的土地产权性质多样且权属极为分散的弊端。

（2）大都市区土地"市场"流转引发的利益问题

在对珠三角大都市区的经验研究中，发现在都市区化进程中推动土地流转的参与者众多；不同土地利益主体分别采取正规和非正规的土地流转，在市场中获取土地收益、并形成了若干利益团体，同时也引发了许多社会性问题[③]。

土地流转问题主要集中在大都市区边缘和外围地区，表现为土地利用的双重低效——既有功用上的低效，也有结构性的低效，土地开发和产业形成具有较强的自发性，以民营资本投入为主，具有超越城市规划之外的蔓延性质，并快速推动带动了周边农村地区土地性质的转变；由于土地"不规范"流转盛行，形成了"正规与非正规"的二元土地市场并存。正规和非正规的多层次土地市场交易不但复杂，而且存在着集体用地的低价招商，导致土地利用粗放。

广州市与全国其他城市相比，土地利用的市场化特征明显。土地交易方式逐渐向多方向、多层次、全面开发的市场型转化。在市场经济机制的驱动下，既有土地配置开始向城市经济建设的方向转移，形成政府主导下的城市以及土地开发。

同时，农村集体用地也通过多种合法和不合法渠道进入了土地一、二级市场。在非正规流转过程中，集体土地按照"廉价土地出租——吸引资本——收取租金——再开发土地——继续出租"的模式进行滚动开发和流转。这是一个开放体系，由于租金水平较低，在村域经济模式下，只有不断地推出增量土地，才能确保农村集体经济组织收入的不断增长。这就不可避免地导致了土地利用的粗放。同时，村镇工业化带来了基层发展，虽然大部分农业人口已经脱离了农业生产，但并未脱离村镇土地，也未能转化为城镇人口，属于"不完全城市化"。以顺德区为例，2001年，非农人口占户籍人口的比重仅为

---

① 据统计，2004年顺德区工业用地达19.32万亩，工业产值为1603亿元，约为82.95万元/亩，远低于深圳250万元/亩。现今仍有部分村级工业区亩产值不足15万元，如：勒流的黄连工业区、水新工业区、杏坛的安富工业区、麦村工业区等。尽管目前顺德每年仍需投入大量土地用于开发建设，而全区单位建设用地的GDP增加值仅为25万元/亩，与深圳、苏州等发达地区相比有相当大的差距。

② 如上文所述，2007年顺德的建设用地面积已达42%；除去基本农田（8%）、山体（2%）、水体（7%）以及推平未建地（3%）外，可供发展的空间只有约38%。

③ 本书针对案例地区的分析，同样的问题在北京、上海等大都市区也能观察得到。

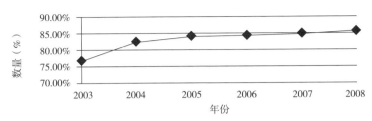

图 3-37 顺德区历年劳动力非农化水平
（资料来源：广州市规划院，同济大学.顺德区总体规划专题资料 2009）

33.8%，而实际上，农村劳动大量从事非农产业，2008 年全区农村劳动力非农化水平已达 85.7%[①]（图 3-37），已基本形成了依靠集体土地获利的"食利阶层"。这些"非农化的农业人口"的土地空间需求[②]与"都市区化"的空间发展有着内在的强烈冲突。

由于土地利益的固化，造成珠三角地区依靠本地村镇土地发展的农村工业化难以提升城镇化质量。同时大量外来务工人员与本地居民形成了稳固的"经济共同体"——形成本地城镇化、导入城镇化、中心城郊区化的空间混杂、重叠，并引发社会分异等问题。

基于非正规土地市场活动，在"本地农民的租金收入"与"外来人口的需求"结成"稳固经济共同体"的作用下，这种外来就业人口的异地城镇化与本地人口非农化形成了一个利益整体，带来了不同的社会问题：

①由于城镇化空间的连绵发展，产生了较多的"城中村"集聚地。例如番禺的市桥、沙湾、大石等地区。由于存在着本地村民的租金收入等既得利益，以及存在着对低价位居所的庞大需求，在现行制度下要想对这些城中村加以改造将面临非常大的困难[③]。除了在个别特殊区位"强行"推进改造及实施若干试点项目外，对大部分"城中村"而言，现有的对策只能是"以控制为主"。

②这种获利机会主要产生在交通较为便利的村镇，对于其他从事农业的人口较多的"后进"地区，却又难以通过地方主导开发来实现其居民的城镇化转变。基于城市发展战略的"建设控制区"的划定，不可避免会引发农民的出路问题，即便导入市级工业与城市开发，也可能会与本地农民的就业能力不相容。

③中心城的建设向郊区推进，促使大量城市人口向外疏散，导致都市区外围地区呈现出"内部规划整齐的大楼盘和凌乱的农村居民点"景观，其背后是二元社会结构：一边是大型住区封闭式的物业管理及其相对独立的"小社会"环境，一边是大量建设水平低下的农民自建房以及小产权房等同时并存。这种二元结构制约着地区经济、社会、文化的进一步发展，同时也给社会管理和治安带来诸多困难，影响着整个地区的社会和谐。

---

① 该部分数据来源于赵民教授主持的顺德区总体规划专题研究报告。
② 这种需求包括了依靠集体土地出租的获利、出租房屋收租、农民分户建房等需求。
③ 城中村改造规划的实施关键是能否将村的体制改为城市体制，并同时将集体用地改为国有土地；但在 2009 年"三旧改造"之前，广东省、市、区均未出台有关城中村"体制改革"的有关规定，致使城中村改造规划难以进行，更无法实施。

(3) 大都市区土地使用管制与空间规划的困境

在城乡二元的土地制度背景下，村镇地区基于"土地"的发展活力和利益诉求强劲。对此尚缺乏有效管制机制，规划难度很大。

首先，村集体建设用地流转活跃，形成超脱于城市管理之外的"稳固经济自循环体"，规划难以打破。随着经济发展，珠三角地区集体非农建设用地的流转已相当普遍，十分活跃。其基本原因是这些地区农村工业化的模式发生了根本变化，即由原来"乡村办企业、自己用土地"的模式，转变为产业用地流转、所有权与使用权分离、通过招商引资兴办企业的模式。亦即村集体从靠办企业、经营企业赚取利润退回到纯粹依靠土地生存的状态[1]，其中以出租形式最为普遍，基本形成了超脱于城市管理之外的"稳固经济自循环体"。

其次，在经济利益驱动下，村镇地区的土地违法问题突出。近年来，国家加强了对土地的政策调控，珠三角发达地区的建设用地供应收紧；另一方面，土地违法也出现了不容忽视的新情势，特别是在2003年土地市场整顿验收取得阶段性成果之后，违法用地案件有了上升的趋势。尤其是2004年一度停止建设用地审批后，违法用地行为大幅度增加，其中有很大一部分属于集体土地违规流转。从2001年至2004年，广州市违法用地777宗，涉及土地面积1684.12hm^2，立案查处684宗，涉及土地面积1198.48hm^2。同样，在经济利益驱动下，村集体往往抵制规划，导致规划实施和城市拓展的成本加大。以现状股份社物业（土地）出租的经营方式，收益稳定，又没有风险；但其缺点是抑制城镇化，农民长期依附于集体土地，缺乏提升自身素质和参与市场竞争的动力。同时，物业出租排斥劳动力，农村集体经济组织管理者一般人数很少，大部分农民难以从集体经济组织谋到一个职位，就业率低。由于农民自身缺乏参与市场竞争的能力，难以在市场中找到一份好工作，自然就"过分"关注集体土地的股红，并对政府征地进行更为激烈的抵制。征地需要每个股份社2/3以上村民表决通过，谈判的成本极高。

最后，面对城区拓展的空间需求，上级政府不断采用行政区划调整、编制城乡统一用地规划的手段来严格控制外围的发展空间；但对于具体的集体违规的行为，政府难以彻底清查，更多的是采取较为被动的"重点地区用地规划控制"方式，规划难以取得实效。以番禺区宅基地清理为例，按广州市政府的要求，番禺区各镇原先批出的宅基地许可全部取消，要先编制全区的中心村规划，将道路、公园等市政设施定下来，将分散的居民点归并到中心村；要制定旧村改造计划，再与各村签订旧村改造责任书，由区政府研究确定划给每户村民的指标，再与村民签订协议。但是在实际管理过程中，由于缺乏中心村规划，导致后续工作无法开展；而且，农村、农民的发展也不是简单的物质空间规划所能解决的，因此编制的中心村规划往往不能适应农村和农民的发展需求。

---

[1] 村集体依靠出租土地大部分是非法的，如没有合法转用手续则不受法律保护。如果企业经营稳定，股份社与企业签订的土地出租合同在执行上不会有问题；但是当企业经营出现困境时，就会出现相应问题。例如2009年来出现多起外资企业老板在欠薪又欠租的情况下关闭工厂逃离，导致工人闹事，地方政府不得不"买单"的案例。

总而言之，大都市区土地配置问题极为复杂，但基本都可以归纳为土地权属、土地市场、土地管制三种类型的问题（表3-9）。这三种问题在大都市区发展背景下错综复杂地交织在一起，环环相扣——既有各自独立的问题，也有三者之间相互交叉形成的复杂问题。但总的来说，产权问题是基本问题，大部分市场问题和管制问题都可以从产权角度找到根源，这也为问题的解释提供了导向和依据。

珠三角大都市区土地配置问题归纳　　　　　　　　　　　　表3-9

问题分类	主要问题	问题表现	涉及要素
权属问题	土地空间发展问题、土地使用问题、土地归属问题	土地圈层化、土地生态恶化、土地结构失衡、土地使用低效、布局分散、征地问题	土地产权制度、土地使用主体、土地利用方式
市场问题	二元土地市场问题、土地流转问题、土地利益群体问题	农地违规流转、土地利益问题	土地市场制度、主体市场行为、土地利益分配
管制问题	空间规划编制缺失滞后问题、规划编制实施问题	产业空间难以优化、各项规划落实困难	土地使用管制制度、空间规划行为

（资料来源：笔者自绘）

3.4 本章小结

"大都市区化"被认为是一个具有规律性的现象，或者说，是城镇化达到一定程度的必然现象。本章通过回顾大都市区的发展及其趋势和特点，包括功能演化、空间演化、产业网络化、交通一体化、组织模式多样化等，指出不同的国家和地区由于内部的城镇化约束条件、外部的发展环境差异很大，都市区化的过程与空间后果也会有若干差异。进一步通过对珠三角地区土地配置现状的调研，针对核心区、边缘区、外围区三种不同空间范围，总结其各自在大都市区化推动下的土地演变特点，主要是呈外拓化、广域化、密实化的发展特点。发现大都市区化的发展有别于城市和农村分离的发展方式，大都市区涵盖了城市到乡村的渐变特点和复杂交错现象，与传统的城市概念有较大区别。通过横向比较发现，珠三角地区大都市区特点与上海、北京等大都市区化发展有明显的差异。

对于珠三角，特别是广州—佛山这样的都市区化区域来说，情况就更为复杂——珠三角大都市区实质上呈现出了城区"自上而下"的郊区化空间外拓，以及区划调整背景下的区、乡镇"自下而上"式的城镇蔓延；两种不同发展方式具有明显的二元性，多种问题和矛盾交织。从城市化启动力的角度，这种发生在农村地域，由地方政府和农民群体力量推动的城市化是一种自下而上的城市化过程，具有明显的中国特色（崔功豪、马润潮，1999）。进一步综合上文对珠三角大都市区化"土地特征分析"和"土地配置问题"两方面的分析，可以发现其中表现出来的所有问题都不是孤立的，而是相互联系在一起的，它们共同统一在"城市郊区化外拓"与"本地的工业化城镇化"的"双向土地配置"进程之下，两者构成了珠三角都市区化的基本内容。

大都市区市级政府（广州、佛山等市政府）主导的、以主城区为中心向外延伸的"城市郊区化外扩"，是一种"自上而下"式的城市空间建设拓展，向外发展侵入乡村地区，土地配置中产权、利益关系并未彻底清晰，城中村依然不断产生；而都市区外围地区的本地城镇化则是一种"自下而上"式的城镇建设空间蔓延生长，以街镇行政区及村集体为单位，依托集体用地沿道路交通设施不断填充密实化。比较而言，前者的特点是选择适宜的空间区位，以重大基础设施、重大项目驱动的跨越式发展，其建设空间将更多承载"市级城市居住和产业功能"，并讲究建设空间拓展的环境质量；而后者则是依托既有城镇基础，凭借自有的土地资本，逐步引进中、小规模工业企业，以多点蔓延增长方式，并在此过程中相应吸纳外来人口及实现本地农村社会的城镇化转型。

问题的关键在于"上下"两方面的建设发展需要在空间上重叠并置，并都需要尽量降低空间发展的成本。前者试图控制地方工业化、城镇化的多点蔓延发展，为"以重大项目为驱动的城市建设发展"留出尽可能多的成长空间；而后者则希望借助区域及城市重大基础设施和重大项目的动能，进一步加快本地经济发展及谋取本地社区利益。

在这种二元化发展道路带来的多头发展建设格局下，较为普遍存在争夺土地发展建设权的现象，尤其是对集体土地发展建设权的争夺；涉及城市政府、村镇集体、农民等多种类型土地权利主体，这也正是问题的根源所在。表现出市、区、镇、村多级政府组织在土地控制上利益博弈矛盾突出，编制大量的城市规划由于缺乏土地配置的支撑而不能贯彻执行或者改头换面现象严重。由于这些问题交织在一起，尽管在理论上多方面的空间需求可以统一起来，但在实际发展中却面临着若干实际的统筹操作困难，使得试图通过"空间规划和管理"来化解上述矛盾的努力往往难以奏效。正如赵燕菁（2005，2018）所指出的"城市规划编制多将规划实施假设发生在交易成本为零的世界，而忽视了现实生活中各种利益群体对规划实施的影响，因此技术上合理的方案常常难以实施，规划编制应适应质量增长的转型"。这既反映出传统空间规划的局限性和不足，同时也暴露出对问题背后的个体能动因素重视不够。

因而，本书把研究问题聚焦于"二元化发展路径下不同主体对现有土地制度的超越"，强调在二元化发展道路中，存在着大量不同主体利用土地及其相关制度获取的权力，通过不同类型的行为来获取土地相关利益，其行为交织在大都市区有限空间内，引发了上文所述的诸多土地问题。其中制度是根源，决定了权利的分配；同时，对主体行为对权力转变和分配关系的影响也需要解读。因此本书研究必将涉及土地制度与政策交织、利益主体行为超越、土地管制体系失控等多方面的内容。

第 4 章

土地产权制度演进与政策行为研究

本章主要是通过对行为起到重要约束作用的产权制度的研究，来认识我国土地制度和土地政策这样一个相互交错的体系，形成了由法律法规、中央的指导性文件和地方政府"土政策"相结合的"土地权利约束"结构。在这一结构下，中央的"讲话、精神、通知"对地方的约束作用有限，而"分权化"的基层政府在政策的执行和创新上有着一定的自由度和相对灵活的操作空间；更有甚者，地方自发性的制度创新或创设有时会代替原有的国家强制性的制度安排。在珠三角大都市区，某些基层政府主导的发展政策创新已成为严重影响土地配置的重要因素。

通过研究土地产权制度下的政策行为构成，在清晰描述产权制度框架的同时，通过剖析国家土地政策对土地权益的作用，把握土地权益在主体之间的分配关系以及具体实现方式，进而分析都市区政府在政策执行过程中的能动行为拓展，从而揭示都市区土地产权制度的缺陷，以及政策能动行为带来的土地配置问题和后果，并指出可能的对策方向。

4.1 我国土地产权制度概述

总的来说，我国土地产权框架的构成包括两方面，一是国家颁布的法律法规明确的土地产权制度，体现了"权利法定"的法制建设特点；二是中央和地方颁布的一系列土地政策，作为法制建设的有效补充。两者结合形成了对于土地产权和权益的界定。

4.1.1 土地制度与政策变迁

1949年以前，我国实行土地私有制，大部分农村土地属地主所有。1950年起进行土地改革，废除了封建土地私有制，实行"耕者有其田"，实际上是土地农民私有制；到1952年，全国范围内土改结束。其后经历了在保留农民土地私有制基础上的农业互助组和初级合作社（1953~1956年）、土地集体所有制下的高级农业合作社和人民公社（1958~1978年），1979年后实行家庭联产承包责任制。总之，改革开放前我国土地改革可谓一波三折，且重点在农村土地；对于城市土地配置问题基本没有重视，可以说，城市土地配置的重要变革主要集中在改革开放以后。

改革开放以后，伴随着中国整个经济体制改革的进程，土地制度改革和政策创新不断，推动着我国土地配置制度走向成熟。自从1980年代初向外资企业收取土地使用费开始，经历了四十年的探索过程，我国土地市场配置制度从无到有，经历了一个逐步深化的过程。整个发展过程包含了四个层次：①城市土地使用从无偿转为有偿，建立了城市土地有偿使用的制度；②土地市场逐步建立并发展，逐步形成了通过市场机制来配置土地资源的基本格局；③中央政府逐步加强对土地配置的管制，通过一系列土地政策参与宏观经济调控，土地成为宏观调控的重要手段之一。纵观改革开放以来土地配置制度的变迁，每次制度性的变迁都与当时的经济形势紧密相关。纵向上可以将土地制度与政策的发展分为以下几个阶段。

（1）1978~1986年：土地市场化的起步阶段

总的来说，改革开放前中国城镇国有土地实行的是单一行政划拨制度，宪法规定"任何组织或者个人不得侵占、买卖、出租或者以其他形式非法转让土地"。旧的国有土地使用制度的主要特征可归纳为三点：一是土地无偿使用，二是无限期使用，三是不准转让。国家将土地使用权无偿、无限期提供给用地者，土地使用权不能在土地使用者之间流转。计划经济模式下的城市土地使用制度与高度集中的指令计划相对应。其结果，一方面是批准城市用地的权力高度集中，另一方面是用地单位往往不珍惜土地，这样就形成了城市土地配置与管理的集权与浪费并存的矛盾现象。由于用地单位缺乏集约用地的内在动力，土地乱占、多占的情况屡禁不止，造成土地资源的极大浪费。1978年伴随着农村土地使用制度的改革，我国城市土地制度的改革也拉开了序幕。改革的方向是使城市土地无偿使用转向有偿使用，改革的深层次原因是传统体制下土地配置的低效率。此阶段，土地市场配置尚处于萌芽阶段。

（2）1987~1992年：土地市场化改革深化阶段

1986年6月25日，第六届全国人大常委会第十六次会议通过并颁布《中华人民共和国土地管理法》（以下简称《土地管理法》）；随之成立了国家土地管理局。

1987年4月，国务院提出土地使用权可以有偿转让；同年9月，深圳率先试行土地使用有偿出让（出让了一块5千多平方米土地的使用权，限期50年），揭开了国有土地使用制度改革的序幕，打破了长期来土地无偿、无限期、无流动、单一行政手段的划拨制度，创立了以市场手段配置土地的新制度。1987年，我国开始进行土地估价试点，先后颁布了《城镇土地定级规程（试行）》和《城镇土地估价规程（试行）》。1988年，国务院决定在全国城镇普遍实行收取土地使用费（税）。1990年5月，国务院发布了《中华人民共和国城镇国有土地使用权出让和转让暂行条例》《外商投资开发经营成片土地暂行管理办法》等文件，允许外商进入我国（不含港澳台）房地产市场。这标志着我国的土地市场初步走上了有法可依的轨道。

（3）1993~1998年：法制完善和规制加强阶段

1990年代初期的城市土地有偿使用制度的确立，使得城市土地市场趋于规范。但在部分地方也出现了通过大量卖地来增加地方财政收入的做法，出现了"圈地热潮""开发区热潮"等不良现象。至1990年代末期，我国耕地保护面临的形势已是十分严峻，开发区热、房地产热导致耕地面积锐减，人地矛盾日益尖锐。为控制土地市场开放带来的混乱局面，国家在这一阶段出台了许多规范土地市场、严禁土地投机的法规和政策文件，加强了土地配置的管制制度。这一阶段的制度创新主要是建立了土地储备制度。

可以说，1993年以后是土地市场的规范和调整时期，着力克服1990年代初期所暴露出来的弊端，并且中央提出了一系列加强土地管理和耕地保护的措施。该阶段仍有大量建设用地通过行政划拨供地，制度格局上是划拨制度与有偿使用制度并存。同时，由于协议出让在很大程度上由政府定价，带有一定的行政色彩，土地使用权的价值并没有在市场上充分体现出来。因此，尽管协议出让制度与行政划拨制度有着本质不同，但还未能充分体现公开、公平、公正的市场配置原则。因而应把该阶段界定为"准市场"配置发展阶段。

（4）1999~2003年：土地政策调整规范阶段

1998年修订后的《土地管理法》实施以来，在耕地保护、控制建设用地总量等方面取得了重大的阶段性成效。在经济仍然粗放发展状况下，用地需求也不断扩大，《土地管理法》实施中的一些局限性也开始暴露出来。各类开发区遍地开花，地方政府低价出让土地、圈占土地等现象又呈蔓延之势，政府部门的土地违法案件仍居高不下；同时，征地制度、农村集体建设用地流转制度、土地规划制度等也亟待进一步完善。

1999年，国土资源部下发了《关于进一步推行招标拍卖出让国有土地使用权的通知》，严格规定了行政划拨和协议出让土地的范围。2001年，国土资源部发布《划拨用地目录》，明文规定：不符合目录的建设用地，不得划拨供地，必须实行有偿供应。同年又下发了《关于建立土地有形市场促进土地使用权规范交易的通知》，要求各地建立土地有形市场，完善土地市场功能。2001年，国务院下发了《关于加强国有土地资产管理的通知》，要求土地要依法以招标拍卖挂牌交易进行供应。2002年5月，国土资源部发布了《招标拍卖挂牌出让国有土地使用权规定》，明确指出：自2002年7月1日起，全国各地区的商业、旅游、娱乐、写字楼和商品住宅等各类经营性用地，必须招标拍卖挂牌出让。这为土地市场的完善创造了良好的政策条件。该阶段土地配置中划拨供地比例大幅下降，出让比例逐步提高，其中通过招拍挂出让的比例大幅提高。同年颁布了《中华人民共和国农村土地承包法》，规范了权利人的责任义务，全面推动土地承包经营权流转。

（5）2003~2012年，宏观调控背景下的土地"新政"调控阶段

在经历了多年的快速增长后，我国局部地区出现了经济过热现象；与之相伴的是土地供应的失控。针对房价高涨、盲目投资严重、城市低水平扩张以及部分行业产能过剩等现象，我国的土地政策发生了很大的变化。中央政府于2003年正式提出将"土地供应"作为宏观调控的手段之一。先后出台了"国八条""新国八条""七部委意见"等一系列具有重大影响的文件。由此可见，我国的土地政策不但注重"管理需求"，也重视"调节供给"；而土地管理部门的工作也与国家的宏观调控职能有了更紧密的关系。2006年下半年开始，国家开始从土地利用规划、用地计划以及土地出让、土地审批、土地征用、土地收益分配、土地监管、耕地保护、土地管理责任制度等方面来全方位构建土地调控体系。2007年颁布实施的《中华人民共和国物权法》（以下简称《物权法》）将土地承包经营权确定为用益物权，明确承包农户对土地承包权的合法权益。2009年颁布的《中华人民共和国农村土地承包经营纠纷调解仲裁法》，标志着我国逐步建立起较健全的农村土地承包法律法规体系，为全面推进农村土地市场的改革打下了坚实基础。

（6）2013年至今，"三权分置"农村土地制度改革快速并轨阶段

党的十八大以来,党中央从农村土地承包经营权确权登记颁证和实现农村承包地的"三

权分置"两个方面不断深化农村土地承包经营权改革,逐步明晰土地产权,扩大土地权能(孔祥智、张琛,2016)。2013 年,中央 1 号文件提出了农村土地承包经营权确权的时间点,要求用五年的时间基本完成确权登记颁证工作。截至 2018 年 6 月底,31 个省(区、市)均开展了承包地确权工作,确权面积 13.9 亿亩,超过二轮家庭承包地(账面)面积;17 个省份已向党中央、国务院提交基本完成报告,其余省份也已进入确权收尾阶段(韩长赋,2018)。2016 年,中央发布《关于完善农村土地所有权承包权经营权分置办法的意见》,全面建构了"三权分置"的系统制度,实行集体所有权、农户承包权、土地经营权"三权分置",实现农村土地所有者、经营者等主体对土地权利的共享,这标志着农村土地资产的全面改革,农民可以将"沉睡的资本"进行抵押,从而摆脱土地的束缚,有利于促进农村资源要素合理配置、引导土地经营权流转,为城乡建设用地市场并轨奠定了基础。当前我国城乡土地市场改革的目标是,建立城乡统一的建设用地市场,推进城乡资源有序流动,形成兼顾国家、集体、个人的土地利益分配机制。

(7)我国土地制度与政策演进的特点

一是始终强调土地的有效配置和保护:我国自改革开放以来,十分重视对土地资源的利用和保护,把人口多、耕地少作为基本国情,加强珍惜土地、合理利用土地的国情教育;同时,还运用法律手段加强和规范土地管理,处理好保护和利用土地资源与社会经济持续稳定发展的关系。通过实行土地用途管制制度,落实耕地保护措施,保障土地资源的合理开发利用。

二是强调土地市场的规范发展:土地市场的建立是一个从无到有、从粗放到逐步规范的过程。众多土地政策和土地制度的目标就在于完善和规范土地市场运作。土地供应政策与国家产业政策相联系,在此基础上促进土地市场的规范化发展。这是我国土地配置制度演进的重要特征之一。

三是宏观政策调控和制度变迁并行:在我国始终强调"确保立法基础不变"前提下,根据社会经济发展状况出台中央或者相关部委政策,以对经济发展进行必要的修正。为了完善政策指导下的依法行政体系,在某项政策成熟之后,通过立法程序来加以制度化[①]。

四是多层次结合的土地法制建设:我国已形成以《土地管理法》《中华人民共和国城市房地产管理法》(以下简称《城市房地产管理法》)为核心的系列单行法规与诸多规章相补充的土地法律体系框架。从法制建设角度看,可将我国城市土地制度分为三个层次。一是宪法和基本法中规定的土地产权制度的基本内容。我国土地所有制分为国家所有和集体所有,《土地管理法》对土地所有权和使用权作了明确规定,《城市房地产管理法》则进一步明确了具体的权责范围,这些构成了土地配置的重要"产权安排"基础。二是行政法规

---

① 一个典型例子就是《土地管理法》,根据土地政策和宏观发展的需要,分别在 1998 年、2004 年和 2012 年进行了三次修订。通过总结、吸取我国近二十年来土地立法、执法及政策调整的经验教训基础上,不断对《土地管理法》的内容进行调整和充实。政策与制度之间相互促进、有效转换。

规定了我国城市土地配置的权利,包括"取得"和"流转"的方式,这奠定了土地市场的基本框架。三是相关规章规定了我国城市土地配置的具体内容、程序和方式。总之,多层次结合的土地法制建设旨在保证土地配置的"有法可依"和"有效实施";另外,土地制度和管理体系也日趋复杂。

4.1.2 土地产权制度的框架

对于我国土地权利制度的改革方向,不同学者持有不同的观点,但无外乎集中于两个大的思路。一是沿着土地"产权"的概念去建立土地的权利制度,二是以土地"物权"概念为出发点构建土地的权利体系(赵民等,1998)。在《物权法》颁布之前,学术界围绕"产权、物权"两种观点展开了一系列讨论。

最终我国确定以"物权"制度建设为方向。《物权法》的立法工作始于1990年代初,前后历时13年。经历了十多年的不断讨论和探索,草案历经7次审议,终于在2007年3月提交十届全国人大五次会议,接受全体代表的审议。《物权法》的通过,意味着关于"产权和物权"的讨论尘埃落定。根据《物权法》,在社会主义市场经济条件下,我国的各类市场主体都处于平等地位,遵守相同规则,享有法定权利,承担法定责任。在财产权利依法确定的前提下,作为物权主体,不论国家、集体、还是私人,其合法的财产均受法律保护。

(1)"物权法定"下的土地产权

土地作为人类最重要的资源和财富,是物权的最重要的标的。土地物权制度是物权立法中最关键、最核心的内容。《物权法》以明确财产归属关系和维护财产归属秩序为根本任务,是规范一个国家财产权制度的"基本法律",直接反映并作用于国家的基本经济制度。具体包括:所有权制度通过明确财产的归属,能够有效解决纷争、维护社会稳定和正常秩序;用益物权制度通过规范物的使用关系,能够促进物的有效、合理利用,达到物尽其用的效果;担保物权则通过保障的债权的实现,具有维护社会信用的作用。

按照法律规定,我国土地产权基本结构如图4-1所示,其中土地所有权和以土地使用权为核心的用益物权是我国最主要的土地权利,众多他项权利是附着于土地所有权和使用权之上的权利。因此这也是本书讨论重点。

总而言之,"物权"是权利人直接支配特定物并排除他人干涉的权利,包括所有权、用益物权、担保物权等。用益物权是所有权人将物的使用价值让度出来,由用益物权人进行支配的权利;担保物权是为保证债权顺利实现,而对物的交换价值的支配权。

(2)土地产权相关制度

与土地产权相关的制度从权利落实的角度对产权制度进行了有益补充,进一步明确了土地产权转移、变化的法定程序。

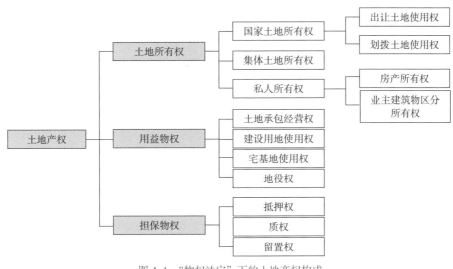

图 4-1 "物权法定"下的土地产权构成
（资料来源：笔者自绘）

1）土地征收、征用制度[①]

土地征用是发生在国家和农民集体之间的所有权转移，是指国家为了社会"公共利益"的需要，按照法律规定的程序和权限批准，并给农民集体和个人补偿后，将农民集体所有土地转变为国家所有。我国《宪法》第十条规定，"国家为了公共利益的需要，可以依照法律规定对土地实行征收或征用"，这是我国实行土地征用的基本依据。无论是资本主义国家还是社会主义国家，为了保障社会公共事业建设，都需要有土地征用的法律制度。

土地相关法规明确了土地征用具有下列特征。一是征用土地的主体必须是国家，只有国家才能享有因国家建设之需要而依法征用集体所有土地的权利；但是实际行使征用土地权的是各级人民政府及土地管理机关。二是因国家建设而征用土地具有强制性，是依照法律规定、遵循法定程序所实施的行政行为；土地征用法律关系的产生并非基于双方的自愿和一致，而是基于国家行政机关的单方面的意思表示，是行政命令，无需被征用土地的所有人同意，土地被征用的集体经济组织必须服从；在这种法律关系中也不遵循等价有偿原则。三是国家建设征用土地是国家公共利益的需要：这里所讲的国家建设需要或是公共利益需要，均是从广义上理解的，由此产生的征地矛盾巨大[②]。四是国家建设征用土地必须以土地补偿为必备条件：是有偿地强制进行，土地被征用地集体经济组织应当依法取得经济上的补偿；其性质不同于没收土地，也不同于土地征购。五是国家建设征用土地的标的只能是集体所有的土地：用集体所有的土地满足国家建设用地的法定办法是征用，用国有土地来满足国家建设用地之需要的法定办法是出让、划拨等方式而非征用方式。

---

① 我国在 2004 年《土地管理法》修订之前，均采用"征用"，修订后第二条第四款修改为"国家为了公共利益的需要，可以依法对土地实行征收或者征用并给予补偿"，增加"征收"。本书统称"征收、征用"。
② 有学者指出，"我国农地征用是政府行使征用权将集体所有的农地收归国有并用于其他用途的行政行为，这种农地征用行为有公共利益性质的，也有非公共利益性质的"。参见：郭熙保、王万玲，2006：18。

由于土地征收、征用形成的是一种"国家垄断性"的土地流转结构,在补偿标准上以国家定价为主,征地数量也与国家土地政策的松紧相关,实际上的土地所有者处于相对弱势(孟勤国等,2009)。这也导致土地配置中的种种问题由此而产生。

2) 土地登记制度

1989 年公布的《土地登记规则》确立了我国的土地登记制度。"土地登记"是国家依法对国有土地使用权、集体土地所有权、集体土地使用和土地他项权利的登记,具有确认、公示和保护土地产权的作用。土地登记分为初始登记和变更土地登记,土地登记的内容包括土地所有权和使用权的性质、来源、坐落、界址、面积、使用年限、土地产权人名称等内容。《物权法》中设专节规定了"不动产登记",规定"不动产物权的设立、变更、转让和消灭"必须依法登记方能生效,未经登记,不发生效力。2008 年 2 月 1 日开始施行的《土地登记办法》更为突出对土地权利的保护。该办法根据《物权法》有关不动产登记的规定,在《土地登记规则》的基础上补充、修改和完善而成。该办法明确规定,依法登记的国有土地使用权、集体土地所有权、集体土地使用权和土地抵押权、地役权受法律保护,任何单位和个人不得侵犯。《土地登记办法》的出台,为进一步提高我国土地登记覆盖面,加强土地产权保护提供了契机。

4.1.3 国家土地政策及影响

土地政策作为国家公共政策核心内容之一,一直是学术界和政策制定及执行者思考的重要问题。我国的土地政策是土地制度建设的"先导"和实施路径。随着市场经济的发展、城镇化进程的加快,我国形成了较有自己特色的土地政策体系,包括农地承包政策、耕地保护政策等;其重点在农村,深刻地影响着土地的产权关系。

(1) 农地承包政策[①]

1978 年开始的家庭联产承包责任制,被认为是我国的第四次土地变革。刘伯龙、竺乾威等(2005)认为该政策自 1979 年以来经历了三个阶段的变化:1979~1983 年实行包产到户,初步建立了以家庭承包为主的责任制;1984~1993 年为第二阶段,土地家庭承包经营的制度得到稳定,并将土地期限明确延长到 15 年[②];1993 年至今为第三阶段,为稳定农民的土地承包关系,承包期延长 30 年[③]。2017 年党的十九大报告提出,要保持土地承包关系稳定不变,第二轮土地承包到期后再延长 30 年。

2002 年 8 月通过的《中华人民共和国农村土地承包法》(以下简称《农村土地承包法》)

---

① 虽然这些政策都是来源于我国制度设定,但更多的是伴随着我国相关土地政策的变化而调整,具有较强烈的政策倾向性,所以本书以政策来讨论。
② 1984 年 1 月《中共中央关于一九八四年农村工作的通知》中明确规定"土地承包制一般应在 15 年以上"。
③ 1993 年 11 月 5 日,中共中央 国务院在《关于当前农业和农村经济发展的若干政策措施》中规定,在原规定的耕地承包期到期之后,再延长 30 年不变。

更是以立法形式巩固和完善了农地承包政策。法律规定任何组织和个人不得剥夺和非法限制农村集体经济组织成员承包土地的权利；国家保护土地承包方的土地承包经营权利，承包者依法享有承包地使用、收益和土地承包经营权流转的权利，有权自主生产经营和处置产品；承包地被依法征用、占用的，有权依法获得相应补偿。同时该法明确了土地承包经营权可以依法流转，包括继承、收益、作股、转包、出租、互换、转让等权利。《农村土地承包法》是国家、集体及农民之间对于土地产权的重要界定，通过赋予农民长期的土地使用权，在一定程度上承认了承包土地具有物权属性。2007年《物权法》颁布后正式确认承包土地具有用益物权属性。

（2）耕地保护政策

我国人口多，人均耕地少，耕地后备资源不足，这是基本国情。因此"十分珍惜、合理利用和切实保护耕地"是我国长期坚持的一项基本国策。在早期的农田保护政策中，强调"严格控制建设规模用地，实现耕地总量的动态平衡"。但不管是沿海还是内地，耕地流失问题都比较突出，以至引起了国家的高度重视。1994年7月国务院颁布了《基本农田保护条例》，1999年出台了《基本农田保护条例》；随后修编的《土地管理法》也增加了相应的耕地保护章节。耕地保护已经成为国家重点关注的基本问题。

十六大以来，我国的土地管理政策越来越严格。从2003年"土地政策参与宏观调控"以及整顿土地市场开始，国家陆续出台了"28号文""31号文"等一系列严格土地管理的政策文件。2007年的"提高土地'一费两税'征收标准""工业用地全面实行'招拍挂'""加大闲置土地处置力度"等政策的出台，以及全国土地执法"百日行动"等更加表明了国家进一步严格土地管理的决心。近5年来，我国在保持较快经济增长的同时，土地供应数量总体呈下降趋势，土地调控的成效日益显现。但是我国土地管理的形势依然十分严峻，18亿亩耕地保护的压力与经济社会快速发展对土地的巨大需求之间的矛盾在未来很长一段时间里将依然存在。因此，党中央的多次会议均明确提出，要"坚持最严格的耕地保护制度，层层落实责任，坚决守住18亿亩耕地红线""实行最严格的节约用地制度，从严控制城乡建设用地总规模。"可以预见，我国未来的土地保护政策将更趋严格。

（3）耕地占补平衡政策

我国实行耕地占补平衡的政策。1999年修订的《土地管理法》进一步明确规定："我国实行占用耕地补偿制度。非农建设经批准占用耕地的，按照占多少，垦多少的原则，由占用耕地的单位负责开垦与所占耕地的数量和质量相当的耕地"。这个政策提高了耕地占用的成本，在一定程度上遏制了耕地减少的势头。在2001~2002年，我国曾连续两年实现了全国范围内的耕地占补平衡。国土资源部为了落实这一政策，将每年组织耕地占补平衡的考核工作，对各省（区、市）落实补充耕地项目、补充耕地报部备案、省级组织补充耕地核实、占用与补充耕地挂钩、耕地占补平使用情况等进行考核测评；对考核情况将予以通报，对耕地"占补平衡"不力的地区将暂停征地审批。

该政策的实质是提高占地成本，以加强对耕地的保护。这对于农业生产而言，起到了一定的积极作用；但对于地方政府而言，该政策与其发展经济及实现"政绩"的目标相悖，因而地方政府对耕地占补平衡政策并不热心，在政策实施中出现了"补充耕地质量差、开发大于整理复垦面积、忽视地区发展差异"等问题（唐健，2006），在实际操作中以指令性方式将"土地指标层层分解"，最终耕地总量动态平衡变成了与经济社会发展相脱节的"数字游戏"。

2017年中央发布的《关于加强耕地保护和改进占补平衡的意见》、国土资源部《关于改进管理方式切实落实耕地占补平衡的通知》均提出"改进和严格落实耕地占补平衡制度、实行耕地占补平衡指标分类管理、加强土地整治项目管理"等，对耕地占补平衡工作作出顶层设计和制度安排，再次强调耕地占补平衡制度的重要性。

（4）土地征地补偿政策

就目前的发展态势而言，征地矛盾较为集中在征地补偿上。在国家制度层面虽然明确了征地补偿的基本标准，如现行《土地管理法》对征地补偿实行的是按土地的农业用途（主要是种植业）进行补偿，但这并不能反映真实的农地价值，因此基本是属于指导性的。各省级政府也颁布了各自的条例，多为指导性，具体的征地补偿标准一般依据县市地方政府自行制定的征地补偿政策。简单地说，征地补偿共分青苗、人口、土地补偿三项，其中青苗补偿支付给土地所有者，人口补偿支付给农民，土地补偿款支付给集体经济组织（村委会、乡政府等）。如征地涉及拆迁，还需要进行拆迁补偿。对房屋进行的补偿，包括房屋补偿、区位补偿、定附属物补偿、装潢补偿、搬家费、过渡费等。

由于征地补偿的具体政策标准掌握在地方政府手中，农村土地征用中的不规范和不公平现象较多见，有的已经严重侵害了农民的利益；农民作为土地承包者在这一话题上通常没有发言权。在所有因为征地而引发的矛盾中，七成多是围绕补偿费问题。因此，对于征地补偿政策的地方行为非常有必要展开分析。

（5）土地新政试点及改革

一般认为"土地新政[①]"源于党的十七届三中全会精神，即"加强土地承包经营权流转管理和服务，建立健全土地承包经营权流转市场，按照依法自愿有偿原则，允许农民以转包、出租、互换、转让、股份合作等形式流转土地承包经营权，发展多种形式的适度规模经营"。事实上在此之前，我国各地已经开展了一些示范性的土地制度变革探索。例如，国家先后在东、西、中部批准了上海浦东新区、天津滨海新区、成渝统筹城乡、武汉城市圈与长株潭城市群资源节约型环境友好型社会建设等多个综合配套改革试验区（表4-1）。虽然这些试验区的探索侧重点不同，但基本都涉及"集体土地流转"的改革试验（李罗力，2006）。

2008年的《中共中央关于推进农村改革发展若干重大问题的决定》（以下简称《决定》）提出健全农村土地管理制度、规范推进农村集体建设用地管理制度改革新要求。到2013

---

① 其实，土地新政是一个"新而不新"的提法，指农地流转以及"农地流转"的未来意义，其核心是"允许农地流转，发展适度规模经营"，这是党中央文件长期以来一直强调的改革方向。

四个综合配套改革试验区的制度创新比较　　　　　　　　　　　　表 4-1

	城乡统筹制度创新	农村土地流转创新
上海浦东新区配套改革试验区	改变城乡二元经济与社会结构，城乡教育、医疗卫生工作的并轨	基本保持不变
天津滨海新区配套改革试验区	土地管理改革，创新土地管理方式，开展农村集体建设用地流转及土地收益分配、增强政府对土地供应调控能力等方面的试验；土地改革的目标是"建立以用途管制为核心、与社会主义市场经济体制相适应、城乡统一的土地市场体系和土地管理制度"	进行集体土地登记发证，明确集体建设用地规模、比例，界定集体建设用地权益，实行集体建设用地使用权有偿取得和流转制度，将集体建设用地纳入统一土地市场，完善配置方式，实行交易许可。同时，建立健全集体建设用地流转中的土地收益分配机制，维护集体的土地收益权。在保障农民土地权益的前提下，开展迁村并镇建设
成渝统筹城乡配套改革试验区	统筹城乡的规划编制、城乡均等的公共服务保障体制、覆盖城乡的社会保障体系、城乡统一的行政管理体制和户籍管理制度，推进城乡全覆盖的社会保障制度改革	开展农村集体建设用地使用权、乡村房屋产权抵押融资服务，促使农村建设用地直接入市，由此确定了以国务院行政性批复和地方改革相结合的促进农村建设用地入市的模式
武汉和长（沙）株（洲）（湘）潭"两型社会"配套改革试验区	创新利于能源节约和生态环境保护的体制机制，促进经济社会发展与人口、资源、环境相协调，推动全国体制改革、实现科学发展与社会和谐示范作用	重点推进土地节约集约利用、农村集体土地管理方式改革试点

（资料来源：笔者根据相关资料自绘）

年党的十八大以来，农村土地流转新政试点实际上已经取得了成功，并形成了"三权分置"的顶层设计和制度安排，具体内容包括：①继续坚持"最严格"的用地制度。要坚持两个最严格的制度，第一个是最严格的耕地保护制度，坚决守住 18 亿亩耕地红线；第二个是最严格的节约用地制度，从严控制城乡建设用地总规模。②允许土地承包经营权适度流转。继续坚持农地集体所有的前提下，"农地农用"，加强土地承包经营权流转管理和服务，建立健全农村土地承包经营权市场，按照依法自愿有偿原则，允许农民以转包、出租、互换、转让、股份合作等形式流转土地承包经营权，发展多种形式的适度规模经营。③明确农村宅基地权利及流转制度。严格了宅基地管理，并依法保障农户宅基地用益物权，赋予农民宅基地拥有一定的资本（财富）成分，可以在一定规模控制下以转让、抵押等方式对外流转。④承认农民参与农村集体土地经营权。在土地利用总体规划确定的城镇将用地范围外，经批准占用农村集体土地建设非公益性项目，允许农民依法通过多种方式参与开发经营并保障农民合法权益。这项制度进一步确认农民的集体土地所有权的主体资格，提高了其主体地位，承认了农民拥有集体土地的发展权和利益（赵永革，2009）。⑤改革征地制度，约束政府的征地权。缩小政府征地的范围，把征地限于公共利益的需要。而经国家批准的经营性建设项目，则可以保持土地的集体所有权不变，允许其使用权进入市场，价格由农民集体与用地者谈判。这实际上也打破了政府的征地垄断权。

总的来说，实行"三权分置"改革后农民将拥有更多土地权利。此次"三权分置"涉及面较广，牵涉了较大的权力和利益格局的调整，如果没有完善的制度调整加以适应，可能产生新的矛盾，并对城市发展带来重要影响（表 4-2）。

三权分置的农地新政影响分析　　　　　　　　　　　　　　　　　　表 4-2

对农民权利变化影响	对大都市区发展影响	对城乡规划影响
承认：农村集体建设土地经营权	土地供给二元化，城乡建设的主体多元化，影响空间形态	强化私权，土地流转多元化，对城乡规划形成挑战；土地二元供给增加城乡规划实施难度；不同类型土地利用带来利益分配的矛盾，增加了节约土地、保护耕地资源政策执行难度
强化：土地承包经营权，不得改变农地用途	农地不能进行非农化，影响用地结构	
完善：宅基地使用权	提供了推广集中新农村建设的更好机会	

（资料来源：笔者自绘）

（6）土地政策的影响

在我国的现实中，土地产权的制度架构是由法律和政策相结合形成的。制度决定了政策制定的基点，政策代表了土地制度变革的可能方向，也是对制度的有效补充和完善，并且政策的制定也更可能融入地方的诉求。

归纳起来，土地产权制度决定了土地所有权、使用权的归属及利益关系；土地交易登记制度明确了土地在市场转化过程中的利益流向关系；土地征用制度决定了政府对国有土地、农村集体土地的强制性回收和征用权力[①]。而国家宏观层面的土地调控政策对土地权利关系也会有深刻影响。土地政策的核心作用在于具体的"土地产权"界定和权能拓展，关乎土地权益主体的切身利益问题。如农地承包政策保护了农村土地承包经营者的权益；耕地保护政策和耕地占补平衡政策加强了农田尤其是基本农田的保护力度；土地征地补偿政策是土地征用问题的核心，也是土地产权转移的矛盾焦点。指向未来土地制度改革试验的"土地新政"关注农村集体建设用地的流转问题，是对农地市场化配置的前瞻性指导。这些政策对于产权主体的影响各不相同（表 4-3）。

土地政策对产权主体的影响评价　　　　　　　　　　　　　　　　　表 4-3

	政府（地方）	企业（开发商）	公众（农民）
农田承包政策	-	-	++
耕地保护政策	--	-	++
耕地占补平衡政策	--	-	+
土地征地补偿政策	++	-	--
三权分置农地新政	+	-	++

注：+、- 表示产权主体对政策的响应程度增减。
（资料来源：笔者自绘）

[①] 此外还有，土地市场流转制度决定权利转移、交换的渠道和利益分配方式；土地用途管制制度决定了对于土地使用更改必须尊重的公共和私有利益关系；土地规划制度决定了土地利用发展及其带来的经济利益可能性；这些将在后文展开讨论。

这些政策的延续和发展对于未来我国土地产权制度建设意义深远,可能带来的影响有:

一是,在未来城乡统筹发展过程中将可能建设"统一的城乡土地市场",在符合规划条件的基础上可进行土地交易。这意味着土地的供给将打破政府对土地一级市场的垄断;城市政府和农村集体同时供地,必将造成城乡建设土地来源的多元化,势必对整个城市空间结构和形态产生极大的影响[①]。

二是,土地发展权多元化带来的后果就是城乡规划的难度加大,因为规划确定的不同土地用途意味着巨大的经济差异。"公益性用地、生态绿地"等势必受到抵制,"经营性用地"包括工业用地、商业用地和住宅用地等,将会成为争夺的目标。这将极大地增加城乡规划、土地利用总体规划的实施难度[②]。

三是,在利益驱使下极有可能会出现大量违规卖地的行为,不仅会对大都市区发展造成冲击,还会使"节约土地、保护耕地资源"的政策难以执行。由于规划确定的建设用地与农用地存在巨大收益差距,以及建设用地中公益性补偿标准可能与自由流转价格不一致;在利益驱动下,村集体和农民个人违反规划卖地、不经批准进行土地流转的现象必然会增加,并致使征地和农用地保护的困难程度加大(赵永革,2009)。

4.2 土地产权的权利配给

现行土地制度和法律体系中明确了不同主体之间的权力和利益的归属,并且这种"权利法定"随着《物权法》等系列法律的颁布而不断明确和细化权利构成要求,但依然还存在着一些缺陷和漏洞,表现出"模糊土地产权"的制度特点(Zhu.J.M,2002)。例如国有土地所有权的代理主体、集体土地所有权主体以及在土地产权界定等方面都还存在一定的模糊和不清晰;在执行层面还存在着土地利用规划制度与城市规划制度的矛盾、土地征用中公共利益定义不明等矛盾(下文将进一步分析)。未来土地产权制度发展的关键在于基于物权架构的土地权力和利益明晰。以科斯(Coase)、诺斯(North)、巴泽尔(Barzel)等为代表的新制度经济学家认为:产权的界定对经济发展具有重要作用,明确的产权界定会促进资源分配的效益最大化,从而激励经济发展;反之,模糊的产权界定会使人们自发追逐产权中定义不清的那部分收益。新制度经济学家同时也认识到,在并不完美的现实世界中界定完全清晰的产权会产生高额的交易成本,从而使建立清晰产权的努力付之东流。因而产权界定的制度设计应使交易成本最小化。

---

① 事实上,这种情况在沿海发达地区已经成为普遍现象,部分学者提出了"都市区空间的多头发展打破了城市建设只能在国有土地上进行的局面,进入集体土地与国有土地共同构建城市的时期"(魏立华、袁奇峰2007)。
② 例如,珠三角地区农民最早依靠出让农村集体土地获取高额利益,造成对集体土地的依赖不断加大,对国家征地抵制极为激烈,对城市规划实施造成严重困难。规划中,划为工业用地的村民就兴高采烈,被划为生态、公共绿地的、公益用地的则百般抵制,也使得城市规划在广大农村地区难以得到认可,违规转用农地现象屡见不鲜。

我国现有土地产权制度明确了权利的结构与分配，土地权利与社会主体的结合则构成了土地权利的配给，但"权能"受到土地政策的直接影响，尤其是地方土地政策的干预作用明显。

4.2.1 土地产权特点

在传统经济学中忽略了不少权利方面的问题，而在制度经济学中，权利的界定和类型是直接与市场选择行为紧密相关的，即：权利的设定取决于市场交易的需求；权利又是一种手段，社会以此控制和协调人类的相互依赖性，解决人们的利益分配问题，同时由于权利安排对经济运行和效果有影响，选择权利就是选择利益（爱伦·斯密德，1996）。这种文化的和法律上的界定构成了各种主体的"机会的边界"，而土地配置的"边界"就在于土地产权，土地产权极大地影响了土地市场交易利益[①]。土地产权特点包括如下四点。

①土地产权是法定权利。土地产权必须由法规定，这来源于"物权法定"原则。所谓物权法定，是指物权（包括土地权利）的种类、效力、变动要件、保护方法等都只能由法律规定，而不容许当事人自行创设。"物权法定"是物权立法的基本原则。之所以必须"物权法定"，是因为物权是支配性财产权，是绝对权，物权人之外的一切人都必须尊重而不得干预、侵扰权利人依法行使权利。

②土地产权是对土地的支配权。土地产权的作用就是保障土地权利人能够对土地直接实施各种支配性行为，只凭借权利人自己的意思，而不需义务人的积极行为相配合，就能够实现作为权利内容的利益。土地产权是物权的一种，它属于支配型财产权，不同于债权等请求型财产权[②]。

③土地产权是非相容性财产权。即从权利效力来看，土地产权是排他性财产权。所谓排他性包括两方面的意思。一是，某一特定的土地上不能有两个或两个以上互不相容的土地权利，即如果一个人对某块土地享有所有权，就排除其他任何人同时对这块土地享有另外一个所有权。就土地的物权（包括用益物权和担保物权）来说，一块土地上不能同时有两个或两个以上互不相容的他物权。如一个人对某块土地拥有使用权，则排除其他任何人

---

① 事实上，在一些欧美国家和地区，土地权利在法律上的定义曾是很宽泛的。这种土地权利的定义最早可以追溯到罗马法中，"附着于土地之物即属土地"。但是由于当时人们对土地的需求性和开发利用程度较低，土地并不是一种稀缺资源。而且，在早期土地私有条件下，房屋所有人一般拥有宅基地的所有权，这种情况是交易中自然形成的，因为在这种制度安排下房屋所有人可以免却与土地所有权人的谈判成本。因此，人们将土地权利定义得十分宽泛。在德国《民法》中规定，"定着于土地之物，特别是建筑物以及土地尚未分离的土地出产物，为土地的构成部分"。这种定义基本上都强调了土地权利的自然属性。从该角度，房屋等建筑物被认为是土地的附属物，是从属于土地的。如《牛津法律大辞典》中解释，"土地通常包括地上的树木和农作物，也包括建造于土地上并永久附着于土地的建筑物。……土地属谁所有，土地的上空及地下也属谁所有"。

② 后者必须通过义务人积极地为财产上的给付行为，才能实现利益。

对同一块土地拥有同一内容的使用权[①]。但内容互不相同的几个土地权利可以在一块土地上同时存在。如某块土地为国家所有,其上附有国有土地所有权,同时,它也可以由其他人使用,享有国有土地使用权,该国有土地使用权还可以再抵押,从而其上再附设抵押权等。这几种土地权利的内容互不相同,与土地权利的排他性并不矛盾。二是,土地产权的排他性还指土地产权具有直接排除不法妨碍的权能。

④土地产权是一种空间权利。空间位置是土地自身所具有的基本属性,决定了土地权利是具有空间特点的,其特殊性在于空间的有限性和不可移动性,是由土地衍生的社会、经济等他项权利的承载体。土地权利的空间属性变更意味着改变了相关的空间格局和利益分配。

4.2.2 土地权利类型

权利的分类影响着人们相关机会的获得,因为这种权利界定是直接与市场交易相关的。在西方制度经济学领域,不少学者对权利交易的市场选择类型进行了研究,可以分为谈判型、管理型和身份—捐赠型(爱伦·斯密德,1996)。从权利角度来分析,土地配置就是一种土地"权与利"交易的行为选择过程,权利的大小决定了个人可以行动的程度和范围,制度决定了共同参与决策的条件。具体分析权利的三种类型构成,概述如下(图4-2)。

一是私有和公共的权利:这是一种常见的类型划分,其复杂性常常导致误解,甚至有时候被用于区别集体行动。通俗地讲,"私权"就是公民、法人和其他组织依法享有的私人权益,它是市场经济的权利和目的。从法理上讲,凡是法律没有禁止的,公民和私权个体就可以为。2007年我国《物权法》的颁布标志着对私人合法权利保障的重大进步,意

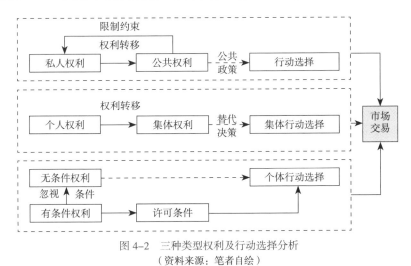

图4-2 三种类型权利及行动选择分析
(资料来源:笔者自绘)

[①] 即使几个人拥有某一块土地的共有土地使用权,即使表面上看起来是几个人都享有使用权,但本质上仍是一个土地使用权,而不是多个土地使用权。

味着"私权同样是一个公法主体不可侵犯的权利"。而公权来源于公民出让自己的一部分权利，授予管理者用于维护全体公民的福祉和社会秩序。通常情况下，公权的行使是基于整体利益、更高利益的角度去考虑，但公权的行使又脱离不了行使权力的人。由于存在监督不力、缺位和人性的缺陷，执行者在履行公权时侵占私权、公权私用的行为并不鲜见。公权的行使也会有决策失误，也会有地方利益，也会有寻租现象。在社会生活中，公共权利的行使往往会与个人权利的行使发生冲突，有时甚至要以牺牲个人权利为代价，常见的征地引发的土地纠纷就是这类例子。"公权的滥用"是引发土地矛盾的重要原因之一。

二是个人和集体的权利：权利的大小不但与个人不经他人允许便可以行动的程度有关，也与最终决策的条件有关。例如城市居民的住房选择和购买、农村居民的宅基地住房建设，都是属于个人能够独立决策的；集体权利是必须依靠共同决策才能实现的权利，在集体决策中个人权利只是参与共同决策的一小部分，包括合伙制、公司制、股份制等形式，即所谓的"少数服从多数"，如农村集体土地使用权的行使，必须经过村民大会或者代表大会（虽然具体执行该权利的是村集体组织）。而且这种集体权利在高排他成本和搭便车的状态下，对行为选择的结果有很大的影响。在快速城镇化地区，基层农村经济组织拥有的经济"动能"越大，代表个体村民进行集体决策的可能性越大，也就更容易引发土地违规流转，这事实上已经成为土地问题的重要诱因之一。

三是有条件和无条件的权利：有些权利的实现要在特定的情况下或者必须经过特殊的管理过程，而另一些是无条件就可以执行的。这种条件的限制主要是针对某项权力能否自由进入市场和进行自主的交易。有些权利进入市场是有条件的，以农村集体土地为例，农村建设用地土地所有权属于农村集体，但要实现建立在所有权关系上的开发建设权力，就必须满足一系列的前提条件，包括是否符合规划、是否满足项目要求等。而对于宅基地使用权和土地承包经营权而言，农民在许可的范围内可以自由行使自己拥有的权力，这时权利是无条件的。在我国，任何土地开发建设权都是有条件的权利，必须经过一系列法定的"行政许可"程序。在众多土地违规案例中，很大一部分是由于没有经过规划管理部门的许可，或者超过了许可的条件。

4.2.3 土地权利分配

按照爱伦.斯密德（1996）的研究，权利可以用参与决策的能力或程度来描述，"一个人的权利是其他人的成本，一个人的产权是抑制他人需求的强制能力"，他认为要了解收入分配就必须了解权利制度，当存在利益冲突的时候，权利是实现利益的能力。"如果每个人不能同时得到他们想要的东西，选择的就不是有权力或无权力，而是什么样的人有权"，这就涉及权利分配的问题。市场经济并不能自动对产权边界进行界定，首先是土地制度框架决定了关于土地权利的分配和所有关系。

从权力和利益角度可以将土地权利分为土地产权为核心的权力束和土地收益为核心的

利益关系，其中土地产权构成如图4-2所示，具体包括了土地所有权、土地使用权及他项权力，同时也包括了由于占有这些权力带来的其他相关权力，例如政府的土地征用权、开发商的土地开发权等。土地收益包括了土地直接收益（土地权属转让带来的直接性收益）和由土地附属物使用带来的收益（基于土地上建构筑物而衍生的相关收益，如商品建筑买卖、建筑物出租等）。从本质上说，产权是以现实存在的经济性质的财产利益关系为基础，表现为保护现实的财产关系，同时作为权力制度的产权来自社会法律的肯定，是法定的权利，对城市土地的产权而言更是如此（仇保兴，2005）。在权利的公平性问题上，西方学者认为：就单个问题和资源而言，不可能有平等的权力，当就许多问题而言，则有可能使A和B各获得一定的权力利益，因而有公平性可言（爱伦·斯密德，1996）。

在我国的土地配置权利领域，随着市场经济改革的推进，土地使用者开始在城市土地的配置过程中发挥越来越多的作用，已经能够影响到土地计划的制订和实施过程（赵民等，1998）。笔者认为，权利结构是与主体类型直接相关的，在市场经济条件下，权利是决定市场参与的基础，交易参与者既可以是个人也可以是团体。在我国按照土地对使用者所具有的权利意义来划分，大致有以下几种类型的土地使用者：工业生产性企业（非土地经营性企业）、公共部门、房地产开发企业（准官方的开发公司）和居民。这几种土地使用者和以政府为核心的土地管理者共同构成了"行动的主体"。按照本书对于主体的定义来分析其构成关系，我们可将这种构成关系归纳如图4-3所示。进一步类型化、细化主体的构成，政府还可以分为中央政府和地方政府，两者既是法定意义上的土地所有者，同时也是土地管理者。企业包括生产性的工业企业和房地产开发企业两种不同类型，两者对于土地的需求有着截然不同的区位和经济差别，对于大都市区而言，两者共同对土地开发起着推动和促进作用。在大都市区中，公众可以理解为人民群众，其存在并非以独立个体的方式来体现，而是结成不同的利益团体；根据土地所有制和使用权益等的不同，可以分为城市型社区群众团体和农村型集体经济组织，两者的需求出发点、利益追求索取和表达方式截然不同。

（1）土地制度与政策主体权利

政府管理能够改变权利，但管理本身又受制于权利（包括制定新权利的制度）。其中，中央政府是城市国有土地所有权的法定所有人，而地方政府是受中央政府委托的代理机

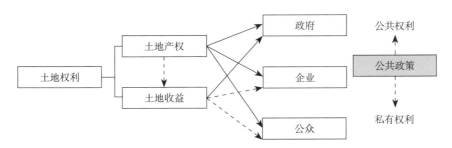

图4-3　土地权利与主体之间的关系（虚线表示收益，包括土地衍生的相关收益）
（资料来源：笔者自绘）

构，实际拥有本辖区内的土地所有权，即地方政府是事实上的城市土地所有者和管理者。按照1999年1月1日实施的《土地管理法》：新增建设用地的土地有偿使用费由中央与地方三七分成，都专项用于耕地开发。而且法律还规定了地方政府对土地用途进行管制，拥有土地利用规划编制、土地交易登记、土地征用等相关权力；有的地方政府还有进行土地储备的权力。根据《宪法》规定，国家"为了公共利益的需要，可以依照法律规定对土地实行征收或征用"，据此创设的"土地征用（征收）权"是地方政府获取土地差价收益的最重要的"工具"。土地收益分配的绝大部分往往成为地方政府的预算外财政——"土地财政"。

可以说，地方政府已经成为实际的土地运作和得利者，其对于土地配置的作用极大。地方政府掌握了土地征用征收权、国有土地出让和划拨权、土地登记权、宅基地建设审批权。同时，在分税制、分权化和地方治理等一系列政治体制改革中，地方政府逐步掌握了较大的政策制定和执行权，包括土地征用征收补偿政策、宅基地建设政策、农地承包经营政策、耕地占补与保护政策等，此外还包括相关的人口、就业、产业发展等政策的制定和执行权力（Kung.J.K，1994；Kim H.M，2004）。因此，地方政府在土地配置中的主体行为特点是本书研究的重点之一。

（2）土地制度与政策客体权利

在土地政策中，其客体的构成包括农村集体（农民）、城市居民以及企业（工业企业和开发商）。由于国有土地和集体土地所有权的差别，在各相应主体之间的权力配比也不一致（表4-4）。

土地权利在主体之间的分配　　　　　　　　　　表4-4

主体类型		土地产权及衍生权力	土地收益及相关利益
政府	中央政府	城市土地所有权国有	新增建设用地土地有偿使用费，中央与地方三七分成
	地方政府	中央政府委托代理机构，具体支配本辖区内的土地所有权	
公众	城市型社区群众团体	城市土地使用权（与地产项目相结合时有效）、房产所有权	以土地为基础的物业收益（租赁、买卖）
	农村型集体经济组织	集体土地所有权	土地耕种、出租、相关附属建构筑物使用
企业	工业生产企业	土地使用权	依靠土地进行生产性投资
	房地产开发商	土地使用权（房地产开发权）	以土地为核心的商品性开发收益

（资料来源：笔者自绘）

1）农村集体和农民

按照有关的土地制度和政策，农村以行政村为单位组成的村民集体经济组织是农村集体土地所有权的行使者，对本村范围内的集体土地进行管理。农村土地按照用途管制分为"农用地、建设用地和未利用地"；其中农用地是指直接用于农业生产的土地，包括耕地、林地、草地、农田水利用地、养殖水面等，建设用地包括村民建设住宅用地（宅基地）、乡镇企业建设用地、乡镇公共公益设施用地。农村土地与土地权利对应关系如图 4-4 所示。

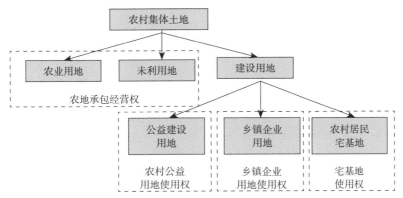

图 4-4　农村土地产权与土地类型对应关系
（资料来源：笔者自绘）

农地承包经营权是农村土地占有的主要权利形式，村民宅基地次之，在传统农村地区两者涵盖了农村土地的大部分；在较发达地区，乡镇企业用地、公益用地的数量也很大（表 4-5）。

集体土地权利构成分析　　　　　表 4-5

集体土地使用权类型	主体	取得方式	内容	限制	缺陷与漏洞
农地承包经营权	本集体村民	2/3 村民或代表同意；	占有权、使用权、收益权、部分处分权	不得擅自改变用途、不得闲置耕地	村集体可统一调整
宅基地使用权	未建房村民	申请 + 审批	占用权、使用权、处分权	一户一宅	面积标准不清晰
乡镇企业用地使用权	农村集体经济组织	申请 + 审批	占有权、使用权、相应收益权	一般不得转让和出租	未控制用地面积
农村公益用地使用权	农村集体经济组织	申请 + 审批	占有权、使用权	一般无收益权和处分权	—

（资料来源：笔者自绘）

①农地承包经营权：是农村集体经济组织成员或其他单位、个人依法以承包或租赁等方式取得的用于农、林、牧、渔等生产经营活动的有期限限制的集体土地使用权（包括"四荒"等未利用地）。承包权即集体经济组织的成员权，即凡是拥有本集体户籍就平等地拥有一份土地承包权（王景新，2005a）。集体成员其承包年限为 30 年。其获得法定程序为"需经村民会议或代表的 2/3 同意，并报乡镇人民政府批准"，并通过土地承包经营权合同来明确发包人、承包人及双方权利和义务。同样，对于承包土地的调整需 2/3 村民或代表同意，并报乡镇政府和县级农业主管部门批准；在取得承包权后不得擅自改变用途、不得

闲置耕地；闲置两年以上的终止合同。在承包期内，承包方拥有对承包土地的占有权、使用权、收益权、部分处分权，并可依法继承。该权在过去不允许转让、抵押等，只允许转包；现在则是经发包方同意可以转包、转让、入股、互换，以"四荒"为客体的承包经营权经发包方同意可以抵押。法律层面已规定，所获得的土地承包经营权是属于农民个体的权力，村集体具有统一调配的权力。而珠三角地区农民以村集体为单位"共同"决策的土地"违规"流转，正是建立在此基础上。

②宅基地使用权：是符合建房申请条件的集体经济组织内部成员，由农村集体经济组织分配、用于建造住宅的没有使用期限的集体土地使用权，这也是农民的一项重要财产权。其申请主体只能是拥有本集体户籍和以户为单位的村民。按照《土地管理法》规定，"农村村民一户只能拥有一处宅基地"，"村民出卖、出租房屋后，再申请宅基地的，不予批准"，即农村宅基地实行"一户一宅"的原则。一般宅基地取得的程序为农户向村民委员会申请，村统筹规划，报乡镇政府审核，县级政府批准。宅基地的面积并没有统一标准，一般由地方政府制定，通常与每户人口数量有关。而且宅基地上建设住房的面积也没有统一规定，这是珠三角地区宅基地建设失控、高密度建设及"握手楼"比比皆是的原因之一。

③乡镇企业用地使用权：农村集体经济组织可设立独资经营的企业，也可通过入股或出资及联营的形式与其他单位、个人共同设立企业。其需按规定向县级以上政府或土地部门提出申请，经批准后获得土地使用权；同时，乡镇企业也获得了土地的占有权、使用权、收益权（按公司法、合伙企业法的规定或依约定处置），不得转让和出租（破产、兼并、分送立等除外，但需征用和办理出让手续），可抵押（可随地上物一并抵押，实现抵押权时，需经法定程序）。该项法定权利并未明确规定可用于乡镇企业的土地数量，这也是造成大都市区乡镇工业遍地开花的制度缺陷之一。

④农村公益用地使用权：属于农村集体经济组织以及其依法设立的学校、幼儿园、敬老院等公共服务设施用地，享有占有权、使用权；一般无收益权和处分权。

事实上，农村型集体组织对其所辖的集体土地施行直接管理和分配，例如可以转换调配农地承包权为乡镇建设用地使用权（须办理手续）。在我国经济发达地区，村集体组织的自主权力和作用极大，客观上已是影响都市区土地配置的重要因素。

2）城市居民

城市居民以居住区和社区为单位，在一定空间和社会范畴内占有一定的国有土地使用权并享有这种产权所带来的收益，土地使用权和房地产所有权两者缺一不可，同时居民具有防止其他人对这种产权和收益进行破坏的权力。按照《物业管理法》社区居民组成物业管理委员会，在物业范围内行使管理权，包括公共物业使用管理、收益分配等多方面。总的来说，城市型社区团体主要依托的是土地使用权之上的集体物业权利，对于产权制度方面的影响较小，本书不做重点讨论。

3）企业

企业包括工业生产性企业和房地产开发商，依法可以享有国有土地使用权，进行开发建设。可以通过行政划拨、有偿出让（招拍挂）和转让的方式取得国有土地使用权。通过出让、转让方式而取得的国有土地使用权可以转让、出租、抵押，不必征得出让人的同意；以行政划拨方式取得的国有土地使用权，原则上不允许转让；若转让须报有批准权的人民政府批准，并应由受让方办理土地使用权出让手续，依照国家有关规定缴纳土地使用权出让金。

企业是城市经济保持高速增长的两大关键推动力之一，就企业类型而言：工业企业在进行投资选址的时候，在相同区位条件下"土地价格成本"将成为企业决策的重要影响因素。在较长时间内工业用地大部分采用协议方式出让，部分地区甚至推出"零地价"政策，以此为吸引外来投资的"法宝"。工业企业通过获取廉价土地使用权进行产品生产、加工和销售而获取经济利益，同时也为地方提供了劳动就业和税收。相比较工业性开发而言，房地产开发更为迫切需要优质土地资源。开发商通过协议、招拍挂等多种方式获得土地使用权及附属于土地上的开发权，这种开发权来自于土地出让合同的约定（通常由相应的城市规划予以明确），开发量大小也决定了土地的价格。开发商通过商品房产开发和销售、出租来获取经济收益；也可以通过以土地使用权"作价入股，合资、合作开发经营房地产"，并获得收益。

4.2.4 土地权利实现形式

（1）城市国有土地权利实现形式

我国宪法规定城市土地属于全民所有即国家所有。按照我国的行政体制，国有土地的所有权应由中央政府行使，但在实际操作中，是由中央政府授权地方政府行使土地所有权。并且在土地的占有、使用、收益和处分过程中，地方政府也基本处于主导地位，土地的最终利用形态及土地财产价值实现的程度，更多地取决于地方政府的决策。因此，我国现行的国有土地所有权的实现形式，是由国家全民所有转变为中央政府名义所有，再转化为中央政府与地方政府的分权所有，实质上是地方政府享有土地利用的主导权和决策权。这一权利实现涉及两个方面。

一方面，土地权利实现的方式是地方政府主导的城市土地配置。该模式以坚持统一空间规划，以政府作为土地出让与开发的主导和管理主体，通过行政手段对土地进行严格管理来规范开发行为，由开发主体采用市场化运作方式来进行综合开发。在土地供应中，由地方政府代表国家行使土地所有者的职能，土地的征用、房屋拆迁、基础设施建设、土地的出让与转让等都在政府行政管制下进行。在禁止集体土地进入市场的条件下，政府通过强制征地一直垄断着土地一级市场，并拥有基于国有土地所有权的"基础"权利。

另一方面，土地权利实施过程是土地开发建设过程。一般经过开发计划编制、土地出让审批、招投标、实施建设验收等几个阶段。具体来说，政府根据开发计划，依照经济社会发展计划、城市总体规划、土地利用规划等，制定城市土地储备计划和土地供应计划，有序地将规划区内的集体土地转化为国有土地进行开发储备；根据开发计划进行开发评估、完成控制性详细规划编制、实施方案制定，经政府相关部门审查通过以后，作为土地挂牌和开发审批的依据；经招标确定"土地使用方"，办理相关手续，进行下一步建设性方案编制及报批，在取得"一书两证"之后进行建设。由此，"土地使用方"便享有了基于国有土地的合法权利和权益。

（2）农村集体土地权利实现形式

"以家庭承包为基础、统分结合的双层经营体制"是我国现今农村土地集体所有制下土地权利的主要实现形式。应该说，以建立家庭承包制为核心的农村土地制度改革作为中国渐进式改革的开端，是一项伟大的制度创新，对激发和调动农民生产积极性，提高农业劳动生产率起到了巨大的推动作用。在土地集体所有制实现形式方面，确立了以村为单位的集体经济组织，但集体组织在乡、村、组之间的三级架构仍然得以保留，计划经济时期形成的兼有经济和行政双重职能的农村集体组织仍然是农村土地集体所有制的最主要载体。这种"以村集体作为权利实现形式"，在改革初期的土地权益固化阶段是必要和有效的，因为此时土地的所有者权益是相对固定的，因而可以是笼统的、模糊的，重要的是对土地直接使用的收益的分配。而在现阶段，当土地作为一种经济资源需要通过市场机制完成配置时，当对土地的经营需要由分散向集中转变时，作为土地基本权属的所有者权益的重要性变得突出起来，而现行集体经济组织不能正确行使土地权益代表职能的缺陷也就变得突出起来。这种缺陷一方面是由农村土地制度本身的缺陷造成，另一方面也与这种形式本身已不适应农村生产方式的变化有关。

农村土地权利实现形式的集体化也造成了在权利实现过程中有如下特点。①土地产权流转"内部化"，即各种集体土地产权分配仅限于本集体组织内部成员，如宅基地的申请、农用地承包等；这种内部化的局面正逐步被打破，出现了"土地向种粮大户集中、向农业企业集中"的趋向。②土地收益"内部化"，从产权角度看，农村土地是集体所有，这种集体所有制在产权性质上有着明显的特点，村是农村集体土地的最小管理单位，它既是一个行政单位又是一个经济组织。这也使得以村为单位的集体经济组织成为土地的所有者，享有产权的收益，而且具有排外权，导致了国家不能对集体土地直接支配。③"农地农用"的用益权约束，即不得改变农地使用性质，必须经过国家统一征收后才能进行非农开发建设。④具有集体土地权利变更的自主权。尽管《土地管理法》明确规定集体所有土地不得出让、转让和出租用于非农建设，但是集体建设用地依法可以用于兴办乡镇企业、进行乡（镇）村公共设施和公共事业建设，以及兴建村民住宅等用于农村集体的非农业建设，村集体内部的土地使用及权利变更具有合法性。事实上，依附于集体非农土地的经济性活动必定具有某种"开放性"，所以无论是合法还是"非法"，集体建设用地的内部及内外部流转难以避免。这也是珠三角地区土地"非农化"程度很高的重要内部根源。

综上，通过分析土地产权与主体对应的配给关系，以及产权的实现方式。必须清醒认识到，在法制不完善的国情下，政府、农民村集体、企业具有的土地权利是不对等的，所形成的"强权（政府）"、"钱权（市场）"对土地配置影响巨大，尤其在"分权化、经济自治化"的地方层面，这种作用尤为明显。另外，由于制度上决定了村集体具有"农地权利内部调整的权力"，可以将村民分散的个人权利集中起来，形成集体代替决策的"公共选择"行为，这对于以村集体经济组织为核心的大都市区边缘和外围地区土地配置的影响更是巨大①。在农村土地权益缺乏法律保障的情况下，由此产生的对土地利益的"共同固守"势必成为必然的选择。因此，"权利不对等和农村土地权利集体化"这两种情况导致了地方土地产权政策的能动行为，更多地表现为以地方政府为主导，通过土地政策推动地区土地产权格局的变化。可以说，在产权变更的制度和政策制定上，政府具有更强的话语权，而其余主体对政策引致的土地产权变化则并非完全是"顺从"，而是基于自身利益及抓住制度"缝隙"的"抗争"，促使政策制定者不断调整优化政策。下文重点从地方政府的"政策能动"角度分析各主体之间的行为。

4.3 土地产权的地方化演绎

根据上文分析，宪法明文规定国有土地所有权只能由国家享有，作为国家权力的执行者——地方政府垄断了土地所有权及其衍生的土地使用权的供应市场。随着我国分级立法体系的发展及行政改革的深入，地方公共政策能力得到了加强，土地产权的界定也更多地表现为一种地方公共政策行为②。在一定意义上，公共政策是法的探索和具体化，法是公共政策的原则依据和稳定化（陈庆云，1996）。一般认为，这种公共政策过程包括了政策制定、政策执行、政策评估、政策终结、政策监督五个方面，从参与主体的角度可以分为公共政策主体和公共政策客体两方面，其中公共政策的制定和实施主体是公共组织，主要包括政府（行政机构）、公共部门和执政党；政策的客体——普通公民参与公共政策选择的渠道不多③。在土地产权制度方面，主体行为更多地表现为公共权力下的"政策行为"，即地方政府的"政策能动"成果构成了对于国家土地产权制度的有效补充。这种地方政策性的能动行为决定了土地产权的特点、土地产权的权能分配以及土地产权的实现方式。

地方政府的土地政策制定能力始终伴随着地方立法权的发展，其政策能动行为覆盖了本地区发展的多种土地政策制定实施过程，同时地方政府还通过对国家法律制度较宽泛的"权利效用拓展"来实现自身的发展利益。由此，本书结合广东珠三角案例从多方面展开地方政府土地政策能动行为的分析。

---

① 在传统从事农业生产的农村中，农地承包经营权和宅基地是农村土地占有的主要权利形式，基本覆盖了农村土地的大部分。但在珠三角大都市区由于村镇集体通过权利的变更，普遍将土地承包经营权转化为乡镇企业建设用地权。由此引发农村土地权利格局的改变。
② 即使一些基层没有独立立法权，也会通过一些"土政策"使得土地政府行动更加倾向于一种政策举动。
③ 目前绝大多数政策选择都是通过政策系统内部提出的，普通公民政策诉求的渠道缺乏通畅性，一般只能通过来信来访的形式向基层干部、人大代表、政协委员等反映他们的诉求，但很难对政策产生重大的影响。

4.3.1 地方立法权与政策制定

地方公共政策的法制化——以立法形式确定政策的作用范围、效力以及执行过程，其前提是地方政府自身立法体系的发展。我国的地方立法经历了从无到有，渐成体系和制度化的过程，以广东省为代表的沿海经济开放地区在地方立法上更领先一步。总的来说，改革开放以来，广东省的地方立法经历了三个阶段的发展（郭剑鸣，2006）。①第一阶段：1978~1997年，逐步获得了地方立法权。改革开放初期，邓小平就提出了"现在立法工作量很大……有的法规地方可以先试搞，然后总结提高，制定全国通行的法律"。按照这一精神，1979年全国人大修订的地方组织法，对我国立法体制进行了改革，赋予省一级人大及其常委会制定地方性法规的权力。1981年全国人大常委会授权广东省、福建省人大及常委会，根据有关法律、法令、政策规定的原则，按照该省经济特区的具体情况和需要制定经济特区的各项单行经济法规。1992年和1996年全国人大先后授权深圳市、珠海市、汕头市人大及常委会以相应的立法权。②第二阶段：1998~2000年，地方立法权的建立与完善。1998年6月1日广东省制定了《广东省人民代表大会常务委员会制定地方性法规规定》，涉及本省地方立法权、授权立法、立法程序、法律解释、法规及规章的备案等内容。③第三阶段：围绕2000年通过的《中华人民共和国立法法》（以下简称《立法法》），广东省于2001年相应制定了《广东省地方立法条例》（2006年1月修订），标志着广东地方立法法制进入了系统化阶段。

应当看到，宪法和法律赋予地方立法权其目的是充分发挥地方的主动性、积极性；同时，赋予地方的立法权，是有条件、有限定的权能。另外，地方立法对修正我国法律整体框架也有着良好的作用；在改革进程中，往往需要以地方突破的方式来推动全国的法制化进程。例如1987年，深圳市率先出台国有土地使用权有偿转让的地方性法规，并首次公开拍卖第一块国有土地使用权，突破了当时宪法第十条第四款的规定。该法规出台后各地相继效仿，最终促成1988年的宪法修改，删除了土地不得出租的规定，并加入了"土地使用权可以依照法律的规定转让"①的规定。

伴随着地方立法权的获得，地方政府对于制定本地区发展政策的热情也日益高涨。政策制定的权利与地方立法权之间具有一定的关联性——拥有立法权的地方具有更强的政策能力和更大的政策试验空间，并且具有将政策转变为法规的自主性，可以说地方的政策能力依赖于地方的立法能力。所以广东省的佛山、东莞等城市相继向国家申请"较大的市"的地位，以获取地方立法权；一旦获得成功就可以通过行政立法而为城市提供新的发展契机，并可以独立解决现实发展中的诸多矛盾与冲突。

相比之下，政策制定的自由裁量空间相对立法要宽泛。政策制定的"灵活性"为广大

---

① 同样著名的良性违宪（法）事件，还有农村家庭联产承包责任制、农村集体土地产权流转变革，分别被规定于《农村土地承包法》和《土地管理法》。乡镇企业产权形式的变迁过程中探索出来的"温州模式""股份合作"也为中央立法肯定，《股份合作企业法》列入八届人大常委会立法规划。

基层政府所"青睐";对于早期没有地方立法权的城市[①]而言,政策制定权就成了本地政府促进经济发展的重要"法宝"。这其中最重要就是地方土地政策的制定。

4.3.2 土地政策的"地方化"演绎效应

土地政策在地方政府层面经历了由无到有、从基层试验到立法确认的逐步推广和规范化的过程。就珠三角地区而言,各地方政府制定的土地政策包括了服务城市发展的土地补偿和安置政策、集体建设用地流转的农村工业园区政策,以及关注农民居住的宅基地政策。土地政策的目的在于既要促进经济快速发展,同时能更有效地协调发展中的土地问题。对这些政策的地方化演绎,其背后是地方政府、村集体组织、产业资本等土地利益主体在土地制度层面的复杂"能动"作用。这也是解释大都市区土地配置空间与产权问题的重要组成部分。

本节主要以顺德区作为具体分析案例,该区是广东省土地制度改革的先锋,改革开放以来在集体土地利用的政策上经过了诸多试验和变迁;其相关土地政策的演变具有较好的代表性,基本反映了珠三角地区土地政策的能动过程。通过运用理论工具对案例地区集体土地利用进行路径回顾分析,可以把握具体问题及其历史原因。研究的内容涉及征地赔偿政策、农村居民点(宅基地)用地政策、集体工业用地政策等。

(1) 征地补偿政策

1) 政策演进概况

珠三角地区的城市发展始终面临着巨大的征地困难,早期为减少成本绕过村庄建设用地造成大量城中村的出现,为此,珠三角地区各城市展开了新的征地补偿政策的探索。珠三角地区征地补偿政策延续了广东省征地补偿制度,以顺德为例,征地的补偿内容逐年完善,征地费用随着土地市场逐年调整。其发展经历了以下几个阶段。

① 1988~1993年,按照国家1988年颁布的《土地管理法》进行摸索,出台了地方土地补偿方式和标准。② 1993~1999年,按照《广东省征地管理规定》[②]进行征地管理。同时还明确,按征收土地面积的15%为征收土地的集体经济组织在被征收的土地范围以外预留发展用地。③ 1999~2002年,按照新修订的《中华人民共和国土地管理法》,征收耕地的补偿费用包括土地补偿费、安置补助费以及地上附着物和青苗的补偿费,各城市依据国

---

① 我国具有立法权的城市属于法律确定的"较大的市",这是《立法法》明确规定的一个法律概念,是指除直辖市以外有立法权的城市,包括省会城市、特区城市和国务院特批的设区城市。之前国务院批准的"较大的市"有49个,其中省会城市27个、经济特区城市4个以及国务院先后4次批准的18个城市,具体为:1984年10月批准唐山、大同、包头、大连、鞍山、抚顺、吉林、齐齐哈尔、青岛、无锡、淮南、洛阳、重庆共13个市(重庆于1997年3月升格为直辖市);1988年3月批准宁波市;1992年7月批准淄博、邯郸、本溪市;1993年4月批准苏州、徐州市。2015年第十二届全国人大三次会议扩大地方立法权主体,赋予设区的市立法权。

② 该地方法规于1993年6月24日以粤府〔1993〕94号文发布,并根据1998年1月1日起施行的《广东省人民政府关于修改〈广东省开展全民义务植树运动的实施细则〉等50项规章的决定》进行修正,于2000年7月12日发布的粤府〔2000〕43号将本法规废止。

家法律中的各项条款推出了自己的具体补偿标准。④ 2002 年，作为土地使用制度改革的试点，顺德市开始进行征地制度的改革，对补偿标准、分配方式以及配套政策都有调整。⑤ 2004 年，随着改革的深化，顺德开始将征地后的"社会保障"政策内容纳入征地制度中；2005 年 10 月，按照广东省试行的征地补偿预存制①，规定了在征地报批前，用地单位需将征地补偿款足额预存入征地补偿款专户，没有预存征地补偿款的，一律不予审批征地。至此，珠三角地区征地补偿机制已基本成熟。

2）土地补偿费和安置补助费用

珠三角地区各城市土地补偿费和安置补助费用经历了由分开制定收费标准，逐渐发展到区域的统一标准收费，共有三个阶段。

①征地改革前期，各城市分别提出了自己的补偿标准，如顺德 2000 年规定的土地补偿和安置补助费用大约是 1.3 万 ~3.2 万 / 亩。②征地制度改革过程中，开始实行统一的土地补偿费和安置补助费标准，2001 年顺德将补偿标准提高到 3.3 万 ~5 万元 / 亩，较以前的补偿提高了 47%。③征地改革的深化阶段，各城市在省制定的统一标准上②根据自身经济实力可以分别规定，并可在扩大就业、职业培训、留地安置和社会保障等方面积极探索新政策。如顺德 2004 年将两个费用再次调整③，再次提高了征用集体土地的补偿标准，由原来的 3.3 万 ~5 万元 / 亩，提高到 5.3 万 ~7 万元 / 亩，特殊情况的提高到 10 万元 / 亩。其后在 2007 年，顺德统一了补偿标准，对三项基本费用的征收作了一定的调整，并且搭接了社会保障体系：土地补偿费和安置补助费全区统一按照 5 万元 / 亩的标准执行；青苗及地上附着物补偿依据土地承包合同的约定或实际情况决定。除了基本补偿费用的调整外，还增加了为被征地农民提供社会保障的政策规定，起始标准按照被征用农地面积 1000~1500 元 / 亩 / 年，之后按照每 5 年 5% 的幅度提升一次，支付年限为 30 年（图 4-5）。

3）征地费用的分配

在征地补偿费的分配上，2001 年之前，顺德征收的土地补偿费和安置补助费 70% 留归集体，只有 30% 能够直接分配到村民手里；2001 年进行征地制度改革后明确规定，80% 直接兑现给被征地农民个人，20% 留给集体经济组织，其中个人部分按所持股份一次性分配兑现（表 4-6）。

其次是政府参与了农村土地开发利益的共享。1998 年起顺德开始对集体土地征收土

---

① 征地一旦获得批准，即从银行专户中划转各项征地补偿款，任何单位、个人不得挪作他用；征地未获批准的，退回预存的各项征地补偿款。对于发放到农民个人手中的补偿款，支付实行实名制，直接支付到农民实名账户上。

② 2006 年 7 月 25 日，《广东省征地补偿保护标准》（以下简称《标准》）颁布实施。《标准》将广东省（不含深圳市）的 20 个地级市中的 23 个县级市、41 个县、3 个自治县和 48 个市辖区归入十个类别中，并编制了详细的《分类表》，细化到乡镇一级。要求根据实际情况变化，一般 2~3 年调整更新一次。在各类地区标准划分中，根据用地性质再区分为耕地、园地、林地、养殖水面。同时规定，今后各地征地补偿不得低于《标准》，低于《标准》的征地将不予审批。顺德区的补偿标准已超过省标。

③ 2003 年从国家层面上开始提出安置被征地的农民不能只采用货币安置一种方式，要在扩大就业、职业培训、留地安置和社会保障等方面积极探索。顺德也开展了此项工作。

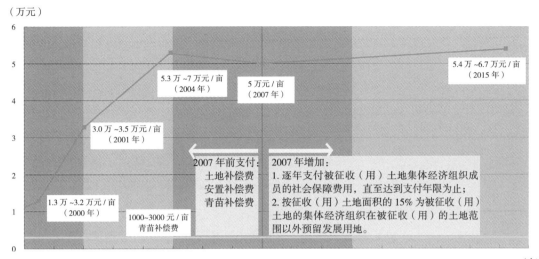

图 4-5 顺德征地赔偿标准的变化
（资料来源：根据顺德区总体规划资料绘制）

顺德区各类用地收取的土地收益金　　　　　　　　　　表 4-6

	用地类型	收费标准（元/m²）
各类用地	商住用地	120
	商业、旅游业、娱乐业用地	80
	工业用地	30
	办公、综合及其他用地	80
城镇居民及港澳同胞自建住宅用地	80m² 以内	120
	80~200m²	180
	超过 200m²	240
农民自建住宅用地	100~200m²，从 80m² 起计	180
	超过 200m²	240

（资料来源：根据顺德区总体规划资料整理）

地开发金。在顺德没有改区之前，征收上来的开发金按表 4-7 的标准和比例进行分配（设区并入佛山市以后取消）。2003 年顺德将"土地开发金"改为"土地收益金"，2004 年根据土地利用的不同性质执行分类的征收标准。

可以看出，珠三角地区的土地征用补偿政策不断完善，更多地体现了对农村失地农民的利益照顾。包括：相对较为合理、市场化的动态补偿标准，征地价格较高；在土地收益上增加了集体分红部分；把失地农民全部纳入社保、养老、医疗体系，并优先安排就业和培训；划出 10%~15% 比例的集体发展预留地。这几项措施在很大程度上缓解了因城市政府转变农村集体用地产权而产生的矛盾，减少了征地引发的冲突。

顺德区土地收益金在不同行政区域的分配比例　　　　　　表 4-7

	市	镇	管理区（行政村）
大良、容奇、桂洲、伦教、顺德区	40%	40%	20%
勒流、龙江、陈村、北滘、乐从	30%	50%	20%
均安、杏坛	20%	60%	20%

（资料来源：根据顺德区总体规划资料整理）

4）预留地政策

"预留地"政策是珠三角地区较为独特的现象，也称"留用地""返还地"，即在被征用的农村集体土地中按一定比例（一般为 10%~15%），返还给被征地村的合作经济组织，用于发展二、三产业，并免缴有关规费（各城市有不同），该做法后被国土资源部肯定并为其他省市效仿[①]。征地"返还地"政策的出台旨在解决被征地农民的基本生活保障和长远生计，以及农村社区集体公共开支，缓解征地矛盾和利益冲突。作为被征地农民的社会保障、分享土地增值方式之一，该政策在珠三角地区历史悠久，广为采用，成为影响大都市区发展的重要政策之一。

这项政策最早纳入的广东地方法规是《广东省征地管理规定》（1993 年颁布，1997 年修订），该法案对广东地区土地配置作用极大。其中，第二十三条规定，"市、县国土部门在实施征地时，应对被征地单位发展经济和改善生活所需的用地作出统筹安排，一般可按不超过所征用土地面积的 10% 留出土地，由被征地单位按规定统一安排使用。已留出的土地尚未进行非农业使用的，应继续耕种；进行非农建设或发生转让、出租、抵押的，按国家和省的有关法律法规办理"。其后，各地方颁布了相应的地方留地政策的具体实施办法，包括留地比例、留地的分配等内容。例如在 2001 年，顺德按征地量的 10% 提留给村委会集体经济组织，5% 提留给镇集体经济组织，作为发展用地，并规定因城市建设需要可按市场价进行收购。由于该政策受到基层群众的大力支持，极大地降低了征地的难度，已经成为征地中不可或缺的配套政策。近年来，顺德区因城市建设需要使用已实行村改居的股份合作社的土地，或征用属村股份合作社的土地用作工业和商住用途的，仍分别按征地面积的 10% 提留给村（含村改居）、5% 给镇（街道）作为发展留用地。

预留地是部分城中村、城市边缘村庄的重要经济来源，例如笔者调研的广州三元里村，村域总用地面积为 255.8hm^2，村集体经济用地面积就达 44.9hm^2（大部分是城市征地后返还的预留地），约为该村总用地的 18%，人均年分红收入 3.89 万元（扣除集体留存部分），已经成为依靠集体土地物业维持发展的典型代表。距离城市中心越近，留地政策带来的利益空间也越大。

---

① 该政策具体依据之一是国土资源部《关于加强征地管理工作的通知》（国土资发〔1999〕480 号），规定"经济发达地区或城乡结合部，可按照规划用途预留一定比例的国有土地，确定给被征地的农村集体经济组织使用，发展农业生产或从事多种经营。有条件的地区可允许被征地的农村集体经济组织以土地补偿费入股、兴办企业"。

（2）宅基地和居民点用地政策

纵观珠三角地区宅基地相关的政策，可以大致分为三个阶段。

第一阶段（1990年代），该地区根据国家相关土地规定展开了地方化的政策探索，对"量化每户宅基地面积"提出了具体指标。该阶段的政策总体上是鼓励村民集中建设农民新村，提高居民点建设用地集约和连片建设。在1990年代初期，根据国家对宅基地控制的明文规定和"一户一宅"政策，珠三角地区针对申请人条件、宅基地管理、宅基地流转等方面的内容做出了相应规定。1990年代中叶，进一步限定了符合申请宅基地人员的条件；到1990年代末期，对申请条件有微小调整，加入了有一定奖励色彩的规定，但基本延续原有的规定，主要是围绕原有住房面积、有无安排过住房用地等施以限制。例如顺德从1998年开始提出农民零星分散、无连片规划的住宅用地标准为每宗不超过80m²（华侨、港澳台同胞可在此基础上增加20%，以示照顾），对超出部分予以收费。之后的标准均在此基础上略微改动。1999年顺德进一步提出农民建房用地面积按照每户80m²的标准执行；对做好小区规划后连片建设的农民住宅新村可适当放宽至120m²以下；凡用地面积超过80m²的，其建筑基底面积也不能超过80m²。对原规划用地面积每户超过120m²以上的要做调整，禁止分宗报批、合宗建房的行为。

第二阶段（2001~2007年），各地根据经济发展和用地情况提出了具有当地特色的宅基地和居民点用地建设的新方法。由于当时珠三角地区农村体制改革推广已经具有较大规模，土地股份化机制的引入，客观上要求对农村资产加以量化和固化，以使股权分配和股东需要相对稳定[①]。因此，这一阶段在总体的控制下针对村镇宅基地展开了政策行动。如顺德提出了宅基地固化政策——按照设定的时限对符合分户条件的村民按照每人每户不超过80m²的标准一次性固化村民住宅用地指标，以后不再审批单门独院式的村民个人住宅用地。通过村民宅基地固化，来控制住各村（居）的村民宅基地建房用地总量，从而也就控制住了建房占用耕地的总量。固化的原则是"生不增、死不减"。固化的具体做法为：按照2001年9月30日在册农业人口，将股份合作社的股份一次性配置到个人并且固化股份，以后的新增人口不再配置股份。股东的股份允许转让、继承与赠与[②]。

第三阶段（2007年至今），结合新农村建设，提出了整改旧村、集中建设农村居民点[③]的目标。例如，2007年顺德区针对土地的集约利用提出了农民公寓建设和"旧村居改造"政策及行动，重点对单家独户的村民住宅建设进行控制。具体政策包括：城镇规划区范围

---

① 例如2001年顺德进一步深化农村体制改革中提出固化农村股份合作社股权，量化股份合作社资产。其中集体股占20%，不得量化到个人且留作集体积累，用于公共事务、福利事业开支。个人股占80%。
② 同时规定了农民宅基地属村集体所有，宅基地上所建的房屋归农民家庭私有，其可以随房屋的买卖一起转移，但只限于本村；农民住宅不得向城市居民出售，不能为在农村购买房屋的城市居民发放土地证和房产证，严禁城市居民在农村购置宅基地。
③ 2007年国家严格规定，根据土地管理法的有关规定，顺德区开始对住宅用地进行管理，比如农村住宅用地只能分配给本村村民，城镇居民不得到农村购买宅基地、农民住宅或"小产权房"。农村村民一户只拥有一处宅基地，其宅基地的面积不得超过省、自治区、直辖市规定的标准。

内的农村集体暂缓分配宅基地，禁止建设单家独户的村（居）民住宅（不包括农民公寓的新建、改建、扩建），积极推进农民公寓建设；具体行动方式是在原有宅基地基础之上拆除旧房，由集体统一开发利用，包括新建农民公寓。

回顾顺德的宅基地和居民点用地政策实施，量化宅基地面积政策在一定程度上有效地解决了宅基地占地面积过大及浪费土地资源的问题，但并没有能彻底解决居民点建设的用地分散问题；宅基地固化政策是为了应对农村体制改革中的股权设置，将宅基地作为土地股份中的一部分，在实施当中由于规划滞后，固化指标落实压力大。这里有两种情况。一是村镇有统一规划、集中建设布置的固化小区，村集体垫付三通一平工程费用和进行场地统一平整，由农户自行建房后补交一定费用（2005年为500元/m²，2008年达到1000元/m²，还需交纳128元/m²的农转非换证费用（按毛地收取））。这就大大增加了农民建房的支出，使实施效果大打折扣。例如顺德吕地村全村有285户固化指标，仅落实了70多户。二是大部分行政村缺乏类似的宅基地规划，且固化宅基地指标分散在各处，很难找到一块地进行集中布置；建房只缴纳128元/m²的农转非换证费用，由村民自行进行场地整理。据有关数据，全镇农村现在登记约1.5万户宅基地固化，真正已经安置的有590户，剩下还有14000多户，按照每户80m²的标准，尚需要1600余亩土地，还不算配套设施（道路、小学等）的面积。据问卷调查，有近一半（49%）的受访村民表示不愿意指标置换，全镇农村固化指标落实的压力极大。相类似的"整改旧村，居民点集中政策"也都是由于长期以来的乡土宗族情结和赔偿标准的居高不下而难以实施，农村居民点的集中工作十分艰难。

总的来说，宅基地和居民点建设政策并未能取得重大的用地调整和配置的突破，反映出大都市区土地空间配置结果是居民点数量众多，从空间分布上来看，自然村规模比较小、分布散乱，"城中村""园中村"混杂其中；其次大部分村民仍然停留在原来"单家独院""一户多宅"的分散居住模式上，导致农村村民人均占有居住面积过大。例如，通过对2007年顺德杏坛镇24个行政村居民点用地的统计发现，人均占用居住用地面积达92.5m²，远远高于城市20~32m²的居住用地标准，各村人均占用居住用地面积从57~153m²不等，最大的安富村达153m²（图4-6）。

（3）集体工业用地政策

珠三角地区的整体经济发展与集体工业发展状况紧密相关，集体工业在很大程度上推动着大都市区边缘和外围地区的集体土地的不断非农化。在实践历程上，集体工业用地政策经历了若干阶段的能动演变，可以划分为"早期自发无序的粗放式开发、逐步提出工业用地适度集中、推动产业园区优化升级"三个时期。一是在早期（1980~1990年代初），由于缺乏政府的统一土地开发政策指导，或者说政府对土地干预的政策行动滞后于土地市场的冲击行为，在外来资本刺激下，村集体纷纷创办乡镇企业及建立村级工业区；这也是改革开放以来珠三角地区农村经济发展的最主要途径。虽然这种方式在一定程度上顺应了村镇经济的快速发展，但以土地的大量消耗为代价。二是1990年代初中期，受宏观调控

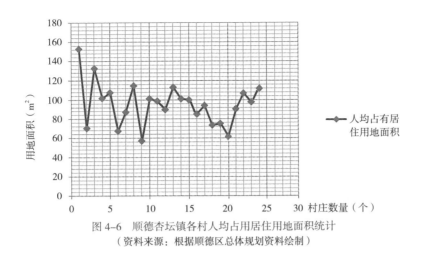

图 4-6 顺德杏坛镇各村人均占用居住用地面积统计
（资料来源：根据顺德区总体规划资料绘制）

及外部环境影响，珠三角地区传统的经济发展模式暴露出了其内在的矛盾。为此，各地政府推进了以土地产权制度为核心的综合改革，力争在深层次上解决存在的问题。三是2000年以来，在推进工业集约化建设的同时，有计划推进对原有低层次的村级工业区进行整治。具体政策行为包括：严格控制村级工业用地规模、取消村级分散建设的工业留用地指标、停止审批零星分散的非集约工业区的农用地转用、控制和整合现有低效工业用地、调整完善村级工业用地布局，除少数符合规划、具有一定规模且土地利用集约度较高的予以保留外，对其他分散低效的村级工业用地通过关、停、并、转等方式逐步置换到的集中工业用地范围内。

在此，进一步以顺德区集体工业园区用地政策演变为例，说明其对大都市区土地配置的作用。根据土地政策调整的时间点，分析其演变进程（图4-7）。

改革开放以后，当时的顺德县政府确定了"以工业为主、以集体经济为主、以骨干企业为主"的发展政策导向，自生自发的村办工业曾是顺德发展的主要动力，工业发展在建设用地和村镇空间发展中一直占据主导地位，分散的工业化和城镇化发展道路正起源于此。自1990年代以来，政府开始推动内涵式发展，包括鼓励工业发展的集约化和园区化；但由于缺乏具体的政策和行为引导，并未能取得良好的资源整合效果。1998年初步提出发展集约工业园区的设想。2000年提出集中建设市、镇两级集约型工业区，实行工业用地集中连片开发，规划建设17个集约型工业区，规划用地面积达104km^2。对各村开发建设的小型、分散的工业区和工业用地重新进行布局和功能调整，严格限制发展，并逐步向集约型工业园区迁移。但是在开发中，政府为了控制和节约建设成本以及营造较好的招商引资环境，征地规模过大，通平时间过早，项目建设未能及时跟上。在规划上提出控制村级工业区的要求，实行"关停并转"；部分工业区的剩余用地未能得到及时功能调整和有效利用。2001年顺德取消村级分散建设的工业留用地指标，停止审批零星分散的非集约工业区的农用地转用，以保证土地的集约使用。2002年对集约方案进一步加以完善，提出今后工业区开发必须由镇一级按照规划，连片开发、集约建设，每个镇只允许设置1~2

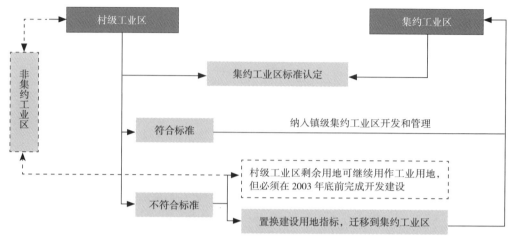

图 4-7 顺德区村级集约工业区改造方案
（资料来源：广州市规划院，同济大学. 顺德区总体规划，2009）

个集约工业区。在规模上给出了限定，即开发面积要不少于2000亩；需进行"五通一平"配套工程，并规划建设必要的环境保护设施，以及市政公共设施、生活配套设施；设立相应的管理服务机构，统一开展土地开发、环境建设、招商引资等工作，为区内的企业开办和经营提供无偿服务。村一级不再允许新办工业区。对现有的村级工业用地，如果符合集约工业园区的标准，可以纳入镇级集约工业区开发和管理。2006年提出控制和整合现有低效工业用地。严格控制村级工业用地规模，调整完善村级工业用地布局。除少数符合规划、具有一定规模且土地利用集约度较高的予以保留外，对其他分散低效的村级工业用地通过关、停、并、转等方式逐步置换到规划的城镇规划工业用地（原集约工业区）范围。制定优惠扶持政策，鼓励建设多层标准厂房，引导中小企业、特别是民营企业入驻，以满足达不到建设用地控制指标的中小企业的发展需求，促进中小企业集聚发展。2007年提出针对村级工业园进行旧厂房改造，将其改造成功能配套完善的现代化工业，以实现土地集约利用以及产业集聚，达到提高土地利用率的效果[①]。具体由所在村居集体筹集资金对旧厂房进行改造。政府从以下几个方面加大支持力度：规划方面适当提高工业用地的建筑容积率；工业项目由各区制订鼓励措施，包括土地方面的免税等。

总结上述分析（表4-8），可以发现集体工业用地政策对于大都市区，尤其是村镇数量比较多的边缘和外围地区土地配置影响较大。特别是早期（自20世纪末起）"以工业为主导"的区域产业发展政策导向，伴随着外来资本的快速涌入，各级政府及村集体各自为政进行招商引资，形成了两种不同的工业化方式。一是由政府主导的，按城市产业发展策略与集聚经济原则推进的"园区工业化"；二是以集体经济组织为主体，自下而上的"自发"的农村工业化（丛艳国、魏立华，2007）。政府通过征地拓展建设城市工业区，提供较好

---

① 顺德计划从2007年到2009年分别进行旧厂房改造215万、520万、512万 m²，总建筑面积达到1247万 m²，占佛山市旧厂房改造计划的57.5%。

顺德区土地政策能动演变过程及对土地影响分析　　　　表4-8

时间阶段	政策演变	行为方式	政策结果	土地影响
改革开放初期	以工业为主、以集体经济为主、以骨干企业为主	自生自发的村办工业	出现了村、镇两级工业区齐头并进发展的格局	各自为政、一拥而上的低层次土地开发，形成"乡乡点火，村村冒烟"的乡村工业景观
1990年代	推动内涵式发展，鼓励工业发展集约化、园区化	未能提出具体行为指导	未能改变村办企业用地扩展	村办企业用地继续蔓延，土地集约未见明显成效
1998年	初步提出发展集约工业园区的设想	引导工业企业向工业园区集中	兴建了较大型工业园区，形成了10个镇级工业园区	大量建设集约工业区的问题开始出现，引发新的土地资源圈占
2000年	提出集中建设市、镇两级集约型工业区，实行工业用地集中连片开发	规划建设17个集约型工业区，规划用地面积104km²	17个集约工业区已经基本形成，但村级工业园区仍然大量存在	征地规模过大，"通平"时间过早，开发建设未能及时跟上，造成新的土地浪费
2001年	加强村办企业用地管理	取消村级分散建设的工业留用地指标，停止审批零星分散的非集约工业区的农用地转用	村级工业园区分散建设得到一定控制	一定程度上保证土地的连片集约使用
2002年	对集约方案进行了进一步的完善	提出今后工业区开发必须由镇一级按照规划，连片开发、集约建设，每个镇只允许设置1~2个集约工业区，开发规模不少于2000亩，建设必要配套设施	仅保留经省政府批准设立的顺德科技工业园，将规划面积减为2500hm²，调整引资政策，提高产业项目准入标准	提高了土地集约利用和配套服务设施建设程度
2006年	提出控制和整合现有低效工业用地	严格控制村级工业用地规模，调整完善村级工业用地布局，通过关、停、并、转等方式逐步置换，制定扶持优惠政策	成功引导部分中小民营企业入驻	成功置换了部分土地，有效控制了部分低效土地利用
2007年	提出针对村级工业园进行旧厂房改造	设立"三旧"改造专项奖励和扶持资金，采用社会资本与集体经济组织合作的方式，提高工业用地的建筑密度和开发强度	计划改造成功能配套完善的现代化工业	实现土地集约利用以及产业集聚，达到提高土地利用率的效果
2010年	推进"三旧"改造工作实施意见	确定改造方位、方式、项目认定，城乡规划政策、土地管理相关政策等配套管理机制	重点推进旧工业厂房升级改造和旧村居改造，适度控制经营性房地产改造	促进节约集约利用土地，拓展产业发展空间
2011年	规范经营性用地土地使用权公开交易	加强土地公开交易出让（转让）审批，严格土地公开交易出让（转让）管理，土地公开交易底价的确认和审核规则	加强经营性用地土地使用权交易市场管理，规范土地公开交易行为	营造公开、公平、公正的土地交易市场环境
2014年	城乡土地生态利用制度综合改革试点	围绕土地生态利用主题，提出从统筹整合、节约集约、低碳循环、综合整治四方面构建城乡土地生态利用新模式	改进和完善工业用地公开出让制度	以功能片区组织经济活动和土地管理，实现土地资源的整合利用，土地利用布局的调整优化

（资料来源：笔者根据相关资料整理自绘）

的基础设施、生活配套环境，吸引大型骨干企业和优质资本；镇村集体经济组织和农民则以土地出租的方式吸引中小企业，围绕市工业园区中的大企业提供产业配套。由此形成了以工业企业为核心，市、镇、村（甚至村小组）多级工业区齐头并进发展的格局。加上集体土地隐性市场的活跃，存在私下交易，导致土地权属关系紊乱，由此引发的土地问题是深远的，后期的政策基本围绕规范土地市场展开城乡空间治理，但长期形成的路径依赖至今仍难以改变。

总之，集体工业园区政策对区域土地配置的影响是十分明显的，体现了土地空间演化过程。但由于"历史遗存"的土地问题复杂、权属关系紊乱，长期以来形成的基于土地利益的农村群体关系难以改变，加之具体的土地政策行为实施不力[①]导致政策执行困难、收效甚微。而以顺德为代表的"集约工业区"政策也并未能取得彻底的成功。

（4）地方政策演绎的特征分析

在地方能动政策过程中，在地方政府（尤其是区县级政府）主导下、基层乡镇、企业（尤其是工业企业）多主体行为交织，共同促进土地转化。进一步分析地方主体在土地政策演变和推进中的行为，特征如下：

政府经济放权行为与基层村镇发展行为并行。从大都市区实际的发展轨迹来看，集体工业用地发展可以概括为以乡镇企业用地为核心的发展模式。在发展乡镇企业的过程中，存在着两种主体行为：一方面，各乡镇政府在原人民公社的社队企业基础上发展镇办企业，并特别注重培育、支持骨干企业的发展；另一方面，各乡镇政府又将权力下放到各村，允许它们在自己范围内兴办企业，发展村办工业区。这促成了地方区县一级政府与基层村镇共同促进产业发展的局面，导致土地大量非农化现象。

同时，企业逐步成为用地发展的主导力量，政府土地政策干预滞后。企业选择厂址具有自身特点，大企业和小企业在市场规律下分别选择距离城市近的城镇工业区和村工业区。随着企业发展，大企业规模化扩张带动了周边地区的上下游配套及服务企业的发展，这些企业为了降低成本主要围绕在大型企业周围集中布局，形成所谓的"工业集群体系"。一方面，随着这些产业集群的不断发展壮大和成熟，使地方上原本分散的产业布局在一定程度上得以集中，产业用地的效益得到了一定程度的提高；另一方面，在空间上，企业由小壮大的发展其用地也逐渐向周边地区不断扩展，促使村镇建设用地不断扩展。在调研中发现，很多镇街的建成区面积的扩展实际上是产业扩展、特别是大型企业厂区用地向镇区周边和村不断蔓延的结果。在这一过程中，政府更多的是推进"企业转制"，即由乡镇企业转化为股份制企业[②]，目的在于"强调工业企业上规模，工业出拳头产品"的产业规模扩大效应，在相关土地政策方面缺少有效干预。直到进入 21 世纪，各镇街的主导产业比较明

---

① 包括政府"急于求成"的心理反而引发了更大的土地浪费、征地规模过大，开发建设滞后、村级工业区功能调整和有效利用不当等问题。
② 例如，顺德对全市的几千个企业，提出了优化行业结构，重点发展技术水平和附加价值高的新兴工业，强调企业规模及品牌效应。

确了，土地资源矛盾也显得紧张以后，政府才开始提出"引导工业企业向工业园区集中"。这个时候土地的政策成本已经极大，且由于利益关系难以协调导致土地政策执行脱节、推定不力现象时有发生。这也是以顺德为代表的地方土地政策不能完全成功的重要原因之一（实际上，2007年以来顺德工业用地的政策已将重点转向对村级工业园区的整治和改造）。

4.3.3 地方政府对"权利边际"的拓展

珠三角的地方政府除了制定施行相关的土地政策以外，还采取了一系列具体行动来拓展既有权利的有效范围，即对"权利边际"加以拓展。从法律本质上来说，这种"创新性"土地能动行为往往会超越现有法律制度框架。由于处在改革开放的年代，这种"边际"式超越的后果迥异。下文介绍与本书研究紧密相关的"权利边际"拓展行为事例。

（1）珠三角"镇改街、村改居"

1）过程

"镇改街、村改居"是我国长期实行城乡二元政策催生的产物，源于城镇化过程中对"城中村"的改造，后扩大至经济较发达的城郊农村。该政策是与集体土地紧密相关的政策之一，目的在于有效推动农村地区尤其是城中村的城镇化进程，其配套政策还包括人口计划生育政策、就业服务体系等。该政策的核心是为了推进城中村、城边村改造，提升城镇化质量，具体包括三大内容——将原村民的农业户口转为非农业户口；将原属农民集体所有的土地转为国有土地；村委会也改为居委会。转改后，原村民享受与城镇居民同等的待遇，履行同等的义务，并按城镇管理方式和运行机制管理（表4-9）。

村委会与居委会比较　　表4-9

项目	村委会	居委会
性质	设置于农村的基层群众性自治组织	设置于城镇的基层群众性自治组织
职能	除基本社会管理职能外，还附有经营集体资产、建设基础设施、兴办教育等职能	管理、服务辖区居民，政策宣传，调解纠纷，反映民意等社区管理职能
管理对象	具有本村户籍的农村居民	本社区的所有居民
运作费用	村集体经济负担	区、街道政府财政拨款

（资料来源：陈瑞莲，等.破解城乡二元结构：基于广东的实证分析[M].北京：社会科学文献出版社，2008：184）

这一政府举措具有一定创新性，在得到认可后引发了珠三角甚至全国的"村改居"浪潮。起初政策制度并不完善，从2000年开始试点、逐步建立了相应转改标准和计划[①]，在顺德等市"村改居"试点的基础上，2002年广东省人民政府办公厅颁发了《广东省城市

---

① 例如，顺德提出将若干个规模小（人口2000以下）、地域连片的村合并为一个社区，工作重点落在市中心城区和各建制镇城市规划区内的"城中村"，以及位于城乡结合部、人均耕地面积低于0.23亩（全市农业人口人均水平的1/3）的村作为"村改居"的改造对象。

基层管理体制改革工作实施方案》，从而全面启动了珠三角"村改居"的进程，重点针对城中村推行统一改制，涵盖了村民身份转变情况、集体土地产权处理、市政建设、公共事务管理、拆迁安置和开发、改造资金筹集等多方面的规定。

"村改居"的改制行动经历了两个阶段发展。在早期政策中，集体土地一次性转为国有是其他措施实施的前提，这也是引发广泛讨论的核心。按照早期的村改居政策，所有土地是"转"为国有土地，而非征地，意味着只要政府将村民转变为城市户口，就可以获得其生存所依赖的土地资源，没有留地政策，也没有相应的征地补偿。从结构化角度分析这种早期的"村改居"存在着诸多不合理之处。个别部门绕开了土地征用的重重环节这些都直接违反了土地产权法律，我国宪法规定土地所有权的转化只有通过征地。仅通过农民户籍的变化不能改变财产关系，不能因为户口由农民变为城市居民，就不循征地程序而直接变更农村土地的所有权性质。其次，从行动中主体行为和结果来看，"镇改街、村改居"的改制取消了实行近十年的"留地政策""村委会转制撤销后遇城市征地不再配留用地"，意味着只要将村转化为居委会，就可以不用预留用地（因为按广州市地方政策，所有的用地都直接随着"村改居"自动转为国有用地），这势必给后来征地的工作的推进带来较大困难。在笔者实地调研中，村民普遍抵制将集体土地转为国有土地，对于土地衍生的民宅确权、土地资产评估、土地转国有后开发使用存在使用年限等问题普遍不接受。

针对这些暴露出来的问题，在2005年国土资源部对"农转居"工作中，"集体建设用地转国有建设用地做法"的解释意见中明确否定了"一次转国有"的做法，指出集体土地转国有必须通过征用的程序。① 而且随着改制的推进，自身也暴露出一系列问题，地方政府纷纷采取了不同补救措施。一是，改制后集体用地转为国有用地所有性质，直接转移势必占用大量的城市建设用地指标，尤其对于广州、深圳这样的大都市而言，土地指标本身已经成为发展的限制因素，因此农地指标直接转移势必对广州市的城市建设产生着重要的影响。二是，行为的前提"实质上不合法"导致了改制的不彻底而面临诸多困难，"村改居"推进遇到了阻力，在取消留用地的政策出台后，甚至一度在城市建设征地中出现无法推进的情况；因此为了推动一些重大项目建设，就出现了个案特殊处理的现象。如广州大学城征地仍然给每条村在大学城附近按原返还标准预留了所征地总面积15%的留用地②，作为村集体今后发展经济之用。随后各地出台了相应的政策，进一步规范了"村改居"的具体操作细则，对"村改居"的条件、农村集体资产处置问题、土地产权的转移仍然按照"征地补偿—留地"的政策执行。例如东莞市出台了《关于"村改居"工作若干问题的指导意见》（东府〔2004〕149号），规定了"村改居"范围需要符合下列条件之一："居民户籍人口占本村总人口一半以上的、以全国第五次人口普查统计数和耕地保有量为计算基础，

---

① 2005年国内有将近7万个这样的例子，通过"镇改办""村改居"的方式改变农民的身份，从而获得农民土地，被国务院直接下文叫停——《关于深化改革严格土地管理的决定》第十项明确规定，禁止擅自通过"村改居"等方式将农民集体所有土地转为国有土地。
② 该标准是大学城所在的原番禺市征地留地标准。

本村人均耕地面积不足 0.12 亩的、三分之二以上的村民不从事农业劳动，不以农业收入作为主要生活来源的"；对于土地采取征用，"政府在所征用土地中给原土地权属单位留成 20%，无偿划拨给社区股份合作经济组织发展使用"。又如广州市政府综合决策后于 2006 年出台了新的措施：允许依各村的意愿来办理各自土地的产权手续，可以选择办理国有或者集体土地使用证，其结果是绝大部分村用地都办理了集体土地所有证。例如，从 2003 年至今，三元里村作为政府的试点向区国土部门申报了 30 多块土地的确权，其中只有一宗转为国有土地，其他用地仍选择办理集体土地使用证（庄志强，2008）。

2) 分析

"镇改街、村改居"的行为促使农民逐步纳入城市的框架中，为农民顺利"进城"提供了现实可能，势必会引起更深层次的问题，如户籍管理、土地征用、社会保障、农村富余劳动力培训和就业，以及农业产业化发展等。而珠三角地区相关配套政策（如人口和计划生育政策）出台的原因是给原村民一个缓冲时间和心理适应期，减少农民对城镇化的抗拒[①]，在"村改居"后，原农村居民继续享受农村计划生育奖励政策[②]。要彻底切断原村民对土地的依赖，必须解决"进城"原村民的就业问题——政府除了给失地农民以适当的经济赔偿，鼓励其自谋出路外，还积极建立和完善失地农民的就业服务体系，帮助其实现职业的转变。

根据本书研究框架进一步分析，"镇改街、村改居"行动反映了：地方政府力图通过改变农村集体组织和村民为代表的客体部分权力（户籍），达到未来土地利益分配格局的转变；政府和农民的行为博弈围绕着"权力和利益"展开，其结果是促进了土地政策的调整，这种"能动和结构"的相互促进形成了珠三角改革发展的核心命题。类似"镇改街、村改居"的政策行动在一定程度上与土地产权转变紧密相关，带有较强烈的政府推动特点。由于涉及"将原属农民集体所有的土地转为国有土地"的问题，在具体执行中更加明显地体现了"地方政府对自身权利效用行为拓展"的特点。

(2) 集体土地产权制度创新试验

1) 过程

改革开放后，在东部沿海特别是在经济发达地区和城乡结合部，农民集体已经有一定数量的集体土地使用权进入了地下土地产权交易市场，通过联营、股份制、出售、出租等各种形式变相转让土地使用权，而且处于自发、无序和愈演愈烈之势。为此，21 世纪以来，各地方纷纷开展了农村土地流转的合法化探索，一直到党的十八大以后明确"三权分

---

① 这种抗拒来源于两方面：一方面随着改革开放的深入，附着在户籍制度上的就业、教育、住房和社会保障等政策，城乡的差异在逐步弥合，转为城市户口的经济收益在日益降低；另一方面由于农村集体经济的发展，加上国家对农民所实行的各种优惠政策，地方农民享受的社会福利（尤其是土地股份分红）甚至会高于目前城市居民所享受的福利待遇。因此农民融入城市有抗拒的心理。

② 按照《广东省人口与计划生育条例》第二十一条："村民委员会整个建制转为居民委员会，原属农村居民的育龄夫妻，只生育一个子女是女孩的，从村民委员会改为居民委员会之日起（以经过上级部门验收合格，正式批准之日计算），四周年内可按间隔规定安排再生育一个子女"。

置"的改革方向。通过这段时间内创新案例总结,笔者认为我国集体土地流转为核心的土地产权制度创新试验经历了五个阶段。①自发、无序流转尝试阶段:很长时间内,我国集体土地流转并没有十分规范的方式,各地方对于流转的态度并不一致。②部分地区开始模式化试点阶段:部分地区进行了推广,国土资源部在北京、江苏苏州、安徽芜湖、浙江湖州、河南安阳、广东省等地做了试点,为法律的修改和土地使用制度的改革做了重要的政策储备。这些试点颁布的地方法令有些条款已经"突破了现有《土地管理法》对农民集体建设土地使用权转让限制"[①]。③推广之后的实质性立法尝试阶段:2005年6月广东省政府发出《关于试行农村集体建设用地使用流转权的通知》,明确农村集体建设用地使用权在符合条件的情况下可上市流转,并得到了中央政府支持[②]。被认为是解决农村集体非农建设用地面临的问题、改变集体非农建设用地非法、无序的流转现象的重要举措。④多类型流转模式的探索完善阶段:如上文所述,2005年开始各种国家城乡综合配套改革试验区开始了集体土地流转的多种尝试,例如承包经营权入股和农村产权流转平台的成都和重庆模式。⑤2008年10月十七届三中全会提出了"加强土地承包经营权流转管理和服务,建立健全农村土地承包经营权市场,按照依法自愿有偿原则,允许农民以转包、出租、互换、转让、股份合作等形式流转土地承包经营权,发展多种形式的适度规模经营""不得改变土地集体所有性质、不得改变土地用途、不得损害农民土地承包权益"。这也意味着我国开始全面推进农村土地使用权的流转,即"土地新政"的起始。

2)分析

通过分析可以发现多种土地创新试验的核心是"把农民宅基地和承包田分开,农户进城镇居住和农地流转分开,以宅基地置换城镇房产,以农地承包经营权置换农民社保",关键在于"宅基地权和集体土地承包权"两项权利[③]。例如广东早期的"南海模式",以土地股份制为代表,即在不改变土地所有制的前提下,以行政村或村民小组为单位,将集体财产及集体土地折成股份集中起来组建股份合作组织,然后由股份合作组织直接出面出租土地或修建厂房后再出租,执行股东(代表)大会及董事会(理事会)管理制,村里的农民出资入股,凭股份分享土地非农化的增值收益。而在浙江等地,上述做法被称作"两分两换":被置换出来的农地大部分被地方政府当作了新进入的土地资本,转而用于城市土地建设,其本质上是"不合法"的农地改革方式。又如重庆提出"在农村土地承包期限内、不改变土地用途的前提下,允许以农村土地承包经营权出资入股设立农民专业合作社,及在条件成熟的地区开展农村土地承包经营权出资入股设立有限责任公司和独资、合伙等企业的试点工作"。这种以工商登记将土地权益正式转化为资本的试验开了国内先河,被称

---

① 例如北京颁布了《北京市农民集体建设用地使用权流转试点办法》,并在延庆、怀柔的两个镇开始进行流转试点。参见:浦峰. 京郊集体建设用地试点流转破现行《土地管理法》[N]. 新京报. [2004-10-21].
② 2006年6月,国土资源部发布《关于坚持依法依规管理节约集约用地支持社会主义新农村建设的通知》,提及"集体非农建设用地使用权流转试点",这也被认为是对广东省做法的认同。
③ 这两项权利基本涵盖了农村集体的大部分土地。

为"股田制公司"(后被叫停)[①]。这些早期土地制度创新试验一直受到广大关注,学术界也有较大争议,更多地集中在进入城镇的农民生活保障和就业问题[②]。

总的来说,随着十八大"三权分置"改革方案的落地,意味着土地新政试点已经转化为国家制度"结构"。新制度的核心内容是建立在地方试验结果的基础之上,是一个由地方创新转化为国家指导大政的逐步演化过程。在这些创新的背后是国家政策的不断调整过程。因此可以说,这种创新试验构成了对未来土地制度变革的诱导,符合结构化理论中"结构决定行为,同时行为也促进结构的不断产生"。虽然制度经济学家们都认为制度变迁能导致效率提升,但是由于在大都市区涉及复杂的主体间利益冲突,这种效率提升的最终实现还有待统筹其他要素配合。

4.4 土地产权制度的"结构"与地方政策的"能动"分析

4.4.1 土地产权"结构"对大都市区发展的影响

长期以来,中国实行的是城乡分治、政府垄断城市土地一级市场的土地制度。城市与农村土地分属不同法律体系约束,由不同机构管理,形成不同的权利和市场体系。其基本准则是"农地要变为建设用地只能通过政府征地,任何单位建设用地都必须使用国有土地"。其结果使得政府作为农地转为市地的唯一仲裁者,拥有获得农地并将其转给城市使用者的排他性权力,由此也形成了中国土地市场城乡分割、政府主导的独特格局。从这一角度,我国土地产权制度对土地配置有着极为重要的影响。

基于土地产权框架和权利配给,来分析产权结构对大都市区发展的影响。由于土地产权具有空间财产权的属性,由此形成的土地产权格局同样具有空间利益特点,并与大都市区空间结构相对应,整体上表现出较为强烈的时间阶段特点:①在大都市区发育的早期,中国实行的是城乡分治、政府垄断城市土地一级市场的土地制度,城乡分离的二元化土地产权框架促使城乡二元结构的形成和稳固化,城市政府只能通过征地来改变这种"国有和集体所有"对立的产权空间格局。②随着大都市区的发展,集体土地在外来资本市场的诱导下逐步开始了非农化蔓延,虽然没有改变集体土地所有的土地性质,但在具体土地权利

[①] 后经中央农村工作领导小组办公室调研,紧急叫停了重庆市"股田制公司"的推进。主要是与当前法律制度相冲突:首先,土地承包经营权入股后,一旦经过股权转让,则非农村集体成员也可能获得土地承包经营权,这与现行的土地承包制度发生冲突;其次,一旦入股企业破产,土地则可能用于偿还债务,农民面临失地风险;还有,按照《公司法》的规定,公司股东不超过50人,而农地入股的公司股东大多超过百人。这些可能出现的情况,都与现行的《农村土地承包法》冲突。其后重庆拟发展的"农民专业合作社",有股权单一、生产要素合作、股份混和、股权转租及股份参与五种模式。并确保农民户籍变市民后,能够享受到城市比较完善的教育、医疗、养老、就业培训、最低生活保障等社会保障制度。

[②] 部分学者提出,以农地承包经营权置换基本社保,以宅基地置换城镇房产,固然解决了城镇"新市民"的最低生存保障和居者有其屋的基本生存问题,但要使大批"新市民"拥有一份相对稳定的工作,在经济社会欠发达的中西部省份,远比破突"农地旧政"要艰难许多。(参见周其仁,2002。)

类型上已经有了较大的改变（如由承包经营权改变为乡镇企业用地权），并且形成了较稳固的产权利益格局（其间经历了土地政策变动的影响和政府的默许）。③随着大都市区逐步扩大发展，这种城乡分离的甚至对立的产权结构和空间隔离被不断打破——中心城市经济建设繁荣带动下的城市扩展促使城市政府土地征收、土地征用之名不断将集体用地转为国有用地。政府试图通过新的土地政策来改变城乡之间的土地权利分配，促使区域整体的土地产权格局发生重大转变并试图打破这种乡村空间利益格局，必然引发较大矛盾和冲突。这一由土地产权制度产生的空间问题已经被珠三角案例证实。

进一步分析发现，在大都市区的发展中，土地产权结构和城市空间结构之间存在着密切的相关性，土地主体主导的产权格局转变直接表现在城市空间与结构的变化之中，同时空间变化也伴随着复杂的产权变化，总体表现为空间格局、产权结构和利益关系的复杂化。

因此，在大都市区空间的演变过程中，土地产权上的矛盾也是造成当前大都市区"城市建设用地紧缺和集体建设用地利用低效"并存的主要原因。在长期二元化土地产权格局下，大量粗放利用的村镇建设用地分散在各级村、集体股份社和村民手中，要进行权利变更必然要付出极大的代价（不仅是政府直接支付的成本，更是整个城市乃至区域可持续发展的成本），其背后是土地制度的结构性缺陷。

4.4.2 地方政策"能动"行为的内在逻辑与作用

我国的土地产权制度首先是一种政治制度安排，其次是一种社会组织制度安排，再其次才是一种财产法律制度。这种政治制度、社会组织制度和财产法律制度"三结合"的土地产权制度，既是优势也是弊端（吴次芳，2001）。由于产权制度隶属于政治制度，使得名义上的"土地公有形式"与市场经济中"对私有产权形式的需求"之间经常发生矛盾，不利于资源的有效配置。另外，地方经济发展推动下的土地流转是结构和能动相互作用的微观反映——能动缘于结构的缺陷。

在此根据研究框架，进一步归纳在现实土地产权制度下的土地政策能动行为的内在逻辑及作用，并分析其局限性。

（1）土地制度的结构性缺陷与能动行为

长期以来我国土地所有权分为国家所有和集体所有，即通常所说的"双轨制"土地制度。虽然《物权法》进一步明确了各种权利的界定，但并未能改变《宪法》确定的"城市的国有土地"和"农村和郊区的集体所有土地"二元土地制度。土地产权制度的缺陷大体集中在三个方面。

1）集体土地产权主体模糊

长期以来，农村集体土地的所有者即土地所有权的主体不够明确。对于乡、村、村民小组在不同程度上都是农民集体土地所有权的代表，导致农村集体土地产权的主体模糊。我国《土地管理法》规定，集体土地产权的主体有三种形式：乡镇农民集体经济组织、村农民集体经济组织、村农业集体组织。但是不仅集体所有权没有人格化的主体来行使其权利，而且这三级形式之间的界限也不清楚，从而导致土地集体所有权在事实上的虚置。所有权主体的非明晰化造成了权利虚化，所产生的最严重的问题是对土地的侵蚀和公共资源的浪费。

2）集体土地产权权能不完整

集体土地所有权是一种受到严格限制的所有权。国家对其用途、流转、处置进行严格的管制。由于土地使用权不完整——缺乏完整性、明晰性、排他性、可转让性、权能责任利益缺乏对称性，侵权现象严重。所有权主体的混乱使得国家所有权的代表——政府较之集体所有权处于"强势"地位，政治权利在很大程度上影响了产权。而国家所有权并不是和其他权利职能处在平等的位置上，国有权实际上已演化为政治权的行使。国家向集体征地，征地的补偿条件由国家决定。因此，无论从使用权、收益权还是处分权来看，都存在国家对集体这一所有者的干预。农民缺乏对土地独立、稳定和受保障的产权，经营行为的短期化现象十分严重。

3）城乡土地流转制度不完善

在现行制度下，征用土地成为农村土地所有权流转的唯一方式，集体所有权形态的土地，除了国家征用之外，是不能进入市场的。土地流转困难的最根本原因在于农地使用权制度的不完整，导致使用权权利的不完整限制了土地买卖、租赁，致使土地的自由流转受到很大的限制，有些地方出现了大量的土地荒芜，资源配置低效率。其次，农村土地市场发育不完全，也是造成土地流转困难的一个重要原因（胡亦琴，2009）。由于市场不健全、不完善、信息不对称，相关服务跟不上，土地流转的成本就会相对较高而预期的收益并不会很高，这样就会严重阻碍、滞缓土地的自由流转。

基层政权和集体土地主体则凭借自身的资源、为追寻地方或社群利益最大化而积极作为——微观政策层面的能动行为。其中，地方政府担当了政策演绎和创新的重要角色，而村集体、村民的"能动性"更多的是"利用"政策获取利益。

（2）地方能动改革行为的作用和局限性

在快速城镇化地区，地方主导的土地政策改革或尝试是对于既有土地制度的必要补充。我国稳步推进的社会改革和体制试验中非常重要的一项内容就是"集体土地的流转"，通过各地方的试验，寻求集体建设用地使用权出租、转让等流转活动的有效办法，包括在土地流转形式、条件、土地流转收益、分配等多方面进行探索。集体土地改革的目的在于促进农业经济发展，并在提高农民收入的同时不使农民失去土地（Burgess，2001）。地方主体能动行为对其作用和局限性归纳如下。

1）地方政府对上级政策做地方化解读，有可能导致政策执行时走样

地方政府对上级政策做地方化解读，有利于结合地方具体条件而实施。但倘若，或附加条件、变相"加码"，或改变兑现条件，就会平添政策执行的难度，或是使政策意图在执行时走样。以珠三角地区盛行的预留地政策为例。按照省里的政策规定，村民的"返还地"可以自用或出租，但都"必须要办理建设用地使用证（国有或集体）方能合法报建，否则

属于违法用地"。该规定似乎并没有任何问题,在实施中却很容易走样——因涉及土地指标分配问题,地方政府制定的具体政策或运作规则明显照顾自己的利益。即,地方政府掌握了土地建设指标的分配权,一般都优先照顾满足城市利益的"大项目",甚至可以忽略了集体土地指标的分配,导致在具体用地的开发建设中产生了"预留地没有建设指标被迫闲置[①]、办证费用过高村集体难以承受"等现象。例如,政策执行中变成"给地不给指标",没有指标就不能办土地使用证,没有证不能正常开发建设,造成事实上的预留地难以开发获益。

即使农民获得了土地指标,也会面临其他具体问题。如办理土地使用证时仍需按规定交纳农用地转用的各项费用[②],据统计办理土地使用证费用每亩达 4 万多元,这对于缺乏经济来源的农村集体来说根本难以承受(孔善广,2008)。由于用地指标限制和办证费用高而没有办理土地使用证,为了尽快获得土地开发的收益,一些村组就利用只有短期使用期限的"临时用地"以"临时建筑"的方式办理报建手续后将土地或厂房出租(事实上大量超过临时期限的土地和建筑仍在非法使用);或更多的是根本就不办理任何手续而直接出租,造成事实上的大量违规用地产生。可以看到,该政策的出发点是好的,但在实际操作过程中由于政府来分配指标,村民为了更快、更低成本地获取土地收益,形成了该政策实施中的一些缺憾。

2)地方政策在实施中也面临着变数,并会引发新的矛盾

由于外部条件的变化导致具体政策在执行过程中会面临一些新的状况,并引发新的矛盾,这是地方政策设计中难以预测和兼顾的。这里仍以预留地政策为例(这是省级层面相对于国家制度"结构"的地方政策"能动"创新)。预留地政策已经成为维护被征地村镇利益的重要手段,但在该政策实际操作过程中却面临了两个"未预见"情况。

一是,行政区划调整导致的预留地标准不一,变更预留地政策引发的社会问题:由于各地规定的留地比例不一致,一般是大城市比例低、小城市比例高,在撤县设区的行政区划调整后招致部分被征地村的集体抵制。例如,广州市和市属番禺区(原番禺市)在行政区划调整前有各自的相关规定,广州市规定经济留用地规模最高只能占到所征土地面积的 10%,而在番禺历来采取 15% 的标准;在撤市设区区划调整后统一按照广州市规定的 10% 执行,村镇经济留用地的新标准与老标准差距过大,番禺区被征地的村镇集体认为不公、难以接受而引发矛盾。这种辖区制度转变带来的"待遇不公"也是大都市区土地配置需要协调的内容之一。

二是,分批征地、多次征地,预留地政策引发的土地配置空间问题。①分批征用留地的问题。在城市政府(有时是区政府主导)征地过程中,并不是一次性把全村集体土地全

[①] 法律规定建设用地来源于集体所有的非农建设用地或国有土地,占用农用地的必须按有关规定和用地指标办理农用地转用手续,取得土地使用证方能办理报建手续进行开发建设。

[②] 这些均为政府规定的收费,如耕地开垦费每平方米 25 元,占用基本农田保护区内耕地的,每平方米加收 15 元;耕地占用税每平方米 8 元,还需要交纳农业保险基金、农田水利建设费、征地管理费等。也就是说,如要 100 亩"返还地"出租,在还没有收益之前就需先投入 400 多万元,如盖厂房出租,则还需另外投入建设费用约 1500 万元(按建筑密度 70%、建筑成本 350 元/平方米算),合计投入约 2000 万元才能出租。参见孔善广,2008。

部征收，而是采取的留用地随征地进展分期分批核算划拨，每次征收都会在所征地范围内预留相应的村镇经济发展用地。多次征收分批预留的后果是造成了村镇经济用地分散，在具体操作过程中，村集体难以按照自己的意愿"挑选"预留地，"被分配"的各地块面积都较小，空间上支离破碎，有完全产权都不便利用，有的甚至成为"多块飞地"夹杂在城市建设用地当中，难以取得较优经济效益；②在征地过程中还存在着二次征用的问题。从留用标准上看，现有政策并没有区分已有留用地的再次征用和一般农地的征用补偿标准，均采取10%或10%的建筑密度为35%留存，对村民已建设的经济用地影响较大，直接威胁到村民未来的生存和发展（根据笔者访谈现有开发权土地的毛租金相对较高，约30~40元$/m^2$）。③由于征地分散带来的社会问题。由于预留地多为村镇自行建设或合作开发，造成局部地段、地块建设风貌的失调，与总体开发建设水平有较大差距。甚至一条街的两侧建筑风貌相差甚大，形成明显的"分隔界限"，并且由此带来严重的二元对立、社会空间分异问题。

3）难以打破既有制度下的土地利益格局，部分土地政策实际收效甚微

珠三角地区，以集体经济组织主导的工业化，保留了土地的集体所有权，将土地的级差收益留在集体内部，由此带动了农村地区的快速发展。由于土地使用制度上的限制和经济利益分配的本地固化，该地区已经形成了稳固的利益主体构成。地方政策的出台也只是在不打破既定利益格局前提下，尽量减少管理制度的成本，实际上部分地方土地政策的收效甚微（Ho and Lin，2004）。例如，为控制农村居民点的无限蔓延，顺德虽然创造性地提出了"宅基地固化"的政策，但是由于存量建设用地的利益格局难以调整，新的建设用地指标又很紧缺，使得宅基地固化计划难以得到落实；地方政府也曾提出了农村居民点的集中政策，但由于长期以来形成的路径依赖，缺乏强有力的配套政策和筹资机制，使得集中的效果并不明显。

在珠三角地区，地方化的土地政策规定实际已经成为地方经济发展的重要支撑。上述政策制定和执行中的问题的根源在于相应主体的"能动性"差异。由于主体的参与能力迥异，对于政策的参与程度也截然不同。

4.4.3 地方政策创新行为对国家土地制度演进的影响

透视我国土地配置发展，土地产权制度是土地流转的基础，决定了土地权利的构成和分配。"地方经济发展和以政府土地政策为核心的行政干预"构成了土地流转的两大动力，直接推动着土地产权的变更和资源重新配置。这也使得地方"先行先试"的土地政策创新成为我国土地制度建构的重大特色之一——政策在我国既表现为制度变迁，也具有主体行动的特点。在这种政策行为中，涉及了中央政府、地方政府、土地实际占有者（村集体和农民），并具有这样的行为逻辑：地方政府在集体土地利用的模式和政策上进行了诸多尝试——为降低农村工业化的门槛、发展地方经济和提高农民生活水平起到了一定的积极

作用；土地所有的农村集体在政策行为实施中，不断争取自身利益，推动了地方土地政策的妥协和转变。该过程构成了土地制度的诱致性变迁[①]。

通过分析珠三角地区乃至国家土地政策转变的几个时间节点和重大事件，可以把握地方政策行为与国家制度之间有相互促进的轨迹——从基层创新到地方立法进而得到国家认可。例如2001年浙江省温州市、2002年11月江苏省昆山市、海门市等地土地流转改革先行试点，得到了国家的认可和重视并于2004年国务院28号文予以肯定，并在2004修订的《土地管理法》中（第六十三条）进一步法制化；在2005年广东省总结大量农村土地的流转探索基础上，颁布了标志性的地方法规《关于试行农村集体建设用地使用流转权的通知》，明确农村集体建设用地使用权可上市流转。这被视为我国土地政策的重要转折，为此国土资源部于2006年6月发布《关于坚持依法依规管理节约集约用地支持社会主义新农村建设的通知》，提及"集体非农建设用地使用权流转试点"，这也被认为是对广东省做法的认同；2007年3月天津滨海新区全面实施获国土资源部原则批准的土地改革方案，重点探索农村建设用地使用权的流转[②]；2007年6月成渝统筹城乡综合配套改革试验区成立后，制定了《城乡统筹发展户籍制度改革试行办法》《农村土地承包经营权流转管理试行办法》等12个配套地方政策，进行了农村建设用地入市的针对性探索。在此基础上"催生"了2008年10月十七届三中全会的土地新政。回顾历史，可以发现我国土地产权制度的变革与地方政策创新行为紧密相关，例如农村土地联产承包责任制度的诞生源于安徽凤阳村民的地方创新；我国土地市场化制度源于深圳市土地市场拍卖行为及相应地方政策行动的探索；而以"温州模式""股份合作"为代表的乡镇企业产权形式的尝试也为中央立法所肯定，并列入人大常委会《股份合作企业法》的立法规划。

总结政策和制度的作用关系，基本为这样一个演绎逻辑：地方市县通过在带有"违规性质"的土地试验行为尝试的基础上，总结制定地方土地政策并推广实施，在实践检验基础上提升为省级土地法规或条例，促成了地方法律的演变，进而地方经验有可能被国家政策所采纳，上升为国家宏观土地政策，最后甚至可能会引发国家土地制度的新变革（图4-8）。这反映出地方政策创新对土地制度变迁的诱致性。

同时，渐进性制度的诱致性变迁是微观行为主体在自发追求外部利益或潜在利润的过程中自下而上实现的。其中，地方政策行动中涉及了复杂的利益分配和利益博弈的问题，涉及政府利益、村民利益、村集体利益、村干部利益和开发商利益等多方面利益主体。这种微观利益博弈行为是诱致性制度变迁的主要原因。

[①] 林毅夫在总结以往经济学家观点的基础上，把制度变迁分为诱致性的制度变迁和强制性的制度变迁。诱致性制度变迁指的是一群（个）人在响应由制度不均衡引致的获利机会时所进行的自发性变迁；强制性制度变迁指的是由政府法令引起的变迁，强制性制度变迁主要是由政治企业家为弥补制度供给不足而进行，由于统治者的偏好和有界理性、意识形态刚性、官僚机构问题、集团利益冲突、社会科学知识等原因，统治者可能面临政策失败。

[②] 其中津南区葛沽镇"乡镇转街道"的农地改革方案是国土资源部批准的《城镇建设用地增加与农村建设用地减少相挂钩》示范镇。

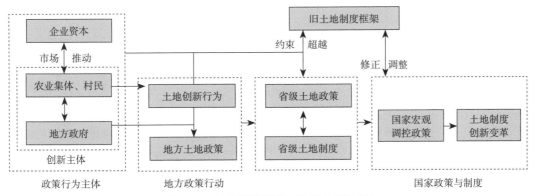

图 4-8　土地政策创新行为对制度的诱导分析
（资料来源：笔者自绘）

4.5　本章小结

本章重点研究土地产权制度框架下，主体权利的构成和分配关系，以及各主体如何利用权利进行土地配置的"能动"作用。

首先，通过回顾我国土地产权制度和政策的历史发展，把握其基本构成和特点。可以发现我国土地产权的制度架构是由法律和政策相结合所形成的一个相互交错体系——是由法律法规、中央的指导性文件和地方政府的政策组合而成的"土地权利约束"结构。其中，制度决定了政策制定的基点，政策既是代表了土地制度变革的可能方向，也是对制度的有效补充和完善，并且在政策的制定中也更有可能融入地方发展的诉求。由此，土地产权制度框架构成包括了两个部分：一是国家颁布的法律法规所明确的土地产权制度，体现了"权利法定"的法制建设特点；二是中央和地方颁布的一系列土地政策，作为法制建设的有效补充，且政策的延续和发展对于我国土地产权制度建设的意义深远。研究发现，两者的结合形成了对于土地产权和权益的界定，且地方土地政策对大都市区发展的影响尤为明显。

其次，探讨了土地产权制度框架下"法定权利"的构成及分配状况。可以发现，我国土地制度框架决定了关于权利的分配和所有关系，土地产权具有"法定权利"、非兼容性财产权、土地支配能力、空间权属等特点；其中，既有私人和公共权利的区别，也有个人和集体权利的区别，权利的实现有必要条件的限制。其次，权利结构是与主体类型直接相关的，土地权利与相关主体的结合才能构成土地权利的配给——农村集体、农民、企业等土地使用者和政府土地管理者共同构成了"行动的主体"。研究还发现：在我国法制不完善的国情下，政府、农民及村集体、企业等所具有的土地权利是不对等的；尤其在"分权化、经济自治化"的地方层面，这种状况尤为明显。此外，由于制度上决定了村集体具有"农地权利内部调整的权力"，可以将村民分散的个人权利集中起来，形成集体代替决策的"公共选择"行为，这对于以村集体经济组织为核心的大都市区边缘和外围地区土地配置的影响更是巨大。"权利不对等和农村土地权利集体化"这两种情况导致了在土地产权层面表现出更强的地方政府主导性——地方政府可以通过地方土地政策和其他权利作用方式来推动地区土地产权格局的变化。

再次,分析在既定土地产权制度下,地方土地主体是如何利用不同行为演绎来"能动作用"于大都市区土地配置。结合珠三角地区的顺德案例研究,这种"能动"行为可以分为两个层面。一方面,土地政策的地方"能动"演绎,已经历了由无到有、从基层试验到立法确认的逐步推广和规范化的过程。地方政府制定的土地政策包括了服务城市发展的土地补偿和安置政策、集体建设用地流转的农村工业园区政策,以及关注农民居住的宅基地政策等多种类型。这些政策的地方能动演绎,其背后是地方政府(尤其是区县级政府)主导,村集体组织、产业资本(企业)等土地利益主体参与的复杂"能动"作用,表现为多主体行为交织,共同促进土地产权转化。另一方面,珠三角的地方政府除了制定和施行相关的土地政策以外,还采取了一系列具体行动来拓展既有权利的有效范围。通过分析"镇改街、村改居",土地创新实验等案例,发现这种"创新性"土地"能动"行为往往会超越现有法律制度框架,而且表现出强烈的政府推动特点,甚至具有"政府强制执行"的深刻烙印——地方政府力图通过自己掌握的公共权力来改变农村集体组织和以村民为代表的政策客体的部分权力(户籍等),从而引发土地权利的改变和转移,达到土地利益分配格局的转变。研究发现,在产权变更的制度和政策制定上,政府具有更强的话语权,而其余主体对政策引致的土地产权变化则是根据自身利益进行能动,其"能动"的结果是促使政策制定者不断调整或优化政策。这种"结构和能动"的相互促进构成了珠三角土地产权改革发展的核心命题。

最后,归纳土地产权制度下的"结构"和"能动"的特征,揭示土地产权框架和"能动"行为对大都市区土地配置的影响。从权利角度来分析,土地配置就是一种土地"权与利"的交易行为选择过程,权利的大小决定了个人可以行动的程度和范围,制度决定了共同参与决策的条件。随着大都市区的发展,土地产权结构和城市空间结构之间产生了密切的相关性——土地主体主导的产权格局转变将直接反映在空间结构之中,表现出空间格局、产权结构和利益关系的复杂化。另外,地方主体的"能动"性对国家土地制度变迁亦有着强烈的"诱致性"——地方市县在具有"违规性质"的土地政策试验基础上,总结制定地方土地新政并推广实施。部分基层政策在实践检验的基础上有可能提升为省级土地法规或条例,促成了地方法律的演变。地方经验亦有可能被中央政府所采纳,上升为国家的土地政策,由此可能会引发国家土地制度的新变革。在这一过程中,"诱致性变迁"是微观行为主体在自发追求外部利益或潜在利润的过程中"自下而上"地实现的,这个过程伴随着复杂的微观利益博弈行为。

从"结构"和"能动"角度可归纳为:一是,作为"结构"的制度自身存在缺陷,集中于土地产权主体模糊、土地产权权能残缺、城乡土地流转制度不完善等方面;二是,"能动"行为有可能对之作出弥补。在"从基层创新到地方立法,再上升到国家制度变革"的这一过程中,凭借自身资源及基于自身利益诉求的"能动"行为并非必然合理或正当,尤其是对上位政策理解不到位难免会引致新的土地配置问题。

第 5 章

土地市场流转制度与运作行为研究

土地市场作为土地配置的基本手段，和资本市场、产品市场等其他市场一样在经济社会发展中扮演着重要的角色，是市场经济体系中的重要组成部分。狭义的土地市场是指容纳土地交易行为的空间场所，具有实体特征，如土地交易所。而广义上的土地市场是指主体之间进行土地产权及利益交换、变更等交易行为活动关系的总和。虽然土地市场表面上看是进行土地及土地附属物品的转移，但从产权角度来看，主体之间的土地交易实际上是一种土地权利选择和交换的过程，"实际上是为了获取土地资产的权利，土地产权才是土地交易的实质内容（刘小玲，2005）"。因此，土地产权制度构成了土地市场制度的基础，决定了土地流转交易的形式。

进一步而言，土地市场制度涵盖了与土地交易直接相关的制度和政策安排，包括土地收购、储备、出让、流转（招拍挂）、抵押等多种内容，并且覆盖了土地流转的正式制度和非正式制度。土地市场的发育状况直接与制度类型与完善程度密切相关。鉴于大都市区土地市场的复杂性，本书在讨论正规的市场交易制度外，也将涉及非正规的土地市场交易规则（隐规则）。同时，土地市场制度作为实现土地产权价值的主要方式，又对应于一定的土地产权制度（陈鹏，2009）。因此，需要把握国家和地方土地制度[①]下各类权利的构成以及参与分配权力的主体，明确权利通过何种正规或不正规途径来实现，以及不同的实现权利行为方式所带来的土地配置问题之所在。

5.1 我国土地市场制度框架

土地市场制度既是一种法权制度，又是一种经济制度，对制度的了解需要建立在充分掌握土地市场发展的基础上。

5.1.1 土地市场特点及要素

（1）土地市场特点

土地市场交易的要素是土地，土地的特殊商品性质决定了土地市场不同于一般商品要素的市场。一般而言，完全的土地市场必须具备完善的竞争，具备五个条件：①在同一市场中，产品是同质的，具有可替代性；②有足够多的卖者和买者个体，并能够自由进入市场；③所有商品都能随意进入或退出市场，没有人为因素限制；④所有的卖者和买者具有完善的市场信息，即信息是对称的；⑤市场各经济主体的消费不能影响市场价格。比较这些条件，可知土地市场本质上是不完全的市场。土地所有权的分配决定了土地市场带有垄断性，且不同区位条件、外部环境之间对土地价格影响巨大，土地投资也不能随意撤回，

---

① 在此必须强调，地方法规具有双重解释性，一方面相对于国家法规而言，地方法规更多地表现为地方政府的能动性创新，另一方面相对于基层群众的能动而言，地方法规又具有"结构"的特征和规范性作用。

消费者也不可能获得完整的市场信息（因为获得完整的市场信息的交易费用极高）。这也意味着如果没有政府的合理干预，土地市场机制失效不可避免。事实上，任何国家都不存在完全自由的市场，或多或少都受到了政府的干预，尤其在我国，正规土地市场是由政府主导设立的，是带有行政性质的市场。

由此学者总结土地市场具有如下特点（周诚，1989；吴传钧等，1994；刘小玲，2005；黄鹤群，2015；等）。①市场交易对象的固定性。由于土地位置固定不可移动，土地交易既是产权交易也是实物交易，其交易具有产权契约特点。②土地市场具有强烈的地域性。土地区位决定了土地市场具有地方性，各地区土地供求和土地价格具有差异性。③土地垄断性和价值增长性。土地资源的稀少和供给来源的垄断，决定了土地市场属于卖方市场，一般情况下价值会不断上升。④土地交易形式多样，土地市场多元化。土地市场包括了地产买卖、租赁、抵押、典当等多种交易形式，而不同土地产权构成下形成了多元化的交易市场。

（2）土地市场要素

土地市场包括构成土地市场的各个有机组成部分及相互关系。一般土地市场由土地市场的主体、土地市场的客体、中介和服务组织等组成（刘小玲，2005；王克强等，2007；谭荣，2018）。

1）土地市场的主体

土地市场主体指参与土地交易的相关人员或单位，主要包括土地供给者、土地需求者。我国土地市场的供给者一般是国家、农村集体经济组织、企业。国家以土地所有者身份垄断了城市土地一级市场，提供国有土地使用权，而土地所有权职能是委托给各级政府代理行使的；村集体在国家制度层面上只能由国家征地进入土地一级市场，但在广东等沿海地区地方法规规定下，可以有条件进入土地市场，因此也成为土地重要供给者；企业可以合法转让手中土地使用权获取资产增值收益，由此构成土地二级市场主要部分。土地需求者是进行土地购买或租赁的经济行为主体，包括国家（地方政府）、企业单位和个人等[①]。

2）土地市场的客体

土地市场客体是指交易的对象，具体是指土地权利，由于我国实施的是土地公有制，土地所有权归国家和集体所有，实际上用土地使用权替代了土地交易的主要权利。因此，我国土地市场中交易对象主要是土地使用权，并具有一定使用年限。根据《物权法》，在土地所有权和使用权基础上可以衍生出他项权利，包括经营权、地役权、地下权、抵押权、质权等（详见第4章相关内容），可以进入市场流转。

（3）土地市场构成

科斯指出，不同产权制度和法律制度安排具有不同的激励作用，进而导致不同的资源

---

① 从现实来看，由于地方政府具有追求自身利益的动机和需求，并且通过具体的土地运作和城市经营来实现了土地价值的增值回报，具有一定的市场主体特征，本书在讨论市场时将地方政府作为"准市场主体"。

配置效率，产权是决定经济效率的内生变量。同样，土地市场产权的界定状况及其产权安排也会对土地市场机制作用的发挥起着极大的影响作用。从制度角度，土地市场交易实际上是土地产权市场化的过程，土地市场上交易权利的不同构成了土地市场的不同形式或种类。由此按照国内外土地产权所有制度，可以分为以土地私有制为基础的完全市场模式和以土地国家所有为基础的市场竞争模式；按照土地产权交易类型，可以分为土地使用权出让市场、土地使用权转让市场、土地使用权租赁市场和土地使用权抵押市场等。

5.1.2 土地市场与制度发展

（1）我国土地市场发展

根据前章，我国土地经历了逐步规范的市场化进程，逐步建立了城市土地市场机制，形成了城市土地与农村土地并存的市场格局。回顾1949年后农村土地市场制度发展，经历了三次大的变革[①]：①1950年开始的土改运动，确立了土地的社会主义公有制；②在经历了1950年代开始以人民公社为代表的土地集体制运动，1979年后实行了家庭联产承包责任制；③数年前广泛开展的农村土地承包经营权流转试验被众多学者称为"第三次土地革命"。虽然在珠三角等沿海地区大量集体土地进入市场流通已经是不争的事实，广东省也已经颁布了地方法令，规范了集体土地流转的市场制度，但较长时间内农村土地市场上处在缺乏国家明确土地法律支持，还属于国家土地政策允许范围内的土地创新试验行动阶段，随着农地"三权分置"改革方案明确后，我国城乡土地市场并轨正逐渐步入历史轨迹。

相比较农村土地市场的发育，我国城市土地已经形成相对完善的市场制度。其发展历程同样经历了若干阶段：①在1950年代逐步建立了社会主义计划经济体制到改革开放前较长时间内，城市土地属于国家所有，实行由计划决定（投资决定）的行政划拨、无偿、无限期使用制度，基本否认市场对土地资源配置的根本性作用；②1980年代逐步进行土地使用制度改革，市场经济体制逐步建立。所有制形式没有发生变化，但在土地配置过程中引入市场机制。随后《宪法》《土地管理法》《城市房地产管理法》等一系列法律法规的修正和颁布，逐步建立了我国制度化、规范化的城市土地市场制度。并随着土地政策的演变逐步调整和修正制度框架。

（2）我国土地市场结构

我国《宪法》明文规定国有土地所有权只能由国家享有，国家垄断了土地所有权及其衍生的土地使用权的供应市场。土地使用权作为地产市场的唯一权利载体，实现了土地流转功能。土地流转分为初次流转和再次流转，相应形成土地使用权的一级市场和二级市

---

① 有的学者也称为四次变革，将1950年代的农业合作社、人民公社等集体所有制归为第二次变革；将目前正在进行的土地承包权流转试验称之为第四次变革。

场。1990 年代初，部分学者依据城市土地流转的顺序，将我国土地市场分为三种不同类型，包括：①土地所有权交易市场，是政府征用农村集体土地的专有市场；②政府将获取的国有土地有偿出让给土地使用者，构成了土地使用权一级市场，是城市土地的初次配置；③土地使用者之间进行土地使用权的转让构成了土地使用权二级市场，这是城市土地的再配置[①]。这种分类一直延续下来，随着市场的多样化，有关学者进一步根据城乡土地交易和获取的方式（刘小玲，2005），认为中国城市土地市场已形成了土地所有权交易市场（国家征地市场）、土地使用权市场、土地租赁市场（表 5-1）。

我国城乡土地市场结构　　　　　　　　　　　　　表 5-1

市场类型		市场主体	市场客体	交易形式	价格决定	市场特征
土地所有权市场	土地征购	政府、农村集体经济组织	土地所有权	征购	法定补偿价	政府单项购买，具有行政强制性
	土地征用	政府、农村集体经济组织、农户	土地占有权、土地使用权	征用	法定补偿价（租金）、协商价	政府垄断，具有强制性，适用于经济情况和临时情况
土地使用权市场	土地使用权出让市场（一级市场）	政府、土地使用者或经营者（划拨）	土地使用权	协议出让、招拍挂出让、行政划拨	协议价、市场价	—
		农村集体经济组织、农户、土地使用者	集体土地承包使用权、经营权	出让	承包价、竞包价	须进行土地登记
		农村集体经济组织	集体建设用地使用权	入股、联营	协议价、市场价	须经政府批准
	土地使用权转让市场（二级市场）	土地使用者、土地经营者	土地使用权	转让、企业兼并入股、拆迁拨用	市场价	—
		农村集体经济组织、农户	土地承包权、土地使用权	转让、转租	承包价、竞包价	—
土地租赁市场	国有土地使用权出租	国家、土地使用者	土地使用权	出租	市场租金	逐年收取地租
	集体土地使用权（承包权）出租	集体经济组织、政府、农户、土地使用者	土地使用权	出租、转租	实物地租、货币地租	按租赁合约收租或实物抵租

（资料来源：刘小玲.制度变迁中的城乡土地市场发育研究[M].广州：中山大学出版社，2005：186，有增改）

由此，本书按照交易土地产权的两大类型，将我国土地市场分为城市土地市场和农村土地市场，分别对应不同的交易制度体系。

[①] 参见中国社会科学院财贸经济研究所，美国纽约公共管理研究所.中国城市土地使用与管理[M].北京：社会科学出版社，1992：64。

（3）城市国有土地市场制度

从 1990 年代末起的多年改革探索，使我国城市土地市场建设的方向和任务出现了重大变化，从大力推行土地有偿使用制度转向经营土地，转向营造安全、公平、稳定运行的市场环境；从强调政府有偿供地转向强调规范政府供地行为、调控和服务市场制度建设，逐步建立起具有中国特色的制度框架，内容不断充实完善，形成了以有偿土地使用的土地交易制度为核心，土地经营和土地储备等市场手段相结合的制度构成。

我国城市土地交易制度明确了以"土地有偿使用"为核心，即土地使用权的有偿、有期限出让或转让，以及收取土地使用费。土地使用权出让分为行政划拨和有偿出让两种类型。其中，行政划拨是无竞争的获取土地的方式（并非无偿），不属于市场经济的产物；有偿出让可以分为协议出让、招标出让、拍卖出让、挂牌出让多种形式，协议出让指有取得土地使用权意向的主体向土地所有者（一般为各级政府）提出有偿使用土地的申请，并就土地的用途、范围、价格通过谈判、协商达成一致并签署合同的方式；招标出让是指在规定时间期限内，由符合招标条件的单位和个人，以书面招标形式，竞投某宗地块的土地使用权，由招标人择优确定土地使用者的出让方式；拍卖出让是指土地使用权出让人在指定时间、地点，组织符合条件的土地使用权有意受让人，就所出让地块公开叫价竞投，并按"价高者得"原则来确定土地受让人的出让方式；挂牌出让是指在指定地点公布交易条件，在媒体上发布挂牌公告，在规定期限内，遵循"价高者得"原则进行挑选土地受让人的出让方式。

在土地市场化早期，根据 1995 年《城市房地产管理法》规定，并未制定统一的土地出让操作规定，由省级部门人民政府规定具体操作程序和步骤。这为地方大量协议出让土地找寻了机会。其后，在我国经历了逐步市场化的过程，至今已经建立起"国有建设用地使用权招标拍卖挂牌出让"制度。其间经历了土地政策法规多个阶段的转折（表 5-2）。通过上述法律法规的完善，我国土地交易制度逐步由"协议出让为主"，过渡到"招拍挂出让为主"。同时还建立了相应的土地经营[①]与收购储备制度[②]。

（4）农村土地"市场化"制度

严格意义上来说，农村土地市场发展尚不完善，仍在逐步建设之中。对于农村建设用地的市场流转机制逐步得到中央政府的肯定，"三权分置"的框架在部分省区已经得到地方法律的制度保障。根据前章对于农村集体土地权利分类，可以将农村土地市场分为农村集体土地承包经营权市场（转让、转包、租赁、入股等）和农村集体建设用地市场（含农

---

① 目前，我国各级政府是土地经营的主体，客体是城市土地。政府主体在市场环境中兼有双重身份，它既是市场环境规则的制定者，又是市场实际的参与主体，因此土地经营从根本上不同于一般的企业经营行为。我国土地经营已经成为影响土地市场和交易的重要机制，有效实现土地资源的优化配置与土地资源向土地资本的转变。

② 土地储备制度是指由政府授权的机构统一收回、收购城市区域内的土地，建立土地储备，经前期开发整理后，统一出让建设用地的制度。该定义参见 2003 年 7 月 1 日发布的《土地基本术语》，该术语将土地收购储备制度纳入土地市场管理范畴。

我国招拍挂土地出让制度建立的政策分析　　　　　　　表 5-2

时间	政策规定	主要内容	特点
1990 年	《城镇国有土地使用权出让和转让暂行规定》国务院	对土地使用权出让、转让、出租、抵押、终止以及划拨土地使用权作了明确规定	建立了土地市场交易的基本框架
1995 年	《城市房地产管理法》	确立了土地使用权招标拍卖挂牌出让制度	将市场出让制度法定化
2002 年 5 月 9 日	《招标拍卖挂牌出让国有土地使用权规定》（国土资源部 11 号令）	全面确立了经营性土地使用权招标拍卖挂牌出让制度，明确规定：商业、旅游、娱乐和商品住宅等各类经营性用地，必须以招标、拍卖或者挂牌方式出让，前述规定以外用途的土地的供地计划公布后，同一宗地有两个以上意向用地者的，也应当采用招标、拍卖或者挂牌方式出让	第一次明确了经营性用地必须实行招拍挂出让，系统规定了招拍挂出让的原则、范围、程序、法律责任
2003 年 6 月 11 日	《协议出让国有土地使用权规定》国土资源部	进一步明确了土地协议出让的范围和最低价的确定标准，建立新型的协议出让模式和严格的法律责任制度	加强对地方政府协议出让的管理
2004 年 3 月 30 日	《关于继续开展经营性土地使用权招标拍卖挂牌出让情况执法检查工作的通知》国土资源部、监察部联合（71 号令）	在 2004 年 8 月 31 日前将历史问题界定处理完毕，8 月 31 日后不得以历史问题为由采取协议方式出让经营性用地使用权，国有用地土地使用权必须采取招拍挂方式出让。严格查处违纪违规问题	8 月 31 日大限，禁止经营用地协议出让
2004 年 10 月 21 日	《国务院关于深化改革严格土地管理的决定》（国发 28 号）	除按现行规定必须实行招标、拍卖、挂牌出让的用地外，工业用地也要创造条件逐步实行招标、拍卖、挂牌出让	加强了土地招拍挂制度的管理
2006 年 8 月 1 日	《招标拍卖挂牌出让国有土地使用权规范》和《协议出让国有土地使用权规范》国土资源部	规范了招标、拍卖、挂牌出让国有土地使用权和协议出让国有土地使用权的具体操作步骤	要求规范化操作
2006 年 8 月 31 日	《国务院关于加强土地调控有关问题的通知》（国发 31 号）	工业用地必须采用招标、拍卖、挂牌方式出让	严禁工业用地协议出让
2007 年 3 月 16 日	《中华人民共和国物权法》	扩大了土地使用权招标、拍卖、挂牌出让的范围，"工业、商业、旅游、娱乐和商品住宅等经营性用地以及同一土地有两个以上意向用地者的，应当采取招标、拍卖等公开竞价的方式出让"；明确了建设用地使用权概念，扩大了建设用地使用权设立范围，可在土地的地表、地上或者地下分别设立	对土地使用权出让提出了一些新的要求
2007 年 9 月 28 日	《招标拍卖挂牌出让国有建设用地使用权规定》（国土资源部令第 39 号）	针对 11 号令、结合《物权法》颁布，从五个方面作了修订：一是将工业用地纳入招标、拍卖、挂牌出让的范围，二是明确建设用地使用权可以分层出让，三是将土地使用权修改为建设用地使用权，四是进一步明确挂牌出让截止问题，五是进一步规范出让金缴纳和建设用地使用权证书发放	进一步完善法令规定制度；明确了应当招标、拍卖、挂牌出让的范围
2008 年 8 月 7 日	《工业项目建设用地控制指标》（国土资发〔2008〕24 号）	严格执行《控制指标》与相关工程项目建设地指标。不符合《控制指标》要求的工业项目，不予供地或对项目用地面积予以核减	加强工业项目建设用地管理，促进节约集约用地

续表

时间	政策规定	主要内容	特点
2009年9月1日	国土资源部《关于严格建设用地管理促进批而未用土地利用的通知》	规范和加强建设项目用地管理，及时纠正和查处以预审代审批、通过办理临时用地方式变相开工建设等未批先用、批而不用、批少占多等违法违规用地行为	加强建设用地管理，依法纠正和遏制违法违规使用农村集体土地等行为
2009年12月25日	国土资源部和监察部联合发出《关于严肃查处未报即用违法用地的通知》	要求各地国土部门对2007~2009年的未报即用土地进行清理，由国土部和监察部组成的十余个联合调查组奔赴各地，对各地清理检查未报即用土地问题进行督察。国土资源部曝光了25个省未批即用违法用地典型案件132起	维护土地管理法治秩序，落实国家宏观调控政策，有效惩治和遏制土地违法违规行为
2011年5月13日	国土资源部《关于坚持和完善土地招标拍卖挂牌出让制度的意见》	坚持土地招拍挂出让基本制度，创新和完善有效实现中央调控政策要求的土地出让政策和措施，主动解决商品住房建设项目供地、开发利用和监管中出现的新情况、新问题，实现土地经济效益与社会综合效益的统一	完善招拍挂的供地政策，加强土地出让政策在房地产市场调控中的积极作用

（资料来源：根据相关政策文件整理）

村宅基地市场）[①]。

1）农村集体土地承包经营权流转

农村土地承包制形成了固定的利益格局——农民既是土地的承包者，又是土地的农业经营者。作为承包者。农民依法享有承包地使用、收益和土地承包经营权流转的权利；作为土地的农业经营者，农民有权自主组织农业生产和经营。同时《农村土地承包法》第三十二条和第四十九条，按照家庭承包和以其他方式承包分别作了不同的规定，即"通过家庭承包方式取得的土地承包经营权，可以依法采取转包、出租、互换、转让或其他方式流转[②]"；"通过招标、拍卖、公开协商等方式承包农村土地，经依法登记取得土地承包经营权证或者林权证等证书的，可以依法采取转让、出租、入股、抵押或者其他方式流转"。在该法中一共规定了农村土地存在转包、出租、互换、转让、抵押、入股六种流转方式[③]。在土地新政中也明确提出了土地承包经营权在"不改变土地性质"的前提下可以合理流转，即"农地只能农用"。由此，形成的农业用地不改变农业用途的流转构成农地内部流转市场（王克强等，2007）。

这个流转过程中包括"正规和非正规"的市场，即符合"农地农用"原则的，经过合理公平程序的都可以纳入正规化市场；而改变了农地使用性质、不符合规定程序出让土地

[①] 部分学者也将农村集体土地被征收进入国有城市土地市场流转的土地转移纳入农村土地市场，也称为农地征购市场。在此本书按照农村集体土地权利来划分市场结构。

[②] 必须注意农户自己承包的土地经营权不能抵押。

[③] 在实际应用中，还出现了委托代耕、四荒土地使用权拍卖、竞价承包、承租返包、反租倒包、股份合作制等不同流转方式。其中股份合作制也称为"股田制"，是将承包权股份化，平均分配到参与者或村民，经营权留给承包经营者，土地流转收益按承包面积折算的股份分配，也称之为"股票田"，是凭借土地承包权参与收益分配的一种。区别于以土地折价入股投资的"土地股份制"。

使用权的则属于非正规市场。一方面，土地承包经营权的正规流转方式实际上是在农业内部的流转，而且有向"社区内民间资本、非社区成员和外资规模集中"的趋势（王景新，2005a），即向本地种养大户、非农村专业种植企业、农业股份合作社等集中。这其中有农户承包（家庭承包）后进行的转包，也有村集体以公开招标或协议的方式将土地承包给其他人或经济组织进行农业生产经营。这种"农—农"的土地流转更有利于组织大规模现代化农业生产经营，流转更多的是为了解决小规模种粮效益低和土地抛荒问题，是属于"农地内部流转市场"，即农用地市场。承包权与经营权的分离意味着农民有可能脱离了直接农业经营，由土地直接经营者变成了享受土地转包流转的获利者，并能获取更大的土地收益。因此，这种能够合理保障增加农民收入的流转形式得到了中央的关注和支持。另一方面，非正规流转市场中，更多的是改变农地性质转为建设用地（其土地产权仍然是土地承包经营权并未办理建设用地转用许可），造成事实上的"非农化"。在珠三角，大量农地未经过合法渠道变更土地权，农户或农村集体以"出租"的形式将土地使用权转让给企业进行非农建设，直接进入了市场流转，形成了建设用地的"隐形市场"。

2）农村集体建设用地流转

按照我国法律规定，农村集体用地可以用于建设乡镇、村办企业、公共公益设施和宅基地[①]。首先，对于乡镇企业、村办企业，明确了"农村集体经济组织使用乡（镇）土地利用总体规划确定的建设用地兴办企业或者与其他单位、个人以土地使用权入股、联营等形式共同举办企业的，应当持有关批准文件，向县级以上地方人民政府土地行政主管部门提出申请，按照省、自治区、直辖市规定的批准权限，由县级以上地方人民政府批准"。其中，"兴办企业的建设用地，必须严格控制。省、自治区、直辖市可以按照乡镇企业的不同行业和经营规模，分别规定用地标准"。其次，对于乡（镇）村公共设施、公益事业建设用地，须经乡（镇）人民政府审核，向县级以上地方人民政府土地行政主管部门提出申请，按照省、自治区、直辖市规定的批准权限，由县级以上地方人民政府批准。最后，对于宅基地，法律规定"一户一宅"（出卖、出租住房不得再申请宅基地），宅基地的面积由省、自治区、直辖市自行规定，并应当符合乡（镇）土地利用总体规划，具体经乡（镇）人民政府审核，由县级人民政府批准。农地新政明确了农村宅基地权利及流转制度，提出"依法保障农户宅基地用益物权，赋予农民宅基地拥有一定的资本（财富）成分，宅基地可以在一定规模控制下以转让、抵押等对外流转"。这三种用地的取得是较为规范的非农化流转。

按照我国现行土地法律规定，农村集体建设用地直接进入建设用地市场是受到严格禁止的。上述三类用地涉及占用农用地的，"应当办理农用地转用审批手续[②]"；否则将构成土地违规使用和流转。但在城镇化、工业化的快速推进的利益驱动下，农户私下进行土地流转的现象屡见不鲜，事实上，在工业化和城镇化进程起步较早的广东珠三角，大

---

① 见《土地管理法》第四十三条、第四十四条、第五十九条、第六十条、第六十一条、第六十二条规定。
② 这里所说的农用地为初次批准的农用地，不包括已批准的农用地。在已批准的农用地转用范围内，具体建设项目用地可以由市、县级人民政府批准。

量农村土地的私下流转早已出现，特别是大都市区边缘城乡结合地区，在城市外拓和地方城镇蔓延过程中，伴随着大量的农用地非法侵占和违章建设。事实上，更多的违法用地并没有正式登记出来，而且，随着城市增长以及土地价值的不断上升，更多的违法用地和违法建设还在不断出现。这种以各种形式自发流转的农村集体建设用地也存在许多问题，比如随意占用耕地出让、转让、出租用于非农业建设，低价出让、转让和出租农村集体建设用地，随意改变土地建设用途，以及因此导致权属不清诱发纠纷等，一定程度上影响了农村经济的发展。笔者认为这背后既有制度和政策不完善的背景，也有主体利益能动超越的原因。

5.1.3 珠三角土地市场发展

（1）珠三角土地市场发展历程

随着广东土地管理制度的改革深化，逐步加强了对于城市建设用地的制度化管理，同时快速乡村工业化形成了客观存在的"隐形"农地市场。在此本书简要归纳两个市场发展过程如下。

一是，国有土地市场逐步走向规范化。1986年我国《土地管理法》颁布之后，珠三角城市以广州为代表，土地管理制度实现了四个转变：①变无计划批地为有计划批地；②变零星分散拨地为成片成线拨地；③变无偿用地为有偿用地；④变单纯的行政手段管理为行政、经济、法律的手段管理，广州城市土地市场开始按市场经济的规律进行管理（李红卫，2002）。

二是，农村土地市场在外来资本刺激下形成无序、失范的隐性市场。总体上来说，珠三角农村集体建设用地使用权的流转，是伴随着外向型经济、民营经济的发展，伴随着市场经济的发育而产生和发展的，经历了一个由自发、无序向规范的发展过程（杨木壮，2009）。改革开放后至2000年为自发形成阶段，在珠江三角洲地区外来资本的刺激下，广州市的农村集体土地自发违规流转比例相当高，以出让、转让（含以土地使用权作价出资、入股、联营、兼并和置换等）、出租和抵押等形式自发流转农村集体建设用地使用权的行为屡有发生，主要表现为以地合作合资、房地一同出租、自发出让出租土地、抵押融资等形式；而且在数量和规模上有不断扩大的趋势，集体建设用地的"隐形市场"实际上已经客观存在。据土地部门统计（2003），珠江三角洲地区通过流转的方式使用农村集体建设用地，实际已超过集体建设用地的50%。

（2）珠三角非正规土地市场发展

长期以来，不规范的土地流转现象在整个珠三角地区极为普遍，集体建设用地违规的实际数字难以统计，"村集体不愿讲，更不愿报"，而上级政府限于财力和人力，也难以深入调查统计。这两个原因直接造成了整个珠三角地区农村集体土地都是一本"糊涂账"。可以说，广州集体土地使用制度的改革始终滞后于城市建设用地市场发展的进程，在 2003 年以前广东省相关地方法规出台前，基本属于无序、失范的隐性市场状态。其根本原因在于现行的农村集体建设用地管理制度的不完善，是土地管理法律、法规以及土地流转规范机制长期难以适应广东省地方经济发展的需要，导致村集体或镇政府采取种种有利于自身利益的土地开发方式，参与土地一级市场的供给。为此，广东省在国内较早开始探索农村集体土地管理制度的变革。

为规范农村集体用地大量非正规流转形式，从 21 世纪开始广东省、安徽省和江苏省等地已经制定了农村集体建设用地流转的地方性法规，由此形成了农村集体建设用地流转市场及制度框架。这些地方法规的核心内容包括：允许进入市场的农村集体土地必须符合土地利用总体规划的土地用途管制；政府根据土地利用总体规划和土地年度出让计划统一控制土地供应量；入市土地需接受政府有关部门统一管理，避免恶性竞价冲击市场。例如 2003 年 6 月广东省政府发出《关于试行农村集体建设用地使用权流转的通知》[①]，2005 年 6 月 23 日进一步制定了《广东省集体建设用地使用权流转管理办法》，广东成为第一个允许集体建设使用权"合法"入市流转的地区，北京大学周其仁教授认为此举开创了"以征地制度与农村非农建设用地直接入市制度并存的新时期"。

该地方法规将"集体建设用地使用权出让、出租、转让、转租和抵押"予以制度化。明确农村集体建设用地使用权可上市流转，并规定了流转范围、流转组织和管理、出让出租程序、转让转租程序、抵押程序、土地收益等多方面内容。具体规定了集体用地不能流转的条件：一是不符合土地利用总体规划、城市规划或村庄、集镇规划的；二是土地权属有争议的；三是司法机关和行政机关依法裁定、决定查封或以其他形式限制土地权利的；四是村民住宅用地使用权。并进一步明确了三类建设项目可以使用集体建设用地，包括①兴办各类工商企业，包括国有、集体、私营企业，个体工商户，外资投资企业（如中外合资、中外合作、外商独资企业、"三来一补"企业），股份制企业，联营企业等；②兴办公共设施和公益事业；③兴建农村村民住宅。流转范围规定"通过出让、转让和出租方式取得的集体建设用地不得用于商品房地产开发建设和住宅建设"。同时该办法特别强调，收益应该向农民倾斜，农村集体建设用地使用权流转的收益中 50% 左右应用于农民的社会保障安排；剩余 50% 左右一部分留于集体发展村集体经济，大部分仍应分配给农民。据统计，到 2007 年底，全省集体建设用地使用权流转 1988 宗，面积 1300hm^2，交易价款 22.35 亿元；佛山市截至 2008 年底，办理集体建设用地流转 1314 宗，面积 610hm^2，主要集中在禅城区、顺德区、南海区。这反映了这一制度的建立规范了集体建设用地市场秩序，隐性交易行为大大减少，政府对集体土地市场的调控和监管得以加强。

总的来说，农村集体建设用地"隐性流转"现象虽然与现行的农村集体建设用地管理制度之间存在一定的矛盾，但反映了市场经济条件下对农村集体建设用地使用权流转的内在需求。随着地方法规的建立，已逐步将这一"隐形市场"的运作公开化，纳入统一的土

---

① 事实上，广东土地流转政策的出台，在更大程度上是为了处理农村土地制度的历史遗留问题。

地市场，将有利于盘活农村原有的建设用地，从而大大减轻对新增建设用地需求的压力，有利于协调农村工业化、农业产业化和城镇化进程。

5.2 土地市场的权利构成

从经济学意义上讲，市场是商品交易的场所，市场交易意味着资源或财富的流通。市场价格机制在城市土地配置中的地位与作用不断上升与增强，体现了土地的生产要素属性，也体现了市场机制对土地使用权这一生产要素配置的基础作用，并直接反映在土地价格上。一旦土地流转的形式、途径都转入了市场经济的轨道，土地使用权的流向、流转的价格等均体现以经济效益为中心的原则。

5.2.1 市场流通与运作主体构成

（1）市场流通环节构成

任何一种市场都是一种交换活动或连续的交换活动。按照我国二元化土地市场格局，城市土地市场流通和农村土地市场流通由若干环节构成（在此主要讨论一级市场，对于土地使用权转让的二级市场不展开讨论）。

国有土地市场出让流转作为一个相对完整的过程，国内学者总结其规范运作大致有三个流通环节，涉及四个主体（村集体农民、市县政府、土地开发者使用者、土地产品消费者），笔者归纳如下（图5-1）。一是征地环节：国家向农民集体征用土地（这种征用更多的是为了增加增量土地出让，而不是直接用于公共建设）。这个环节行动的发起者是城市政府和县级政府，行为的受体是村集体和农民。土地征用并不是按照市场经济原则购买农民的土地，而是作为政府对农民土地征用的"政府行为"，不是市场商业活动。二是土地

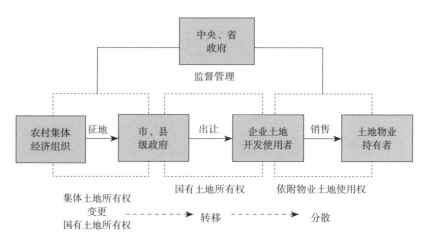

图5-1 国有土地市场流通环节分析
（资料来源：笔者自绘）

使用权市场流通环节：即政府向以企业为主的土地开发使用者出让土地使用权，形成了国有土地市场的起点。在这个环节土地的供方是政府，而受方是企业，是政府与企业之间的交换，而不是企业与企业之间的交换。三是土地产品开发销售环节：开发者建设相关物业自用或进行出租、出售、使用。开发者将经过开发建设，将物业的土地使用权转让给消费者，使消费者在获得物业的同时获得土地的使用权。

农村土地市场作为游离于正规土地市场之外独立运行的市场系统，其流程尚不规范且流转方式较多，大致可以分为两种类型：一种是农地农用流转，将分散的承包土地集中流转，进行规模化农业生产的流转方式；另一种是农地非农化流转，将集体建设用地使用权进行流转和交易（这也是影响大都市区土地的重要方式，因此本书重点讨论后者）。

在此笔者以常见的"村办工业园"用地流转市场为例，归纳其流通环节如下（图5-2）。首先，承包经营权回收，转变为集体建设用地环节：将分散的土地经营权集中到村民集体并统一支配。在这个环节仅仅是土地集体使用股权主体发生转变，村民个人、家庭的承包经营股权回收转变为村民集体经济组织控制的建设用地使用权，并未产生市场交易和流转；涉及的主体均属于集体经济组织内部的成员。如涉及农用地转变为建设用地，需要经过县级以上政府批准，应当办理农用地转用审批手续。其次，集体建设用地权流转环节：村集体组织在获得政府批准后将土地推向市场，或招商引资，或出租入股，流转形式多样。按照地方法规，单位和个人通过出让、转让、出租方式取得的集体建设用地不得用于"开发商品房地产项目和进行住宅建设"，因此，农村集体土地流转多集中于工业用地，有两种常见方式：一是直接用集体土地兴办各类工商企业[①]，兴建产业园区；二是直接将土地出

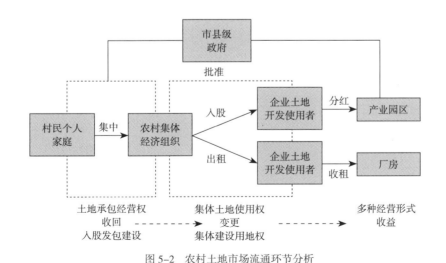

图5-2 农村土地市场流通环节分析
（资料来源：笔者自绘）

---

① 《广东省集体建设用地使用权流转管理办法》规定集体建设用地可以兴办各类工商企业，包括国有、集体、私营企业，个体工商户，外资投资企业（包括中外合资、中外合作、外商独资企业、"三来一补"企业），股份制企业，联营企业等。

租给企业建设或建设厂房出租，村集体收取地租[①]；这个环节中，土地供给方是村集体经济组织，土地受让方是企业，是两者之间的市场交换，属于商业行为。在这两个流通环节中，涉及村集体经济组织和企业两个主体。

（2）参与市场运作主体

从"经济人角度"理解，参与土地收益的主体都有追求"效用最大化"的需求，并有将土地权利转变为经济利益行为付诸实践的能力；从市场供需角度理解，主体自然地形成了土地供给者和土地需求者，并且在"制度和资本"两大因素作用下，需求和供给关系和身份会发生重要变化，并且加上土地供给方式的不同（出让、租赁、入股等），由此带来了土地市场运作参与者的构成复杂性，尤其在大都市区地区涉及城乡复合地域，主体多元分层特征更加明显。

一是，从市场化来看，政府既是土地的需求者，为满足城市建设需要大量征购农村集体土地，拓展增量土地；同时也是国有土地使用权供给者，通过经营储备按计划出让存量土地，按照不同土地类型和价格提供给建设需求者。这里需要说明的是地方政府的角色，地方政府同时也是土地市场的管理者，行使土地出让管理、土地市场的信息公开、对市场交易行为价格进行监控等职能。在大都市区由于涉及多层级的政府，法律规定"县级以下的镇和乡政府无权出让土地，因而也无权征用土地"，所以只有城市和县级政府可以代表国家行使土地征用权力，同时乡镇政府也没有对违法用地行为处罚的权力（地方另有规定的除外），只能向上级管理部门举报或建议处理，乡镇政府更多的是具体推进土地征收工作。因此，具体市场交易主体仅包括市级政府、区县级政府。此外，按照我国有关的法律规定，中央政府和省级政府不参与土地的交换活动，不是市场主体，但两者拥有市场监控管理指导等权利内容。

二是，农村集体作为土地所有者有处分土地使用股权的能力（村民代表大会）；农民在一般情况下作为土地使用者，对土地进行承包经营，也有处置承包经营权的能力。虽然土地产权制度规定了农村土地归集体所有，但由于主体界定不清晰，导致实际土地流转中出现了"三级"分享集体土地所有权的主体构成，即村农民集体、村内各农业集体经济组织（村民小组）、乡镇农民集体。尤其在珠三角地区，以行政村为单位的村小组形成了强有力的土地利益团体。无论哪一级集体的土地都应当是农民共同享有，是"按份共有"[②]。集体土地所有权在市场化过程中可以划分为股份，由集体内部成员平均持有；在此基础上的土地承包经营权归属承包农民个体，也可以资本化、股份化，可以作为资本参与企业股份合作。因此农村集体和农民一般作为土地供给者，在农用地市场交易土地承包经营权，在非农用地市场流转集体建设用地使用权。

三是，企业代表了市场资本，通常作为土地使用的主要需求者。在用地需求上存在着工业企业和开发性企业类型要求的不一致，同时存在着企业有大型企业和小型企业的区别，

---

① 在珠三角地区以第二种情况居多，部分学者称为"单一土地出租模式"。参见：魏立华、袁奇峰，2007。
② 《广东省集体建设用地使用权流转管理办法》规定：乡（镇）农民集体所有的土地由乡镇集体经济组织负责经营和管理，没有乡镇集体经济组织的，由乡镇人民政府负责经营和管理。

对于土地呈现出复杂化需求。大型工业企业要求相对较为便利的用地区位条件和配套设施，小型企业要求层次较低，甚至可以采用租用厂房的形式；大型房地产开发商有实力圈占较多的土地，形成了"自建社会"格局，小开发商进行小地块开发、甚至为减少土地成本而违规建设小产权房。

5.2.2 权利流转的市场实行形式

（1）土地市场权利的特点

土地出让市场流转的是城市国有土地使用权，这是一种单向的流动，即城市国家土地使用权由国家（或其代理地方政府机构）向房地产开发商或使用者转移。这一过程构成了土地出让市场的运行基础，也决定了土地市场权利具有如下特点。

一是，土地权利基本遵循价值规律，具有经济性。在土地市场下，土地使用者个体在市场价值规律推动下，以效用最大化为生产目标，实现土地和其他资源如资金、技术、劳动力的最佳组合。

二是，形成以土地使用权为核心的市场权利架构。土地市场中交易的是土地使用权而非土地所有权。按照我国有关法律、法规的规定，土地所有权只能属于国家和集体所有而不能出让，只能出让使用权，所以在我国土地市场交易的只是土地使用权。这种使用权不同于一般的使用权，它包含了一定时期内对土地处置、收益、使用的权利。不同期限和不同用途的土地价格不同。

三是，土地市场权利尚未完全市场化。这集中体现在三个方面：一是在国有土地市场并非完全市场化产权交易，长期以来以划拨为主的计划配置、以协议为主的准市场配置和招拍挂的市场配置三种方式并存；例如从表5-3可以看出，1999~2004年，招标拍卖挂牌出让国有土地占同期全部出让土地的比例还是较低，虽然在11号令后比例快速提升，但基本上还不是完全的市场化权利配置。二是按照现行的制度和政策，政府向农民征地排斥在土地市场之外的，征地的补偿费也没有做到与市场土地价格直接挂钩（尽管部分学者将

1999~2004 全国招标拍卖挂牌出让情况　　　　　　　　表5-3

年份（年）	出让总面积（hm^2）	招拍挂出让面积（hm^2）	招拍挂出让所占比例（%）
1999	45391	1082	2.38
2000	48633	2778	5.71
2001	90394	6609	7.27
2002	124230	18100	14.57
2003	193604	54100	27.94
2004	178700	52097	29.15

（资料来源：雷爱先.土地政策与市场配置[J].国土资源情报，2006，10：106）

其纳入市场范畴讨论）。作为一个完整的土地市场，应该把土地的所有权的转换和流通都列入土地市场（杨重光，2005），征地作为土地产权流通的开始也应当纳入市场。三是虽然现有政策导向已经逐步放开农民集体所有建设用地入市流转，但如何有效纳入市场配置的范畴，法律法规还在进一步探索中。因此我国土地市场权利还没有完全市场化。

四是，各项土地市场权利的性质不同。从物权角度，各种权利在市场交易过程中表现出的性质并不相同，尤其是农村土地权利甚至于进入市场前后有了较大的变化，应当区别对待。例如，土地承包权一开始是以债权的形式出现，即农民保有土地经营权必须以交够国家留足集体为条件和义务，但从市场制度化发展来看，土地承包权已经发生了具有普遍意义的物权化变化倾向[①]，成为一种直接支配物并享有其利益的财产权（钱忠好，2005）。从其广度来看，农民土地承包权实际上是集体成员经济、政治和社会权利的总和表现；就其结构看，农民土地承包经营权已经由单纯的耕作权，扩展为占有、使用、收益、有限处置权（包括转让、转包、出租、入股等）等四权统一的新物权（王景新，2005a）。此外，宅基地使用权是农民重要的一项个人财产权，可以通过市场交易获取利益。乡镇集体建设用地（公益公共设施用地、乡镇企业用地）是属于农民共同所有的，其流转的是集体土地使用权，在地方法规出台前，其流转使用期限并无统一规定（由村集体协定）。

（2）实现市场流转的条件

随着我国国有土地市场化建设逐步完善，土地市场流通的条件基本按照市场经济规律变化（不排除部分政府的非市场干预影响）。政府作为唯一的一级市场垄断土地供给者，建立土地市场交易信息发布、土地登记资料等市场制度，通过市场促进土地的价值增值，按照土地类型采取不同的出让方式（划拨、协议、招拍挂）。一般而言，市场流通条件集中在"土地交易价格上"，即"价高者得"。但事实上除了市场化程度较高的招拍挂形式以外，由于我国地方政府的利益导向问题，不可避免的有"零地价、低协议地价"等非市场行为出现。总的来说，国有土地流转较为规范，在配置过程上，一般经过开发计划编制、土地出让审批、招投标、实施建设验收等几个阶段。具体来说，①政府根据开发计划，依照社会经济发展计划、总体规划、土地利用规划等，制定城市储备计划和土地供应计划，有序地将规划区集体土地转化为国有土地进行开发储备；②根据开发计划进行开发评估、控制性详细规划编制、实施方案等，经政府相关部门审查通过以后，作为土地挂牌、实施开发审批的依据；③土地经招标确定开发实施单位，办理相关手续，进行下一步建设性方案编制及报批；④在取得"一书两证"之后进行建设营销。

相比较而言，农地市场权利流转条件和限制较多，基本根据各地方法令执行。在此以广东省为例。广东省率先在全省范围内规范集体建设用地流转，其后正式颁布相关法令，各地纷纷效仿，其管理内容大同小异。广东基本上参照和借鉴了对国有土地的管理

---

① 这种物权化具体表现在：土地承包期不断延长，土地调整的频率越来越小，土地承包权正成为农户进行土地转让、出租、入股的产权基础，其法律地位越来越受到重视。参见：钱忠好，2005：262。

方式，内容覆盖出让、出租、转让、转租和抵押等集体土地市场交易的各个环节。其中，有三点必须注意。一是，把集体建设用地是否符合国家产业政策及当地各类规划，作为国土资源管理部门审批集体建设用地流转的依据。"不符合土地利用总体规划、城市规划或村庄、集镇规划的"，集体建设用地使用权不得流转①，即农村土地要向建设用地市场流转必须符合规划，尤其是总体规划。二是，对于新增农业建设用地应当满足用地指标要求。"涉及农用地转为建设用地的，应当落实土地利用年度计划的农用地转用指标。"即在有用地指标的前提下农地才能转变为集体建设用地，否则不能流转。三是，建设用地开发必须经过政府审批。"土地使用者应当按照市、县人民政府建设用地批准文件规定的用途使用土地（第十条）"，县级以上人民政府土地行政主管部门负责本行政区域内集体建设用地使用权流转的管理和监督（第十一条），"集体建设用地使用权出让、出租或作价入股（出资）的，农民集体土地所有者和土地使用者应当持该幅土地的相关权属证明、合同（包括其村民同意流转的书面材料），按规定向市、县人民政府土地行政主管部门申请办理土地登记和领取相关权属证明（第十四条）"。明确了土地使用者必须按照原批准用途使用土地，确需改变用途要报批等。并且按照这些管理办法，产生了一套相对规范的集体建设用地使用权配置流转程序，大致可以分为四个步骤。①申请：农民集体土地所有者、土地使用者持有关土地权属证明、身份证明、企业营业执照、出让合同等文件，到基层国土资源管理所办理集体土地使用权出让申请手续。②审批：基层国土资源管理所初审后，按程序报县（市）国土资源管理部门审查批准后，向土地使用者发放用地批准书，签订《集体土地使用权出让合同》，按出让合同约定缴交土地出让金。③申办规划许可：土地使用者凭用地批准书向城乡规划部门申办确认出让地块位置、用途、容积率、建筑密度和其他使用条件的批准文件。④变更登记：农民集体土地所有者、土地使用者双方凭用地批准书、《集体土地使用权出让合同》、出让金缴交凭证及城乡规划部门出具的批准文件到市、县（市、区）国土资源管理部门进行变更登记，土地使用者取得土地使用权证。

就笔者调研掌握的情况来看，"是否符合规划、是否有用地指标、是否经过开发许可审批"这三点构成了农村土地市场权利实现的难点，这也是造成土地违规的重要因素之一。例如村镇可以通过编制符合自身利益要求的规划来不断突破城市总体规划的"桎梏"；没有土地指标可以通过申报临时用地、临时建筑的方式来"过渡"，或直接不办理用地指标手续和开发许可审批手续，而直接违规流转（如前文的征地预留地）。这也反映了地方土地市场流转法规尚有诸多有待深化和改进的地方。

---

① 《广东省集体建设用地使用权流转管理办法》第三条：取得农民集体土地进行非农业建设，应当符合国家有关产业政策及当地土地利用总体规划、城市规划或村庄、集镇规划。涉及农用地转为建设用地的，应当落实土地利用年度计划的农用地转用指标。注意这里使用的是"符合土地利用总体规划、城市规划或村庄、集镇规划"，也意味着村镇可以通过编制城镇总体规划来满足自己的利益需求。下文将就规划编制进一步分析。

5.3 土地市场的主体运作行为

著名学者 D.Ley（1983）认为，在西方国家，城市是由政治联盟的舞台组成，这些联盟包括个人、利益集团、社会机构、社区以及各种政府机构，在一定程度上，城市空间的变化是他们在城市政治生活中相互作用的"协调结果"（Negotiated Outcome）。事实上，我国改革开放的土地市场体制建设已经引起了政府规划职能、社会企业利益集团、公众及个人要求等权利关系的新变化。在土地配置中起决定作用的因素往往是具有最大权力的利益集团（包括市场权力、地位权力或政治身份），社会机构和各种政府部门经常是改变城市土地利用的发起者，社区居民组织和个人常常做出强烈的反应（刘彦随，1997）。土地流转形式多样，而其最终形式是由土地收益分配形式决定的（王景新，2005a）。因此，有必要进一步分析我国土地配置过程中这种主体行为的影响和作用，从土地市场运作的角度来探寻不同主体围绕土地"权利"展开的相关行为及其影响，包括行为动机、行为特征、行为类型等方面，并且分析规范性行为和不规范性行为对于结构和制度的作用。

5.3.1 政府企业化的土地行为

由于我国政府兼具土地市场管理者和国家土地产权的代表着双重身份，因而土地市场中的政府行为比一般意义上的政府行为更复杂（李明月，2007）。这也使得地方政府事实上成为支配土地配置的最重要力量，由于面对具体多变的土地配置状况而使得地方政府土地行为更加错综复杂。在经济行政学文献中，完整意义上的地方政府是由三个要素构成的：一是相对稳定的地域；二是相对集中的人口；三是一个地方治理机构（毛传新，2007）。

在一般意义上，政府提供相对完善和相对公平的市场环境和规则，政府的基本职能行为应当是提供公共产品（在某种意义上，政府规制本身也是一种公共产品，同时规制也是一种对产权的界定①），来保证土地市场的有序发展和土地的有效配置；从微观规制的角度分析，政府更多的通过行政部门管制和地方公共投资来对土地市场产生影响，包括确定的城市规划和土地利用规划，以及相应的土地供应计划。明确的城市规划预期和相应的公共投资构成了政府的重要引导方式。这些构成了地方政府引导土地市场运行的微观机制。那么在这种微观机制中政府是如何具体运作的呢？下文从行动的利益、行动的模式、特点几方面展开分析。

（1）地方政府行为利益取向

根据社会契约论的观点，政府作为全体公民权力的委托行使者，是公共利益的集中代表者和体现者，除了公共利益外，政府在行使公共权力的过程中不会追求任何个人或

---

① 政府规制作为政府机构施加于消费者、企业、市场配置机制的一般规则和特殊行为，其基本作用就表现在制定和实施法律，维护社会的基本秩序，同时对产权的界定和保障本身也具有公共产品性质。这意味着城市规划作为重要的规制手段的出发点应当符合公共产品供给的要求。参见：陈富良，2001：128。

团体利益,即政府及其工作人员是完美的利他主义者。但是,现实的政治实践活动表明,由政府制定推广的政策,必然存在着非全社会的"公共利益"的"政府利益"(毛传新,2007)。

因此,政府利益是客观存在的。根据不同的标准,政府行为的利益取向有不同的分类。根据本书对相关研究的分析,归纳出三种不同的政府行为利益取向观点。一是,政府行为的公共利益取向。这是很多学科的共识,尤其在现代公共行政理论和城市管理理论中,将政府看成一个管理社会公共事务的组织,特别强调政府管理的公共性质,认为政府是社会公共利益的代表,政府行为的价值取向理所当然地是公共利益。认为政府行为过程中,人民与政府是委托与代理的关系,接受人民的委托,代表人民去做人民需要做的事,向人民负责并接受人民监督。二是,政府行为的团体利益取向。该观点认为,公共政策是各个利益团体相互冲突和相互斗争的产物,在任何时候,公共政策都反映了占支配地位的团体的利益;公共政策由政府制定只是一种表面现象,背后都是由利益团体操纵的。改革开放后,城市建设由以往的单一政府指令模式,逐步向多元参与模式转变,任何政府管理公共事务都是通过制定和实施一系列公共政策来实现的,而公共政策是在利益团体的操纵下,不同利益团体间利益角逐和斗争的结果,公共政策认可和代表的是少数地位较高的优势利益团体的利益,其价值取向是利益团体的价值取向,这样就决定了政府行为的价值取向也是团体的利益。笔者认为"城市政体理论"属于其中的代表观点。三是,政府行为的个人利益取向。这一观点主要来源于公共选择理论的"经济人"假设,其代表者布坎南认为,人是关心个人利益的,是效用最大化的理性追逐者,个人的行为天生要使效用最大化。而政府政策的制定行为作为一种政治决策行为,必须通过一定的个人行为才能得以实现,即主要是通过政治家的个人行为来实现。政治家的政治决策行为,如同企业家的经济决策行为一样,也是以个人利益作为价值取向的。所不同的是,"企业家的个人利益具体表现为利润,而政治家的个人利益具体表现为选票"。政府政策行为的价值取向并不是社会福利或公共利益,而是政策制定者和参与者的个人利益。

由此可以认为理论上政府的行为价值取向应当代表的是人民群众的公共利益。事实上,伴随着改革开放和财政放权让利的事实,权利和利益开始走向分层化、多元化,地方政府逐渐成为以及拥有相对独立利益的主体(王安栋,2005)。而有关城市增长机器(Urban Growthmachine)的理论说明,政府(或少数政治精英)不可能抛开政治利益来单纯和完全公平地考虑城市的发展问题(Christian,L,1996;张京祥、吴缚龙,2004)。对自我利益的追求导致上述三种价值取向都存在于我国现实政府行为中,而后两种利益追求引发了更多的政府行为失范,尤其表现为一些地方政府为了追求本地的经济发展和任期政绩,以各种形式变相规避中央和省级政府的规划管制、计划控制和用地审批管理,包括违法违规批地、下放用地审批权、低价圈占土地等行为。

(2)地方政府行为模式研究

根据相关研究,国外学术界对政府行为的研究大体可分为两大类。第一类是以政治学为基础，将政府假设为"政治人"，认为政府行为的价值取向是社会公共利益最大化，地方政府是改革的主要推动者，并且作为社会公共管理机构，是全社会公共利益的代表，政府行为的目标是追求社会公共利益的最大化。第二种观点是以传统经济学为代表，提出政府是"经济人"的理论假设，认为无论是政府还是组成政府的政府官员都是有着自身追求的利益主体，政府行为的目标是追求政府自身利益的最大化，布坎南的公共选择理论就是其中的典型代表。前面一个观点实际上是理想状态下的假设，提出了政府合理的价值取向和目标；后一种观点代表了实证性的假设，指出了实际上政府行动的目标是自身利益的最大化。

在我国学者研究中同样有两个研究方向。一方面地方政府是改革的主要推动者，在中国市场化改革中，各级地方政府扮演着不可或缺的重要角色，是深化经济体制改革的中坚力量（洪银兴等，1996；杨瑞龙等，2000）。另一方面以公共选择理论为基础，将地方政府看成"经济人"，但在某种情况下却又是市场秩序的破坏者（周业安等，2002；李军杰，2004；石秋霞等，2007；等），其中周业安等把地方政府分为进取型、保护型和掠夺型三种类型，并得出地方政府的行为并不必然带来经济增长的结论。从这两种观点出发，我们分别可以归纳出政府在土地配置、流转过程中的规范行为和失范行为。

1）政府对土地配置的规范行为

政府职责和权力均来源于法律赋予，地方政府对土地配置管理的内容来源于土地法规体系，并且这种管制是相对于土地市场而言，"政府和市场"在一定范围内是相对对立、相互排斥的，土地市场的发育成熟程度对政府行为有着极大的作用。在成熟市场中，政府的作用可概括为四个方面：微观规制、宏观调控、制度维护和市场支持（李明月，2007）。由于城市土地资源的准公共性和稀有性，地方政府对城市土地资源市场化配置的干预行为更为广泛和深入，在本辖区范围内针对"微观规制、宏观调控、制度维护和市场支持"四个方面均发挥了巨大的作用，具体归纳这种规范行为包括以下几方面。

①区域土地用途和用地结构的规制行为。政府需要从宏观层面对用地结构和土地利用结构进行管制，包括基本农田布局、各类产业用地、工矿城市建设用地，通过土地利用总体规划和城市规划等规划的编制，有效地进行土地用途管制，保证区域用地结构的合理性，防止由于市场自发逐利行为对区域长远土地可持续发展产生妨害，这构成了宏观调控和微观规制的重要内容。②维护土地市场的公平交易和公平竞争规则。缺乏规则和标准的市场运行会对城市经济造成伤害，妨碍公平的竞争和交易。政府的重要作用体现在规则的制订和维护上，通过一系列具体规定、标准、政策来消除不利于公平竞争的有害因素，并通过对市场运行的监督来校正市场行为，促使市场走向真正的公平。③提供准确、充分的市场信息。交易双方信息不对称会导致市场缩小或造成不公平交易。政府应当通过土地信息的定期发布、土地规划信息更新、制定规范的信息审核机制等方法来降低交易双方信息不对称。④维护土地产权所有者的正当权益。土地产权所有者通过市场交易行为来获取财富，依法享有土地产权所派生的正当权利，并且拥有市场引导下自由逐利的倾向。因此这种权

益的实现需要政府强有力的维护能力，要通过政府的系统合法行为来规范个人产权利益实现过程中的不正当行为，必要时需要运用政府的强制性暴力机构。⑤防止外部效益带来损失，促使土地外部效益最大化。土地市场失灵带来的一个重要影响是会产生消极的外部效应，这种消极效益会造成土地效益的损失。政府要通过适当措施，对土地使用者的利益进行合理分配，促使土地效益的真正最大化，提升社会公共福利。⑥引导土地的公共产品提供。土地市场的自发逐利特点决定了公共产品不可能由市场自发提供，包括一些必需的公共设施用地，如绿地、交通用地、市政设施用地等，必须依靠政府来进行投资和建设，才能够保证土地资源的有序配置。此外，在我国土地市场尚不完善的状态下，地方政府还应当消除阻碍市场成长的因素、促进市场主体发展、进一步完善土地产权制度的要求，而且这种规范行为必须符合中央整体调控的要求。

2）政府对土地配置的失范行为

与规范性行为相对应的是政府行为的失范。要了解政府失范行为，首先要建立相应的判定标准。通常意义上的政府失范行为也被称为"政府不当行为、不规范行为"，相对于地方政府规范行为而言，其判断的基本出发点是中央政府制定的法律法规和宏观调控政策，同时符合当时市场经济发展的趋势和走向。由此可以定义：没有按照法律法规规定和政策要求来履行应尽的职责与义务的行为，或者违背了市场发展规律、扭曲了市场公平竞争的行为均可称为"失范行为"。

我国的土地市场正处于培育和发展过程中，在打破原有的计划经济体制、新的市场经济体制尚未完全建立的状态下，存在着很大的土地市场缺损。市场尚未真正成为土地资源配置的基础性机制，政府的宏观调控和微观规制还存在众多漏洞。上级政府很难做到对下级政府的"现场监督"，在监督约束不力和成本过大的条件下，地方政府具有理性"经济人"独立人格，具有强烈的机会主义冲动和强烈的机会主义倾向，表现为"政府失范"[①]。

一方面，中央政府和地方政府之间缺乏有效的科学的职责权限划分，"法律并没有对各级地方政府之间的权限作出明确的界定，没有确切规定地方政府各层级、各领域之间的职能内涵与权利边界"，尤其在发展经济为主导的背景下，中央和地方政府形成了三种不同的土地行为博弈模式：①当中央宏观土地政策与本地利益相一致的时候，按照中央政策执行来获取本地利益最大化，甚至在政策执行上有所超越来获取上级政府的奖励；②当中央宏观土地政策与本地利益发生矛盾的时候，则会采取各种手段变相抵制调控政策，地方政府对于中央政府的政策"上有政策，下有对策"，表现为曲解政策，包括打擦边球、软

---

① 一般情况下的政府失范有四种。第一，政府无视或未能发现市场经济活动的不正常现象，未采取措施加以矫正或者采取行为滞后，这也是常说的"政府缺位"。第二，由于客观因素和自身行为能力的约束，政府采取的干预行为未能取得预定效果，这可能存在干预方法的不正确或决策性的失误等情况，即"干预失灵"。第三，政府对土地市场的干预行为达到了预定的效果，但付出了昂贵的相关成本代价（社会、环境等成本），干预效率低下，甚至会形成总体利益之和的损失而"得不偿失"。第四，政府的干预达到了预期市场效果，成本代价较小，效率也较高，但由于干预行为的过度同时带来了未曾预料到的副作用，并且有可能造成新的问题和损失，这也是通常所说的"过犹不及"。

拖硬抗、象征性执行、搞"土政策"等多种根据地方经济利益的政策曲解。③忽视中央政府的调控政策或争取中央的独特政策，通过地方利益的追求获取地方的认可和支持，进而通过地方实践的成功来影响中央政策的局部放松、"开口子"，取得地方利益的成功。事实上，这三种地方政府的土地博弈行为均具体反映在土地配置的微观过程中。

另一方面，在市场机制下，由于政府与市场的活动边界并没有固定的界限，这不可避免地出现地方政府的土地市场配置失范行为，可以归纳为政府的"越位、缺位、错位"几种情况（刘小玲，2005）。①政府干了企业和市场能干的事，不仅是"裁判"，也是"运动员"。如地方政府直接参与了土地的开发和经营，导致"经营城市"实际上是经营城市土地，这是"政府越位"。②政府没有发挥应有的服务土地市场的公共服务功能和土地市场监督职能，"政府无视或未能发现市场经济活动的不正常现象，未采取措施加以矫正或者采取行为滞后"，这也是常说的"政府缺位"。③政府的主要职能是社会管理、公共服务和宏观调控，应当服务于社会共同和长远利益，而不应当局限于短期经济利益，造成政府主导职能的偏差，这是"政府错位"。这三种情况概括了较长时期内我国在缺乏有效的监督和必要的法制规范的情况下，地方政府不仅有着强烈的越位冲动，而且在有限理性和短期利益追求行为中，带来了对社会总体效益的抑制和侵蚀，而地方政府并不会为社会福利的损失负责。

（3）具体行为类型总结

下文通过对土地配置流转的若干微观过程分析，来探讨大都市区地方政府的具体行为特点。

1）土地征收环节的地方政府行为

在征地环节，政府不规范行为表现为违法征地和违规征地。其中在农村征地过程中，同地不同价、征地补偿标准不合法等是导致纠纷产生的根源之一。

①违法征地。主要是违反规划用地、未批先用、边报边用、越权批地、擅自下放土地审批权等。包括：在确定建设用地征用时可能存在突破总体规划违规用地和超前用地行为，不按照年度供应计划，超前使用土地，甚至在没有经过用地批准和许可的情况下擅自违规用地（这其中还有可能涉及个人或开发商的行为）；或采取各种方法规避审批制度的约束，常将大块土地化整为零、分块审批、整体开发；地方政府改变被征用土地的性质，如将耕地以集体非农用地的名义进行审批等。例如2004年广东清远英德市编造21份征地文件的违法征地案件[①] 中，为急于取得项目用地手续，英德市政府与横石塘镇政府组织编造21份1998年政府统征地批复等虚假报批材料报批，清远市国土资源局未经认真审查，批准英德市虚假上报的1226.337亩集体土地转为国有建设用地。又如惠州博罗县龙溪镇政府未批先用地违法征地案件中，龙溪镇政府为引进工业开发项目，在报建手续未获批准情况下，

---

① 2007年1月29日，根据广东省监察厅、广东省国土资源厅联合调查组意见，清远市国土资源局撤销了同意英德市横石塘镇人民政府补办用地手续的批复，分别对有关责任人员进行查处并追究责任。

共征收钟屋村等村集体土地 673 亩（土地补偿标准 1.2 万元/亩，青苗补偿款 8000 元/亩），进行施工建设。

其中较为典型的是"未批先用"和"以租代征变相建设[①]"两种行为。以租代征是指在没有取得用地指标和完成土地性质转变的前提下，违规采取租用的方式进行城市建设，造成既成事实的违规。广东省在 2007 年 12 月"土地执法百日行动"中，全省共清理出"未批先用违法违规用地"1552 件，占地面积 15.18 万亩；"以租代征"违法违规用地 1209 件，租用面积 2.27 万亩，实际已占用面积 1.87 万亩，其中耕地 4745.25 亩，基本农田 975.30 亩。

②违规征地：未按照规定的征地程序进行公告、公示，或未按照补偿标准进行补偿，征地程序不合法、多征少补等。珠三角征地多采用"镇管征，市管批"的征地报批方式，征地程序是先征地审批后作补偿，而且补偿只作登记不签订补偿协议，未能充分尊重农民的意愿，从机制上容易激化征地矛盾。甚至出现一些地方政府不严格执行国家相关规定，占用村民的耕地，廉价补偿的情况。例如，广东省佛山市顺德区北滘镇三桂村征地案件，引发事端的根源是征地补偿款。在该案中从征地到补偿，三桂村村民没有知情权、参与权、表达权、监督权，为争取合法权益，他们选择举报、控告、上访、抗争，矛盾越来越多，冲突不断升级，引发群众和镇村干部的广泛矛盾[②]。

此外，在征地中地方政府分批多次征地，容易造成"插花地""夹心地"，造成土地资源浪费。如广州市 76 白云区江高镇江村有四条新建铁路穿过，被征地超过 20 亩，但各条铁路中间的夹心地却保留不征，而这些狭长用地根本不能耕种。

2）城市土地市场流转环节的地方政府行为

首先，我们必须了解城市土地使用的流转过程。城市土地配置伴随着土地性质的转变和一系列开发建设过程，形成了土地市场的一二三级市场，同时也是一个土地经济过程转变，而大量政府行政部门管制（包括城市规划控制）贯穿于这个流转过程中。整个土地流转过程可以概括为：由前期土地储备供应到最后房地产营销，经历了土地开发需求、土地使用申请批准、征地、规划设计、建设施工等多个阶段。从图 5-3 中我们可以看出，以城市规划控制为代表的政府部门管制贯穿在前期土地经营和后期房地产开发之中，而且除了在现有城市规划编制管理下的核心控制之外，城市规划还以延伸控制的方式向土地供应和需求以及项目实施建设方面拓展。这整个过程构成了土地使用流转过程。

其次，结合土地流转的顺序，我们可以进一步分析土地流转中政府参与的失范行为，

---

① 即"以租为名，以征为实"，指的是一些地方政府部门和企事业单位绕过法定的农用地转用和土地征收审批手续，通过租用农民集体土地，而直接进行非农业建设的行为；其实质是规避法定的农用地转用和土地征收审批，在规划计划之外扩大建设用地规模，同时逃避了缴纳有关税费、履行耕地占补平衡法定义务。"以租代征"严重违反了土地管理法律法规，也违背了国家和人民的长远利益。
② 案例来源于陈阳. 失去和谐的顺德三桂村 [N]. 明报. [2009-4]。

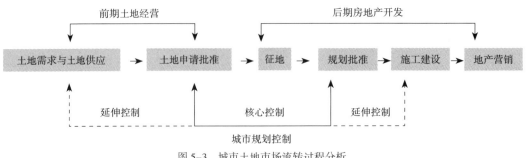

图 5-3 城市土地市场流转过程分析
（资料来源：笔者自绘）

城市土地使用权在一级、二级市场流转过程中，政府是如何通过其相应的管理部门来进行控制的，同时指出容易出现政府行为失范的环节所在。长期以来我国土地一级市场是由政府垄断的，通过行政划拨和有偿出让两种方式进行土地的初始配置，有偿出让中有可以分为协议出让、招标出让和拍卖挂牌几种形式。以一级土地开发及经营性项目用地的流转为例（图 5-4），在土地从集体所有土地转化为国家所有土地后，经历了众多环节，基本可以归纳为"土地一级开发储备阶段、土地上市交易阶段、土地开发许可及建设阶段"。在这三个阶段中各个环节均可见政府及其部门的管理行为，并且在这些环节可能存在着各种政府失范行为，具体包括以下几种。

①违法违规出让土地：集中在该有偿出让的却划拨供地，该招标拍卖挂牌出让的却协议出让，以及低价协议出让，擅自减免地价、引发土地寻租，不依法追缴土地出让金等；在委托一级开发时可能存在征地补偿、拆迁、安置等问题；在农村集体土地转变为城市国有土地的过程中，存在着大量的土地非法占用、出让和转让行为。

②未规范的不当竞争：在具体拍卖交易过程中，采取违规方式造成不公平竞争，这是竞标拍卖中的常见现象，如在挂牌出让过程中，为事先约定的开发商"量体裁衣"制定相应的竞争条件；地方政府在土地出让金上采取各种优惠政策吸引外来资金，减免地价或返还税收，导致社会公共利益损失；不按规定及时准确地公开发布国有土地使用权出让公告和出让结果信息。

③违规设立各类"园区"圈地或违规扩大园区用地：主要是一些"园区"违反规划圈占土地，违法授予其土地审批权，违法供地用地等，实际开发程度很低，大量土地闲置，浪费土地问题严重。例如，广东省在"土地执法百日行动"中清查了违反规划扩大工业用地规模圈占土地案件 53 件，圈占土地面积 4.40 万亩，实际使用土地面积 9875.08 亩，其中不符合规划面积的 6491.47 亩。

④土地交易秩序失控：由于政府管理缺位，未能及时制止划拨土地和集体土地非法入市,隐形交易,造成土地收益流失。在 2008 年初国土资源部公布的"全国土地执法百日行动"中清查违规用地 336.4 万亩，清查三类土地违法案件 5.17 万件，其中"以租代征"1.87 万件，涉地 32.1 万亩；"圈占土地"0.15 万件，涉地 0.15 万亩；"未批先用"1.15 万件，涉

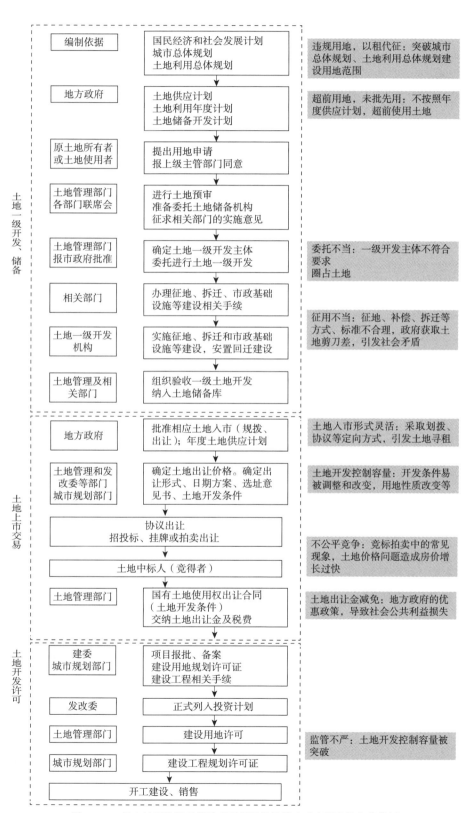

图 5-4 一级土地开发及经营性项目用地的流转中政府行为及失范分析
（资料来源：笔者根据相关资料整理自绘）

地197万亩；查处违法人员共6654人[①]。这些触目惊心的数据表明各地政府失范行为是一种普遍存在的现象，根据不同地区经济发展状况，政府违规行为表现也不一致。

3）城市土地产品开发销售环节的地方政府行为

在该环节，政府及其部门更多的是行使开发许可权和建设管理监督权，通过对具体地块的开发建设条件、相关用地建设许可证书的审核、建设施工管理、竣工验收、销售许可等环节，来控制具体地块的工程建设。这个环节包括政府对开发建设的监管和开发建设的销售。而较典型的政府失范行为是"建设条件随意更改"，表现为政府或部门对于土地开发容量控制不严格，容易形成"钱权交易"，开发条件易被调整和改变，甚至在建设过程中由于监管不力，造成隐性违规和寻租。

（4）小结

媒体的相关报道也表明，大多数土地违法违规的行为在地方发展中普遍存在着，不断加剧了原本十分严峻的土地资源短缺矛盾，引发大量经济矛盾。虽然从2006年开始，国务院批准设土地督察，不断加大违规批地清查，向地方派驻9个国家土地督察局，建立了国家土地督察制度，不断收紧我国土地管理政策，但违法现象依然屡禁不止。从这种现象的背后可以归纳出政府行为的特点。

首先，这反映出早期整体行政机制的局限性，其行为超越了整体体制框架。我国包括土地管理制度、财税管理体制、政绩考核体制在内的国家制度在个别层面建构的不足，上级行政部门"执法检查"成本较高，难以做到彻底的"执法必严、违法必究"；而政府行政权力和能力不断强大，相应的司法监督机制尚不完善，非法修改规划及违反规划用地缺乏有效法律制裁，这也使得地方政府行为表现出较为强烈的"地方特色"。因此，未来需要针对政府土地违法背后所暴露出的立法、行政、执法、司法等深层次问题进行改革，从制度上预防此类行为的发生。

其次，反映出地方政府表现出"企业化"行为倾向，这表现为地方政府对于地方财政的强烈需求，对于地方经济增长高度关注，地方政府官员试图通过地方土地财政推动经济增长来进一步获取更大的政治利益。由此，地方政府越来越明显地表现出原本属于企业的行为特征——追逐利益、更多地从自身的经济与政治利益角度进行决策，以及展开类似企业间的激烈竞争（Wu.F.L, 2003b），并且"地方政府企业化对中国城市的发展成生了广泛而深刻的影响（张京祥、罗震东等，2007）"。这种企业化行为特点随着分权化、市场化的发展不断强化，地方政府兼具公共行政主体和经济利益主体的双重身份、不断寻求自身经济和政治利益最大化的行为特征。

再次，在土地违规行为中，政府群体利益和领导个人利益并存。前者是围绕政府主要领导形成的集体利益行为，政府作为一个利益共同体主导和支配土地行为，形成一种公开的地方惯例的做法，将"违法行为"规范化操作。例如广东开平两届市委班子违法批地对

[①] 资料来源详见国土资源部网站信息及相关新闻报道。

抗调查案件，"开平连续两届市委领导班子决定以违法手段审批土地，有组织地不执行甚至对抗党中央、国务院和广东省委、省政府一再强调和重申的加强土地管理的决定"[①]。该案涉案主体开平市政府在 2002~2006 年期间，连续两届市委班子明知县级人民政府没有农用地转用及征收土地审批权的情况下，仍然采取将集体农用地视作国有未利用地和化整为零的手法审批用地。后者是主要领导个人违法行为，这种违规行为是隐性的，即政府官员个人或小团体的腐败行为，为追求自身经济利益变通政策执行，如受贿、滥用职权等。例如广州增城国土局长违规批地近 2000 亩案件[②]和广州花都区国土局局长违规转让 6000 多亩土地的使用权案件[③]，都是主要负责人利用手中土地审批权谋取个人私利的行为，导致土地被非法征用、占用。

总之，地方政府的行为具有较明显的行政特点，这与政府掌握的强大权利是分不开的。现实中的某个具体政府行为往往是多种利益追求的综合体现，是基于对不同利益追求进行权衡后所作出的行为选择。一旦地方政府追求自身利益的行为选择背离了自己所扮演的公共管理角色，偏离了公共利益的轨道，并突破相应的制度规范时，就会出现失范行为。尤其在中央权力下放、地方城市之间竞争加剧的环境下，地方政府利用传统体制的惯性优势、借助行政手段可以获得对本地资源强大的组织动员能力，在短期内就取得极高效率和巨大效益，从而在竞争中取得优势地位，这是与西方市场经济国家完全不同的经济发展机制（周建军，1998）。因此，必须区分地方的"公"与全国、全局的"公"，充分限定政府在土地市场的职能范围、规范政府行为，这既是土地资源市场化配置机制成长的前提，又是土地资源市场化配置的保障，必须提倡政府行为取向回归公共利益本质，这是我们需要深刻思考的问题之一。

5.3.2 农村集体利益团体行为

城市居民和农村居民作为社会公众，对于土地市场的发育和作用能力是有区别的。通过上文对两种土地市场流通环节的分析，在国有土地市场环节中，"居民通过他们的居住行为、建房购房行为对城市土地使用发生影响（赵民等，1998）"，城市居民更多的是作为土地开发产品的消费者，如购买商品房、商铺等，以物业持有者身份参与了市场流通的末端环节。对于整体土地市场流通而言，影响力有限。相比城市居民，农村居民享有更多的土地权利。《土地管理法》规定："农村和城市郊区的土地，除由法律规定属于国家所有的

---

① 该案件资料来源于李丽. 广东开平两届市委班子违法批地对抗调查 [N]. 中国青年报.[2007-12-11]。
② 该案系国土局局长在明知增城市 1999 年 1 月 1 日后没有土地审批权、用地单位使用 1999 年以前的增城市政府用地批文且未缴交土地出让金等费用的情况下，叮嘱下属为使用虚假报批手续的用地公司办理了 22 份《建设用地批准书》并倒签核发日期，致使 1931.086 亩土地被非法征用、占用。来源于网络报道资料。
③ 该案中，在 2002 年 12 月 1 日到 2005 年 12 月 31 日期间，花都区国土局未经"招、拍、挂"程序，违规转让经营性土地使用权共计 202 宗，面积共达 6635.94 亩。经评估，造成土地地价款损失共约 3.4 亿元。来源于网络报道资料。

以外，属于农民集体所有；宅基地和自留地、自留山，属于农民集体所有。"农村集体、农民作为集体土地市场的主要发起者、执行者和获利者，对市场流通交易有着巨大的影响力，已经成为土地市场重要主体之一。因此，本书重点分析农村土地市场中农村土地利益主体的行为关系。

（1）主体利益取向及分化

自从"人民公社"体制废除后，国家对乡村的治理结构一直沿用"乡政村治"，即在县以下的乡镇一级建立乡或镇政府，以此为最基层的国家行政管理主体；乡和镇以下设立村民委员会，实行"村民自治"。从制度设定来看，"村委会"作为自治组织代表村民行使权利，但长期表现出"行政化"倾向，成为乡镇行政权力的延伸，失去了应有的自治功能，在这种情况下，村委会很难代表和表达村民的利益。随着乡村社会的转型和以税费改革为中心的农村配套改革的推进，以及取消农业税及附加税后，这种治理模式正在发生巨大转变，这也使得村民自治组织的职能发生了转变。一是村民自治组织（村委会），逐步失去了筹集公共资源的职能，其原有的"行政色彩"和硬性约束趋于淡化，村民"自主"作用加强；二是乡村民间组织①伴随着村民及宗族自我意识的复苏，在一些地区已经发展成为一股不可低估的力量，对乡村的发展有举足轻重的影响。

由此，我国农村社会保障体系空白的情况下，农村集体土地在一定程度上保证了农民就业和基本生活的权利，承担了农民的基本社会保障，也是农民基本福利的来源。村集体面临自身财力匮乏和提供公共产品能力不足的问题，那么在缺乏硬性约束的条件下，以自身利益为中心的个人或村集体违规事件就会时常发生，这是导致长期以来一些乡村违规建设的重要原因。珠三角地区农村在面对外来资本的推动，形成的隐性农村土地市场根本原因来源于农村各主体对土地经济利益的追求，即利用手中掌握的土地权利进行市场交易换取更好的经济收入保障。这种基于土地的经济利益包括了农业产出产品获取的收益和土地开发建设带来的附加利益。

农地在农业内部流转和向农业外部大量转移，农村经济加速转型和发展，不仅诱致传统村庄的分化，而且导致农村社会成员分层（王景新，2005b）。虽然大都市区农村主体基本利益取向是经济利益，但由于内部分化形成了若干不同主体，包括农村集体组织、村委会（村干部）、村民（农民）。

1）农村集体组织

一般情况下，农村集体组织可以分为基层传统正式组织（村党支部、村民委员会、村集体经济组织、村民代表大会等）、新型合作组织（合作经济组织、专业合作组织、专业协会等）、维权型组织（农业协会等）、社区性组织（红白理事会、宗族家庭组织等）。其中，基层传统正式组织对应于农村的权力建制机构；其余非政府组织较为松散，经济较为发达

---

① 据估计，全国已登记和未登记的乡村两级民间组织至少有300多万个，占全国民间组织总数的2/3以上。参见周水仙，2007。

地区经济联合组织就越发达。在珠三角地区,更多的是"农村集体土地股份合作社",有以行政村为单位发展的股份社和以村民小组(自然村)为单位的股份社,由此形成的村一级集体经济组织主导下的乡镇工业带有较强烈的规模小、分布散乱特点。例如顺德区现有198个村(居),其中行政村108个,居委会90个,村村都有合作社、工业点,全区198个村(居)共有240个工业点,"乡乡点火,村村冒烟"的乡村工业景观与这种组织模式密切相关(图5-5)。

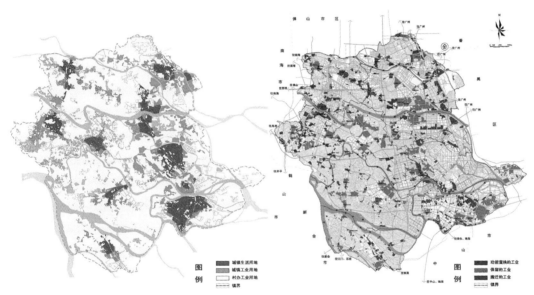

图 5-5 顺德区工业用地分布及规划分类
(资料来源:根据顺德区总体规划资料整理)

2)村民委员会干部

村委会作为农村集体组织,代表了传统地方自治主体,具有作为地方行政管理延伸的特点;作为一个特殊群体,行政村股份社管理人员由村(居)委会领导担任,珠三角地区村干部通常在地方上具有较大的支配权力,可以调节土地承包、代表村民用地决策等,其行为容易受上级部门和市场因素的干扰,产生土地决策失误或违背村民意愿决策;加上制度建设跟不上,导致村干部行为缺乏有效约束,出现以权谋私,占用集体资金等行为,存在权力大、缺乏监管、容易腐败的问题。例如佛山市顺德区北滘镇三桂村征地案件,村委干部就参与了压制村民、强行征地卖地的违法行为[①]。

3)村民(农民)

村民(农民)是属于某个村集体的个体成员,不管是否从事农业生产,只要保留了农民身份均可享受对应的土地权利。农民有改善其基本生活和享受公共服务的需求。农民行为类型较多,可以选择扩大农业生产经营或者进城务工,空置或出租宅基地。在珠三角以

---

① 2007年春末,三桂村村民与所谓的"执法队"发生的流血冲突事件。

乡镇经济发展推动、"自下而上"的城镇化模式，尤其在工业化程度较高地区，农民"离土不离乡"情况非常普遍，大部分农民即使离开了农业生产，也不愿放弃拥有的土地权利，其根源在于土地提供的利益保障。

笔者调查发现，在从事农业比例较高的地区，"村集体组织、村委会、村民"三者利益是相互分离的；而在交通条件便利、外来资本集中、工业化程度较高、农民非农化程度较高的地区，如南海、顺德、番禺北部等实行了"农村股份合作制"地区，将三者的"权与利"较好地组织在一起，形成一个土地共同利益体。

（2）农村土地流转一般模式

农村土地流转包括上文所说"农地农用"和"农地非农化"两种类型，均可以起到一定优化土地配置的作用。总结改革开放以来的农村实践，可以把中国农村土地流转的模式归结为以下几种[①]。

①以土地股份合作制为特征的南海模式。1990 年代改革开放初期，大量外资涌入沿海以后，广东沿海地区的土地市场全面告急，以承包权入股组建社区股份合作经济的"南海模式"应运而生。1992 年春，佛山市南海区罗村镇下柏管理区，把辖区内农民的土地划分为农业保护区、工业开发区及群众商住区，同时以行政村或村民小组为单位，将农民承包的农村集体经济组织拥有的集体土地集中起来，然后由股份合作组织将土地统一发包给专业队或少数中标农户规模经营，或由集体统一开发和使用；农民依据土地股份分享土地非农化的增值收益、经营收益；初期股权不得继承、转让、抵押和提取。南海模式打破了政策上的种种限定，是中国最早的一种农村土地流转实践探索。之后许多地方的一些做法，可是说是南海模式的一种延伸，如重庆模式[②]。

②以两田制为特征的监利模式。1994 年，湖北监利县赵家村将宅基地、自留地、口粮田之外的水田、旱地、水面等土地一律公开竞价发包。改革的具体举措为：人均宅基地、自留地和口粮田 0.5 亩，这部分土地属于福利地，增人增地、减人减地，每五年调整一次；宅基地、自留地、口粮田之外的水田、旱地、水面等，一律公开竞价发包，同等标的，本村人具有优先承包权，最低承包面积不得少于 50 亩，承包期一定五年，不得转包，承包费除用于必要的公共支出外，其余按照人头分配到个人。两田制是一些地方出于土地重组的需要突破政策界限而推行的一种土地制度创新，1990 年代中期在许多地方试行、推广。在坚持土地集体所有和家庭承包经营的前提下，将集体的土地划分为口粮田和责任田（或称之为商品田或经济田）两部分。口粮田按人平均承包，一般只负担农业税，责任田一般要缴纳农业税，或按人承包、或按劳承包、或招标承包。两田制在学术界一直充满着争议，

---

① 该部分根据相关文献和报道整理。
② 2007 年 6 月 29 日，重庆市工商局《关于全面贯彻落实市第三次党代会精神服务重庆城乡统筹发展的实施意见》规定，"在农村土地承包期限内和不改变土地用途的前提下，允许以农村土地承包经营权出资入股设立农民专业合作社；经区县人民政府批准，在条件成熟的地区开展农村土地承包经营权出资入股设立有限责任公司和独资、合伙等企业的试点工作"，农地入股这种原本模糊的土地流转形式得到地方政府的明确支持。

1997年中央发文明令禁止。

③以土地换社保为特征的嘉兴模式。1998年,《嘉兴市区土地征用人员分流办法》出台,针对传统征地制度中征地范围广、补偿标准低和失地农民没有保障等问题和弊端,采取"三统""一分别"的新办法。"三统"即政府统一征地、统一补偿政策、统一办理失地人员农转非和养老保险;"一分别"即政府将所有费用转入劳动社保部门的社保专户,直接落实到安置人员个人账户上,并按照不同年龄段对被征地人员分别进行安置。嘉兴模式把土地流转中农民的安置补助费和土地补偿费,用于农民的社会保障,开创性地解决了失地农民的社会保障问题,成为以后许多地方政府借鉴的样板。

④以农民集体建设用地使用权流转为特征的芜湖模式。1999年底,安徽省芜湖市被国土资源部确定为农村集体建设用地流转的试点市。具体实施方案的核心是,村集体拥有的土地所有权不发生变化,由各试点乡镇成立建设发展投资有限公司作为土地的假定使用方,按若干程序和条件与村集体签订协议,取得农民集体所有的土地的使用权,乡镇建设投资有限公司再按照需要向工业企业等实际用地方转让土地使用权,在转让、租赁、作价入股等形式的流转行为期限结束后,土地仍然是农民集体所有。土地收益金由县、乡、村集体按照1∶4∶5三级分成。在芜湖模式中,各乡镇既是土地流转的组织者,又作为中介人具体参与到流转之中,村民处于比较被动的地位。

⑤以集资办社为特征的昆山模式。2000年,昆山陆家镇车塘村6户农民投资25万成立了一个"民间投资协会",通过合约向集体租用1.3亩村集体建设预留地,建造起450m^{2}打工楼出租,年租金3.6万元。之后,投资协会改称富民合作社。2003年前后,昆山农村普遍采取该模式的做法。当地政府最初的态度是,"只指导,不指挥,只服务,不介入"。随着该模式的日益成熟,政府将其列入富民工程计划,把其运作方式在整个昆山市推广,使有钱的农民以及拥有地利的村组,找到增加财产性收入的捷径。昆山模式的做法是,首先,村集体通过复垦等方式获得一些非农建设用地的"额度",然后向本村农户"招标",由农户和农户入股成立的合作经济组织在村里的建设用地上建造标准厂房、打工楼、店面房、农贸市场等出租,租金年底分红。土地股权在30年承包期内可以继承、馈赠,经合作社和村委会同意也可以转让。"昆山模式"下的非农用途的土地转让权,主要通过集体与农户的合约直接界定给农户或农民的合作组织,不再完全归集体所有,原有的仅限于农业用途的土地,也转换为非农用途的土地。

⑥以农地直接入市为特征的广东模式。2003年,广东省发布《关于试行农村集体建设用地使用权流转的通知》,试行农村集体建设用地使用权流转。2005年10月1日,广东省政府发出《广东省集体建设用地使用权流转管理办法(草案)》,明确规定广东省内的集体建设用地可以直接进入市场交易,自由出让、转让、出租和抵押,与国有土地"同地、同价、同权",并要求农村集体建设用地流转的收益50%以上要用于农民的社会保障。这是农地第一次赢得合法直接入市的权利,从此打破了"非经政府征地,任何农地不得合法转为非农用途"的传统,征地制与农地直接入市并存,由此被有关专家称作"农地直接入市"。

⑦以农村土地资本化为特征的成都模式。2007年7月31日，作为首批国务院批准的城乡统筹发展试验区之一，成都市第37号文件明确提出了农村集体土地资本化，鼓励农民以土地承包经营权入股，组建农村土地股份合作社。2008年10月13日，十七届三中全会闭幕的第二天，中国首家农村综合产权交易平台——成都农村产权交易所正式成立，受到了海内外的广泛关注。成都产权交易所以创新为手段、以市场为导向，为林权、土地承包经营权、农村房屋产权、集体建设用地使用权、农业类知识产权、农村经济组织股权等农村产权流转和农业产业化项目投融资提供专业化的服务，并凭借广泛的资源、信息渠道及规范的市场体系，为推动农村产权的合理流动、促进农村资本的有序流转、优化农村资源配置、促进传统农业向现代农业跨越、增加农民收入、繁荣农业提供了有效的平台。此后几个月，成都农村产权交易所在成都市、县、乡三级设点建立了网络平台。

⑧以宅基地换房为特征的天津模式。从2005年下半年开始，天津在"十二镇五村"开展试点，推出了以"宅基地换房"来加快小城镇建设的方案，涉及津郊近18万农民。所谓"宅基地换房"，即农民用自有的宅基地，按照规定的置换标准换取小城镇内的一套住宅，迁入小城镇居住。之后对原有的村庄建设用地进行复耕，节约下来的土地整合后再"招拍挂"出售，用土地收益弥补小城镇建设资金缺口。在新的小城镇，除了农民的住宅区外，还规划出一块商务区或经济功能区，用未来这部分土地的出让收入平衡小城镇建设资金和增加就业岗位。天津模式是当时影响比较大的一种实践探索，2008年3月，天津滨海新区的综合配套改革试验方案获中央批准，而土地制度改革正是其中重要的一块试点内容。北京借鉴天津模式，推行集体土地流转试点工作，以项目包装模式为主，试点区域农民整体拆迁，共同搬进新盖的楼房；农民原居住区域用于耕地保护和适度的商业开发。

（3）农村土地市场行为类型分析

在中国很多领域产权的界定是非正式的，产权并不明晰，在政府的默许下，仍然提供了经济发展的动力（田莉，2008）。在上述土地市场流转模式中，产生于珠三角地区的第一种和第六种模式，代表了早期土地运作行为"非正式制度"到农地全面规范入市的土地制度创新过程。正是根据这种"非正式土地制度"，农民们已经开始冲破现有土地制度，这种农村土地行为集中归纳为"土地非农化"，这种集体用地流转主要特点表现为三个方面。①流转形式多样，以租赁为主：集体用地流转方式已经涵盖了出让、转让、出租和入股等多种形式，以土地和房产出租为主。②流转主体多元化，土地经济关系复杂：参与集体用地流转的主体呈现多元化趋势，既有乡镇、村、组集体经济组织，也有乡镇政府和村委会等官方、半官方性质的参与，还涉及众多农村社员和基层政府官员。③流转土地用途类型多样，以工业和居住开发为主：集体土地流转的用地类型包括了农民住宅用地、村镇公共服务设施用地、商业用地、工业生产用地和房地产住宅用地等，以后两者居多。

在这种"非正式制度"向"正式制度"转变过程中，以农民为代表的主体行为对市场制度建构起到了巨大的促进作用。分析以南海、顺德地区农村为代表的依托集体土地参与工业化的发展，可以发现除了通过城市政府依法征地流转以外，按照土地开发的物业类型，

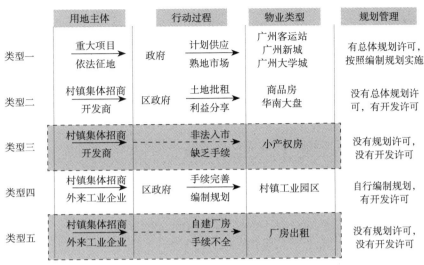

图 5-6 集体所有土地配置的类型
（资料来源：笔者自绘）

集体土地的自发流转的土地配置行为可以归纳为下面几种类型（图 5-6）。

1）房地产大盘开发

通过村（镇）集体招商、引进相关的房地产开发商（很多的情况是开发商看中某块地后，直接与村集体协商），在基本上确定用地范围和意向以后，村集体和开发商共同明确划定征地范围上报县级（区县）政府审批；县级政府从自身利益出发，一般情况下"来者不拒"，都允许办理相关土地流转手续，尤其对于大型开发商基本持欢迎和支持的态度，由此带来了大量郊区楼盘的出现，其中最为著名的是番禺北部"华南大盘"。1998 年广州至番禺的华南路建成引发了沿线房地产的开发热潮，主要集中在南村镇，如华南新城、华南碧桂园、星河湾（原名锦绣天河）、雅居乐花园、锦绣香江、广地花园和海怡花园等，这些项目中大都用地数千亩。其中，南村镇房地产总用地最大，已超过 12km^2，而房地产项目数则以大石镇为最，已达 30 个（表 5-4）。

番禺区主要房地产项目征地统计表（2002 年） 表 5-4

序号	镇名	项目数量（个）	征地面积（hm^2）
1	大石镇	30	935.8
2	南村镇	11	1243.82
3	钟村镇	5	521.99
4	新造镇	3	264.98
5	市桥镇	18	174.08
6	石基镇	9	310.89
7	石楼镇	1	24.24
8	沙湾镇	10	293.49

续表

序号	镇名	项目数量（个）	征地面积（hm²）
9	鱼窝头镇	1	14.53
10	东涌镇	2	31.03
11	黄阁镇	1	5.42
12	潭州镇	1	4.06
13	大岗镇	6	57.35
14	横沥镇	2	220.88
15	新垦镇	1	1.14
	总计	101	4103.7

（资料来源：番禺区规划分局）

在笔者调研中，发现对于不符合城市总体规划的用地也能出让，仅需要调整土地总体规划、满足相关的农保指标，可采取协议出让的方式流转集体用地；出让土地的利益大部分归村集体资产统一分配，少部分归县级政府。

这种出让土地的方式成为村镇发展经济的主要途径之一，很大程度上使得土地一级市场失控，这种开发模式只注重局部、分散的地块而忽略总体平衡，尤其是番禺北部地区，房地产规模大、分布广，各类建设用地结构极不平衡，破坏了城市空间结构的完整性。在行政区划调整后，随着上级市政府将县区政府的土地审批权上收，类似土地开发流转状况得到了一定的控制。

2）小产权房和宅基地流转

由于土地流转被地方政府严加管制，部分行政村利用集体土地自建住宅楼或与开发商联合修建商品房，以农民自建房的名义进行销售，这种状况构成了小产权房。所谓"小产权房[①]"，也叫乡产权房，这样的房子往往搭建在乡村农民集体所有的土地上，既不符合上级政府的总体规划，也没有政府开发建设许可，其产权证不是由国家建设部门颁发的，而是由当地乡政府或者村委会颁发的。

小产权房最初出现在1990年代初，在2007年引起社会高度关注。据国土部门不完全的统计，截至2007年上半年，全国小产权房面积已经达到66亿 m^2，约占现存中国农村270亿 m^2 村镇住房的20%以上，约占我国120亿 m^2 城镇住房的40%。其中有很大比例是农民在宅基地建房然后出售。另根据广州市房管局的调查报告，广州市市小产权房主要集中在白云区、海珠区、天河区、黄浦区、原芳村区等地，基本属于大都市区边缘区，售价仅为正常商品房的1/4。事实上，伴随着城镇化进程，小产权房的规模还在不断增加，

---

① 小产权房的解释有三种。一是针对发展商的产权而言，将发展商的产权叫大产权，购房人的产权叫小产权，这种叫法是因为购房人的产权是由发展商一个产权分割来的。二是按房屋再转让时是否需要缴纳土地出让金来区分的，不用再缴土地出让金的叫大产权，要补缴土地出让金的叫小产权。按这种解释普通商品房就是大产权房，经济适用房就是小产权房。目前面临整治的小产权房，指的是文中讨论的第三种。

已经成为中国最重要的房产权利类型之一。尽管国家有关部门多次出台文件，禁止城市居民到农村购买宅基地和建于其上的民房。但小产权房仍然游走在法律的边缘，在全国范围蓬勃发展。但是由于小产权房没有合理的手续，不受法律保护，因此引发众多纠纷。例如2007年引发众多舆论关注的北京画家村就是典型一例，大量艺术家购买北京宋庄镇农民的私有房屋，带动了地方经济和房价的发展，由于土地增值以及土地征用、房屋拆迁等因素，房屋现值或拆迁补偿价格远远高于原房屋买卖价格，出卖人受利益驱动而起诉，这也是此类纠纷诉讼的根本起因。

小产权房能够在我国大行其道的原因是其相对于正规商品房价格低廉[①]，而最根本的原因是集体土地制度立法的不完善和土地利益主体的市场化行为。首先，相关立法不完善。根据土地制度，村集体组织对其所拥有的土地具有所有权、使用权为核心的所有权利，对土地具有高度分配权力。而且乡镇基层在集体土地上开发商业住宅，现行法律法规并无明确说法，二元结构的不对等，"不禁止即可行"，"擦边球"确也模棱两可；长期以来国家赋予城乡规划管理部门的职能仅限于国有所有权的土地，只负责国有土地上开发建设房屋的管理，缺乏法律授权管理农村用地建设，根本无权去管理小产权房。其次，乡村政府、集体及开发商形成了关系复杂的利益共同体。对于靠"地"吃饭的大多数地区，为了各自的经济发展，只有在可支配的土地资源上做文章，小产权房成为团体实现土地利益的选择之一。

3）村镇产业园区开发

通过村（镇）集体招商，以较低的地租吸引外来工业企业，依靠土地出租或者厂房出租（村民并不直接进入企业经营），这种"技术含量低的外来资本＋外来低素质的劳动力＋村集体廉价的土地"成为大都市边缘区和外围地区农村工业化推动的基本动力，也是最为常见的一种土地配置方式，并且得到了县区级政府的默许和认可，甚至成为地方经济发展的重要政策导向（见上文政策能动部分），并办理了相关的合法手续。

例如，番禺区的城镇化一直以来是以村镇经济为主要的动力，工业的发展模式也是以镇、村、甚至村以下集体为发展主体。该地区的工业总产值从1996~2000年分别以20.1%、20.5%、17.3%、9.6%、11.7%的高速度增长，其中，村及村以下企业从1994年到现在其产值每年以30%以上的速度增加，占工业总产值的比重达到35%以上。

从用地规模看，该区的工业征用地明显偏大（表5-5）。根据统计，番禺区工业总用地（包括已征用地）为65.139km^2 [②]，各镇上报番禺区的工业园多达165个（大多数以村为单位），比广州原八区的现状工业用地48km^2还多（广州原八区的规划工业用地为74km^2）还多。从1999年开始，番禺开始将村及村以下企业向镇集中，开始建立以镇为单位的工业园区，但从1990年代初期开始即以村为单位创办建设工业的模式依然难以在短时间内改变。

---

① 由于不用缴纳土地出让金与其他税费，小产权房价格只有同样位置商品房价格的40%~60%。
② 其中一些镇、村以圈地卖地为目的，在没有具体项目上马时盲目圈占工业用地，较多土地长时间闲置。

番禺区各镇上报工业园区汇总表（2002年）　　　　表5-5

镇名	面积（亩）	面积（hm²）	工业园区数量（个）	园区平均占地面积（亩）
大石镇	4210	280.63	11	382.7
南村镇	10424	694.3	13	801.8
新造镇	2741	182.8	5	548.2
化龙镇	1881	125.4	5	376.2
钟村镇	5583	372.3	7	797.6
市桥镇	2380	158.7	4	595.0
沙湾镇	4964	330.9	12	413.7
石碁镇	16955	1129.6	23	737.2
石楼镇	11924	794.6	9	1324.9
莲花山镇	2602.34	173.49	6	433.7
东涌镇	3536	235.7	6	589.3
鱼窝头镇	4604	307.1	6	767.3
榄核镇	5150	343.37	12	429.2
灵山镇	6221	414.73	17	365.9
大岗镇	695	46.33	4	173.8
黄阁镇	5416	360.8	5	1083.2
潭洲镇	3910	260.8	6	651.7
横沥镇	1950	130	5	390.0
万顷沙镇	2012	134.13	7	287.4
新垦镇	550	36.7	2	275.0
总计	97708.34	6513.89	165	592.2

（资料来源：番禺区规划分局）

4）村镇土地出租流转

一般集体经济来源比较少，主要都是靠出租土地或是以租代征这种方式来收取土地的非法收益。与正规的工业园区相比，更多的是各村未通过合法的规划和建设报批手续，直接在集体土地上进行厂房建设、招商、收租，或直接出租土地给企业自行建设。例如顺德杏坛镇光华村基本只出租土地，由企业自行建设厂房，出租用地多集中在公路沿线。首次出租4万元/亩，租期50年，以后每年收取管理费1000~1500元/亩/年；首付费用提留20%，剩余分配给股民（前几年分红在2000元以上，2008年平均分红在800元/人/年）。也有按年出租的，每年每亩租金在4000元左右，不用交管理费，合同期30年，每5年重签一次。由此带来工业过于分散导致土地利用功能混杂，环境保护困难，形成缺乏有效政府规制的低质量城镇化道路。

从法律角度，出租土地行为违反了现行法律，不管是国家法律还是广东省地方法规，因此这种行为及获利也不受法律保护①。村集体依靠出租土地发展的行为,如果企业经营稳定,股份社与企业签订的土地出租合同在执行上不会有问题;但是当企业经营出现困境时,就会出现相应租金收取问题。由于集体出租的土地如果没有合法转用手续,本身已经构成违法行为,即使告到法院,股份社还是损失租金,"农民骂法院保护坏人,但法院也没有办法,只能这么判"。近年来出现多起外资企业负责人在欠薪又欠租的情况下关闭工厂逃离,导致工人闹事,地方政府不得不"买单"的案例,其结果只能是农民集体的财产性收入受损。

根据笔者调查,第一种(地产大盘开发)方式和第三种(村镇产业园区)方式属于相对规范的土地流转模式,在不同层级主体之间有着较为明确的利益分配比例。例如番禺区在 2000 年区划调整以前,基本按照市(区县级)—乡镇—村集体组织分成比例为 2∶3∶5 左右,乡镇和村集体之间还可以进一步协商,分成较为灵活,但大部分土地收益还是集中在了村集体。

(4)小结

1)主体行为特点分析

通过行为类型分析,可以进一步归纳农村土地主体行为特点如下。

首先,在土地流转类型上,"农地转化为建设用地"的集体土地流转集中在两个最主要的类型。一个类型是提供给工业企业,尤其是个体私营性质的企业,以各种乡镇企业的借口和土地占用形式,建设了大量村、乡一级的工业园区,形成了典型意义上的"农村工业化"(蒋省三、刘守英,2003)。由"农村工业化"带动而形成的"农村城镇化",呈现出沿交通运输网络延伸,"以各个中小城镇为节点的网络式生产景观,其表征为农地非农化加速,小城镇数量迅速增加,耕地迅速减少(薛凤旋、杨春,1997)"。该方式是将集体土地转变成小规模的工业园区,从中获取高额租金。另一类型土地流转是提供给开发商,其形式包括以出租集体土地来开发房地产建设;或以新农村建设、城中村改造等名义擅自与房地产开发商签订土地转让协议或联建协议,变相进行土地交易和开发建设,其目的都是开展各种形式的住房建设,进入城市房地产市场获取高额收益(包括小产权房)。除上述主要的集体土地违规类型之外,还包括了:部分农民在自己承包的责任田上建设住宅;或超出规定占用住宅土地和非法转让住宅土地;城市居民和进城打工的远途农民在农村购买住宅基地;村集体(村民委员会)未办合法手续将农地直接转变为商业用地、工业用地等。后面几种违规行为属于小范围,对于土地市场危害较小。

其次,在市场运作主体上,经历了由单个的村民行为向村民利益代表的村集体组织行为的转变。在这些土地市场流转行为类型分析中,涉及主体包括了农民个人,但更多的是农民集体(村民委员会或集体经济组织)的违规,尤其是农地转变为农村集体建设用地的

---

① 广东省政府 2005 年发出的《关于试行农村集体建设用地使用流转权的通知》明确农村集体建设用地要进入市场必须符合四个条件:一是经批准使用或取得的建设用地;二是符合土地利用总体规划和市镇建设规划;三是依法办理土地登记,领取土地权属证书;四是界线清楚,没有权属纠纷。

违规占用、出让和转让。村集体作为土地配置与流转最核心的利益相关者，在极大程度上决定了土地配置的现实走向。这种主体由个人向集体的转变，是随着都市区化和市场化的发展，逐步形成的一个相对联系紧密、团结的利益整体。在最初农村集体缺乏资金，征地补偿金并不能给村民生活带来彻底改善，甚至还造成部分贫困现象的发生。后来经过多年的摸索与试验，村集体发现：不管是房地产开发或者小产权房都需要上级部门和开发者的支持，尤其在土地出让金的分配上、土地报批手续上都必须受上级政府的控制，而且具有一定的经济和违法的风险，而利用村集体建设用地出租或建设厂房出租是最安全有效的方式——既不涉及土地产权的改变，也减少了很多繁杂的手续，村集体控制租用的价格，企业只要按期支付租金；或者将土地作为股份进行市场运作。前者较多的是借国家政策支持兴办乡镇企业（或者以乡镇企业名义来引进企业），这种模式下企业的规模有限，基础设施较差，"见缝插针"、用地分散，地块比较小，难以形成规模；后者采取土地股份制模式，其特点是将农户分散承包的土地收归集体，由集体统一规划、统一管理、统一经营，村民按土地承包权、年龄等折成股份，从集体土地的经营收益中获取股红。事实上，改革开放以来，个体私营经济、民营企业发展迅速，使用农村集体建设用地成本低、方便灵活，因此吸引了一批处于资产原始积累阶段的小型作坊式企业，跨村、跨乡镇，并连同厂房、机器设备等承租集体存量建设用地的现象十分普遍（周建春，2007）。这种村集体组织主导的股份制实际上是"自下而上的不完全城市化道路"，成为地方发展的重要模式，而且这种模式还将会有较长时间的路径依赖。

在珠江三角洲地区，这种以村为单位形成的集体甚至具有了对抗地方政府行政执法的能力，事实上已经形成了影响都市区土地配置的重要行为主体之一。由于"村集体"更多的仅仅是一个生产队或村民小组，具有较大的分散性，而且受辖区行政边界制约，"集体"所拥有的土地数量非常有限，能够统一经营的土地也就几百亩，不可避免地带有较大的投机心理。一方面尽量扩大可经营的土地，另一方面采取更加灵活、更高收益的经营方式。因此具有客观获取信息的局限性、严重的主观私立性、严重的短见性等缺陷，表现为：个人对公众信息和政府信息的掌握能力有限，信息不对称客观上限制了村集体对于整体趋势的把握，在与地方政府和开发主体之间处于明显的不公平地位，对城乡规划建设未来不了解引发冲突；其行为基本上是从自身利益出发，土地首先是用来满足个人生产和生活的需要；使用者个人往往不愿意对土地进行过多的投入，基于眼前利益，容易对土地采取掠夺性经营的方式，追求短期效益；对于自身利益在短期内没有直接关系的方面（如相关的设施建设和配套）则表现得毫无热情。

最后，农村隐性土地市场形成的根本原因是土地利益的分配。城市政府征地将农民个体基本排除在利益分配体系之外，而农村土地所有者（村集体）"变相"攫取土地经济利益——为更快地获取更高的土地收益，并回避政府规划和开发控制，选择违规流转来直接面向市场的行为方式。深究这种集体土地违规流转背后的原因，可以发现这与法律规定和政府管制直接相关，其核心在于"农民享有的土地权利不能自由入市交易"：政府通过各种法律给农村集体土地设置了较高的"门槛",如农民的土地唯有被政府征用之后,方可变成城市建设用地进行交易;按照现有土地法律,农民对其土地享有所有权。但实际上,不论是对宅基地还是对农用地,农民的权利实际被严厉限制,以至于被取消了大部分权利,比如农民不得改变土地用途、不得擅自转让等一系列限制,即使城镇化扩展到农民家门口,农民也不能拿宅基地建造商品房,只能等着政府的征用。这样一来,农民在丧失土地所有权的时候,只能获得低廉的征地补偿。政府通过征地获得土地所有权,并占有土地转换用途的增值收益之绝大部分,付给农民的土地补偿极为低廉。另外,法律上对于农村集体用地的主体规定并不明确,村民集体经济组织事实上成为了农村集体土地所有权的行使者,有极大的权力和利益追求来对本村范围内的集体土地进行管理,包括乡镇企业建设用地、宅基地、土地出租转让等多方面。因此,在政府享受土地收益剪刀差的同时,农民和农村集体并不甘心自己土地的收益如此流失,他们也开始进入工业用地市场和房地产市场,或者设置村工业园区,或者将用地出租给企业建设厂区,或者自行将宅基地或房屋出租、出售给市民,或者自行在宅基地甚至农用地上进行商品房开发,或者将农村集体土地转让给城市商人开发——这就是"小产权房",由此农民获得了土地转换用途的收益,这笔收益往往远高于被政府征地时得到的征地补偿。

2)行为后果及影响

各种农村土地隐性流转造成了大量既成事实的土地非农化,用地整治成本巨大,使得关注城市整体发展的战略、总体规划难以实施。首先,从发展历程来看,珠三角地区大都市区经济的持续高速增长刺激了郊区农村城镇化进程,村镇工业遍地开花,城镇建设呈现出四处开花的"蔓延"式空间形态,建设密度高而土地使用效率较低,这种粗放的、分散式的开发导致以农用地为主的开敞空间不断受到城镇建设、工业区开发、道路建设的侵蚀,造成了严重的环境污染问题。例如,番禺市从 1999 年开始,针对该地区以镇、村为经济发展主体,工业布点过于分散的现状,对各镇上报的 163 个工业点(总用地面积为 6513.89hm^2)进行适当集聚,形成了番禺区工业集聚布点规划的初步意向,集聚形成工业集聚点 53 个,每个集聚点约 2000 亩左右,总用地面积为 9297.63hm^2[①]。番禺区初步集聚形成的 53 个工业点仍按镇为单位,平均每镇约 3 个,并按邻近村为基础分布,因此空间布局十分分散,有较明显的交通指向特点,并由于行政区划的限制,形状多不规整。其次,从规划控制实施来看,这种分散化用地给规划整合以及撤市设区后的总体规划实施带来了巨大成本,因为在总体规划所确定的一些重要的生态景观区、城市策略性增长用地和生态廊道中都存在规模较大的村镇工业点,如广州番禺地区海鸥岛有占地 1718 亩的"石楼海心工业集聚点",广州新城有占地 3797 亩的东涌中心区工业集聚点。这些都是长期以来农村土地隐性流转的直接后果。

---

① 53 个工业集聚点的面积约 92.97km^2,比广州市原八区的现状工业总用(48km^2)及 1996 年广州市城市总体规划所确定的原八区工业总用地(76km^2)还多。

应当说随着社会经济的发展，集体用地的流转已经相当普遍。国土资源部对河南、浙江、上海、江苏和广东五省的调研表明，无论是经济发达地区还是经济欠发达地区，集体建设用地流转的大量存在已是不争的事实（周建春，2007）。那么要让农民摆脱对集体土地的经济依赖，保证总体规划的和谐实施，必须立足于城乡统筹、城乡一体化的高度，从关心民生的角度进行多方位的土地配置制度创新，真正把长远的土地利益留给农村居民。

5.3.3 企业择地开发建设行为

"工业生产性企业和房地产开发商"两种类型企业是大都市区经济高速发展的两个重要因素，也是土地市场经济的重要构成，代表了市场资本。两者的行为均基于土地双重价值——使用价值和投资价值的实现。使用价值指土地的空间利用，投资价值是土地的资产效用。前者是实业性投资，侧重于土地的空间利用，后者是依靠土地开发投资来获取土地资产增值，构成的房地产经济是城市经济的重要部分。具体表现为：一是城市工业用地的不断增加，工业用地价格持续"降低"，不同生产性企业的进驻带来城市就业岗位、国民生产总值和财政税收的增加；二是房地产市场空前繁荣，政府不断提供经营性用地，房地产开发商不断推出新的商品房，人们买房的热情和房价不断上涨，带动了相关产业的快速发展，如钢铁、水泥等行业。这两种类型土地流转和配置当中，伴随着"工业生产性企业和房地产开发商"两个行为主体的持续推动。总的来说，企业主体代表了市场资本来源，在土地市场流通中占据了主动的地位，由于企业性质不同，两者的行为出发点和行为特点也不尽相同（表5-6）。

两类企业土地相关行为异同点分析　　　　表5-6

	共同点	不同点
工业生产性企业	用地需求大； 对城市空间影响大； 拉动城市经济发展	对土地要求区位、成本、市场不同； 区位通常由地方政府提供； 土地相对低廉； 建设容量密度低，工业利用开发为主； 有产业规模集群要求； 土地开发容量限制小； 土地多为协议出让； 环境保护标准要求高； 在长时间内持续提供工业产值和税收
房地产开发企业		土地区位要求不同，相对较灵活； 区位选择可能由开发商指定； 土地价格较高； 建设容量密度大，基于用地的房产商品经营； 容易产生权力寻租； 土地开发容量限制极大； 土地出让形式多样化； 重点要突出城市形象； 一次缴纳大部分土地费用，后期税收较少

（1）工业生产性企业行为分析

企业的土地市场行为来源于自身对用地的需求，在自身需求、市场和政府之间相互博弈，产生了系列对城市发展影响重大的行为。根据段洲鸿（2007）以宁波市区为案例的实证研究表明，其工业用地供给对工业经济增长的贡献率达38.69%，这直接反映了工业用地需求带来的对城市经济的推动能力是相当可观的。李王鸣（2007）通过对余姚市的研究表明，工业化程度的提高与城市建设用地增长之间存在着较高的线性正相关关系，随着产业结构的调整，城市建设用地发展受到工业化的拉动[①]。

在珠三角地区，由于临近资本市场（我国香港、台湾），低廉的土地价格带来相对较低的运营成本，大量三资企业选择落户该地区，以乡镇企业的形式落户在各村镇。由此带来大量独立工矿用地的迅速增长。1996到2004年珠三角地区建设用地增长迅速（图5-7、表5-7），2004年珠三角地区建设用地为8050km^2，比1996年增长了1933km^2，增长比率为31.6%，年增长214km^2，其中独立工矿用地增长最快，比1996年增长了1107km^2，增长比率为72.3%，达2639km^2[②]。由此可见各类产业园区用地数量增长速度较快，直接反映了工业企业用地行为对土地配置的影响。

1996~2004珠三角地区建设用地变化表（单位：hm^2）　　表5-7

	建设用地总计	居民点及工矿用地							交通运输用地	水利设施用地
		小计	城市用地	建制镇用地	农村居民点	独立工矿	盐田	特殊用地		
1996年	611741.0	506045.8	66236.1	61141.5	195364.4	153222.0	1267.1	28814.7	38236.6	67458.6
2000年	695615.6	573905.0	72978.3	72846.6	201694.5	192362.9	1120.3	32902.3	51007.3	70703.3
2004年	805041.6	677449.9	81455.2	102924.6	200778.5	263937.8	1107.1	27246.8	57495.7	70096.0
与1996年比增减	193300.6	171404.1	15219.1	41783.0	5414.2	110715.7	−160.0	−1567.9	19259.1	2637.3
百分比	31.6%	33.9%	23.0%	68.3%	2.8%	72.3%	−12.6%	−5.4%	50.4%	3.9%
年均增长	21477.8	19044.9	1691.0	4642.6	601.6	12301.7	−17.8	−174.2	2139.9	293.0

（资料来源：广东省发展研究中心提供资料整理）

1）工业生产性企业用地需求分析

进一步分析这种工矿用地增长的背后，涉及工业企业选址的行为。根据有关学者研究，工业企业选址需要综合考虑多方面因素，既包括定量的成本因素，又包括定性的区位条件因素。对于生产性企业而言，"区位、成本、市场"构成了企业选址的三大门槛，此外，还包括有利的劳动力环境、接近供应商和资源、生活质量（高技术行业更看重所选地址的

---

① 根据李王鸣的研究，通过一元线性回归分析，相关系数为0.9769，相关程度较高。参见：李王鸣，2007。
② 数据来源于专题报告《广东省城镇化发展趋势及其用地需求研究》（2007），广东省城市发展研究中心提供。部分土地数据与中规院《珠江三角洲城镇群协调发展研究》（2004）有出入。

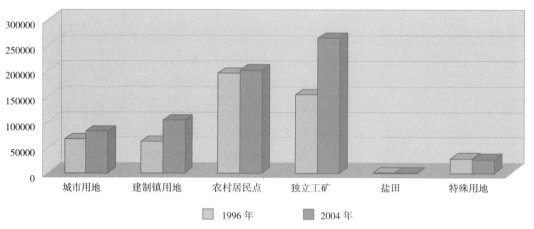

图 5-7 1996~2004 年珠三角地区建设用地变化
（资料来源：广东省发展研究中心提供资料整理）

生活质量）等其他因素。

在动力、能源和水的供应条件、气候条件、劳动力条件相近似的情况下，当地政府的优惠政策和低廉的土地价格就成为吸引工业企业进驻的决定性条件。由于工业企业占据了市场主动性，其用地选择行为在国有和集体所有土地市场中形成了两种不同反应。

一是，在以市区级政府为主导推进的工业园区建设中，由于土地资源已经转为国有，地方政府有充分的支配权，往往容易出现以牺牲地方利益的方式吸引项目和企业落地的情况。例如，有些地区为了促进地方经济发展，往往采取鼓励和优惠政策，在各地划出特区或各种经济开发区，低价出租或出售土地、厂房、仓库，并在税收、资本等方面提供优惠政策。"除了常规零地价和税收减免优惠以外，还能获得地方政府的资金扶持，包括贷款承诺，甚至是无偿的配套资金[①]"；甚至出现有些地区在招商引资中竞相压低地价甚至以零地价、低于成本价出让工业用地；或者在工业用地出让过程中有意规避招标拍卖挂牌制度，包括有的领导干部违反规定干预和插手工业用地出让等，这些是国有工业用地市场中管理与调控中存在的突出问题。

二是，在珠三角地区表现为以村镇集体为主体推动工业用地的发展，主要走的是一条低成本扩张的道路，工业用地开发规模大，土地利用粗放。尤其在改革开放初期，形成了建设村级工业区作为经济发展的主要途径，发展了村级经济，带动了镇级经济的腾飞，这种发展往往是以土地的大量消耗为代价，占用了大量农村土地，而且区中的大部分厂房以结构简单的旧厂房为主，用地不够规范，引进企业层次较低，用地水平、用地效益都较低。例如顺德一度拥有 200 多个工业区，绝大部分是村级工业区，2004 年顺德的工业用地的平均产值为 78 万元/亩，是深圳市工业用地平均产值的 1/3。事实上，"低成本工业用地过度扩张，违法违规用地、滥占耕地"，这种状况在中央颁布实施《全国工业用地出让最

---

① 事实上，不仅仅是珠三角地区，我国众多生产企业都是依靠这种"无偿献血"发展起来的，并获得了巨大的经济利益。

低价标准》(2007)①之前，长期广泛地存在于我国各省市中，成为影响土地配置的重要原因之一。

2）工业生产性企业的行为特点

在这种工业土地供给"繁荣"的情况下，工业企业除了享受地方政府提供的极其优惠的土地政策之外，面对唾手可得的廉价土地，未取得土地使用权的企业期望能更多地占有土地；对于已经取得土地使用权的企业来说，它们的土地利用行为发生了变化，倾向于以更有经济效益的方式来利用现有土地资产。这两种不同用地需求造成了众多工业企业存在着各种不规范行为，具体包括以下方面。①多圈多占，用地浪费：一些企业圈占大量土地，建花园式工厂，容积率、建筑密度低，土地集约利用效果差，造成了土地资源的低效利用和闲置浪费。②以租代征，规避用地指标问题：借用乡镇企业名义，不经过农地转用审批，以出租、承租或承包等方式违法占用农民集体土地建设工业厂房、商业或旅游设施等，规避国家计划的控制和土地收益分配及税费政策的调控，将农用地直接上市进行非农业建设。③占用未批用地：其项目用地不符合土地总体规划和城市总体规划，企业通过政府途径变更规划或直接违规占用。④改变用地性质，进行房地产开发：企业擅自更改用地性质，建设成片别墅、住宅、宾馆等非生产性建筑，甚至提供新型"小产权房"②。⑤属于禁止用地目录和限制用地目录中不符合供地条件的建设项目用地，也能通过企业斡旋取得正当的土地供给。⑥项目建设混乱，土地违规二次租赁、转让：部分地区工业项目的土地长期没有按规范图纸设计建设，私自乱搭乱建；一些入园企业没有好的投资项目，有的仅通过厂房租赁追求盈利，有的将土地进行转让，造成管理成本高和消防、安全生产管理等问题。现实中这些类型的土地引发的土地违规案例众多，例如，江苏铁本违法占地6000多亩非法建设案、重庆九龙坡区工业园区非法占地案等③。

总之，生产性企业在选择投资地点的时候，期望获得地方政府的大力支持，尤其是土地上的优惠和相应减免政策，在行动上具有主动性。而地方政府则处于相对被动的地位，"有求必应"，由此纵容、甚至帮助企业违规现象屡见不鲜。

3）工业企业发展对用地的影响

首先，从珠三角地区工业化发展时间历程来看，工业化与用地的发展大致可以分为两个阶段。

第一阶段——初步工业化阶段：改革开放初期以小型企业为主，尚未形成完整产业集

---

① 该标准于2006年12月颁布，2007年1月1日起实施。其基本内容为：国家要求工业用地必须采用招标拍卖挂牌方式出让，其出让底价和成交价格不得低于所在土地等别相对应的最低价标准；低于最低价标准出让或以各种形式补贴返还的，属非法低价出让行为，要依法追究责任；按照国土资源部发布的标准，全国工业用地被划为15个等别，最高等别840元/m²，最低等别60元/m²。

② 这类"小产权房"称为企业产权或企业公房，为企业在工业区中违规开发的房产，与农村集体土地上的小产权房不同。参见：工业用地冒出"小产权房"[N/OL]. 北京日报. http://beijing.qianlong.com/3825/2008/09/23/2902@4673085.htm。

③ 参见：国土资源部公布的2006年十大土地违法案件，国土资源部网站。

群,以租用集体土地或厂房,这也是珠三角大部分村镇企业经营的方式。例如改革开放之后,顺德推行农村联产承包责任制,提高了农业效率,释放了大量农村剩余劳动力。各村发挥比较优势,以改革开放之前的社队企业为载体,大办乡镇企业,利用低成本的优势,刺激了村、镇经济的发展。新兴的电风扇等小家电以其新颖的设计、极高的利润和较低的技术、资金进入门槛而吸引了大量乡镇企业投产。在以家电产品为生产内容的乡镇企业不断涌现的同时,包装等下游产品的乡镇企业也同步出现。由于早期企业对厂房要求低,以致顺德村级工业区中的大部分厂房,以结构简单的旧厂房为主,用地不够规范,用地水平、用地效益都较低,开发的建筑密度偏高而容积率、绿地率过低,场地空间混乱无序,开敞空间极少。可以说,这一阶段在经济利益的吸引下,珠三角地区村镇居民创业热情高涨,大量农业闲置人口进入工业企业;同时带来外来务工人员逐渐增多,城镇化开始加速。城镇空间拓展以工业用地的点状、线状蔓延扩张为主导,镇区拓展缓慢;而农村地区的工业生产点以及沿主要道路的贸易市场大量出现。但是当时尚无房地产项目,居住条件改善不大,而且这一时期的城镇建设以被动满足乡镇产业集群需要为主,城镇发展的规划性较差,在乡镇经济发展的早期,遍地开花的乡镇企业促进了农村工业化和城镇化的快速发展,同时也导致了城镇的蔓延,最终造就了城镇空间破碎的格局。该阶段这种"村村点火、处处冒烟"的快速、粗放发展以及依托道路的前店后厂的灵活发展,在当时的条件下顺应了农村和城镇经济的快速增长,其中工业企业发展迅猛的顺德、中山、南海、东莞被称为广东"四小虎",其发展道路反映出了"工业企业"与城镇土地演变密不可分的关系①。

  第二阶段——逐步成熟工业化阶段:1980年代后期形成了以大型企业为主,围绕龙头企业形成完整产业链,尤其是乡镇企业在不断私有化基础上②,不断推动城镇用地的扩张。随着乡镇产业集群的不断发展,在完成初步工业基础后,大型企业逐渐成为城镇空间发展的主导力量,工业用地开发与城镇空间拓展方向紧密结合。例如在改革开放的最初十年,顺德的少数企业抓住了先机,日后逐渐成长为家电产业集群的龙头企业③。大企业规模扩张带动了周边地区上下游配套、服务企业的发展,这些企业为了降低成本主要围绕在大型企业周围集中布局,形成所谓的"工业集群体系"。随着这些产业集群的不断发展壮大成熟,顺德原来分散的产业布局在一定程度上得到了集中,产业用地的效益得到了一定的提高。在空间上,随着大企业的规模越做越大,其占地面积也逐渐向周边地区不断扩展,很多镇街建成区面积的扩展实际上就是大型企业在空间上向镇区周边和村不断蔓延的结果。随着

---

① 这也反映了早期的政府没有雄厚的资金和财力、能力进行大规模的基础设施投资建设,市场自发依靠对外道路,发挥"马路经济"的灵活性优势,开始低成本的沿路贸易市场、工业生产点的布局,随后政府通过建设区、镇相对高等级工业区控制村级工业区的继续扩张,引导村产业园区企业聚集。
② 在1980年代后期,广东大量的集体企业进行了产权改革,到1990年代中期已普遍私有化。参见李双菊,2006。
③ 例如北滘镇的"美的"最初是一个只有24个村民、5000元资金的小厂,至1980年代末期已经发展为成熟的大型企业。其代表事件是1988年美的获得广东省授予的自营进出口权,当年销售收入就突破亿元人民币,出口创汇超过千万美元。

住房的商品化进程，以及动拆迁安置的需要，顺德的住房市场有了较大的发展，尤其是容桂的房地产项目大量出现；2000年至2007年，顺德房地产价格几乎翻了一番。但各类生活型基础设施和公共服务设施的供给尚不充分，层次也偏低，反映了政府的主导作用还未能充分发挥（表5-8）。

珠三角地区工业化发展与用地特点　　　　表5-8

工业化发展阶段	城镇化特点	用地类型	用地布局	规划特点	发展主体
初步工业化阶段	分散工业化推动城镇化发展	工业用地为主，生活居住用地滞后	遍地开花，沿道路、村镇外围无序蔓延	基本无规划	村镇为主导的工业园区建设
逐步成熟工业化阶段	工业集群发育下的城镇化发展	工业用地集约化整合，居住用地逐步发展，配套仍滞后	工业用地开发与城镇空间拓展方向紧密结合	政府推动部分工业区整合规划	大型企业推动城镇用地扩展

其次，进一步从珠三角地区工业化发展最终结果来看，企业发展与村镇发展形成了错综复杂的"共生体"，共同构建了复杂的发展模式，并对大都市区土地起到了极为重要影响。具体表现在以下几方面。①不同企业用地需求下的土地蔓延：由于土地使用制度上的限制和经济利益的分配，镇办企业和村办企业都局限于在辖区范围内布局——大型骨干企业由于对基础设施、生活配套环境的要求更高，倾向于在城镇区范围内布局；而大量小型企业为了减少租用土地、厂房方面的成本倾向于在村级工业区布局。随着企业生产规模的扩大，城区、镇区、村区的范围都在不断扩大，尤其是村镇建设用地沿公路不断蔓延。②村工业园区数量巨大，占用了大量土地：村级工业园区规模往往较小，绝大部分工业点的面积处于$0\sim50hm^2$的范围之内，工业点平均面积$20.5hm^2$，达不到很多基础设施配套的门槛，污染治理成本高。园区内企业多则20几家，少则几家，企业的规模也较小，产品结构单一。如顺德全区有198个村（居）共有240个工业点，每个村（居）都有自己的工业点，其中最多的乐从镇良教村有7个工业点，分布在各个自然村中。可以说，"乡乡点火，村村冒烟"的乡村工业景观就是在这一阶段形成的。③企业园区缺乏统一规划，用地混杂，使用效率低下：各村在原有土地范围内建设的工业区，与村庄其他用地的界限并不明显，工业用地、农用地、生活用地等交错分布，有的工业区甚至在村庄的上风向和河流的上游。这些村级工业区占用了大量农村土地，且区中的大部分厂房，以结构简单的旧厂房为主，用地不够规范，用地水平、用地效益都较低。例如顺德的工业用地平均产值为78万元/亩，是深圳市工业用地平均产值的1/3（2004年），顺德全区村级工业区共有企业10155家，但工业产值仅有585.9亿元。④混杂发展模式难以为继，后续改造困难重重：这种集体经济组织主导的工业化，保留了土地的集体所有权，将土地的级差收益留在集体内部，由此带动了农村地区的快速发展，大大减少了城乡经济能力的差距，但由于土地利用比较粗放以及配套设施不健全、缺少综合治理和管理，也造成了极大的资源浪费和严重的环境污染问题。现今以村、镇级经济为主的发展模式已难

以为继，已经在现代产业经济竞争中陷于被动，严重制约了未来的发展。

分析两个阶段，从空间的反馈作用来看，早期生产空间受村办工业推动呈分散化扩展，建设集约工业园的政策在镇区层面起到了一定的作用，但是对已经大量存在的村办工业区影响有限。空间规划和管理滞后造成的沿路布局、散点布局的零散工业和村办工业已经很难扭转。尤其1990年代中后期随着可开发土地的日趋缩减，"上级政府主导的园区工业化与基层组织的农村工业化"在土地利用方面开始"短兵相接"，冲突与矛盾频发（丛艳国等，2007）。随着土地资源日趋紧张，政府开始意识到这种问题并采取对策，有目的地引导村镇工业园走集中开发、集约建设的道路。为此政府启动兴建了较大型的市级科技工业园区，推动各镇街的镇级工业园区集中规划①。尽管如此，由于空间发展方面的历史路径依赖，镇街之间仍然呈现"背对背"式的发展现象，过去累积下来的建设空间蔓延格局依旧十分突出，而新兴产业的引进，以及规模化集约工业园等项目的建设发展，正不断推进半建成区和建成区的密实化发展。

（2）房地产开发商的行为分析

1）房地产开发行为的一般规律

房地产开发商的行业特点决定了自身的行为特点，因此我们必须了解作为土地投资开发的行业规律。首先，土地开发投资与其他实业投资不相同之处在于它的不动产特性。如果投资环境恶化，实业投资可以撤资，但土地投资无法撤资。而且土地投资也有明显的经济外在性②，因此房地产投资者非常关注房产所在社区的自然、社会和经济环境。因为个体投资者的利益与整个社区，乃至整个城市的利益直接相关，城市的发展与否会直接影响土地房地产的市场价值。房地产投资者因而关心城市的政治稳定和经济繁荣。其次，房地产开发主体在市场竞争中具有强烈的寻求利润最大化的愿望，"经济利益的追求可谓锱铢必较，通过各种手段追逐土地的开发价值和商业利益的最大化"（吴可人、华晨，2005）。房地产开发商通过为城市居民提供优质房产商品而获取交易利润，产品的数量取决于土地可开发容量，因此对于土地开发容量尤为关注。

在这些背景作用下，开发商的需求和行为基本过程如下：首先，他们在符合城市宏观规划、服从规划管理的条件下，服从政府的各种政策与要求，与政府进行土地的交易，缴纳相应的土地出让金和税费后获得土地开发的条件；其后，他们选择适合的规划师和建筑师进行方案设计，按照开发商对于市场的期望和判断，要求设计者为其提供能够创造最大综合效益的优选设计方案；最后，根据市场情况进行项目建设和施工，同时根据公众需求进行市场宣传和包装，在合法手续完善的情况下上市交易，并在交易中获取利润。

---

① 为鼓励工业项目进工业园区，顺德2002年出台一系列优惠政策，吸引村级工业进园。在税费（土地开发金的免收、耕地开垦费的降低）以及规划控制等方面（如建筑密度的优惠）给予了一定的优惠，准入门槛比较低。进园优惠政策于2003年开始发生转变，提高产业项目准入标准，主要是吸引投资密度大、节能低耗、科技含量高，有利于改善经济结构和产业结构的项目。

② 经济外在性是指经济行为中所产生的费用和利益落入不参与该经济行为的人手中。

应当说，开发商并不是土地的最终使用者，其获得土地使用权并不是为了使用，而是为了通过开发物业的再出让来获取收益，所以土地在开发商手上掌握的时间是有限的（或者说是短暂的，一般也就是三五年），是以赚钱为目的的。由此，土地市场从以"为公共利益"的冠冕堂皇的征地开始，到这里已经成为赤裸裸的为了利润（杨重光，2006），"利益第一"构成了开发商的行为主要特点，为了扩大收益不可避免地出现违规逐利行为。在这一过程中，开发商将经过开发并已有建筑物或构筑物的土地使用权转让给建筑物或构筑物的所有者，使消费者在获得其建筑物或构筑物的同时获得土地的使用权。该环节的市场主体是企业和消费者（使用者），物业交易直接涉及主体的切身利益。

事实上，在土地交易、项目规划、项目建设等几个过程当中，同样存在着众多不规范行为，包括以下几方面。①以租代征违法用地：包括城市土地的使用者（开发商和国有单位）直接和村集体谈判，不通过土地征用程序获得农村集体土地的使用权；或者先确定土地谈判后再由村集体向上级部门提出申请，再进行土地征用，这种情况在广州等发达地区十分常见。②非法占地、违规用地：包括使用土地不符合土地利用总体规划；未经批准非法占用土地，或超出批准用地面积非法占地。③扰乱土地交易：通过权力寻租，与政府官员进行权钱交易，改变土地交易方式，由招拍挂改为划拨或者协议出让；或以较低价格获得土地使用权，造成不当竞争。④不按批准用途使用国有土地的违法行为：擅自改变土地使用性质，建设不符合批准用地性质的项目和设施。⑤不按批准建设方案实施：突破土地开发容量控制，超强度开发"批少建多"，改变整体布局，减少配套设施等形式。

随着我国房地产开发主体的数量和规模继续扩大，而各自发展情况参差不齐，有的尚处于原始积累阶段，有的已经在转型过程中获得了丰厚的收益，处于不同成长阶段的这类主体对利益追求的程度不同，相应采取的手段也不尽相同。但总的来说，企业的违法行为是与地方政府的管制不力紧密相关的，甚至在一定程度上两者构成了利益相关体。因为长期以来我国房地产行业的基本格局是，地方政府垄断城市建设用地的供应，又授予开发商以商品开发商品房的垄断权。地方政府垄断土地旨在占有土地收益，这些收益只有通过房地产开发商的经营活动方可实现——让房地产业推高GDP与财政收入；同时官员的经济和政治利益必须通过投资商和开发商才能实现。因此，在开发商主导的违法活动中始终可以看见两者的身影，必须进一步分析两者的行为关系。

2）开发商具体行为及用地影响分析

在珠三角地区，伴随着工业化拓展，居住生活服务用地也进一步扩展。由开发商主导的居住生活用地开发构成了大都市区尤其是外围和边缘地区的主要土地非农开发的主要类型，在都市区化进程中对整体土地开发构成了巨大的影响。在此，笔者根据番禺地区房地产开发调研状况，具体从用地选择、土地开发以及土地影响几个方面进行分析。

①择地、圈地行为：在这种择地、圈地行为过程中，开发商拥有较为主导的市场控制权，而村镇集体具有尽快获取土地利益的冲动，两者不谋而合——村镇集体采取较低土地价格的招商模式吸引开发商购买土地，或开发商直接"看中"某块"风水宝地"（一般具

有较好的山水环境）直接与村镇集体洽谈，最后再通过上级政府（县、区政府）调整用地规划和指标，征收为国有建设用地后出让（多为协议出让）。

由此形成的"开发商与村镇集体的土地交易"导致广州市外围地区不同程度地存在，例如笔者调研的番禺区、从化市、花都区、新塘镇，都有独立、零散的大型楼盘开发。尤其以番禺北部地区为代表的房地产开发更是具有典型性，形成了所谓的"华南大盘"，其发展趋势由大石、钟村向南村地区蔓延，已经成为接纳广州城市居住功能外延的重要地区[①]。在番禺市"撤市设区"、深刻地融入广佛大都市区化进程之前，随着广州城市综合实力逐步增强，城市功能外溢现象明显，邻近广州的番禺北部地区接受广州市区辐射导致房地产迅速发展。由于土地开发成为各级政府、企业和村镇发展经济的主要途径之一，以村镇为主体招商引资的土地开发模式对地区的综合协调发展造成了一定的负面影响。开发商主导下、各级政府土地主体参与的房地产热导致土地一级市场的失控。这种以村镇招商引资为特点的房地产开发，规模过大且各自为政。据表5-4（番禺区主要房地产项目征地统计表）统计，番禺区主要房地产项目（指开发的土地面积大于$1hm^2$的已建、在建或已办征地手续而未建设的房地产项目）用地已达约$4103.7hm^2$，项目数已达到101个，主要集中在大石、南村、钟村等镇及南沙经济技术开发区（图5-8）。

一方面，土地出让价格低廉，形成了"圈地"现象严重，超前提取土地效益，造成土地开发失控。据统计，华南板块中即使是最后批的华南新城地价也只是$120元/m^2$，折合

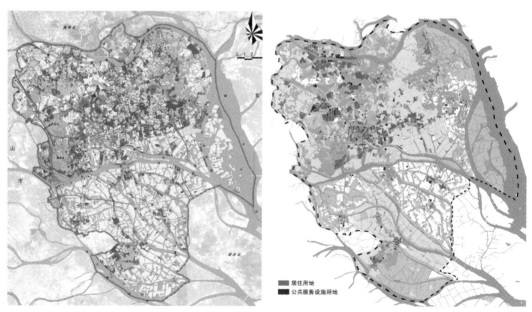

图5-8 番禺区居住用地与公共服务设施用地现状分布图
（资料来源：番禺区分区规划资料）

---

① 番禺区的住宅用地占总建设用地的40.13%，工业用地占34.71%，两者占城市总建设用地的3/4，番禺区的用地结构出现不平衡的现象。

每亩约 8 万元，而雅居乐则是 90 元/m^2，折合每亩仅为 6 万元；早期开发的大盘拿地的价格可能更低，4 万~5 万元就可以拿到一亩土地（魏立华、袁奇峰，2007）。另一方面，大量土地掌握在开发商手中，政府丧失了对该地区的调控能力，分散建设造成番禺北部地区用地结构松散，建设用地不断低水平扩张，各类建筑沿交通干线低质量蔓延，各类建设用地结构不平衡，尤其是公共设施、基础设施及公共绿地严重缺乏。形成这种尴尬局面的根本原因是"由于缺乏政府统一规制，开发商与基层村镇集体共同参与的择地、圈地行为超前于规划控制"，这种土地开发控制权大量落入开发者手中，对政府土地调控造成了不可挽回的损失。

② "私有化"大盘开发建设行为：由于开发商选择的外围大盘用地多独立于现有城市建设区，基本上没有统筹规划，更没有配套服务设施，因此形成了由开发商主导、"独立建设、封闭管理、自成社会"的私有化开发特征，部分学者也称之为"开发商造城"（图 5-9）。

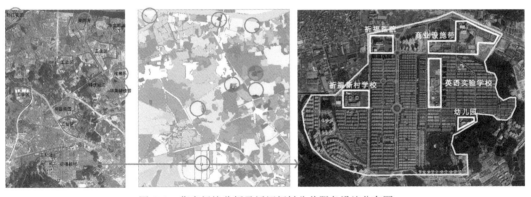

图 5-9　华南板块分析及祈福新村公共服务设施分布图
（资料来源：笔者自绘）

由于缺少统一的城市级公共服务设施和市政公用设施配套，大盘开发倾向于将满足销售所必要的市政公用设施配置"内部化"，即设施仅满足本楼盘居住者使用，造成只有楼盘居住区的服务设施，而缺少服务城市整体社区的公共服务设施。例如广州番禺钟村镇的祈福新村是规模较大的商品房大盘，占地约 430hm^2，是当时番禺区最大的房地产项目，也是开发建设较早、设施较完善的大型社区。祈福新村除了提供商品房，还提供了本应当由政府提供的教育、医疗、污水处理、公共交通的设施。而事实上公共生活设施的配套原本应属于政府权威体系内的一个部分，但在该案中大部分设施是由开发商来提供。对这种现象的一个典型评价就是，"只见树木，不见森林"，每一个楼盘、小区内部都经营得不错，但就是没有形成一个好的城区（魏立华、袁奇峰，2007）。

这种私有化开发的直接后果归纳起来有两方面：一方面，企业向政府权威体系的入侵，不能满足所有市民的生活需求，容易导致人群对政府的信任危机；另一方面，由此形成高档化、私有化开发的社会后果是社会阶层空间的分离，尤其在大盘周边都是大量低层次农村居住和外来从事工业打工的租住人群，这些群体必将形成较长远的社会冲突[①]。这种冲突是由于楼盘市场开发引起的，但并不是开发商所关心的，却给政府留下了"棘手"的难题。事实上，以房地产开发为主导的开发策略没有产生任何实际利益能由上而下惠及本地居民，而私人开发商也很难放弃可能的利润转而关心城市社会问题。

③对远期土地规划与调控的影响：村镇集体招商、开发商择地圈地、私有化开发建设的个体性土地行为，对整体土地开发造成了较为深远的影响，反映在两方面。

一方面，由于大量居住开发用地已经被征用，土地开发权集中在大房地产商的手里（虽然还没有建设）。例如根据笔者调研，番禺在撤市设区前夕大量"突击批地"，造成设区后多年内主要还是消化原来的存量居住土地开发，新的增长并不是很多。这事实上严重影响了政府对土地开发控制的权威性，政府事实上已经丧失了土地运营的先机，未能享受大量的区域交通设施，尤其是轨道交通的建设带来的土地增值收益。

另一方面，分散化的土地所有结构造成了新的总体规划不能有效贯彻实施。如2000年前后番禺房地产持续高速增长，并且尤其是在广州战略规划实施的初期，区政府为了地方短期经济利益的获得，将大量土地迅速出让，造成华南板块的土地流失，使广州市政府在番禺北部地区失去土地的控制权，丧失了拓展的空间，大量大型房地产项目和工业用地位于广州未来重要的策略性增长用地和生态廊道内，对广州未来城市空间发展的完善与合理造成了障碍；下层规划未同广州城市总体发展战略规划相衔接，因此广州市总体规划中既定的以"天河体育中心—海珠区—番禺市桥一带"为城市发展的主轴线的设想无法形成，该轴线从海珠区到华南板块再到市桥，是广州市政府原本计划的南拓轴，这条南拓轴的区位优势非常理想；但2000年广州市政府准备启动的时候，却发现华南板块的土地几乎已经全部控制在开发商手中了。市政府就不得不另辟蹊径，跳过这个地区，重新选择一条新的南拓轴（魏立华、袁奇峰，2007）。由此"南拓"战略受到了影响，最后构架了广州科学城—琶洲—大学城—广州新城的南拓轴线（图5-10）。

（3）企业与政府的行为关系分析

地方城市建设和发展需要大量的资金，在计划经济时代主要依靠政府计划安排和财政划拨解决。在市场经济逐步完善的环境下，更多的是依靠社会各方面的资金和力量共同完成城市建设。作为社会资金代表的生产性企业和房地产开发性企业也迫切寻求好的建设项目来达到资金增值的目的。为此，我国城市建设参与主体日趋多元化，由过去单一的公有单位变成国有、集体、外资、合资、联营、股份、个体等多种经济成分。从基本出发点来说，这类城市开发建设的主体其目的是为了获取丰厚的收益，以盈利为目的。企业性质的不同决定了对政府作用的不同。

[①] 例如华侨城紧邻的白石洲片区，以沙河工业区和沙河农场工人的自建违章住宅为主，周边居住环境恶劣，华侨城与其接壤的界面景观不雅，秩序混乱、治安不稳等问题。

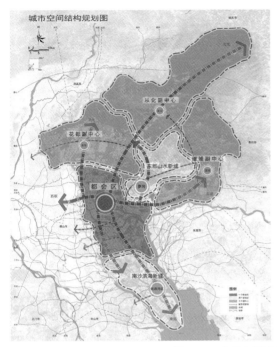 

图 5-10　广州南部城市发展的主轴线偏移
（资料来源：根据番禺片区发展规划等规划资料改绘）

1）工业生产性企业为政府提供税基，但社会付出了过高的代价

严格意义上来说，工业生产企业并不能算作城市开发建设的主体，而是城市经济有利促进主体之一，给城市带来了工业化发展及城市经济实力的增强。这种大规模的工业化对土地资源数量的影响主要有两方面，一是农地面积的减少，二是工业建设用地面积的增加。根据我国学者相关研究[①]，在发达地区（浙江省）工业用地出让当中，高达 40% 甚至更高比例的工业性用地的低价、甚至零地价协议出让，看来是留住了企业、留住了购买力和税源，但也导致一个地方的工业化用地比重过高，而城镇化用地比重过低，影响一个地方的城市功能配置，也不利于区域工业结构的转移和重新配置。赵民教授也曾分析过常州的工业用地批租[②]：为了吸引投资，工业用地往往以低于开发成本的价格出让；结果是土地被外商占而不用，土地资源浪费，大约只有 50% 左右的土地投入实际开发建设，而且土地开发强度低，说明开发商因为地价低而不珍惜土地。而且为了短期内获得大量税收、长期获得稳定而持续的税收来支撑行政作为，在工业用地出让过程中，不可避免地出现了地方基层政府采取"零地价"或者象征性收费的准"零地价"出让方式，或者直接违法违规征占土地，甚至还是"大手笔"——违规用地数量巨大；地方政府默许、纵容、操纵甚至"迫使"违法违规用地，其目的都是为了吸引外来投资、争夺税基。事实已经证明，中国城市土地匮

---

① 引自：城市化与土地制度改革课题组. 城市化、土地制度与经济可持续发展[R/OL]. 中国经济改革研究基金会 - 社会招标项目报告 . http://www.crfoundation.org/showsubdown.asp?id=74.
② 该论点来源于赵民教授主持的相关规划调研成果。

乏，这种做法是不可持续的，建立在廉价土地和外来廉价劳动力基础之上的经济发展和城市扩张方式是不可持续的。地方政府这种做法明显损害了国家和全体居民的利益，最终也损害了当地居民的利益，这是因为国家整体的福利水平降低了（王安栋，2005）。

2）房产开发性企业为城市建设形象，但有所偏差

房地产的产生和发展具有其重要作用，有助于土地资源配置的优化，但其不规范行为也给城市带来了负面影响。首先，房地产开发企业追求的是土地和房产开发本身的效益，有助于推动土地市场逐步转向真正的市场经济；同时房地产专业化的开发分工有助于加快土地向满足多层次社会需求的方式转化，促使土地效益实现真正的最大化。作为土地投资者的实体，在获得城市土地使用权及相应城市空间的财产权后，他们一方面会希望城乡规划相关制度能够为此提供有力支持和有效的保障，从而使其可以充分地通过自身的决定来最大可能地实现土地的权能，使土地的经济价值得以充分实现，但正是这种专业化造成了房产开发商市场逐利性。另一方面，在自身经济利益的驱动下，他们会求诸政府的"权力"，用行政权力介入本应由价值规律调整、由市场主体自决的领域，达到利益重新分配的目的，获得城市土地的使用权，而不顾牺牲国家利益、公共利益。当城乡规划所规定的内容与其追求利益最大化的初衷相违背时，他们会选择打破规划建设的行为来挖掘利益，如通过漠视土地容量超强度开发、变更土地使用性质不合理利用、逃避建设配套设施的义务等手段来实现自己的经济效益。集团或个人的利益取向，在没有制约的情况下，势必不断扩张，并不可避免地对其他利益主体构成潜在的侵犯和损害，或因追求短期"看点""卖点"，忽视远期建设效果而引发长期隐患，从而造成构想的城市建设形象难以实现或有所偏差。

3）企业行为与政府行为的作用路径分析

应当说，生产性企业和房地产开发企业两者代表了市场经济下自由竞争的角色。对于政府对市场的态度，尤其对企业发展支持的政策，总的来说，地方政府通常执行的是积极化的企业政策，区域竞争、发展方式的调整都有赖于政府对企业政策的调整（图5-11）。

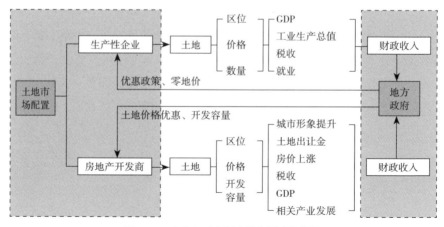

图5-11　企业与政府行为的作用路径分析
（资料来源：笔者自绘）

例如上海市提出支持企业发展的政策主要涉及四个方面：支持企业搞活和发展的政策、支持产业发展的政策、创造良好人才环境的政策、推进政府管理创新的政策。其中包括扶持各类企业发展的财税政策、土地政策、投融资政策。因此，政府对企业的政策引导就成为市场发展的信号：当某一城市经济在持续增长中，或有较大发展的市场预期时，企业会随着相对明确的市场需求而积极运作，会积极向政府提出各种开发计划。相反，当地方经济发展缓慢乃至于衰退时，市场反应冷淡，房地产销售困难，房产空置率、银行利率上升，这些不利因素都会令市场、投资商开发者产生观望情绪，这时候政府就需要考虑出台市场引导新政策。由此，根据政府和企业、市场发展的形式，可能出现两种发展路径：一种是政府引导市场发展、企业投资者追随跟进；另一种是企业投资者在引导市场，政府被动地规范和完善市场。

首先，在这种开发企业与政府博弈的过程中，政府出于巨大的经济和政治预期，开发商及相关投资者出于获取巨额收益的心理预期，当企业与政府目标利益相一致的时候，"政府引导，市场跟进"的官商合作增长联盟便形成了。但这种联盟是建立在对市场预期和判断是准确的前提下，是非常不稳定的，一旦遭遇市场波折将会分崩瓦解。南京奥体新城就是很好的一个政府主导市场的案例[①]。奥体新城在 2003 年以前通过多方合作，基本形成了较为明确的市场前景和稳定的官商合作关系。但在 2004 年遭遇了国家宏观调控，致使房地产建设、政府配套建设等计划都面临极大的困难。该板块大量的住房集中上市的同时受国家调控影响，市场观望气氛浓厚，导致供求关系的改变，社会公众普遍对该片区的前景冷淡。受此影响土地市场开始萎缩，土地成交量和价格持续走低，反过来又导致了当年政府投入的锐减。2004 年计划政府投资奥体新城为 400 亿元，实际到位只有 51 亿元，拉动的社会投资也只有 210 亿元。这直接导致了政府力图打造的 CBD 形象难以实现，部分核心标志性建筑、商务办公楼难以开工。在这一时期，政府和开发商、投资者组成的增长机器面临了巨大的挑战，开始由"如何实现最大盈利"转向考虑"如何规避减少损失"，增长联盟的作用难以实现。2005 年十运会过后，这样的官商结合增长联盟迅速解体了。政府已经达到了其经济和政治目的，开始转向寻求新的增长点开始新的造城运动，开发商失去了有利的政治支持开始回归理性市场竞争（张京祥、罗震东等，2007）。奥体新城最终成为一个城市的"烂尾工程"，给城市留下了沉重的包袱。

其次，在很多情况下，开发商也在承担着"造城"的职能，这也成为中国大开发商的营销口号，反映了政府管制和区划的缺失，城市建设成为开发商"私有化"的行为。广州番禺区的华南大盘开发就是很好的案例。祈福新村就是其中较大的一个商品房楼盘，除了大量规模的商品住宅，开发者还建设了大量本应该由政府提供的学校、医院、污水处理厂、公交服务设施等。在既有制度和政府管制缺失的情况下，开发商超前引导了市场，

[①] 案例来源：张京祥，等.地域大事件营销效应的城市增长机器分析——以南京奥体新城为例[J].经济地理，2007（3）：454-455。

政府的开发控制远远滞后于市场的进程,"在面临城市快速发展的压力下,规划管理部门甚至不得不屈从于某些开发商的不合理要求(朱介鸣、刘宣等,2007)"。这样导致了城市形象的破碎和整体环境质量的下降,形成了该地区混乱的边缘区建设,大盘林立但整体缺乏统一整合。房地产项目征地往往将周边的村庄、现状零星的工业等其他建设用地剔除,用地零乱、破碎,不仅不利于城市功能、交通的组织,还破坏了城市结构的完整性,缺乏地区性市政道路统筹和公共服务设施建设。在工业用地上也是如此,外来企业利用各村镇招商引资的机会,"灵活"地选择企业布点,造成广泛"建立在集体土地基础之上的以村镇为主导的农村工业化,导致农地违规转用、利用低效及布局分散,不利于城市产业结构的空间优化和各项城市规划的落实(丛艳国、魏立华,2007)",该现象在珠江三角洲已经成为一种常态。

最后,在改革过程中,地方政府失去了大量来自中央的直接投资,也失去了许多经济资源的直接控制权,为扩大本地税收能力和财政能力,地方政府"不得不"依靠吸引外来资金来推动地方经济发展,从而展现政府政绩,包括生产性投资和房产性投资。代表市场和资金的企业在与地方政府博弈过程中,诱发了政府利用地价低价优势来抢夺外资的激烈竞争,在这个过程中,地方政府几乎让出了一切可以自己掌控的"优惠"政策,低地价或无地价造成了低质量的经济增长。而地方政府规制过程中往往伴随着各种被规制角色的寻租行为[①],可以说地方政府的一切土地违法违规活动,都离不开工业企业和房地产开发商的配合,尤其是后者与政府的钱权交易构成了我国大部分土地违法的主角,这从近年苏州、重庆等地"城市规划建设系统窝案"得到了很好的证明。在企业寻租的过程中,政府未必只是扮演一个被动的角色,对此麦克切斯内(F.S.McChesney)提出了政治创租(Political Rent Creation)和抽租(Rent Extraction)的概念[②]。政府管理者利用行政干预的办法来增加某些行业或企业的利润,人为创租,诱使企业向他们"进贡"以作为得到租的条件(陈富良,2001)。在这种相互利用谋取利益过程中,各级政府与房地产开发商之间存在着高度一致的共同利益,这在某种程度上造成了两者行为的一致。比如,在垄断格局与通货膨胀预期下,两者都倾向于囤积土地。这种共同利益也使政府对房地产领域进行公共管理时出现行为扭曲。若开发商与拆迁户、与征地农民、与商品房业主发生权利与利益纠纷,理论上政府会毫不犹豫地站在开发商一边。地方政府出于某种目的,有时也会以零地价把土地出让给开发商。可以说,地方政府的大量违法违规活动是与开发商共同谋划的。

总之,在政府主导的城市发展中,企业和政府的关系形成了较为紧密、相互补充的增长联盟关系;在企业主导的城市建设中,政府管制表现为相对缺位,某些情况下政府可能被排除在市场利益之外。我们发现,在这两种不同发展路径之中,都缺乏公众的利益表述和参与,可以说,公众基本被排除在体制和市场决策之外。

---

① 国内学者将这种寻租行为归纳为:政府无意创租、政府被动创租和政府主动创租三种类型。参见:贺卫,1999:206-242。
② 引自杨瑞龙.外部效应与产权安排[J].经济学家,1995(5):6。

5.4 土地市场制度的"结构"及利益主体的"能动"分析

根据结构化理论，应当在尊重现有制度和规则的基础上着重分析各个主体的行为对结构性的作用特点，并且判断未来对制度性的推动作用。在土地市场运作方面，可以从土地利益角度分析土地利益链的形成和由此形成的主体关系，以及对整体结构的作用。

5.4.1 市场"结构"下的大都市区土地利益关系

（1）矛盾的核心在于土地利益的分离

通过结构化分析，发现矛盾的核心在于土地利益。而我国二元化的土地市场结构决定了土地利益关系是相对独立的，国有土地和农村集体土地市场参与者按照一定的市场规律获取各自的利益或付出相应的成本，由此形成了两条相对平行的利益链。

一是，围绕"土地出让金"形成的城市利益链，即国有土地使用权出让的收益，通俗地讲就是"地价"，其主要获益者是地方政府。政府地价的收益主要有两个来源：一是农地征用，由农用地转为建设用地的增值收益，俗称"剪刀差"；二是城市原有建设用地变更土地用途进行商业开发的增值收益。由于大部分被出让的土地主要源于农地征用，因此土地出让金的实质即为农用地转为建设用地的增值收益。按照1993年分税制改革之后，中央把土地出让金全部划归给了地方政府，而由于种种原因，土地出让金始终没有列入财政预算内收入，这就给地方政府留下了巨大的操作空间，于是土地出让金便有了"第二财政"之称，即包括土地出让金和相关税费在内的土地收入，已经成为地方政府的主要经济来源。在东部沿海发达地区的有些县市，土地出让金收入已经占据了当地财政收入的一半以上，成为名副其实的"土地财政"。国有土地利益链的最终受益者是地方政府，这也是地方政府不惜土地违规操作、大量进行土地征购的主要原因。因此，国有土地市场基本是以"牺牲"农民利益为代价发展起来的，这已经是不争的事实。虽然政府征用土地来源于农村，但事实上土地出让金多数被政府用于城市建设，农民基本被排除在土地增值收益之外，并未能从征地中获取相应的价值收益，反而遭受了严重的损失，大批失地农民生活状况堪忧。

二是，围绕"土地租金"形成农村集体土地利益链，由于集体用地流转方式以出租为主，其主要获利者是农村集体和农民。在最初，农村集体缺乏资金，征地补偿金并不能给村民生活带来彻底改善，甚至还造成部分贫困现象的发生。经过多年的摸索与试验，不管是房地产开发或者小产权房都需要上级部门和开发者的支持，尤其在土地出让金的分配上、土地报批手续上都必须受上级政府的控制，而且具有一定的经济和违法的风险。村集体发现利用村集体建设用地出租或建设厂房出租是最安全有效的方式。既不涉及土地产权的改变，也减少了很多繁杂的手续，村集体控制租用的价格，企业只要按期支付租金；或将土地作为股份进行市场运作。无论是采取土地入股还是土地租赁，其根本目的是为了直接获取土地非农化使用的利益，其利益从承租者直接交给了土地所有的村镇集体。这导致在很长时间里，珠三角地区政府难以插手土地隐性市场的收益分配，无法从中获取相应的税收，也无法提供相应的配套设施①。在2003年颁布的《关于试行农村集体建设用地使用权流转的通知》（粤府〔2003〕51号文件）和2005年颁布的《广东省集体建设用地使用权流转管理办法》（省政府第100号令）实施之后，政府对土地收益分配做了具体限制，规定"集体土地所有者出让、出租集体建设用地使用权所取得的土地收益应当纳入农村集体财产统一管理，其中50%以上应存入银行农村信用社专户"，农村土地收益分配逐步纳入市政府的直接管制。

（2）不完善市场下的分层契合行动结果

根据袁畅彦（2008）的研究表明：国有企业、乡镇企业和地方政府、乡集体是土地违规交易的主要行为者；不同层次地方政府机构的土地违规交易程度也是不同的，随着地方政府级别的降低，土地违规交易案件的数量增加、面积减少。反映在土地配置和利益分配中，政府处于主导地位，是土地配置的决策者和管理者，通过委托规划师制定土地利用规划，对企业和社会公众的用地行为进行管理和引导；企业和公众对政府的土地利用规划有利益诉求的权利，并对其行为进行监督。三者以土地为核心展开了利益的角逐，通过不完善的市场机制运作，结成一定的"利益同盟关系"来相互抗衡。例如在城市经营建设上，政府和开发商组成"权钱联盟"，从农民手中获得廉价土地进行"垄断性"的土地开发；在农村土地流转上，农村居民或村集体和开发企业联合起来，甚至包括了部分基层乡镇政府，共同对抗上级政府的监管，进行小产权房、工业园区开发，等等。在这些违规行为的背后，都离不开对土地利益的追寻。

因此，由土地利益出发来分析三者行为特点（表5-9），可以看出各自作为主导者的角度对其他主体的行为做出的反应，例如，从中央政府角度对地方政府做出严加监管的要求，而从地方政府的角度则对中央政府的政策"选择性执行"；地方政府希望用低地价、零地价来吸引工业企业入驻，却带来公共利益和国有资产的流失，而工业企业则希望能有更低的地价或优惠，甚至能影响政府对于工业园区的规划选址；地方政府希望能高价卖出土地给房地产开发商，但带来地区房价的过快增长，引发老百姓的不满，而给小产权房带来了生存的空间，而开发商则希望通过寻租和钱权交易来获取更大的利益，同时也希望房价提升带来进一步的回报。该表格表明了当不同主体作为行为的主导者时，与其他行为主体有着不同的利益博弈。事实上，这种博弈非独立存在的，而是紧密联系、相互推动，共同存在于土地市场的各个方面。在城市土地配置中，土地所有者与使用者之间在土地取得、持有、流转、收回等环节均存在利益博弈现象（王文革，2008）。这种博弈行为的核心在于人地利益相关者之间的博弈。

---

① 这种情况主要集中在村镇兴办的村镇企业用地，即工业区用地。对于居住新开发用地，由于都办理了相应国有土地征用手续，政府参与土地出让金分配。

公众与企业、政府的行为关系　　　　表 5-9

主体划分		行为类型	作为主导者的行为特点					
			政府		企业		公众	
			中央政府	地方政府	工业企业	房地产企业	市民	农民
政府	中央政府	宏观调控政策	—	选择执行	多层次发展	变相抵抗	支持	支持
	地方政府	土地经营与运作	严格管制	—	寻求低成本	寻租钱权交易	消极抵制	抵抗剧烈
企业	工业企业	工业用地选址与生产	分类支持发展	低地价零地价	—	变相开发	未加以重视	忽视
	房地产企业	房地产开发与经营	限制房价增长	高价暗箱设租	变相开发	—	严厉批判房价	小产权房开发
公众	城市居民	出租、出卖房产	五年交易限制	基本市场监管	—	欢迎炒房	—	建设小产权房
		改变建筑物使用性质	未明确规定	部分地区规定	工改商	批评态度	反应不一	—
	农村居民	建立乡村工业园区	不鼓励	各级态度不一	吸引小型业			
		开发小产权房	未严格禁止	各级态度不一	—	吸引中小开发	购买小产权房	—

（3）激烈的土地利益博弈关系分析

随着土地主体的个人意识逐步回归，其不断利用自己享有的权利与政府、开发商展开了围绕"土地"的利益博弈。利益博弈最为明显和剧烈的集中在土地征用中的行为博弈，这是城市发展当中冲突最为激烈的土地现象，在此进一步分析来说明利益博弈作用过程。

土地征用是指国家为了社会公共利益的需要，按照法律规定的批准权限和程序，给农民集体和个人补偿后，将农民集体土地转变为国家所有的行为。随着我国城市建设的快速发展，拆迁总量大幅增长，拆迁过程中的矛盾也日益突现，严重影响着社会稳定和政府的公信力，引起了社会各界的强烈关注。总的来说，城市房屋拆迁主体呈现多元化格局，包括政府、开发商、拆迁实施单位、被拆迁单位和居民、租户、拆迁评估机构等，本书将其归纳为政府、企业和公众三者之间的行为博弈展开分析。在一般情况下，正常的关系应该是政府对整个拆迁过程进行监督、指导、协调和管理；开发商支付土地出让金和拆迁补偿费，取得土地使用权；开发商（或委托拆迁实施单位）和被拆迁居民进行谈判协商，完成拆迁具体工作；被拆迁居民在获得经济和实物补偿的同时退出房产所有。但是，在地方进行具体操作的时候，经常出现违规操作而引发冲突，导致不同的状况发生。根据博弈模型的建立，当地方政府进行征地的时候，可能会有"合法的征地"，即政府为了公共目的而强制取得农村土地，这种行为是基于公共利益的必要性以及政府执行公共权力的强制性，以社会福利最大化为目标，例如公共道路交通、公共医疗卫生、环境保护等非营利性目的的征地。也可能会有"违法的征地"，即政府征地的目的不是来源于公共利益，或出于城市的快速扩张的行为,不具有合法性,例如将集体所有的农地征用之后用于住宅、娱乐场所、企业厂房等不动产的开发。同时,在征地标准上还有可能根据各地实际财政能力进行调整,存在高补偿标准和低补偿标准。对于农民或农村集体经济组织可能有若干反应或对策,究竟是接受征地依法上缴、还是选择违规集体土地流转入市,这可以有若干种不同的选择和不同的博弈结果(表5-10)。

政府和农村集体的博弈模型　　　　表5-10

政府		农民、集体经济组织		
		接受征地依法上缴	违规集体土地流转入市	
			工业园区	小产权房
合法征地	补偿标准高	策略组合 A	策略组合 B	策略组合 C
	补偿标准低	策略组合 D	策略组合 E	策略组合 F
违规征地	补偿标准高	策略组合 G	策略组合 H	策略组合 I
	补偿标准低	策略组合 J	策略组合 K	策略组合 M

例如策略组合 A,政府选择"合法征地"的行动,并且给予高标准的补偿费用,这样通过征地制度地方政府可以获得征地补偿和出让市场之间的巨大租金利益空间,在付出了较大的经济成本的同时给予农民较大的实惠,可能得到了农民的支持。如果是策略组合 D,政府通过合法手续征地,但是给予的补偿较低,虽然获得了市场的巨大租金利益空间,但是同时为了防止农村集体私自与土地需求者进行隐形违法交易,所以政府不得不加大监察力度,即必须支付巨大的监督成本;而且其土地被征用之后,农村集体将面临生活保障、安置等问题,所以农村集体有打破这种局面的迫切愿望和经济驱动力,即农村集体在这一策略组合中的选择不稳定。在农民了解到其他地区农村集体"接受征地依法上缴土地"后面临的各种经济困境,则可能选择"集体土地流转入市"的行动,来避免其土地收益的大幅损失,但是由于在现行的法律条件下,集体土地必须通过国家征用后,才能上市流通,农村集体的这种隐形交易行为是违法的,这就会出现其他组合策略 B、C 等。在最不利的情况策略组合 K、M 下,政府违规征地,给予的征地补偿标准低,而农民选择了违规土地流转,建设乡镇工业区或小产权房。从社会的角度来看,利益总体损失很大,策略组合 K、M 是最差的选择,但却是普遍的实际选择。

各种主体围绕土地的行为就本质而言是为了获取各自最大的利益化,在"不完善土地市场"中事实上已经形成了"基于土地利益的博弈"关系,而且是非合作博弈,形成"混沌的土地利益关系"。因此,导致不同结果的原因在于土地利益的分配问题,其中一个主要的矛盾集中在"拆迁和安置补偿标准"。各种主体在市场经济下,能够在不同层次的市场条件下形成部分合作的博弈行为,获取各自利益的最大化,这是对于结构性规则的突破,这种"分层契合"的特点代表了我国在市场制度不完善状况下的主体行为结果。即各种主体在相同的市场条件下，寻求不同的市场机遇形成了分层化的市场利益组织和团体，这些团体在制度和政策之间寻求着各自的发展利益，不断超越"规制"，最后形成"分层契合的行动结果"。

5.4.2 主体"能动"下的大都市区土地运作特点

在市场结构框架下，通过对土地利益链的详细分析，可以描绘出我国土地利益主体之间的相互联系，也更容易理解不完善市场条件下的"分层契合的行动特点"，集中体现了大都市区土地运作的团体化和作用特点。

（1）影响大都市区土地发展的两大团体

相对隔离的土地利益链对应着两个不同的土地发展团体，共同作用于大都市区发展（图 5-12）。

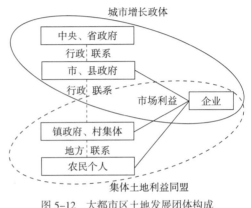

图 5-12　大都市区土地发展团体构成
（资料来源：笔者自绘）

一是在城市市区国有土地范围内（大都市核心区）的"城市增长政体"①，涉及的主体主要是地方政府（市县政府为主）、工业生产企业、房地产开发商和城市市民。在国有土地空间范围内，地方城市政府有着更多的支配土地能力和制定相应城市发展政策的自主权，政府职能更加聚焦于"通过城市发展来扩大财政税收、增加就业机会、增强城市竞争力"，而两类企业也希望通过"通过良好的城市软、硬投资环境来获得最大化的经济回报"，形成了"权力+资本"的地方发展共同体，双方对于促进城市发展的理念是基本统一的，他们之间的合作是"双赢"的和持续的，例如上文的南京奥体中心案例，在城市总体发展趋势和背景下，官商的合作是目标一致的，同时两者的合作优势建立在两者联合垄断土地资源，通过舆论导向和营销策略来吸引市民，而市民对于城市发展建设的发言权十分有限。根据何丹（2003）对城市发展政体的研究，认为"政府（国家）在各种资源分配中仍然占主导地位，政治精英、经济精英和部分知识精英构成的主导阶层主观上为了追求各自的政治、经济利益的最大化而形成的合作关系在客观上也促进了城市的发展；同时在现有法律框架下，弱势阶层处于被边缘化的境地"。因此我国城市增长政体更多的是一种"缺乏公

---

① 城市政体理论是对城市发展动力中的"三种力量"——包括"市政府代表的政府力量、工商业及金融集团代表的市场力量和社区代表的社会力量"之间关系的一个理论分析框架。"政府、企业和社会力"三者共同构成了社会决策系统，社会的政治决策取向处于三者之间的某一平衡位置，这一平衡是政府、企业和市民利益争夺和权力较量之后的均衡。Stone 提出了多种表述型城市政体类型，包括企业家政体、服务性政体、改革性政体、激进性政体、需求性政体、管理性政体。在斯通正式提出城市政体概念以后，国外政体理论经历了三十多年的发展，在全球城市政治研究领域应用十分广泛，各国学者将它用于分析本国的城市政体，并且得出了许多有益的学术成果。参见：Stone，1993；何丹，2003 等文。

众力的不完全城市增长机器"。

二是大都市区边缘和外围地区广大集体土地之上的"集体土地利益同盟",是按照乡村亲缘、血缘、氏族等传统联络体系,以基层村集体为单位,共同支配集体土地发展的团体。这种团体具有很强的地方号召力,"抱成一团"后甚至能够一定程度上对抗政府、对抗市场。该团体中包括了地方基层政府(如乡镇,甚至村委会自治组织)、农民(不同社、组、村)、工业企业(大量私营、个体企业)、房地产开发商,其涉及的主体更加复杂化。尤其在大都市区的外围地区,在不完善的土地市场环境下有着多种不同的利益组合方式可以选择,例如,乡政府或村集体通过与农民达成一致将土地流转上市,提供给工业企业或开发商,共同形成利益团体抗衡上级市政府的管制(区政府常为放纵态度)。工业企业和开发商也在自由市场下寻找更低的机会成本,通过抢先大量地圈占农业集体用地,后补用地手续,在行为上牵制着基层政府,村镇基层政府积极支持,区政府通常为了协调基层利益和本区地方的发展而听之任之(尤其在基层政府拥有自主土地审批权力时),如广州华南大盘的用地获取过程基本类似。这种不完善市场条件下复杂的分层化状况,难以用上文"政体理论"来给予合理解释。以村为单位的共同建构的"土地同盟"——集体经济组织实际上成为农村土地的所有者,享有产权的收益,而且具有排外权,导致了国家不能对土地直接控制,政府不能从土地流转中获取收益,因此无法配置更合理的基础设施。

总的来说,在城市国有土地的建成区中,城市发展政体的特点表现得较为充分,官商形成城市增长政体成为国有土地发展的主导,市民的参与表达权力较弱,这一点已经为国内学者所熟识;而在大都市外围地区,由于土地利益和团体的复杂化,政府滞后于农村居民、市场发展和开发商的脚步,多方主体的基本目的发生较大冲突,基本处于"利益同盟关系"。事实上,在快速城镇化东部沿海的大都市外围地区,由于土地利益的复杂化,政府已经开始逐步规范化集体土地流转,其中广东省率先颁布了地方法规,率先"默认"大量农地违规转用的既成事实,允许集体建设用地使用权合理流转,直接进入土地一级市场,其目的在于尝试改变以往基于"国有所有土地"的城市建设与发展路径,共同打造基于"集体土地"的城市发展新道路。因此,构建多方利益相关者共同参与的城市发展控制模式是未来城市发展和城乡统筹的和谐之路。

(2)市场流转中土地利益联盟的作用

在两大发展主导团体之下,由于土地利益的进一步分化,形成了不同"利益联盟"。尤其在农村集体土地市场,例如不规范的农地流转行为是一种游离于正规市场之外、经多方博弈后形成的法外交易,但不可否认历来买方市场和买方市场是同时存在的,"一个巴掌拍不响",例如"以租代征"很大程度上是村集体与开发商、政府达成的一致违法行为,尤其在牵涉到政府参与的时候,这种违规行为通常会被披上"合法"的外衣。这也正是利益联盟的来源。利益联盟是主体利益表达和利益争取的重要构成。在调研中,笔者发现有些联盟是长期的、正规的、由制度保障的,有的是临时的、短期的甚至是非法的合作关系;既有基于土地直接效益的,如土地出租、土地入股等合作方式,也有由于土地使用性质或土地开发改变衍生的利益联盟,如本地居民与外来打工人口形成的房屋出租承租关系;既有维护自身合法利益的,如村民与农业行业协会、企业的合作,也有利用合作侵占他人利益的,例如企业和村委会负责人之间合作,挤压农民个人利益空间的损人利己行为。具体而言,可以从地方政府主体内部分化、农村集体土地联盟形成两个方面进一步分析。

1) 地方政府主体内部分化

不同层级政府利益导向不一致,主体之间表现为一定的分化格局。尤其在地方各级政府主体之间,对于城市发展的导向有着不同的理解,对于土地的配置与流转也有着分歧。其矛盾集中在撤市(县)设区后的"地级市、区(县)、镇(村)集体"三个不同层面。以广州市和番禺区为例,广州市政府在土地层面的宏观调控作用主要是通过土地的规划控制、土地用途管制、农地转用和农地征用的审批权、土地市场规则的制定、土地税费政策制定以及控制土地交易等手段实现的;番禺区政府在接受上级政府统筹管理,并且要配合完成重点控制地区的规划管理和拆迁安置工作同时,还有推动本地区经济发展的重要经济和政治任务,对下级村镇要落实具体计划和安排,维持一个稳定的发展环境;镇政府和村集体组织更多的围绕辖区居民生活提供基本保障,依靠土地吸引外来资金和人员成为他们唯一的途径,并且这种1980年代以来的"以地吃饭"的路径还将保持较长时间的锁定。

首先,在撤市设区行政区划调整之前,对于出让农村集体土地的行为,各级政府反应不一。这种通过土地流转变相地带来了"投资",通常情况下乡政府对此予以支持,番禺市政府予以默许,因为这合乎本地利益的需求。但更高级别的市政府对此却常持反对态度。因为,不管是开发商建设的"小产权房"还是个体私营企业的"村镇工业",都没有纳入政府管制的市场范围,政府得不到任何土地收入。更重要的是,小产权房和乡村一级工业园区打破了政府垄断土地市场、开发商垄断商品房的格局,可能导致这种垄断的市场产生无法弥补的漏洞甚至崩溃,而政府的经济政绩和财政收入却严重依赖垄断的土地市场。而中央政府反对的主要理由则是保护耕地的底线要求。省与市政府通常反对小产权房和乡村工业园区,归根结底还是对于土地利益的分配问题[①]。

其次,在行政区划调整之后,在政府财权、事权和责任分配上,随着番禺区三年过渡期的结束[②],管理权限和财权集中于上级政府,而事权和责任高度下放集中于区级政府,不对称状况愈加明显。上级政府在获取大量发展空间的同时,管辖空间也随着扩大,政府管理事务增多,部分对下应当及时处理的事务出现效率低下;区级政府行政权严重受限,配置土地资源的能力和主观能动性大大下降,番禺区原有依县级市城市规划管理职权审批及核发辖区内建设用地规划许可证的权力上收市局,新增用地均为市局审理,市局收取土地出让金。而由于番禺为广州城市快速发展区域,城市发展建设用地需求量巨大,统统通过

---

① 与省市政府持相反态度的是,地方居民个人较为欢迎小产权房,个体和私营企业也青睐于乡村工业园区,认为小产权房打破政府对土地的垄断,可以降低房价,更多城市居民可以买得起房;后者则可以继续游离于国家环境保护政策之外,继续展开高环境成本的低效率生产。
② 广州市在撤并番禺市之后,曾设定了三年的过渡期,允许番禺有一定的独立发展权。

市局审批效率较低，市局根本无法应付，一项用地审批需要很多工作日才能审批下来，出现"地方"违规、"先建后报"的现象也就不足为奇了，甚至出现治理失效的窘境①。用地问题在一定程度上阻碍了城市经济的快速发展。但是由于各层级政府在城市开发中的政治诉求直接导致了"分级管理主体"之间的利益博弈，例如"市政府"将规划管理权限上收，全面控制下级政府用地审批能力，区政府只能不断编制各类规划上报政府，"以时间换空间"，以既成事实来影响上级决策（后文将进一步分析）。

最后，乡镇政府作为我国最基层的政权组织，是党和政府在农村工作的基础。从制度设定来看，乡（包括镇）都不是完整的一级政府，不具备独立的决策权和完整的财政权，表现为财权和事权严重不对称，大部分工作集中于"收粮征税"；尤其在农业税制度改革前，原有的乡镇职能设置，一般是基于传统家庭联产承包责任制基础上的设置，主要行使行政管理和经济管理权，如"收税收费，计划生育，动植物防病防疫，普及农业科技知识，提高农民增收能力，宣传贯彻党的路线、方针、政策，招商引资，完成上级政府下达的经济发展指标等职能"。在免征农业税后，乡镇政府的工作中心实际转移到落实党的各项惠农政策、提供农村公共产品和服务、增加农民收入和发展农村经济等重点内容上。在珠三角地区，乡镇政府职能更多地表现在追求经济增长、增加财政能力上，一方面要完成本地工业化的不断推进，同时协调"许多临时性的工作和上级下派来的难以完成的硬指标上（包括协调征地）"。珠三角地区乡镇发达的工业化水平也确保了乡镇政府具有较大的财政能力，尤其是领导干部的行为能力较强，已经成为影响大都市区土地局部配置的重要利益主体之一。

总之，由于各级主体政治、经济诉求的不同，也使得代表市级政府主体意图的城市总体发展战略和总体规划与反映区级政府主体和乡镇村集体意愿的地方发展需求之间相脱节，由此形成了地方政府的内部分化。

2）农村集体土地联盟形成

随着农村集体土地利益链的形成，不同主体之间形成了不同的农村集体土地联盟。比较典型的有如下几种。

①农民个人＋村集体组织：这是一种由于传统村落地缘和亲缘关系形成的内在利益共同体，在现有制度下，"村民自治"关系随着土地隐性市场发展，村集体组织逐步由单个村民向村民利益代表的村集体组织转变，"村民和村集体"共同成为土地配置与流转最核心的利益相关者，这是随着都市区化和市场化的发展，逐步形成的一个相对联系紧密、团结的利益整体。

②村集体组织＋企业：在利用农村土地资源进行开发时，村集体组织与企业合作，企业提供资本，利用村集体提供的廉价土地和劳动力资源。村集体可以得到集体收入，村民

---

① 广州市规划局曾判定番禺分局的部分行政审批无效导致地方较大的争议。随后市规划局逐步上收番禺区的规划审批权。

可以得到就业机会和土地分红收入。具体合作行为包括村办企业、村办产业园区、小产权房开发，尤其是由原乡镇企业改制而来的企业，与当地村镇集体的关系会更加密切。例如顺德区北滘、容桂的"美的"等企业最早源于当地的小家电企业，随着企业的不断集群化扩展，企业已经成为主导城镇发展的重要推动者，镇村集体与企业之间形成了一种相互依存的关系。至2008年，这两个镇街的家电产业集群的产值已经超过800亿元，从业人数超过30万人，拥有美的、科龙、格兰仕等一大批中国名牌和国际著名品牌。

③村集体组织+区县地方政府：在谋取地方经济发展的角度，村镇区县多层管理者通常会通力合作，共享土地开发的权益。村集体开展的土地招商引资必须有上级区县政府的土地审批、土地规划调整等相关手续才能得以合法实施。事实上，村镇集体的土地流转运作行为得到了区县政府的默许，在国家政策紧缩后，地方政府可能会打破这种利益平衡而采取干预行为。

④农民+外来租住人口：这是由于土地开发所衍生的联盟。珠三角地区吸纳了大量外来就业人口，外来企业从业人口与本地村民形成了稳固的利益团体，地方财政不能够为他们提供本地化的社会福利，这些社群的空间需求与本地社群的空间资源结合在一起，形成了稳固的利益共同体，极大地阻碍了城乡结合部空间的有序发展。

应当说，农村集体土地利益联盟的形成对土地配置起到了较大的干预和影响。包括：①对于农村集体土地经营运作方式起到了促进作用。在农村土地流转初期，村集体难以依靠征地补偿费改善村民生活，不管是房地产开发、村办产业园区都需要预先投入大量资金，而且办理相关审批手续复杂，受到上级政府的限制，对村集体而言都难以快速获取土地利益。最后村集体发现利用村集体建设用地出租或建设厂房出租是最安全有效的方式。以及既不涉及土地产权的改变，也减少了很多繁杂的手续，村集体控制租用的价格，企业只要按期支付租金；或者将土地作为股份进行市场运作。②进一步加剧了农民对集体土地的依赖。这种依靠土地和物业的经营方式以及定期的分红给农民带来了稳定的经济收益，基本上没有风险，在一定程度上改善了农民生活。这无形中强化了村民对于村集体的依赖，尤其是对于集体土地的依赖。因此，争取更多的集体土地来吸引资本、收取租金，成为村集体的土地经营目标。直接的后果就是农民缺乏自身能力提升的欲望，沦为无所事事的"食利阶层"，缺乏参与市场竞争和劳作的能力，基本上难以找到可以谋生的工作，这样就更关注集体土地的股份分红，对政府的征地行为进行更为激烈的抵制。事实上，土地的长期廉价出租并未给农民带来生活质量的巨大改变，租金增长极为缓慢，农民收入的增长低于同期农民人均收入的增长。而且不同区位的行政村之间收入差距很大，靠近广州市区的大石、钟村等镇的村收入较靠近番禺中心城的镇村收入高出很多。③促使农民对涉及自身利益的政府规制抵制。由于村集体和村民对集体土地和物业出租的强烈依赖，对城市规划编制的态度也截然不同，被划为工业区的村民兴高采烈，而被划为生态保护用地、公共绿地和公益性用地的则百般抵抗，甚至不惜违规造成既成事实来要求影响和调整规划，导致城乡规划难以贯彻执行，这也是大都市边缘和外围地区的规划难以实施的核心原因。

由于农村土地利益仅仅在这些土地联盟中进行分配,尤其是大量隐性交易基本将政府排除在利益链之外,政府难以从这些隐性交易当中获取税收,自然也未能有效地提供城市的公共服务产品,村集体承担了各自行政区域内经济发展、股份分红、维护农村公共设施,甚至包括提供农村公共服务产品职能,村民和村集体的利益紧密捆绑在了一起[①]。这种土地利益联盟不断"固化"的结果最后造成了:农民实际上已经不从事农业生产工作,依靠土地经营来"自己养活自己",带来农村基础设施极差,农民生活质量较低,对政府有着普遍不满意情绪。这种"离土不离乡"的新型农村工业化是一种不完全的城市化,也是一种不健康的城镇化道路。尤其在2002年广州市实行改制,提出要求将村集体经济组织进行公司化改制,村集体普遍面临着很大的经济挑战。未来有效的利益分配机制应当理顺各利益关系,构建围绕土地的利益共同体,让"政府—村集体—农民—开发商"等共同享受农地转用所带来的利益,形成"村集体(农民)收租—企业点利—政府收税"的利益分配格局。

5.4.3 土地市场"结构"及利益主体"能动"作用

(1)市场"结构"对土地配置的影响

市场机制的建立对我国土地市场配置的影响是极为深远的。由于"权利法定"决定了土地市场配置的权利来源于国家法规和地方市场规范政策,对土地市场配置的作用可以从国家和地方法规两个层面着手。

1)国家法规对城市土地配置的作用

首先,我国城市国有土地市场制度并不完整,其原因除了上文指出的"土地产权缺乏人格化代表、形成地方政府代理人角色"外,集中体现在法律对于主体权利的市场流转规定不平等。其表现主要有两个方面。一是将农村集体排除在国有土地市场之外。首先集体土地仅能通过政府征地才能实现市场化,其次征地补偿费用远远低于实际的市场价值,将农村集体排除在市场的增值收益分配之外。政府为了增加财政收入、体现政绩等"非公共利益"目的,不可避免地造成"与民争利"和土地资源过度需求。二是对于政府干预市场的"权利界限"没有明确界定,容易出现政府过分干预市场行为。我国国有土地市场基本是政府垄断供给,未能实现完全的市场化运作,划拨、协议出让等非完全市场化方式长期存在,更有甚者通过限量供地谋取土地价格上涨,人为地扭曲了市场机制[②],使房地产市场信息失真(甚至可能产生房地产泡沫)。政府公权力应当服务于"公共产品提供",但是市场化过程中又演变为追逐利润的倾向,这些都是国有土地市场制度需要进一步完善的地方。

---

① 这种镇村自我内部化的财政管理、物业管理模式,是导致诸多城中村难以改造的原因之一。
② 例如2009年各地"地王"频出就是很好的例子,是政府干预、垄断市场的表现。

其次，对于农村土地市场，上文已经分析了农村土地市场化障碍主要表现在产权上，包括产权不明晰、权能残缺等方面。从法律角度进一步分析农村土地市场流转的制度规定，可以发现"隐性市场"产生的制度漏洞和不足：现行土地管理制度对于农村集体土地的转用设置了一定的障碍，在对于农村集体土地作出限制规定的同时也留下了一定伏笔，形成了村民及农村集体组织突破制度约束的缺口。①例如，2004修订版《土地管理法》第四十三条规定："任何单位和个人进行建设，需要使用土地的，必须依法申请使用国有土地；但是兴办乡镇企业和村民建设住宅经依法批准使用本集体经济组织农民集体所有土地的，或者乡（镇）村公共设施和公共事业建设批准使用农民集体所有土地的除外"，为乡镇企业、乡（镇）村公共设施和公共事业等用地留下了空间。②又如第六十、六十一条规定"农村集体经济组织使用乡（镇）土地利用总体规划确定的建设用地兴办企业或者与其他单位、个人以土地使用权入股、联营等形式共同举办企业的，应当持有关批准文件"，"乡（镇）村公共设施、公益事业建设，需要使用土地的，经乡（镇）人民政府审核"，"向县级以上地方人民政府土地行政主管部门提出申请，按照省、自治区、直辖市规定的批准权限，由县级以上地方人民政府批准"，这实际上将农村集体土地使用的审批权下放给了县、区级的基层政府，给政府为了地方利益变相"包庇"和纵容本地农村用地违规流转带来了投机的机会。③再如第六十三条规定："农民集体所有的土地的使用权不得出让、转让或者出租用于非农业建设；但是，符合土地利用总体规划并依法取得建设用地的企业，因破产、兼并等情形致使土地使用权依法发生转移的除外"。正是这些法规中的"除外"，为农村集体土地的非农化提供了空间，农村集体充分利用（甚至"过度使用"）了这一制度供给的"漏洞"（丛艳国等，2007），造成了农村用地违规、违法用地屡禁不止。

从这些分析显示，国家立法对农村集体建设用地设定了严格的限制，但并不意味着完全禁止或否定集体建设用地使用权的流转，同时省级政府拥有执行制定相关政策的权利，市级、县级政府拥有具体的审批权，实际上为农村集体建设用地流转留下了一定"政策创新试验"空间。

2）地方法规对农村土地配置的"能动"影响①

随着《广东省集体建设用地使用权流转管理办法》的实施，广东成为第一个允许集体建设使用权"合法"入市流转的地区。在此结合该法规来分析其对农地市场配置的影响。包括了法规对土地市场配置的有效性分析和实施面临的问题两个方面。

首先，广东省地方法规制度创新对农地市场配置有效促进作用，包括地位明确、流程规范、收益保障、强化管理几个方面，具体体现在以下四点。①在法律上承认了农地市场的合法性，并具有与国有土地市场相同的经济地位。该办法明确提出了"同地同价同权"的原则，集体土地享有与国有土地同等的出让权、出租权、转让权、转租权和抵押权。兴办各类工商企业和公共公益设施的土地使用者不必拘泥于国有土地，集体建设用地也成为

---

① 在此，更加强调地方法规所具有的"结构"规范作用。

选择之一。②规范了流转形式与程序。参照国有土地使用权流转的法定形式设立了集体建设用地使用权流转基本形式[①]，具体规定了初次流转须经本集体经济组织成员的村民会议 2/3 以上成员或者 2/3 以上村民代表的同意，体现了村民自治原则下的民主、自愿流转的原则，在一定程度上可减少基层政府或村干部滥用权力、强迫流转、"黑箱操作"等侵犯农民集体土地权益的行径；规定集体建设用地一切流转行为都需要签订书面流转合同并申办登记确认手续，这既体现了流转集体建设用地使用权的物权性公示要求，亦便于土地主管部门的有效监管，从而对土地市场实施宏观调控、维护农民集体土地权益。③明确了土地收益主要分配集中在农民集体。农村集体建设用地使用权流转的收益，其中 50% 左右直接分配给农民，剩余的 50% 左右一部分留于集体发展村集体经济，其余部分用作农民的社会保障。④加强政府对集体建设用地流转的监督和管理，加强对农村集体建设用地流转的指导工作。重点针对土地是否符合流转条件和规划要求、是否符合村民意愿、对材料审核登记备案等方面进行管理，以保护流转双方的合法权益。

其次，虽然广东率先试行了农村建设用地使用权流转，但由于国家对于农村集体建设用地使用权流转在法律法规上的禁止性规定尚未调整，因此在具体操作上仍然存在不少问题（杨木壮等，2009），主要有：①社会和群众对流转认识不深、观念落后，对流转缺乏积极性。②普遍存在农村集体建设用地用于融资、贷款的渠道不畅通。《中华人民共和国土地管理法》第六十三条规定，"农民集体所有的土地的使用权不得出让、转让或者出租用于非农业建设"。因此，企业（尤其是外企）对流转的集体建设用地有重重顾虑，银行不敢接受集体建设用地的抵押贷款申请。③国家、地方政府与集体土地所有者之间的利益分配关系问题不易处理好。④法院司法裁决处置集体建设用地使用权有条件限制，法院对流转的合法性持怀疑态度。⑤集体建设用地流转的对象限制太严，流转受到严重制约。《土地管理法》规定，使用集体建设用地只有三种情形，一是农民集体经济组织"兴办企业或者与其他单位、个人以土地使用权入股、联营等形式共同举办企业"，二是用于"乡镇村公共设施、公益事业建设"，三是"农村村民建住宅"。也就是说，土地流转的对象只有本村经济组织，而不能流转到村以外的经济实体。《广东省集体建设用地使用权流转管理办法》并没有明确规定土地流转的对象。由于国家对集体建设用地流转的对象限制太严，而广东省的流转办法规定不够明确，导致集体土地流转受到诸多质疑，实际流转受到严重制约。⑥建设用地再次流转缺乏操作办法，征税无法可依。广东省政府 2005 年要求省财政厅和国土厅制定办法，但长时间未出台，致使再次流转征税无法可依。

就大都市区而言，其空间覆盖了城市、城乡结合部、乡村等多重地域范围，涉及比单一土地市场更为复杂的土地市场流转关系——既有政府主导的较规范流转国有土地市场，也有村集体、村民和开发商主导的不规范集体土地流转市场，涉及多层次土地产权制度和

[①] 例如，集体建设用地使用权流转基本形式包括出让、出租、转让、转租和抵押；涉及商业、旅游、娱乐等经营性项目用地的，应通过招标、拍卖、挂牌等公开交易方式取得使用权，与国有土地出让规定相似。

市场资本的运作。尤其是农村土地流转市场的形成引发农村经济制度和村社结构的变迁，并导致围绕土地利益的不同社会群体的形成，产生更大的社会影响结果，由此带来土地违规的"群体现象"而法不责众难以治理。

（2）主体"能动"超越市场"结构"及其表征

通过分析当前我国现实中较为"混沌的土地权益"关系下，各个主体的具体行为特点，包括地方政府行为、企业行为、公众行为，把握各自行为出发点和基本行为特征，认为主体行为是"不完善市场下的分层契合行动结果"。通过对三者行为的独立分析，我们可以掌握三者各自存在的不规范行为特点，但在现实中，这些行为是交织在一起的，错综复杂。不同主体之间的行为会相互影响。由此引发的问题包括以下方面。

①土地利益交错：既包括了地方政府具有独立经济人的特点和"企业化"倾向，成为追求经济利益最大化的政治组织，其行为已经逐步偏离了公共利益本质；也包括了农民和农村组织过快、过多的不规范获取土地利益的行为，由此形成的围绕农村集体土地的群体违规土地问题。

②社会空间异化：由于利益相互交错，形成了对于土地发展权利的争夺，围绕土地市场流转形成的利益链，催生了大量社会利益团体类型，既有本地工业化推动下的农村城镇化人群、外来从事工业生产的流动人口，也有居住于本地高档开发区就业于城市中心的钟摆式人口，分散化、多层次人群之间形成了影响深远的社会分异问题。

③空间管制失灵：由于土地利益的地方化、镇村化，而统筹性的城镇规划滞后，各种土地开发建设缺乏有效控制，发展无序，尤其是大多数沿交通线呈带状发展的城镇，如今已形成交通的瓶颈，成为市政建设、市容、环境整治的难点（梁健雄、侯的平等，2003）。这种极度混乱的土地产权状况事实上是在行政区划调整之前，原市县政府管制严重滞后于土地市场的发育，土地市场投机气氛浓厚，而严重缺乏规划的统一协调。正是这些原因导致了行政区划调整后，上级市政府虽然组织编制了总体规划、新的分区规划和大量专项规划，但是由于土地权属状况复杂、基层农村的抵制而难以贯彻实施。

基于理论框架进一步分析土地市场运作行为，可以有如下发现：

首先，由于缺乏对农地产权的明确，导致农地市场游离于正规国有土地市场之外，形成"隐性"土地市场。这种土地市场制度性的缺陷是造成珠三角大都市区尤其是外围地区土地违规隐性流转的首要原因，"行动超越结构"。一方面，政府可以合法利用征地的"权利"来剥夺农民对土地的所有，由于长期以来大都市边缘和外围地区属于用地混乱地区，依法行政意识不强，为了尽快推进重点工程，出现多头征地，政府、国企、民企均可征地，标准不一，各类建设单位在手续不齐全的情况下征地，又没有给基层政府明确的书面文件作为依据，征地补偿标准偏低，农民不愿征地，产生了大量的矛盾[①]；另一方面，现有土地制度对于农村集体土地的经营管理权界定并不清晰，并且留下了不少政策漏洞，使得政

---

① 事实上，农村集体违规、违法用地的屡禁不止，与政府低价征收或征用集体土地的政策有密切关系。

府和村集体能够游离于规则之外在市场中获取各自的利益。由于村民被征地后存在生产和生活出路问题,由于受到自身条件的限制,被征地后绝大多数农民都难以找到稳定的工作。而所得到的安置补助费又无法保障农民的长远生计,由此带来社会不稳定因素;直接导致了大量农村集体土地的违规流转问题①。

其次,地方政府内部利益分化和各层级政府之间的利益博弈,以及农村集体土地利益群体化,是形成大都市区现有土地配置状况的重要原因。一方面,地方一级政府、次级政府、基层政府之间的责权、事务关系还必须通过新的规则进行完善。另一方面,农村集体及个人在土地市场化热潮中,不可避免地与外来资本形成较为紧密的利益关系,并且催生了各种依附于集体建设土地的利益团体,成为影响大都市区土地配置的重要主体。村集体组织主导的自下而上的不完全城镇化道路,成为地方发展的重要模式,而且这种模式还将会有较长时间的路径依赖。各种农村土地隐性流转造成了大量既成事实的土地非农化,用地整治成本巨大,使得关注城市整体发展的战略、总体规划难以实施。要让其摆脱对集体土地的经济依赖,必须立足于城乡统筹、城乡一体化的高度,从关心民生的角度进行多方位的土地配置制度创新,真正把长远的土地利益留给农村居民。

最后,工业企业和开发商代表了市场的自由资金的来源,其决策和选址导向影响着城市土地市场的发展。一方面,对于大都市区边缘和外围地区而言,首先接受了城市土地市场的分流和资金外溢的效果,城市中心的大型工业企业的外迁选址首先考虑该区域,外来三资企业首选的也是边缘外围相对低廉的地价,这种工业企业对外围地区的促进是显而易见的;另一方面,毋庸置疑,开发性企业对于土地区位价值、商机和升值能力的把握远远超过政府和村民②。笔者认为,正是这种市场力量为大都市区边缘和外围地区政府和村民带来了获利的机遇,刚开始时是开发商、企业上门购地,到后来是村集体主动招商引资,拉开了农村集体所有土地非农流转的序幕。因此,大都市区外围地区土地流转与城中村土地流转的模式大不相同,其中市场要素占了很大原因。可以说企业的行为是对边缘区、外围区的土地市场形成起到了重要的促进作用,起到了触媒和催化剂的作用,加快了城市整体空间的拓展。

进一步探讨这种政府管制不能有效执行的基本原因之一是长期以来城乡空间规划体系的不完善性,即土地使用管制体系内部有缺陷。一方面相关空间规划之间有难以协调的内在矛盾,如城市规划与土地利用总体规划,难以发挥高效空间配置作用;另一方面,城市规划编制和管理存在诸多内部问题,由于缺乏对土地经济和利益分配的调节能力使得规划

---

① 由于农村集体土地的产权是不完全产权,土地直接与预留地、成本安置房、社会保障等多方面息息相关。村民对于土地利益的超前和过度攫取,导致不少村的预留发展用地已经建设了大量的企业,而且并没有依法以项目申报用地,用地手续不完善。而且该类村的建成区比例高,自建厂房物业多,手续不全或无法抵押、转让等问题迫切要求建立农村集体建设用地流转的有关规范。这些问题的根本原因均集中于土地利益分配。
② 这一点体现在广州市政府实施南拓战略之前,广州南部至番禺市的大量集体土地已经被圈占,在南拓战略实施后,政府实际面临的就是土地产权极度混杂交错的状况,基本上没有完整的规划,圈地行为极为随意,用一盘散沙来形容毫不为过。

成为空文,在主体利益驱使下地方规划不断偏离政府统一管理道路。这两方面的缺陷也意味着土地使用管制制度必须作出相应变革。因此,未来调整的核心是土地市场利益的分配以及在此基础上进行规范的行为选择,不能改变乡村土地利益格局就不能改变长期以来大都市区二元化的城乡格局——必须构建多方利益相关者共同参与的土地配置导控模式,从而实现政府规制和市场运作的统一。由此作为主要土地调控工具的空间规划体系必须进行反思。

5.5 本章小结

本章延续前文界定,进一步分析了在我国现实中较为"混沌的土地权益界定"和"二元化土地市场"的制度框架下,土地流转过程中各个主体的"市场运作"能动作用。

首先,通过分析土地市场的特点及要素构成,把握我国城乡二元土地市场发育状况,包括土地市场要素、主体、客体和市场结构关系,分别对城市土地市场制度和农村土地市场制度展开分析。重点讨论了市场机制条件下,国家法律、法规对城市土地市场配置的作用,以及地方法规对农村土地市场配置的影响。进而,结合城市和农村两大土地市场运作的主体构成,分析土地市场流转的环节构成。研究发现,二元土地制度下的不完善城乡市场机制,造成了城乡土地市场发育不均衡的格局。就大都市区而言,其空间覆盖了城市、乡村及城乡结合部等多重地域范围,涉及比单一土地市场更为复杂的土地交易关系——既有政府主导的较规范流转的国有土地市场,也有村集体、村民和开发商主导的不规范的集体土地流转市场,涉及多层次的土地产权制度及市场资本运作。国有和农村土地市场各自流通环节的构成不同,参与市场运作的主体不同;相比较之下,国有土地市场建设正在逐步完善,而农地市场的权利流转有较多限制条件,还处于地方"试验"或"创新"阶段。

其次,文中结合土地市场流转中各主体的行为特点,分别针对地方政府企业化土地行为、农村集体利益团体行为、企业择地开发建设行为进行剖析,得出相应的结论如下:第一,地方政府的行为既有较明显的行政特点,也有独立经济人的特点和"企业化"行为倾向——在地方利益驱动下,地方政府对于地方经济和财政增长高度关注,而土地则成为重要的"交易"要素之一,其行为有所"偏差"在所难免。第二,农村隐性土地市场形成的根本原因是土地利益的分配不公。在市场运作行为主体方面,经历了由单个村民向村集体组织的转变,利益群体的出现改变了土地市场的力量格局,对都市区土地配置有重要影响。城市政府在征地过程中基本将农民个体排除在利益分配体系之外,而农村土地所有者(村集体)则尽力回避政府规划和开发控制,往往选择直接面向市场的行为方式,以更快获利及获取更高的土地收益。第三,企业主体分为工业企业和房地产开发商,其用地选址和开发行为特点不尽相同——在珠三角地区,工业企业主导的工业用地扩张已深深融入了大都市区的发展;而房地产开发商在用地选择、土地开发以及土地影响等方面的突出表现是私人的"大盘开发"建设，其对城市用地的拓展也有着长远的重大影响。这三者之间形成了较为复杂的"行为协作"和"行为对抗"关系，具有不完善市场条件下的"分层契合的行动特点"。

最后，文中从土地利益链角度归纳了不同主体运作行为对土地配置的作用特征。一是从两条平行的土地利益链分析运作行为，可发现存在着围绕"土地出让金"形成的城市政府利益链和围绕"土地租金"形成的农村集体土地利益链，这两种相对独立的利益关系形成了不完善市场下的"分层契合行动结果"，并引发了激烈的市场对抗性。二是基于土地利益链的主体关系分析，可发现影响大都市区土地发展的两大主导团体——在城市市区国有土地范围内（大都市核心区）的"城市增长政体"和依托广大集体土地的"集体土地利益同盟"。

由此，文中进一步归纳土地市场制度的问题所在。一是市场制度还存在结构性的缺陷——现行土地管理制度对于农村集体土地的转用设置了一定的障碍，在对于农村集体土地作出限制规定的同时也留下了一定伏笔，形成了村民及农村集体组织突破制度约束的缺口。这是大都市区尤其是外围地区土地违规隐性流转的首要原因。二是在土地市场运作行为的背后有着深刻的利益分配关系，这是造成地方政府内部利益分化和各层级政府之间的利益博弈，以及农村集体土地利益同盟化的基本诱因；而工业企业和开发商代表了市场的资金的来源，构成了大都市区土地市场的重要需求主体，其决策和选址导向在很大程度上影响着城市土地市场与空间发展。三是各种农村土地隐性流转造成了大量既成事实的土地非农化，导致土地整治成本巨大，使得关乎城市整体发展的战略及总体规划难以实施。

可以看出，未来的改进除了要完善制度建设之外，需要更多关注土地利益的分配以及在此基础上规范主体行为和引导市场选择。可以说，合理的"土地利益分配机制"是理顺各利益关系、构建合理的土地配置导控模式的关键。在此基础上，对以城乡规划为核心的空间管制手段也需要加以反思。

第 6 章

土地使用管制制度与博弈行为研究

土地配置是一个转换土地用途或对土地做实体性改变的社会过程。在这个过程中,既有制度层面的土地使用管制,即通过一系列与土地相关的空间规划来调控土地配置与开发;也有政府部门、经济组织和居民出于不同角色和目的共同参与,通过土地空间行为博弈影响着土地资源的配置。其中政府行政部门主导的土地规划在这个过程中有着重要作用,很多时候甚至是决定性的作用,这也是我国土地管制制度[①]的一个重要特点。由此,本书将这种大都市区土地配置发展控制称为"土地使用管制"。

土地使用管制侧重于对大都市区城乡区域土地的开发利用引导,核心在土地相关规划及管理体系。这一管制体系伴随着我国从计划经济时代向市场经济体制改革的转变不断发展,逐步形成了由计划部门的国民发展计划(规划)[②]和建设用地计划、土地管理部门的土地利用总体规划以及城市规划部门编制的城乡规划组成的复合体系。"我国有关土地配置和使用的计划是由城乡规划、土地利用总体规划、农田保护规划和建设用地计划等组成的综合体系(赵民等,1998)。"就大都市区的城乡协调发展而言,规划部门编制的城市(乡)规划无疑是最主要的手段。城市规划是政府干预土地市场的主要工具,多种主体对土地作用的行为表达更多的也是集中在城市(乡)规划这一范畴[③]。因此,本书更强调以城乡规划为核心的土地使用管制作用,更多的从该角度展开研究城乡规划与其他部门规划的关系,包括各主体在城市规划中的行为特征与作用。

6.1 土地使用管制制度框架

大都市区土地使用管制从本质上来说是对于区域土地和空间发展的导控,由此形成的土地使用管制体系实际上是建立在一系列法律规范基础上的土地规划和计划,是对土地配置与发展的空间导控体系,涉及发展计划、土地管理和城乡规划多个部门。

6.1.1 土地使用管制方式的转变

我国长期以来通过制定相关土地开发的法律、法规,规范土地开发的统一规则,制定国民经济计划和社会发展规划、土地利用总体规划、城市总体规划、产业发展规划、详细规划等土地相关的规划,共同指导着土地空间有序发展。其中城市规划和土地利用总体规划都是以实现政府的"国民经济和社会发展规划"为依据和根本目标编制的,两者的核心

---

① 本书采用的"管制"来源于英文 Regulation,意为以法律、规章、政策、制度来加以控制和约束。在此采用"土地管制制度"以对应于上文土地产权制度和土地市场制度,是指土地开发所面临的制度体系构成,包括各类型土地规划、土地开发建设管理等,重点强调土地利用的空间管制。
② 在社会主义市场经济体制代替计划经济体制后,"计划"也被"规划"代替。国家在"十一五"发展规划中首次采用了"规划",不再称"计划"。本书以下统一称"规划"。
③ 事实上,企业和公众很少能够参与社会经济发展规划和土地利用总体规划的制定,而社会力量在城乡规划当中参与的深度和广度都在日益拓展。

内容都是对未来的土地利用做出合理安排并通过管理实施，实现政府对土地配置的合理控制。这一管制体系经历了改革开放前后两个阶段的转变。

（1）改革开放前

改革开放前，计划部门对于城市土地配置有着绝对的决定权。传统计划体制下，整个社会资源的配置和流动最终取决于中央计划指令下各级主管政府和所属企业的利益追求，城市土地利用无疑也取决于这种资源配置机制（吕玉印，2000）。用地部门及其主管单位须向计划部门提交投资申请和用地申请。计划部门在考虑这些申请时，主要依据国民经济计划所确定的投资规模、各种建设项目的优先次序，以及在计划年度可以筹集到的投资资金来做决定。一旦投资项目得到批准，用地申请得到认可，用地规模将根据投资项目与占用土地面积的某种技术比例确定下来，即土地的分配是在分配投资计划过程中顺带完成的（赵民等，1998）。

可以说，在计划经济时代的土地使用管制基本上是一种满足项目建设需求的土地配置计划[①]，而不是从土地供求关系来平衡土地配置的方式，土地主体能动性也难以得到发挥（图6-1）。这也导致改革前的城市规划在某些地方并不能很好地落实[②]。相比较而言，土地管理部门或机构在改革前曾经隶属于不同的政府部门，并未得到真正的独立和重视。而且，当时的土地管理机

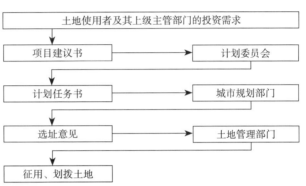

图 6-1　改革开放前中国城市土地配置与管制
（资料来源：中国社会科学院财贸经济研究所，美国纽约公共管理研究所. 中国城市土地使用与管理 [M]. 北京：社会科学出版社，1992：32）

构的职责，"不过是按照规划部门确定的位置和面积，负责征地拆迁、组织安排各种费用的征收和补偿，以及办理与权属变更有关的手续"[③]。

在这一阶段，土地利用讨论主要集中于城市内的土地，而对于农村土地很长时间内没有纳入"计划"范畴。1958~1978年，我国实行的是"土地集体所有制下的高级农业合作社和人民公社"，所有农村土地（包括社员的自留地、坟地、宅基地等一切土地），连同耕畜、农具等生产资料以及一切公共财产都无偿收归公社所有。公社对土地进行统一规划、统一生产、统一管理，分配上实行平均主义。1979年后至今，家庭联产承包责任制，实行土地集体所有，由农户家庭经营。因此，在改革开放前，农村土地基本上属于人民公社集体

---

① 严格地说，这种"计划"并不是真正的、提前安排好的土地利用计划，而是根据申请的项目分配用地。
② 虽然在改革前城市规划部门一直稳定存在着，也保持着一支相对稳定的规划队伍，但由于体制限制未能充分发挥出引导土地配置的作用。
③ 这种状况持续到1986年国家通过了《土地管理法》，成立了国家土地管理局后。参见：中国社会科学院财贸经济研究所，美国纽约公共管理研究所. 中国城市土地使用与管理 [M]. 北京：社会科学出版社，1992.

管理，除了少量的城市征用土地之外，并未纳入整体的土地配置框架之中。

（2）改革开放后

在改革开放后，我国土地配置机制的显著变化是土地使用者作为独立力量，开始在土地配置过程中发挥越来越大的作用。从土地流转的过程来看，虽然整个土地配置仍然在由计划部门、城市规划部门、土地管理部门构成的土地导控体系的控制下进行，但是，土地使用者已经开始能够影响土地计划的制定和贯彻过程。

改革后计划部门仍然统一管理着全社会的投资活动。城市建设项目用地仍然需要经过计划部门的项目审批，才能向城市规划部门申请土地使用许可证。通过获取"项目建议书、项目选址意见书、建设用地规划许可证、建设工程规划许可证"等环节，将计划部门、土地管理部门和城市规划管理部门联系在了一起（图6-2）——在建设单位提出项目建设申请后，计划部门首先要审查这个项目是否是经济计划所允许的项目，是否符合当地的投资计划规模，以及资金来源是否有保障，在这三个条件符合后才能获得项目批准，进行"立项"核发"项目建议书"；在建设项目获得计划部门批准后，建设单位必须到城市规划管理部门进行用地选址申请，然后才能向土地部门提出用地申请，编制项目的可行性研究报告，并统一报计划部门进行审查。

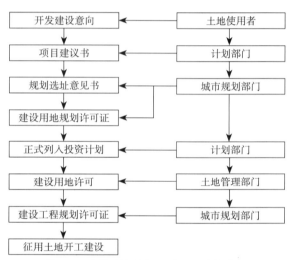

图6-2 改革开放后我国一级土地市场管理
（资料来源：北京京投土地项目管理咨询股份有限公司. 城市土地开发与管理[M]. 北京：中国建筑工业出版社，2006）

总的来说，改革开放后我国建立的土地使用管制体系是基本完整的，政府的各个部门之间分工合作，相互之间有所制衡。此外，相关规划和土地部门还承担了其他职能。如城市规划管理部门还承担了对城市规划区范围内的城市建设用地进行管理的职能，包括规划编制实施监督管理、建设用地管理和建设工程管理等多方面；土地管理部门代表国家行使对农村集体土地和城市国有土地统一管理，负责执行政府征用土地，并代表政府向土地使用者出让国有土地使用权的职能。

6.1.2 土地使用管制制度的构成

与上述管理部门相对应的是一系列土地管制制度，除了一系列法律规章之外，直接针对城乡空间提出规划管制的核心措施包括"国民经济和社会发展规划、土地利用总体规划、城市规划"，三者共同构成土地使用管制制度体系。

在该管制体系中，三大规划职能和地位各有侧重，其中，国民经济和社会发展规划注重于城市整体区域范围内的经济社会总体发展安排，通过用地计划管理来指导城乡土地发展①；城市规划主要集中于城市规划区的各项建设安排，重点对空间领域进行规划；土地利用总体规划更注重土地总量的控制，重在城市用地的结构和使用发展方向。由于规划内容和目的不同，三者是相互依存，互为依据，相互衔接的，共同对城市空间和土地的发展进行控制和引导。就本研究关注的大都市区而言，城市规划的影响和作用尤为巨大，详细分析如下。

（1）国民经济和社会发展规划、用地计划管理

从1950年代初期制定和实施第一个五年计划至今，我国已经制定和实施了十三个五年计划，国民经济和社会发展规划在我国已经有五十多年的历史了，"计划"的名称，历史上曾经改过多次。从"十一五"开始，不再称"计划"，而改称"规划"②。

总的来说，国民经济和社会发展规划是我国政府在社会和经济发展方面的全局性策划，是从自然资源、资金、技术、劳动力和社会历史情况出发，根据社会经济各方面、各部门、各地区和各个阶段之间的关系，来规定一定时期内经济和社会发展的全局方针和任务。国民经济和社会发展规划是国家加强和改善宏观调控的重要手段，也是政府履行经济调节、市场监管、社会管理和公共服务职责的重要依据。其中，与土地配置紧密相关的是"土地利用规划"部分——建设用地计划，统一对城市和农村建设发展的用地长期配置做出了安排。

开展土地计划管理的根本目的是控制耕地及农村土地的减少。最初的土地计划管理是基于为建设服务的"建设用地计划管理"③。该计划逐步建立了对我国土地配置影响深远的"用地计划指标逐级分解"体系，将国家建设用地计划指标分解下达到基层县级单位，该土地指标分配制度至今仍在沿用。其后1990年代颁布的多次土地计划管理法规④，进一步建立了我国土地计划编制"自上而下、上下结合"的程序和城乡土地配置的"土地利用年度计划"制度。2004年以后，随着土地宏观调控政策力度不断加大，在中央政府不断推动下，促使土地利用计划的职能从单一服务于土地资源特别是耕地的保护，逐步转向同时服务于综合的宏观调控。总之，我国土地利用计划已形成长期、中期和年度计划相衔接、指令性与指导性计划相结合、中央与地方计划相配套的体系。该体制的建立加强了与城市规划和土地利用总体规划的联系，对我国土地配置起到了深远的影响。

---

① 国民经济和社会发展规划是由《宪法》授权编制的，从这个意义上来说，国民经济和社会发展规划是高于其他规划的上位规划。
② 1953年起，我国开始用计划指导大规模的经济建设。当时学苏联，计划的名称像他们的一样，无论年度计划，或五年计划，均叫"国民经济计划"。如"一五"计划的全称叫《中华人民共和国发展国民经济的第一个五年计划》。到1982年，改名为"国民经济和社会发展计划"。
③ 该计划开始于1987年国家土地管理局、国家计划委员会颁发了《建设用地计划管理暂行办法》，规定由各级土地管理部门组织编制建设用地计划，并将建设用地纳入国民经济和社会发展规划中的土地利用计划部分。其基本方针是"一要吃饭、二要建设"，分为国家建设用地、乡（镇）村集体建设和农村个人建房的新建、扩建、技改项目用地，以及采掘、建材等行业的生产用地三种类型。
④ 参见：《建设用地计划管理办法》（1987年10月15日颁布的《建设用地计划管理暂行办法》同时废止）和《土地利用年度计划管理办法》（1999年2月24日国土资源部第4次部务会议通过，2004年10月29日国土资源部第9次部务会议修订，2006年11月20日国土资源部第5次部务会议第二次修订）。

（2）城市规划

早在 1950 年代，我国的城市规划工作就已起步，开始广泛编制城市规划服务国家建设。长期以来，我国城市规划的任务是为了实现一定时期城市的经济和社会发展目标，保证城市土地的合理利用和开发经营活动的协调。这也形成对城市规划工作的基本任务的共识：统筹安排城市各类用地及空间资源，综合部署各项建设，实现经济和社会的可持续发展。在很长时间里，我国城市规划的作用仅局限于城市规划用地范围内，是"建设城市"和"管理城市"的基本依据，是为了实现城市社会经济发展目标的综合手段。

在 2008 年《城乡规划法》实施以后，将城市和乡村的建设用地均纳入了规划管理范围。"城乡规划是关于城乡土地和空间资源利用的科学，城乡规划工作针对的主要就是城乡建设的空间实体范畴（石楠，2008）"，"所称城乡规划，包括城镇体系规划、城市规划、镇规划、乡规划和村庄规划"，意味着原有城乡二元的法律体系被打破，新规划法将规划体系划分为城镇规划（Urban or Town Planning）和乡村规划（Rural Planning）两大类。其中，城镇规划包括城镇体系规划、城市规划和镇规划，其规划层次涵盖了总体规划和详细规划（控制性详细规划和修建性详细规划）。乡村规划包括乡规划和村庄规划，乡村规划管理有望得到加强，以往就城市论城市、就乡村论乡村的规划制定与实施模式将发生转变，使城市和乡村规划之间加强统筹协调、衔接。

（3）土地利用总体规划

我国土地管理部门代表国家行使对农村集体土地和城市国有土地统一管理的职能，其中最重要的空间调控和规制手段是"土地利用总体规划"。从 1980 年代末开始，我国大部分的市县开始编制第一次土地利用总体规划。相比较而言，土地利用总体规划起步较晚，无论是在理论研究还是在实践工作中都不成熟，专业人才培养、规划编制队伍、规划管理队伍都在发展建设之中（朱才斌，1999；刘利锋等，1999；等）。由于多种原因，这次规划编制存在的问题较多，质量不高，对土地管理工作指导性不强（曹荣林，2001）。1996 年开始了第二次全国性的土地利用总体规划工作，这次土地总规体现了"多学科的开放性、多部门的协调性、强调科学发展观和节地原则"等特点，最后成果的质量较第一次有明显提高（吕维娟、杨陆铭等，2004；顾京涛、尹强，2005）。但由于规划依据、方法等尚不成熟，规划专业队伍良莠不齐，故总体上仍侧重于土地类型、用途的数字平衡，而在土地空间与实际管理的可操作性方面仍存在较多的问题，与正在编制的城镇体系规划和城镇总体规划等规划存在较多的矛盾①。

---

① 这期间颁布了一系列规章和制度。例如，根据 1989 年修订的《土地管理法》第十五条 "各级人民政府编制土地利用总体规划" 和国务院办公厅转发土地管理局 "关于开展土地利用总体规划的通知"，1991 年和 1994 年国家土地管理局相继发布了《土地利用总体规划编制审批暂行办法》和《县级土地利用总体规划编制规程（试行）》，进一步指导土地总规编制。国家土地管理局于 1997 年 10 月出台了《土地利用总体规划编制审批规定》和《县级土地利用总体规划编制规程（试行）》，1999 年 1 月新《土地管理法》增加了 "土地利用总体规划" 一章，修订后的《土地管理法》将土地利用总体规划列为专章，对规划编制、实施及相关法律责任都作了规定。《中华人民共和国土地管理法实施条例》《基本农田保护条例》等法规也相应修订，对规划编制和实施的有关规定进行了完善。这些规章制度大大提升了土地利用总体规划的地位和效力。

在规划编制体系上,我国早期已形成了国家级、省级、市(地)级、县(区)级和乡(镇)级五个层次较完整的土地利用总体规划体系;在实施管理制度上,我国逐步形成了以"土地利用年度计划、建设项目用地预审和建设用地报批规划审查"为主的规划实施管理制度。应当说,土地利用总体规划在引导和控制城乡建设集约合理用地、保护耕地、规范土地开发整理等方面发挥了明显的作用。但由于这是一套法定的、相对独立的垂直规划体系,与城市规划体系之间的协调方面还存在着较大的缺陷。

此外,还有国家发改委主体功能区规划、生态环境保护规划等,分别由国家发改委、环保部负责编制,从不同侧重点强调土地空间的开发与保护。"主体功能区规划"根据不同区域的资源环境承载能力、现有开发密度和发展潜力,统筹谋划未来人口分布、经济布局、国土利用和城镇化格局,将国土空间划分为优化开发、重点开发、限制开发和禁止开发四类。生态环境保护规划是根据生态规律及社会经济发展计划,对一定地域生态平衡的维系、保护所作的安排、打算。

上述几类空间规划都是强化空间管制,各自职能分工上有所侧重(林坚、许超诣,2014),因此常出现"九龙治水",矛盾冲突频发,这也导致了新的国土空间规划体系的出台,引发土地使用管制制度的新变革。

6.1.3 土地使用管制制度的特点

(1)土地管制体系二元化

由于土地产权制度和市场制度二元化,决定了我国土地管制不可避免地带有强烈的二元化特点,并形成了城市和农村相分离的"二元用地管理体制":一方面,随着城市经济发展,城市国有土地市场化、规范化程度不断提高,围绕"城市"形成相对较完善的土地管制模式;另一方面,由于农村土地产权缺陷和市场化流转的约束,集体土地向建设用地转变权掌握在作为国家代理者的城市政府手中,这直接导致城市郊区集体建设用地的大量隐形交易、集体土地资产性收益分配不公以及土地利用方式畸形等一系列问题(Cai,2003;Ho and Lin,2004)。

《土地管理法》规定,"城市土地属于国家所有;农村和城市郊区的土地,除由法律规定属于国家所有的以外,属于农村集体所有"。在该产权分配基础上,城市企业、居民要开展建设必须使用国有土地,必须先由国家通过土地征用将集体土地转为国有土地后再出让或划拨给城市土地使用者使用,从而纳入城市土地和规划部门,进行城市建设用地管理;该模式源于我国长期以来实行"城市偏向的政策",这种政策在发展中偏袒城市,推动城市外拓化进程,利于城市的生产和城市居民,但不利于农村的生产、建设和农民生活水平的提高,也造成了"重城市、轻农村,重城区、轻郊区"的发展思路。其结果导致农村为城市发展提供大量廉价土地、廉价劳动力和工业品市场。这种国有土地配置模式坚持统一空间规划,以政府作为土地出让与开发的主导和管理主体,通过行政手段对土地进行严格管理来规范开发行为,由开发主体采用市场化运作方式来进行综合开发。与此相反的是,"乡镇企业用地、农民宅基地、农村集体组织的公共设施和公益事业用地等使用的是集体土地",农村土地利用管理游离于城镇发展控制之外,以农业用地和农村建设用地为主要用地类型的农村土地管制体系相对松散,独立于城区国有土地管制体系之外,农村用地隐性流转不断发生直接反映出我国城乡土地管制体系二元化的特点和缺陷。

(2)土地管制体系相互交错

在实际土地管理过程中,国民经济和社会发展规划通过用地计划管理进行土地开发管理,更加注重土地指标的计划实施,空间导向性相对较弱。而"城市规划与土地利用总体规划"两者之间,由于不同土地利用管制途径和目的并不一致,存在着较大交错性,甚至存在矛盾。这种交叉表现在:一是从规划范围来看,土地利用总体规划是对整个行政辖区的土地进行规划的,而城市(乡)规划过去只是研究建成区,虽然《城乡规划法》要求城乡规划覆盖到乡,但许多地方实际上没有做到;二是在两者的规划目标上,土地利用总体规划是多目标的规划,在整个行政辖区内进行用地平衡,同时关注耕地保护、生态保护和城乡建设问题,因此在目标制定时是通过土地资源供给来制约和引导需求的;城市(乡)规划目标则相对比较单一,重点关注建设用地需求,更多的是由需求确定用地规模和布局。

事实上,在管辖范围、业务关系、技术标准、工作程序等多方面,"两规"有着密切的联系。其有相同的研究主体,都是空间规划,都是研究以土地利用为核心的空间资源的有效配置,可以说"两规"具有同根同源整合的条件,未来需要在整合地权的基础上统一"两规"。

(3)城市规划的空间主导性

在计划经济背景下,城市规划的主要技术功能是满足执行国民经济计划的空间要求,将经济计划中的各种发展项目安排到空间上,即"国民经济计划的物质空间化"。在这一阶段,城市经济发展资源主要是由中央政府安排和分配的,城市政府是国家经济计划的地方执行代理,城市经济计划只是国家经济计划的延续。随着经济的地方分权化发展,当前的城市经济规划则是由地方政府主导的,尽管国家经济发展规划对其具有理论上的"指导"作用,但它们包含了更多地方导向的发展因素。也就是说城市政府成为地方经济发展的直接推动者,他们倾向于和各种大资本结成联盟,努力提高城市的经济竞争力,由此使城市规划的功能发生了改变:①根据地方政府的发展抱负以及地方经济潜能,建立城市发展的概念;②制订城市总体空间战略以容纳城市产业经济的选择性发展,推动城市经济重构;③促进战略性基础设施的发展,以吸引更多的投资,特别是大的国际资本(韦亚平,2009)。因此,在这种地方发展的强烈需求下,城市规划事实上已经成为城市土地发展与空间管制的主要手段,尤其在《城乡规划法》推动下,城市规划逐步向"城乡规划"转变,对城乡土地调控的能力在不断增强。

总结三种不同的土地配置的导控体系,国民经济和社会发展规划是属于上位规划,可以通过土地利用计划管理来影响土地配置,但对具体空间土地配置还缺乏直接有效的指导；而城市规划和土地利用总体规划都是以"国民经济和社会发展规划"为依据和目标展开编制的城乡土地配置的规划，两者侧重点不同，但无疑城市规划对城乡土地空间的影响和作用更大。总的来说，土地利用总体规划编制和发挥的作用滞后于城市总体规划。城市规划已经成为市县地方政府重要的土地开发建设管制手段，尤其是城市总体规划在城市建设发展中发挥的作用远远超过土地利用总体规划。事实上，在全国新一轮空间规划修编热潮中，土地总规已明显滞后于城市总规的编制，由此出现了根据最新社会经济状况编制的城市规划必须符合已经过时的土地总规的状况，由此引发的矛盾屡见不鲜。甚至在部分快速发展地区出现了"土地利用总体规划已经成为地方发展绊脚石"的论调①。"两规"的协调问题已经成为城乡发展和大都市区土地配置的重要问题之一。

6.2 作为空间资源配置机制的城乡规划

在正视城市规划对城乡土地配置发挥越来越重要的作用的同时，有必要回顾我国独特的城市规划演进之路，从而更好地把握城市规划属性发展和法制化进程中各种权利的变化，才能把握作为空间资源配置机制对利益的影响和干预。

6.2.1 我国城市规划的演进

1949年后建立的城市规划体系，经历半个多世纪的发展，其基本属性发生了极大提升，逐步走向法治化的进程。

（1）城市规划的属性演进

从我国城市规划发展的整体历程来看，其内涵和属性的动态变化过程大致可以分为三个阶段，对城市规划的理解也经历了逐步清晰明确的过程。

首先，城市规划作为一项"城市发展的计划和各项建设的综合空间部署工作"，其"空间属性"早为我国广大规划工作者所深刻认知，这也是我们长期以来所说的"城市规划与设计"，这在原《城市规划法》《城市规划编制办法》中表露无遗。这种空间属性认识贯穿了我国城市规划发展的整个历史，在很长时间里影响着一代代规划工作者的"工程设计和技术理性"思想，也导致该阶段我国规划界基本上缺乏法律界限的认识，法制观念模糊，主要以政策和技术经验为判断标准。

其后，在公共管理、公共干预等密切相关学科影响下，现代城市规划表现为一种政府权力的行为，我国规划工作者认识到城市的建设和管理均是城市政府的一项主要职能，城市规划与行政权力密切相关，城市规划的"行政管理属性"已为大家所接受。在我国经历

---

① 笔者在广州地区调研中，地方政府认为当前发展中最主要的难题是建设用地指标和农地保护，矛头主要指向了土地利用总体规划。

市场经济体制改革、城镇化水平迅速提升的同时,城市规划所要面对的各种复杂矛盾及利益冲突,单一的城市空间技术型建设手段显然不能奏效,现实需求促使我国城市规划转变为一种协调复杂社会利益的行政机制。这种"行政管理属性"的认知过程与上文发展回顾相一致的,是伴随着我国法制建设的不断深入,逐步认识到法律界限的存在,从立法理念滞后、法治化程度较低,开始建立城市规划行政的基本法律体系。

最后,随着近几年政策科学发展,城市规划的公共政策属性进一步被认知。尤其在近年我国宏观调控政策影响下,城市规划和公共政策的关系讨论成为热点之一。对"城市规划具有公共政策属性"的认识,是基于对规划历史发展和演变过程的一种清晰认识和反思,这种"属性"产生于城市规划起源的社会内涵和政策意识,伴随着城市规划核心价值的变化、深化及升华而逐步凸现、并为广大规划者所认识(赵民、雷诚,2007)。城市规划的"公共政策"的效用是建立在强有力的法律保障基础之上的,2008年《城乡规划法》的实施也进一步深化了法律界定,肯定了城市规划作为一种"政策干预和行政行为"。

从空间工具到行政行为,进而成为一种公共政策手段的演进,使城市规划具有了"干预社会利益分配和权衡效率与公平"的作用。这种公共干预的效用是建立在强有力的法治基础之上——既要有公共利益的政策判断引导,也要有明确的法律条文支持,这种"政策干预和行政行为"是具有明确"边界"的,属于地方政府依法行政的法治范畴;同时也成为地方多元主体必须遵循的重要行为规则。

(2)城市规划法治化发展

城市规划的法治化发展,必须建立在完善的法律和强有力的体制保障基础上,做到"有法可依,依法行政"。然而,从历史上来看,我国在1949年后相当长的时间内,实行高度集中的计划经济,国家的法制建设没有受到应有的重视,在经济和建设领域内的立法工作尤为薄弱;在城市规划行政管理上自由裁量成分过大,并未能做到依法行政,对城市规划的属性和作用没有足够认识,城市规划成为计划落实的"工具",并未获得相对的独立性和权威性。

在改革开放后,我国为加快实现现代化和建立市场经济体制,采取了"先实践,后立法"的法制建设模式,不同于西方大陆法系严密的法律推演模式,"摸着石头过河",在实践检验的基础上再完成立法程序。其基本特点是,在法律法规等制度供给不足的情况下,政府享有很大的自由裁量权限,"政策、讲话精神、批复"等人治范畴的管理形式,不仅对各级政府的抽象行政行为有着"指令性"的决定作用,而且对于具体行政行为也有着"指导和规范"作用。在这种情况下,城市规划面临多头管理及行政边界不一的局面,这种状况直接反映出政策对于行政程序的直接干预性和法制不健全。

随着依法治国方略确定,我国最终确立了建设社会主义法治国家的目标[①]。这意味着,对于行政机关,只有法律规定能为的行为,才能为之;即"法无授权不得行、法有授权必

---

① 1999年通过的《中华人民共和国宪法修正案》规定:"中华人民共和国实行依法治国,建设社会主义法治国家"。

须行"，以"有法可依、有法必依、违法必究、执法必严"为准则。期间，我国城市规划的法制建设也取得了很大进展，城市规划及相关法律法规不断完善，城市规划的编制、审批以及建设管理的法治化程度不断提高。《城乡规划法》的颁布实施是我国规划法制发展的重要里程碑，代表着法治化的新发展，城市规划"法治边界"的框架逐步成型。

总之，我国经历了一个城市规划法制发展不断完善的过程，也推动了法治的发展，对法律"界说"的深入探讨促使法治边界逐步进入了研究视野。部分学者（郭谊，2003；王正明，2005；等）提出"政府的边界在哪里"的论述，论及国家政策相互交错、政策空间不明晰、法令对行政主体权力行使"界定"不清等，这些问题都可以从法治边界角度来解释。因此，必须在充分理解和正确贯彻新规划法基础上明确界定法治边界，进而提升城乡规划管理法治化的水平，下文将结合《城乡规划法》的颁布实施为城乡规划政策化、法治化做进一步分析。

6.2.2 城市规划与权利配给

回顾我国土地使用管制体系的转变以及城市规划的历史发展，可以认为城乡规划是政府调控城市空间资源、指导城乡发展与建设、维护社会公平、保障公共安全和公众利益的重要公共政策之一。从城市规划的性质来讲，其本身对城市土地、空间资源发生的作用效果与计划的"干预"行为一致，因此城市规划的核心特征是通过政府干预和公共政策实现"土地权力设定、利益与资源分配"。由此，可以理解传统的城市规划是一种空间秩序调整的工具，具

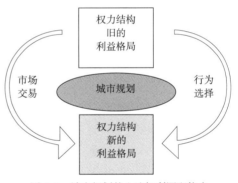

图 6-3 城乡规划的土地权利调配能力
（资料来源：笔者自绘）

有依据国家制度和法律对土地权利进行调配的能力，可以设定城乡土地资源发展权利配给的过程。城市规划的作用会导致既有的土地权力结构和利益格局的改变，从而达到一种新的权力分配结构和利益平衡局面，而土地资源就是城市规划产权再分配的最重要载体（图 6-3）。因此由结构和能动角度，从权利分配角度来理解城市规划，它既是一种权力调配的工具，也是一种利益协调的手段。

在权力调配方面，不同主体法定的规划参与决策权不同，政府、企业、公众享有的权力是由城市规划核心法律所决定的，权力也决定了参与和表达的程度。

在利益分配方面，城市规划的方方面面工作都与利益权衡相关，利益权衡的核心是利益均衡。城市规划是对矛盾、冲突中的个体利益尽可能均衡以达到总体利益最大化目标的综合性公共政策，其调控与协调手段是通过对土地与空间的产权分配来实现。

由此，从该角度更有助于了解这样一些基本问题：谁有权力来规划我们的城市？谁决

定了我们城市的规划和建设的决策？谁从规划和建设中获得了利益？

那么，在城市规划中如何进行土地权利设定？我们可以将城市规划编制实施前、后两个阶段展开，并引发两个层次的权力结构转变：城市规划编制实施前的权力称为"城市规划的权力（Right System of Planning）"，也可以叫作"城市规划权"，这是制度设定对于城市规划各种参与者初始权能的设定，是城市规划的权域范畴，属于制度界定的权力分配格局和参与了城市规划的程度，如规划该由谁组织编制、由谁进行规划管理等，针对的是"旧的"权力结构；另一个层次是"城市规划中权力（Right Structure in Planning）"，针对的是由城市规划实施引发的权力结构调整所形成的"新"权力关系。如农业用地规划为工业用地引发村民所享受的权力也由此发生变化，可能扩大也可能损失，表现为空间发展和土地转化的能力。

（1）城市规划的权力

相关法规赋予了地方政府和相关管理部门进行规划管理的权力，具有对城市规划区范围内的城市建设用地进行管理的职能，包括规划编制实施监督管理、建设用地管理和建设工程管理等多方面。具体包括：一是对于规划的编制、审查、实施、监督；二是，城市规划实施必须依靠针对具体项目的建设用地管理来进行，通过核发"建设项目选址意见书"和"建设项目用地规划许可证"的程序来进行建设用地的规划管理；三是，规划管理部门通过对拟建建筑物的审核，核发建设工程许可证，来实现微观层面的用地配置与建设管理；四是，城市规划管理部门通过对建设项目的监督检查以及竣工验收，实现城市用地在建设后的最终效果。在这些不同管理职能中，与《城乡规划法》《城市规划编制办法》等法律法规的规定对应的，可以将"城市规划的权力"分为"规划的编制权、审定权、实施权、监督权、救济权"等多项权利。

按照权利对应主体的不同，可以分为如下权利分配结构：

1）地方政府的城市规划权

由于城市规划直接关系着城市的土地配置，作为城市发展的管理者，政府有义务制定"科学、合理、民主和法制的城乡规划"，以促进城市可持续发展目标的实现，防止市场失灵，并保证公平与公正。政府对城市规划进行管理的权力由规划基本法律——《城乡规划法》直接赋予，该法确定了"政府及其主管部门在城乡规划编制、审批、实施、修改和城乡规划监督检查各阶段的职责，明确了相应的法律责任（尹海林，2008）"。因此要了解其中政府责权关系和权力分配，必须深入掌握规划法的相关规定。在此，本书通过分析新旧规划法的演替，来总结地方政府享有的城市规划行政权力的变化。

在法律性质上，《城乡规划法》基本属于行政法范畴，是我国各级城乡规划主管部门依法行政的法律依据，"实质上就是有关政府在城市规划方面具有怎样的权力、怎样行使这些权力、在怎样的范围内行使、行使的过程中受到怎样的制约以及相应的补救措施与各自的责任追究等方面的规范"（孙施文，2008），明确界定了行政权力责任范围及实施有效空间。"现代真正的法治要求各级政府的权力运作只能严格在法律授予的范围内行使"（仇保兴，2005）。这充分说明了公共部门所行使的权力必须是由法律明确界定的，其对等的

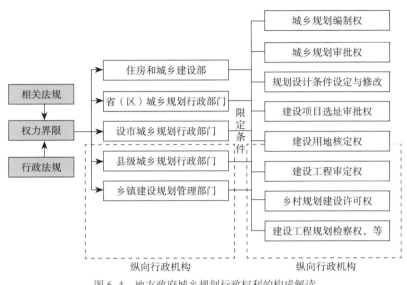

图 6-4　地方政府城乡规划行政权利的构成解读
（资料来源：笔者自绘）

应当是责任的界定，两者构成了一个完整的法律关系，可以说"对政府行政权的解释"构成了《城乡规划法》的核心内容[①]。

法理上"政府行政权利"应当包括两个部分：行政管理的权力类型和相对应的责任范围；两者构成了城市规划行政或称城市规划依法行政的内涵。因此，解读《城乡规划法》中政府权力构成，要区别城乡规划行政管理权的类型及其对应的责任范畴，包括区分纵向行政组织构成及权力分配和横向的行政权力类型构成（图6-4）。

①行政组织结构与权力

在国外城乡规划法系建设当中，很重要的一点是规划主干法对不同等级政府相关行政部门有明确的权力规定界定，即使主要由地方政府对开发申请做出的审批决策，许多国家的中央政府主管部门仍然通过法律规定保留一定的否决权力，或调审的权力，或者规定一些有重要影响的地区性规划许可由中央政府主管部门直接审查管理。而我国旧《城市规划法》没有反映实际编制和管理规划工作量较大的各级地方政府之间以及它们与中央政府之间的法律责任（仇保兴，2005）。另外，西方现代规划法中，强调不同级别规划主管部门的职能和权力界限也相应不同。在我国新规划法中加强了地方各级人大对政府制定城市规划的审批监督力度，实际上仍然延续"分级审批管理办法"，还没有进一步对下级政府在审批程序中保留的权力及上级政府应有的权利范围和义务做出程序和实体上的规定，本质上还是为了协调不同级别政府之间的"政策行为界定"，即更多地从政策指令角度来进行行政指导。因此，未来需借鉴国外经验，进一步明确规定我国中央和省（自治区）及其规划行政主管部门对各市规划编制与实施的约束权。

---

① 《城乡规划法》更多的是对政府行政权力的限制，对于隐含在城乡规划背后的政府利益的获取并未明确限制。

②行政权力类型构成

按照我国《城乡规划法》规定，横向分析行政权力的类型构成：县级以上地方人民政府城市规划行政主管部门具有城市规划编制权、审批权、调整修改权、建设项目参与权、建设用地核定权、建设工程审批权、建设监督检查权、违规行政处罚权等权限。每一项权力在行使时都有其必要前提条件、严格的程序规定和针对的范围。例如，第十二、十三、十四、十五以及十九条，把城市规划编制的组织责任非常明确地落实到相应的组织机构，并在五十八、六十条规定针对各级政府根据法律授权应该组织编制规划而未予组织编制的，规定了相应的法律责任追究制度（表6-1）。这种法律授权可以从总体规划和控制性详细规划两个层面来进一步分析。

我国城乡规划法演进中的地方政府权力变化分析　　　　表6-1

类型		权力界限分析				
	子项	《城市规划法》1990	法律条款	《城乡规划法》2008	法律条款	备注
行政权力	建设活动管理权	规划区	第二条	行政辖区（指导）	第二条	不完全行政权
城乡规划编制权	城镇体系规划	行政辖区	第十一条 第十二条	行政辖区	第十二条 第十三条	完全行政权
	城市、镇规划	规划区		规划区	第十四条 第十六条	完全行政权
	乡、村庄规划	—				
城乡规划审批权	总体规划审批	行政辖区分级审批	第二十一条	行政辖区	第十四条 第十五条	行政许可审批
	详细规划审批	具体建设用地	第二十一条	规划区	第二十条 第二十一条	非行政许可审批
城乡规划调整修改权		行政辖区	第二十二条	行政辖区	第四十七条	不完全行政权
规划设计条件设定与修改权		—	—	规划区	第三十八条 第四十条	完全行政权力
建设项目选址审批权（选址意见书）		城市规划区	第三十条	建设用地	第三十六条	行政许可
建设用地核定权（建设用地规划许可证）		城市规划区	第三十一条	建设用地（城市）	第三十七条 第三十八条	行政许可
建设工程审定权（建设工程规划许可证）		城市规划区	第三十二条	建设用地（城市）	第四十条	行政许可
乡村规划建设许可权（乡村建设规划许可证）		—	—	建设用地（乡村）	第四十一条	行政许可
建设工程规划监察检查权		城市规划区	第三十五~三十七条	规划区	第四十五条	其他权力
建设工程竣工规划验收权		城市规划区	第三十八条	规划区	第四十五条	其他权力
建设违规行政处罚权		城市规划区	第四十条	规划区	第五十三条	行政处罚权
行政复议裁定权		行政辖区	第四十二条	规划区	—	行政裁决权

注：A. 部分行政权力界定参见《村庄和集镇规划建设管理条例》；
　　B. 不完全行政权指该权力的获得有一定前提条件；完全行政权指法规直接设定的权力。

在城市总体规划层面，首先，《城乡规划法》赋予了地方政府主持编制的权力，"城市人民政府组织编制城市总体规划"，并"报上一级人民政府审批"，"在报上一级人民政府审批前，应当先经本级人民代表大会常务委员会审议，常务委员会组成人员的审议意见交由本级人民政府研究处理"。城市规划一经批准便具有法律效力。其次，地方政府还具有实施城乡规划和进行相应管理的权力，"地方各级人民政府应当根据当地经济社会发展水平，量力而行，尊重群众意愿，有计划、分步骤地组织实施城乡规划"，"地方人民政府城乡规划主管部门负责本行政区域内的城乡规划管理工作"。再次，地方政府具有修改城乡规划的权力。在规划法修订之前，地方政府具有较大的规划修改权力，原《城市规划法》第二十二条："城市人民政府可以根据城市经济和社会发展需要，对城市总体规划进行局部调整，报同级人民代表大会常务委员会和原批准机关备案；但涉及城市性质、规模、发展方向和总体布局重大变更的，须经同级人民代表大会或者其常务委员会审查同意后报原批准机关审批"。这一条规定也让地方政府拥有了较大的总规调整权。而《城乡规划法》对于规划的修改权力进一步限定，规定"五种情况下"才能"按照规定的权限和程序修改省域城镇体系规划、城市总体规划、镇总体规划"。最后，地方政府还具有监督、违规行政处罚权，《城乡规划法》规定城市规划行政主管部门有权对城市规划区内的建设工程进行规划检查，并进行竣工验收，对于没有法定手续的违法建设行为可以进行处罚。

控制性详细规划是城镇总体规划的进一步深化。在该层面，地方政府具有编制控规的权力。《城乡规划法》要求"城市人民政府城乡规划主管部门根据城市总体规划的要求，组织编制城市的控制性详细规划"，要求城市、县人民政府城乡规划主管部门应当依据控制性详细规划，提出出让地块的位置、使用性质、开发强度等规划条件，作为国有土地使用权出让合同的组成部分，"未确定规划条件的地块，不得出让国有土地使用权。"《城乡规划法》明确了控制性详细规划在规划实施管理中的核心地位（孙施文，2008）。第二十一条规定政府可以编制重要地块的修建性详细规划，并应当符合控制性详细规划，第三十七条确立依据控制性详细规划核发建设用地许可证，以及依据控制性详细规划提出出让地块的规划条件。第四十三条规定如果建设单位要变更规划条件的，应符合控制性详细规划，"不符合控制性详细规划的，城乡规划主管部门不得批准"。这些条款都确立了控制性详细规划作为城乡规划管理依据的地位和作用。同时也确定了地方政府和城乡规划主管部门能够编制控制性详细规划和依据控制性详细规划进行依法行政的边界，如三十八条，城市、县人民政府城乡规划主管部门不得在建设用地规划许可证中，擅自改变作为国有土地使用权出让合同组成部分的规划条件，第三十九条规定规划条件未纳入国有土地使用权出让合同的，该国有土地使用权出让合同无效。总之，《城乡规划法》大大加强了对于控制性详细规划编制、修改的难度及其法律效力。

2）企业与公众的规划参与权

相比较政府拥有的多种城市规划权力而言，作为行政相对体的企业和公众享有的是"城市规划制定的参与权"。公众参与城市规划的制定本身是宪法规定的一项公民的基本权力，宪法明确规定："一切国家机关和国家工作人员必须依靠人民的支持，经常保持同人民的密切联系，倾听人民的意见和建议，接受人民的监督，努力为人民服务。"这也是当地居民唯一能参与城市规划表达的法定权力，任何以经济学上成本效益分析法而否认公众参与的观点都是与宪法精神相悖的。公众参与权包括"知情权、提出意见权、控告、检举权"等多个方面，但就城市规划编制而言，集中在两项，一是在规划编制中提出意见的权力；二是在城市规划经过批准后，有获知规划内容的知情权。

可以看出，正是由于地方政府对于城市规划的所有方面均有法定的职能和权力，因此对于城市规划的制定影响巨大，具有优势性的表达地位。规划基本法作为行政法，详细规定了政府享有的权力和责任，但并未明确限制政府在规划中享有的利益，在政治和经济需求双重驱动下，不可避免地带来政府利用权力来获利的行为。

（2）城市规划中权力

作为一种空间秩序营造的工具，城市规划通过公共权力来对私人权力进行调节。这种通过城市规划立法和执法来维护社会公共利益的权力被归纳为"行政权力"，是一种公共权力；而相对方的权力者可以归为"私权"。两者之间在大都市区空间范围内进行权力调节和利益分配的重要途径之一就是通过城市规划得以实现。过去将城市规划视为技术工具，土地使用的组织和安排侧重于按照土地的自然特征评定土地的适建性；按照建筑物质量或历史文化价值评定改造方式；按照地块的规模和功能需求进行土地划分。这是将城市空间看成是均质的实体，将城市规划当作一种理想化的空间秩序营造手段，忽略了在土地权利主体多样化环境下，城市规划主导的土地开发同时是一个权力与利益关系强制性变迁的过程。这种由于城市规划编制、管理带来的权力结构的变化，本书归为"城市规划中权力"，更强调与规划区域空间内的社会利益格局相对应，即该权力决定着利益的获取。

在该过程中，城市规划管理部门作为政府职能部门负有对城市空间建设活动进行调控的权力，代表社会公众利益对私有开发和公共开发活动进行管理，有两种可能的结果。一是直接性结果：由于规划的落实改变城市土地所有者、使用者对土地开发建设的权力结构关系，从而带来土地利益的转变，可能获利或者受损，即"任何政策都有损益效应"。二是间接性结果：由于土地性质的转变和城市公共财政的投入带来城镇化的外溢效应，导致土地拥有者相关权能的改变，同样有可能是正的外部效应或者负的外部效应。

两种不同的结果都是由于城市规划而打破这种旧的权力结构、导致新的利益格局产生，如果这种空间秩序带来的利益调整不被权利所有者接受，意味着规划实施面临着巨大难题。即使在政府动用强势公共权力推动时仍然会产生巨大的社会问题，这一点已经为当前城市发展所证明。如规划管理部门经常面对的市民为争取各种权益如阳光权、绿地权、隐私权、视野权等引发的大量行政诉讼。而且随着市民维权意识、环境保护意识的加强，一些市民的维权行为已不仅仅是为了个体的直接利益，而上升到更高的层次，即对公权的维护。市民的诉求并非仅仅是维护个人的利益，而体现的是对公共利益的关注，对政府是否滥用权力的监督。因此，不同利益诉求和价值取向——包括公共利益和个人利益，都成为制约城市空间开发的重要因素。城市规划对土地使用和开发配置,所调控的本质对象是不同群体在空间开发和使用过程中的利益。由于社会利益关系的调整必然意味某些主体的利益增加,某些主体的利益受损,必须进一步分析城市规划对土地利益的分配作用。

总之,"权利法定"决定了权力分配的不公根源在法律上,暴露出我国规划法制建设不足,也导致了权利的分配历来是各方利益博弈的焦点。由此带来不同主体在城市规划领域的博弈行为,而权力分配的主导权集中在地方政府,具有较强大的城市规划权力,使得这种博弈具有很强的行政烙印。

6.3 土地使用管制下的空间博弈行为

大都市区土地管制的核心在于土地规划,是通过土地相关规划对土地空间发展做出相应的安排和布置,也是相关土地主体实现土地市场利益的重要条件之一。我国相关土地规划与管理的主要组织者和决策者是地方政府,一定程度上带有较强烈的行政色彩。而这种通过土地规划进行的空间干预直接影响了土地所有者的权益,由此引发了不同的空间行为博弈,并有可能导致既定土地空间规划在实施过程中发生"结构性"变化。

由于在土地规划编制、管理、实施过程中,各土地主体的行为是紧密联系在一起,相互交织、相互影响的,为此本书采取案例分析方式,通过归纳行为模式来总结土地管制下的空间行为特点。从参与主体来看,包括市、区、镇各层级政府、村集体和企业,其中市政府和区、镇政府是行动的主导,分别代表了不同发展利益;从行为发生的领域来看,集中在宏观土地发展、规划编制、规划管理几方面。

6.3.1 发展空间的争夺行为

我国实行科层式的行政体系、行政建制实际上就规定了各个行政单元行政级别的高低和管辖权力的大小,进而影响各个行政单元获得发展资源的机会和能力,地方政府之间关系的调整,基本上都是通过行政手段来进行(张京祥、吴缚龙,2004)。由于政府占据了土地管制的最终决策权,意味着政府可以通过管制手段来制定符合自身利益的土地发展路线,尤其大都市区上级政府对下级政府具有较大的支配权。在宏观土地发展层面,上级政府可以通过行政区划调整、划定重要用地控制区等方式对土地发展进行管制。

(1)"撤市设区"行政区划调整

随着大城市的不断扩展和都市区化进程的加快,城市发展越来越受到行政范围的限制,于是行政区划调整成为一种扩展城市空间的主要手段,并且在国内掀起了一股热潮。在珠三角地区,广州、佛山等城市都开展了"以扩大中心城市发展空间为目的"的区划调整行动。行政区划调整作为地方市县层面重要的空间管制方式,对大都市区土地配置与发展有着不可估量的影响,包括两个方面。

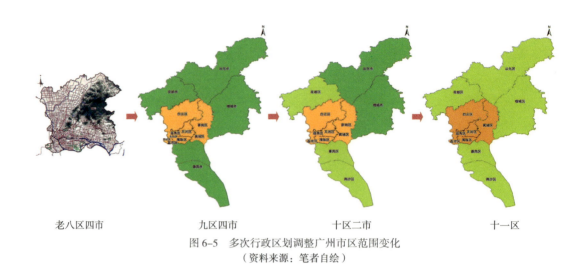

老八区四市　　　　九区四市　　　　十区二市　　　　十一区

图 6-5　多次行政区划调整广州市区范围变化
（资料来源：笔者自绘）

一方面，行政区划调整为大城市提供了广阔的发展空间（图 6-5）。例如广州改革开放二十多年的快速经济发展，城市建设用地迅速扩展使得城市原有发展空间"利用殆尽"[1]，城市用地的局限成为制约城市发展的瓶颈。2000 年 6 月，经国务院批准，分别撤销广州代管的番禺和花都两个县级市，设立番禺区和花都区，由广州直接管辖。至此广州城区由 8 个增加到 10 个，面积由原来的 1443.6km^2 扩大到 3718.5km^2。区划扩张为广州的城市发展提供了难得的机遇，并引起广州城市功能结构和土地配置方式的变化，经济战略和空间战略的实施有了充足的空间保障；2014 年 2 月又再次进行了行政区划调整，合并萝岗区和黄埔区为新黄埔区，从化、增城撤市设区，而县级市享有的部分审批权也将收归市一级[2]。又如，佛山市 2002 年获批撤销县级顺德市、南海市、山水市、高明市设立了相应城市行政区，同时确定了"2+5"的城市组团结构，以促进经济协调发展。

另一方面，行政区划调整提供了更大的行政调控权力，加强了上级政府对下级政府的发展支配权，尤其是对土地出让、土地规划编制实施的权力。在行政区划前，类似番禺、顺德等区实际上享受了独立的规划管理权，上级城市对县级市管理行使"代管"的职能，如番禺市等按相关法规要求设置了运作完善的规划行政管理部门，负责行政区域范围规划建设管理工作，拥有较大的自主权，是相对独立的管理机构[3]。行政区划调整后，番禺区 2000 年撤并以来按三年过渡期规定，财政体制基本保持不变，自 2004 年开始与原八区采

---

[1] 广州市建成区（老八区）面积从 1980 年的 165km^2 扩大到 2002 年的 317km^2，平均每年扩展 7km^2。
[2] 经国务院批准，广州于 2005 年 4 月、2014 年 2 月数次进行了行政区划调整，为提高城市竞争力清除了行政空间上的制约。2005 年撤销东山区，将其行政区域划归越秀区管辖；撤销芳村区，将其行政区域划归荔湾区管辖；将南沙从番禺区划分出来设立南沙区，成立萝岗区。至此，广州市形成一市辖十区的行政架构——辖越秀区、海珠区、荔湾区、天河区、白云区、黄埔区、花都区、番禺区、南沙区、萝岗区 10 个区和从化市、增城市 2 个县级市。2014 年再次合并萝岗区和黄埔区为新黄埔区，从化、增城撤市设区。
[3] "撤县建市"体制使拥有一定经济实力和人口规模的番禺、花都、增城、从化等市实际脱离了中心城区的管治，直接地参与经济全球化，各类专业镇迅速崛起，形成以市、镇两级集体企业为主的工业化的发展模式。

用相同改革体制，即"两级政府、三级管理、四级网络"的分级管理模式。实行新体制后，番禺区规划分局是广州市规划局的派出机构，实行番禺区人民政府和广州市城市规划局的双重领导。番禺区对土地发展规划的权力受到极大约束，且基本丧失了对土地直接受益的权力，包括土地增值税、契税超收上缴，土地出让金全部收归市级政府。

从主体行为来看，上级市政府"导演"了整个行政区划调整过程，虽然对这些将要被撤并的县（市）承诺种种特权，比如依然允许它们享受"独立"的县级权力三年不变等；但下级县（市）政府不可避免地失去了对土地和发展空间的支配权，成为上级政府的派出机构。下级政府并不心甘情愿地上缴权力，集中反映在"突击批地"事件上——在2000年撤市改区的时候，当时的番禺市政府突击出售土地，地价低廉，大量土地流失到市场上[①]。

在这个过程中，广大公众（市民和农民）在这种都市区化的进程难以表达自身的意图，农民并不是真正地愿意改变身份角色，对于未来的不可预知和地方政策的改变会引发群众的反对。例如在"留地政策"上，按照市的相关规定，最高只能占到所征土地面积的10%，而在番禺历来采取15%的标准，村镇经济留用地的新标准与老标准差距过大，村镇集体难以接受。

（2）划定大都市区用地控制区

在行政区划调整后，上级政府掌握了更大的发展空间调配权利，可以进行发展用地控制。城市政府为了控制地方城镇蔓延，保证城市外拓所需的建设用地，将城市外围辖区的很多土地空间通过城市规划管理严格控制起来，区政府没有这些规划控制范围内的规划和建设管理权限。以番禺区为代表，广州市政府为了控制地方城镇的蔓延，保证城市外拓所需的建设用地，将番禺区辖区范围内的很多土地空间通过城市规划管理严格控制起来，上收了这些规划控制范围内的规划和建设管理权限。

根据表6-2统计，番禺辖区范围内由市政府控制的重要控制区总面积为475.24km^2，占番禺辖区土地面积的61.7%，分别划定为"大学城""广州新城""广州新客站"等重要控制区。并通过城市规划管理严格控制起来，试图控制地方的多点蔓延，以便为都市区的外拓保留足够的发展空间，而区政府没有这些规划控制范围内的规划和建设管理权限。可以说，番禺区失去了对辖区内超过3/5的土地的使用权和管理权。

如图6-6所示，重要控制区主要分布在番禺区沙湾水道以北的东部区域，考虑到沙湾水道以南为大量基本农田，并在规划中定位为都市农业发展区，这些基本农田也成为被控制发展的区域，因此这些重要控制区所在的区域本应是未来番禺区自身发展的拓展区，然而现在这些地区由市里统一管理，使番禺的发展受到了限制。

进一步分析广州市政府划定用地控制的原因，反映出市区两级政府在"南拓"战略发展思路上的不统一。一方面是由于广州大都市区总体发展背景下，为实现总体规划战略构

---

① 据笔者调研，当时撤市设区期限下达后，番禺区政府突击出售了大批土地，多数集中在番禺北部地区。据悉当时由于文件太多甚至出现连夜加班盖章的情况。

番禺辖区范围内重要控制区一览表　　　　　　表6-2

序号	重要控制区名称	面积（km²）
1	新客运站控制区	11.40
2	大学城校区控制区	17.80
3	大学城二期控制区	95.10
	大学城二期控制区（不含金山大道生态廊道）	77.73
4	广州新城控制区（启动区约2.7km²）	178.80
	广州新城控制区（不含南沙港快速路、南二环高速路生态廊道及沙湾水道保护区）	150.91
5	洛溪岛控制区	9.94
6	沙湾水道水源保护区	30.83
7	珠江广州（番禺河段）控制区（含水域）	48.10
8	东新高速路生态廊道控制区	53.24
	东新高速路生态廊道控制区（不含沙湾水道水源保护区）	51.75
9	南沙港快速路生态廊道控制区	27.55
	南沙港快速路生态廊道控制区（不含沙湾水道水源保护区）	26.35
10	金山大道生态廊道控制区	24.67
11	南二环高速路生态廊道控制区	29.52
	南二环高速路生态廊道控制区（不含其他生态廊道及沙湾水道水源保护区）	25.76
	番禺辖区范围内重要控制区	475.24
	番禺新行政区域	770.13

注：据番禺区民政局2006年4月提供资料（番民函〔2006〕13号）：番禺新行政区域面积770.13km²，下辖9个街道委员会（市桥街、沙头街、东环街、桥南街、小谷围街、大石街、洛浦街、中村街、石壁街）、9个镇（沙湾镇、石基镇、新造镇、南村镇、化龙镇、石楼镇、东涌镇、大岗镇、榄核镇）。

图6-6　番禺区内重要控制区及基本农田控制范围
（资料来源：广州市规划局提供《番禺片区发展规划》《番禺土地利用总体规划（1997—2010）》）

想，需要预留城市增长空间，这是广州市政府从整体角度采取的战略举措；另一方面也是广州市政府对番禺现有的"自下而上"多点扩散、"以土地换发展"低效益土地蔓延的村镇集体经济发展模式的抑制，特别是"番禺北部地区用地失控"给广州市政府制造了较大麻烦[①]，为防止类似事件的发生采取的强制性"用地控制"[②]。

但是对于区政府来说，同样具有进行地方城市规划管理满足地方城镇建设发展的需要，他们希望借助"中心城外拓"的投资和重大基础设施建设，加快本地的工业化和城镇化。但在大量土地面积被市政府控制的情况下，区政府只能在剩余的空间范围内编制满足地方需求的城市规划。不过，这些规划往往不能得到市政府的批准，因为市政府认为这些规划将对未来的城市外拓产生外部性。在区政府必须面对地方社区的发展需求，而又不能充分满足地方发展需求时，只能在一定程度上放任基层的违章建设，进而以渐进发展的地方城镇蔓延事实去影响"市对空间的控制"（韦亚平，2009）。

6.3.2 规划编制的博弈行为

行政区划调整引发的城市规划和土地管理权限调整，其直接后果直接反映在规划编制进程中，引发了上下级规划之间的冲突、土地开发的规划编制博弈、不同规划的土地权属冲突。

（1）上级政府主导规划与下级政府主导规划冲突

按照上级政府的发展意图编制的"新总体规划"是结合了新区划的扩张和调整而制订出来的，覆盖了原先属于不同行政区的空间范围，并在新的大空间范围内制订未来城市发展的空间结构，但这一新的空间规划结构意味着需要对原有的空间利益安排进行调整（韦亚平，2009）。由此带来利益主体的行为博弈：市政府组织编制总体性发展规划，区政府组织编制分区发展规划，甚至镇乡也有城镇总体规划，村组织编制了村庄规划。出于对自身利益的优化选择，不同层级主体编制的规划带有较强的目的性，表现在规划确定的内容和范围之间存在较大出入，衔接性较差。

规划内容的衔接性不足主要体现在两个方面。一是在编制空间范围和内容上的不衔接。不同层级主体组织编制的规划范围不统一，规划和规划之间出现范围的重叠，交叠部分的内容不一致。例如广州市政府组织编制的"总体规划"在规划编制时就存在基础调查不详实的缺陷，对很多既成事实的建设现状没有充分考虑，同时又未能与番禺既有的规划充分衔接，如原有的"土地利用总体规划"、原"番禺市域规划""中心组团总体规划"等。这反映在此基础上番禺区政府组织编制的"番禺片区发展规划"中出现了非常多的矛盾，未

[①] 从海珠区到华南板块再到市桥，是广州市政府原本计划的南拓轴，这条南拓轴的区位优势非常理想，但2000年广州市政府准备启动的时候，却发现华南板块的土地几乎已经全部控制在开发商手中了。市政府就不得不另辟蹊径，跳过这个地区，重新选择一条新的南拓轴。参见魏立华、袁奇峰，2007。
[②] 这实际上是政府与农民争夺土地开发收益的在土地管制当中的表现。

能真正起到指导下层次规划编制的作用。区政府照顾现有发展现状和规划实施，对总体规划进行了较多"现实性优化"，如压缩了总体规划控制的生态廊道，增大了建设用地面积等。而在下一层次的镇村编制规划又进一步突破上层规划的约束，根据自身发展需求进行了相应的内容调整。因此，较为明显的问题是下层规划对上位规划的递进式突破，整体土地开发建设实施总量难以平衡：从市总体规划、片区分区规划到分片区控制性详细规划和村镇建设总体规划，均出现"递进式"的土地规划容量扩大化趋势，不仅扩大了规划区建设面积，还进一步压缩了绿化走廊、生态绿化等用地（图6-7、图6-8）。

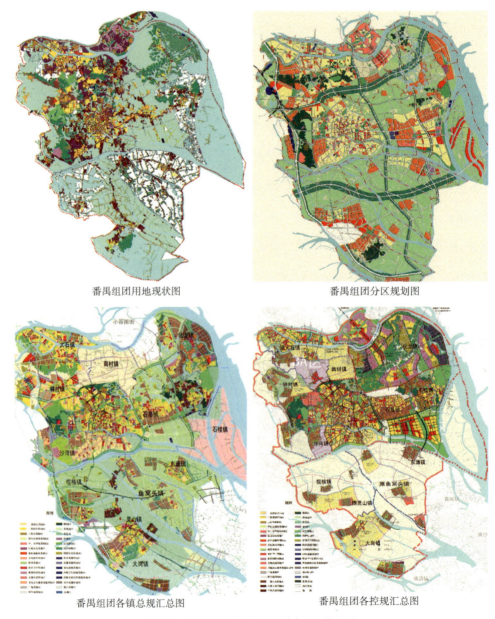

图6-7　番禺区不同层次规划拼合后规模大增
（资料来源：根据相关规划资料整理绘制）

图 6-8　根据分区规划深化的番禺中心城区规划——用地规模和功能有较大调整
（资料来源：广州市规划局番禺分局）

二是，不同编制主体对空间发展的意图不同，规划编制方案更改较大难以延续控制。不同级别行政主体或土地所有主体多从自身发展的角度，客观忽略下级主体的需求，反映在规划编制上表现为规划编制各自为政，基层单位忽视上层政府编制的规划，重新编制不同类型开发规划，规划之间差异极大。例如，生态廊道两侧划定的 500m 绿化控制带应是一种结构性的表达，但没有辅以实施原则和应变方法，造成在下层次规划编制中不断产生新的问题。具体实施过程中，各实施主体（镇村基层政府和自治组织）根据各自行政权属的不同，会出现不同规划范围的叠加，也会出现规划实施的失控，也导致新修编的规划在不断修订上一版规划尚未解决的问题（图 6-9）。

事实上，自 2000 年撤市设区以来，广州市先后在番禺区行政区划内划定了广州大学城、广州新城、广州新客站、生态廊道控制范围等市级重要控制区。重要控制区内的规划编制由市规划局组织安排。由于重要控制区内的规划尚不明确，一些大型市政设施建设在不断论证调整之中，建设发展存在着相当大的不确定性。这也在一定程度上使得番禺区的规划编制处于两难局面：后编制的规划覆盖了前面编制的规划，并对规划内容有所调整；但悖论是前面的规划已获审批，具有"合法性"，而后编制的规划往往还处在修改报批过程中，且前景不明朗。

（2）以控规为核心的土地控制方式引发各主体规划编制博弈

正是由于多种因素造成了行政区划调整后规划编制的混乱，上位规划对下层次规划的约束能力较弱。在面临实际开发项目时，区、镇基层政府更多的是以控制性详细规划的形

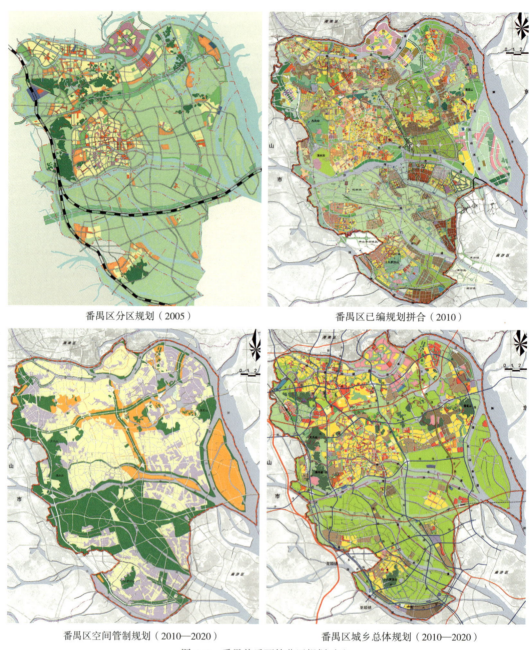

番禺区分区规划（2005）　　　　　　　番禺区已编规划拼合（2010）

番禺区空间管制规划（2010—2020）　　番禺区城乡总体规划（2010—2020）

图6-9　番禺前后两轮分区规划对比
（资料来源：根据《番禺区分区规划》《番禺城乡总体规划（2010—2020）》整理）

式进行开发控制。一方面按照传统城市规划的范畴，"城市总体战略规划→城市总体规划→片区发展规划→控制性详细规划→修建性详细规划"的模式来开展控制性详细规划编制；另一方面又以土地利用总体规划、专项规划（包括城市设计、各部门专业规划、特定地区规划、项目规划、村镇规划等内容）、农村居民点及留用地规划等相关内容，作为对控制性详细规划进一步的界定与深化（图6-10）。

从开发建设的角度看，不管传统城市规划编制流程还是相关规划提供的约束，都构成了以控制性详细规划为核心的土地开发模式，即只要编制了相应的控制性详细规划就可能获得开发建设的权力。尤其在上位规划不清晰的状况下，基层土地发展主体面临经济发展和项目落地的切实压力，不断积极地通过编制各种类型控规来指导局部地区建设，试图通过不断规划报批来影响上级政府决策。例如表6-3~表6-5中反映出番禺区自行政区划调整后2003~2007年以来编制了50多项控制性详细规划，涵盖了工业集聚区、城市中心区、各街镇发展建设区等。

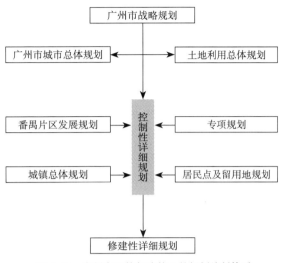

图6-10 广州市以控规为核心的规划编制体系
（资料来源：笔者自绘）

番禺区工业区控制性详细规划编制情况　　表6-3

序号	项目名称	面积（hm²）	进展
1	番禺现代产业园（近期）	1153.97	穗规批〔2003〕37号
2	大石石北工业集聚区	466.26	穗规批〔2003〕167号
3	钟村谢石工业集聚区	113.84	穗规批〔2003〕155号
4	钟村第二工业集聚区	37.3	穗规批〔2003〕161号
5	钟村镇钟一钟四工业集聚区	51.48	穗规批〔2003〕157号
6	钟村综合工业集聚区	144.12	穗规批〔2003〕163号
7	钟村新旧市广路围合地块	118.73	穗规批〔2003〕152号
8	大岗北区工业集聚区	506.62	穗规函〔2004〕1027号
9	大岗新联工业集聚区	529.63	穗规函〔2004〕1013号
10	榄核大生工业集聚点	105.01	穗规批〔2005〕86号
11	榄核新涌工业集聚区	194.86	穗规批〔2003〕164号
12	灵山第二工业集聚区	115	穗规批〔2003〕165号
13	灵山高沙工业集聚区	128.74	穗规函〔2003〕1161号穗规会〔2004〕257号
14	灵山下垈工业集聚区	37.65	穗规批〔2003〕166号
15	鱼窝头太石工业集聚区	144.36	穗规批〔2003〕159号
16	鱼窝头中心工业集聚区	206.32	穗规批〔2003〕160号
17	鱼窝头万洲工业集聚区	73.82	穗规批〔2003〕158号

续表

序号	项目名称	面积（hm²）	进展
18	南村镇工业集聚区	305.3	穗规批〔2003〕154号
19	沙湾福龙工业集聚区	405.16	穗规批〔2003〕150号
20	沙湾古龙工业集聚区	462.95	穗规批〔2003〕151号
21	化龙镇金湖工业集聚区	164.29	穗规批〔2003〕156号
22	化龙镇工业集聚区	194.99	穗规批〔2003〕162号
23	石基镇前锋工业集聚区	79.8	穗规批〔2003〕129号
24	石楼潮田工业集聚区	203.15	穗规批〔2003〕153号
25	钟村屏山工业集聚区	142.57	穗规函〔2003〕1017号（未批）
26	广州市番禺区跨国产业园	418.95	穗规函〔2006〕3839号（未批）
27	丰田汽配产业园区	113.3	已上报市局审查
28	东涌镇鱼窝头中心工业区南区	138.2	已上报市局审查
29	东涌镇中心工业集聚区	323.19	穗规函〔2003〕1155号（未批）
30	石基镇金桥文工业区	40.82	已上报市局
31	石基镇工业集聚区	184.6	已上报市局
合计	总面积约73.1km²		

（资料来源：根据番禺区城市规划分局提供资料整理）

番禺区城市发展区与商业区控制性详细规划编制情况　　表6-4

序号	项目名称	面积（hm²）	进展
1	番禺区中心城区南区控规	1415.95	区府审批通过，已上报市局
2	番禺区中心城区西区控规	2129.09	区府审批通过，已上报市局
3	番禺区中心城区北区控规	2169.7	区府审批通过，已上报市局
4	番禺区中心城区中区控规	1040.44	分局正在审查初步成果
5	番禺区中心城区东区控规	1023.49	区府审批通过，已上报市局
6	地铁三、四号线站点周边地区控规	1549	已上报市局审查
7	汉溪地块管理单元控规	1481	正在开展
8	BA0903规划管理单元（德舜商业区）控规	149.55	正在开展
9	大学城留用地控规	332.43	正在开展
10	广州新客站地区控规	1140	已审批通过
11	大学城一期小谷围控规	1475	已审批通过
合计	总面积约138.5km²（其中，中心城区面积约86km²）		

（资料来源：根据番禺区城市规划分局提供资料整理）

番禺区各镇、街控制性详细规划编制情况　　　　表6-5

序号	项目名称	面积（hm²）	进展
1	洛浦街洛溪岛控规	1362.48	已审批
2	沙湾镇中心区控规	1065.47	正在编制
3	洛浦街南浦岛控规	1071.35	正在编制
4	石楼镇灵兴片控规	395.72	正在编制
5	石基镇中心城区控规	1632.29	已上报市局
6	南村镇余荫山房控制区控规	226.05	正在编制
7	化龙镇中心区控规	500	正在编制
8	石楼镇莲花山片控规	473.53	正在编制
9	石楼中心区控规	424.1	已上报市局审查
合计	总面积约71.5km²		

（资料来源：根据番禺区城市规划分局提供资料整理）

从最后实施的效果来看，据笔者调研，这些分散的、由基层发展主体组织编制的控规很大程度上反映了利益者自身的发展需求，在用地指标、面积、用地性质等多方面对上位规划大大突破，最后不同层次主体编制的控规相互之间有较大出入（图6-11、图6-12）；另外，这些控规在编制完成后很大一部分由于市级规划管理部门拉长了审批周期难以得到批准，但事实上基层发展主体已经按照规划开展了建设工作，造成违规超前建设。

审视城市规划编制体系，无论按照《城市规划编制办法》还是具体的城市规划编制实践经验，这种"城市总体战略规划→城市总体规划→片区发展规划→控制性详细规划→修建性详细规划"规划编制体系在结构上是比较完善的。但控制性详细规划的可操作性一般并不在于编制技术本身，而是需要具有比较明确的外部条件和边界：一是上层规划目标的确定性和可行性；二是控规编制需要建立在现实的土地权属基础之上。如果这两个方面的条件未能满足，层级之间就不会相互衔接，那么看似结构清楚合理的规划编制体系在实践中就很难真正运作。对于区、镇、村等发展主体来说，由于正处于大都市区化冲击以及本地工业化、城镇化交织的快速转变期，因此控规的上位空间规划还不完善、不确定，尚处在不断的调整、完善、甚至等待过程之中；同时，在微观空间层面上，村镇土地空间的权属又非常复杂，市级项目、区级建设与村镇发展、农民建房、农保要求等的土地控制和权属问题交织在一起。这两方面的问题使得控规往往不具可操作性。

尽管这与规划编制内容本身的缺陷有关，而并非是规划编制体系本身的问题，但这也暴露了现行规划编制体系的包容性不足，难以适应复杂多变而且差别化的空间区域发展诉求。

（3）不同规划体系编制内容中土地权属冲突

我国空间规划体系呈现多元化状态，城乡规划、土地利用总体规划、主体功能区规划、生态功能区划四类空间规划各具特点（林坚、许超诣，2014；顾朝林，2015）。在空间规

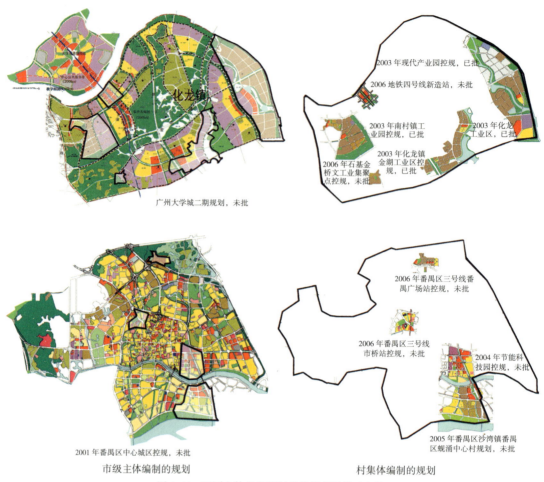

图 6-11 不同主体组织编制的控规范围相互交叠
（资料来源：根据番禺区相关规划资料整理）

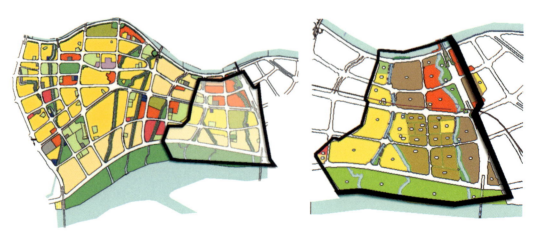

番禺区政府（番禺中心城区控制性详细规划）
以居住、服务功能为主

村民组织（番禺区沙湾镇岘涌中心村规划）
以工业园区为主

图 6-12 不同主体组织编制控规内容比较
（资料来源：根据番禺区相关规划资料整理）

划编制涉及的土地权属方面存在规划类型过多、内容重叠冲突，审批流程复杂、周期过长，地方规划朝令夕改等问题。这种土地权属之间的争夺，体现在城市总体规划和土地利用总体规划两种主要土地使用管制规划体系之间的权属矛盾，也有城市规划体系自身内部不同规划编制的实施性权属冲突。

1）城市总体规划和土地利用总体规划"两规"矛盾

林坚教授（2014）认为，我国多种空间规划的共同发展趋势是强化空间管制，各自职能分工上有所侧重，城乡规划是"一书三证管建设"、土地规划是"三线两界保资源"、主体功能区规划是"政策区划管协调"、生态功能区划是"功能分区保本底"，实质都是基于土地发展权的空间管制。进一步分析可发现，不同类型空间规划的矛盾主要集中在部分城市规划编制与"土地利用总体规划"基本农地保护之间的冲突。

在城市总体规划中，由于强调整体结构和空间的完整性，更多地体现了城市大区域层面的建设空间发展概念，在空间布局上比较理想化。这使得根据上层规划编制的控制性详细规划难以与国土规划实现很好地衔接。规划与国土两条管理线上的政策及工作方法差异很大，国土要保护农田，规划追求建设的秩序及推进城镇化。但如果按控制性详细规划实施则往往会遭遇国土阻力。这可能出现"符合城市规划，但不一定符合国土规划"或者"符合国土规划，但不一定符合城市规划"的两难局面。因此，在广州市"两规"执行过程中，不可避免地出现对于土地用途的矛盾，以及必要的协调过程。这当中，既有城市规划或土地利用规划内部的缺陷，但更多的是"两规"之间的矛盾。这可以从三个方面加以说明："两规"宏观土地供给数量和区位的差别、实际土地开发中的"两规"协调以及"两规"微观的一些缺陷。

首先，土地综合开发引导依靠的城市总体规划和土地利用规划，这当中存在着双方对于宏观土地供给的数量上的差别（表6-6）。在《广州市土地利用总体规划大纲（2005—2020年）》中初步提出，到2010年，广州市建设用地规模控制在1650km^{2}以内，即新增建设用地控制在222km^{2}以内，年均建设用地增加量控制为37km^2；到2020年，广州市建设用地规模控制在1950km^2（含大约100km^{2}的水利水工用地），2010~2020年的新增建设用地规模控制在300km^{2}以内，年均建设用地增加量控制为30km^2。与2001版城市总体规划相比较，其确定的建设用地需求量为527.57km^2，土地利用总体规划的土地供给量为522.07km^2，土地利用规划到2020年的土地供给量与城市总体规划的建设用地需求量基本吻合（但由于土地利用总体规划同时供给新增的水利水工用地，供需平衡存在一定差异），考虑城镇规划实施的时序和重点需求，土地利用总体规划的供给基本能满足城镇建设的需要。从土地供给的分布而言，广州市土地利用总体规划的土地利用供给布局基本能满足广州城市总体的空间发展战略，首先重点满足了番禺、南沙、增城、花都等"南拓""北优""东进"的战略发展需要，其次满足了越秀、荔湾、海珠、天河等中心城区发展的用地需求。

其次，在实际执行过程中，土地开发已经对规划有所突破。例如在非城市建设用地

广州市城市总体规划与土地利用总体规划供需差异（单位：hm²）　　　表6-6

区域	2020年土地利用总体规划			2020年城市总体规划			"两规"差异
	现状	供给	总规模	现状	总规模	需求	
越秀	2360.66	53.34	2414.00	2360.66	2414.00	53.34	0.00
荔湾	4116.37	1462.63	5579.00	4063.16	5526.00	1462.84	−0.21
天河	9141.29	3538.71	12680.00	9094.80	12658.00	3563.20	−24.49
海珠	5758.49	887.51	6646.00	5728.41	6616.00	887.59	−0.08
白云	25028.20	6521.80	31550.00	24018.62	30703.00	6684.38	−162.58
黄埔	4957.58	4242.42	9200.00	4904.93	9224.00	4319.07	−76.65
萝岗	5062.18	5472.82	10535.00	4821.22	10292.00	5470.78	2.04
番禺	24606.50	7743.50	32350.00	23927.25	31678.00	7750.75	−7.25
南沙	6670.02	9679.98	16350.00	5771.20	15448.00	9676.80	3.18
花都	20922.21	4577.79	25500.00	19116.44	23760.00	4643.56	−65.77
增城	19936.28	4143.72	24080.00	17831.58	21992.00	4160.42	−16.70
从化	14233.23	3882.77	18116.00	10804.73	14817.00	4012.27	−129.50
合计	142793.00	52207.00	195000.00	132443.00	185200.00	52757.00	−550.00

注："两规"差异指土地利用规划的供给与城市总体规划需求相减；
2020年土地利用总体规划的各区、县级市的供给规模是初步研究数，尚未确定；
2020年城市总体规划总规模和需求规模亦是初步研究数，尚未确定。
（资料来源：广州市规划和自然资源局）

方面，实际规模也大大突破了控制目标，尤其是耕地占用。根据规划，到2010年末耕地保有量应为155493hm²，但在2002年已突破，超支1771.7hm²；而且建设用地总量控制目标提前7年突破。2003年突破调整后的2010年规划指标（133271hm²），2004超出2010年调整指标6460hm²。根据《广州市土地利用总体规划纲要2005—2020》编制时调研：2004年全市城乡建设用地已经达到1145km²，而且表现出以下特点。①建设用地结构增长不合理。农村居民点及独立工矿用地增长最快，没有实现逐步减少的目标。城市用地面积和建制镇用地面积增长缓慢，农村居民点用地和独立工矿用地面积没有逐年下降，反而逐年增加，超过规划用地的指标。根据统计，2004年"独立工矿用地"实际数已比2010年规划目标多出422km²。交通设施用地在2004年也基本达到了2010年规划目标。②建设用地空间配置不合理。2007年广州城市人口是乡村地区人口的4.5倍，但乡村、工矿用地是城市用地的2倍。由此可见，在广州这样高度城市化的地区，对城乡规划的统筹尤为重要。

现有城市空间的增长是多种利益交织、相互作用的结果，而相对保守的土地总体规划基本排除了这种利益斗争的结果。在理论上"意味着杜绝了通过利益机制引导空间优化的可能性（顾京涛、尹强，2005）"。单一的从数量和分布上来对土地进行控制的模式必然会被各种土地利益主体行为所超越，这在上文研究中已经得到很好证明。由此，"两规"协调的改革势在必行，必须站在大都市区统筹发展的角度来进行国土空间规划改革。

2）城市规划引发的土地权属难以协调问题

基于国有土地的城市规划编制忽视交错发展的城乡空间和复杂的土地产权关系，过于理想化的用地控制难以得到基层集体的支持。长期以来我国城市规划的编制与实施是基于国有土地权属之上的，因为土地管理法规定"任何单位和个人进行建设需要土地时，必须依法申请国有土地"。在编制规划的过程中"默认"所有农村土地都是可以通过征地转变为国有土地的，这种理想化的做法并未充分考虑实际土地所有者的利益。而基层发展主体组织编制的城镇总体规划、工业区控规、村庄建设规划都是根据行政辖区边界内土地，很大一部分涉及农村集体土地非农化转化。尽管在土地所有权分类上，只有国有土地和农村集体土地之分，但根据土地管制政策，不但有强制性的农田保护要求，而且在建设用地方面，又分别有"纳入城市土地市场的建设用地""村镇自留建设发展用地"以及"农民宅建用地"。由于这些用地管理的归口不一，又相互牵制，就使得若干从建设控制出发的城市规划缺少权属整合基础，进而也就难以实现对大都市区建设的有效控制。例如番禺区在广州总体规划中确定了"一环两楔"与"三纵四横"主体生态体系框架，来组织广州"山、城、水、田、海"的城市生态系统基本构架，形成广州市多层次、网络化生态用地空间。这样美好的生态结构在中微观层面实施过程中面临着极为现实的约束和挑战，过于宏观的结构性生态空间在土地利用上难以保证，最基本的就是，规划生态廊道中原有的大量村庄建设用地如何搬迁、安置？这部分村民的利益如何保障？该案例说明城市规划与现状用地之间存在较大的矛盾，暴露出规划和具体实施还缺乏明确规划措施和经济手段（图6-13）。

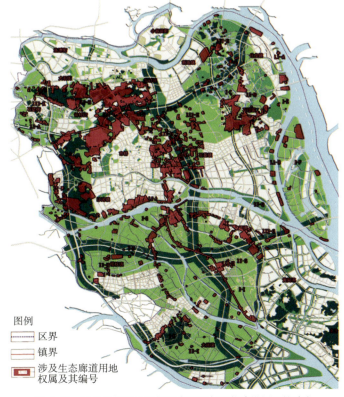

图6-13　番禺北部地区规划生态用地与现状建设用地的冲突
（资料来源：根据广州市规划局番禺分局提供资料改绘）

总结上述两个方面的矛盾，一方面直接反映了大城市发展挤压农村城镇化发展空间的事实，政府不断利用掌握的土地规制权力压缩农村发展空间：对市政府决定的重大项目优先落实规划，对于涉及村镇发展的规划则推进缓慢；当市政府的建设项目遇到农田保护障碍时，市政府可以通过拥有的土地指标调整权获得推进,甚至先建设后补办土地手续;但集体经济组织以及农民则不能违反农田保护的要求,这事实上引发了集体经济组织和农民的违章建设,产生粗放式土地利用。据笔者调研,2007年在番禺区各村涉及的广州市重点建设项目共33个,如南部快速干线、地铁三号线、四号线、广南变电站等,总用地面积48km²,拆迁补偿用地数量387宗,面积8.5km²,其中安置用地面积1.8km²。已批准选址的87宗,但是只有15宗批准了许可证。大部分拆迁安置用地由于不符合国土部门的土地利用总体规划仍无法获得通过。几年过去了,一些重点项目已经建成投入使用,然而村民被拆迁的住房及经济发展留用地却没有解决,客观上促使了村民"不得不"违法建设,以解决自身居住和生活问题[①]。

另一方面,反映了"以城市为中心"的城乡规划对农村、农民的发展权利考虑不足。首先,我国城乡规划的编制都是基于国有土地基础之上,对集体土地缺乏有效引导。其次,城乡规划重空间引导、轻土地利用与配置,重空间发展、轻土地管理,从中心城角度出发的城乡规划"理想化"土地权属关系。第三,忽视广大农村地区的发展公平和城乡土地产权空间交错的现状。实际上,对大都市区地区而言,大部分土地发展权集中于集体经济组织,与空间管理主体(市区政府)相分离,编制的城乡规划难以干预土地权利的转移,缺乏对集体土地发展的硬约束,也导致政府主导的空间规划难以有效实施。例如,按广州市政府的要求,番禺区各镇原来批出的宅基地全部取消统一清理。番禺区要先编制全区的中心村规划,将道路、公园等市政设施定下来,将分散的居民点归并到中心村;要制定旧村改造计划,再与各村签订旧村改造责任书,由区政府研究确定划给每户村民的指标,再与村民签订协议。但是在实际管理过程中,由于缺乏中心村规划,导致后续工作无法开展。而且,农村、农民的发展也不是简单的物质空间规划所能解决的,因此编制的中心村规划往往不能适应农村和农民的发展需求。据后期调查,随后几年内中心村的规划建设仍没有突破性的进展。

6.3.3 规划管理的博弈行为

(1)市区两级政府发展思路不统一,上收城市规划管理权

重要控制区的划分进一步加深了市、区两级政府在规划管理上的思路错位,主要表现为:市规划管理层面从城市整体发展角度,加强发展控制,满足城市外拓需的空间要求,使得重要控制区实际上脱离了区政府的控制;而在区级层面,又有希望将区级地方空间发展能与城市发展相结合,"搭顺风车",但是受制于控制区,对重要控制区没有规划管

---

① 农村"建房难"问题主要表现在以下几方面。①新增村民住宅用地不足。近年来,番禺区新批村民住宅用地极少,许多行政村基本未曾获得新批用地,部分村甚至没批过一宗。据统计,2004年8月至今,番禺区城市规划部门共收到村民住宅用地申请3000多宗,批准0宗。②村民住宅的报建程序繁复。现行的村民住宅报批程序环节过多,报建资料过于复杂,审批时间漫长。③忽视农民的正常建房需求。在现行的政策下,番禺区农村中一些基本的建房需要,如结婚分户、危房拆建、旧房改建等都难以得到满足。

理权限①，区政府只能在剩余的"有限空间中追求无限发展"。这种状态长期持续，逐渐加深了市—区间的管理矛盾：区政府如果考虑基层的现实需求，又不一定能符合市的空间控制要求；当时市政府的远期控制在短期内并不能给基层带来较多的利益，而地方空间发展的利益是"看得见、摸得着的"，并且颇具短期紧迫性。这种市政府和区政府不同发展设想矛盾直接反映在"城市规划管理"中。例如，对于市级层面的规划编制与管理内容，番禺区认为没有考虑到番禺发展的需求而很难实施；而对于区级层面的规划编制与管理内容，市级层面上又会认为区政府过于"区本位思考"，不符合广州南拓的整体发展要求而不予批准。

在行政区划调整后，区规划管理部门上要服从市规划部门的空间控制要求，下要对基层的空间发展需求作出有效回应，但这两方面的需求是不一致的。区规划管理部门在中间左右为难。因此，在面临地方发展的迫切需求下，区政府要求规划部门"有所作为"。在"市局"委托"区分局"代理用地管理的情况下，区分局只能"两者权衡"取其利，有可能会做出对于实际规划管理部门不利的规划审批。但这样一来，就使得"市—区"间规划管理的"委托—代理"关系有了"信任危机"，直接导致了规划管理权限的上收，以及将番禺辖区近 2/3 的土地空间划定为重要控制区。

2005 年，鉴于委托审批过程中出现的若干问题，市规划局为了保证广州战略规划的有效实施，根据自身的特点和既定目标也对规划管理权限，发了《关于番禺、花都规划分局管理权限问题的通知》（穗规〔2005〕591 号）的文件，再次明确番禺规划分局的规划管理权限，其核心内容是将"规划编制管理"和"建设用地管理"的权限上收市局。通过对该文件的进一步解读（图 6-14），可以明显地发现在行政区划调整后区级城市规划管理权限的变化（表 6-7）。

在规划编制管理权限方面，明确划定了番禺区内重要控制区②权限划分的主要内容为：①重要控制区的控制性详细规划由市局组织编制，其他地区的控制性详细规划由市局委托分局组织编制并进行初步审查后，再报市局按《广东省城市控制性详细规划管理规定》的要求报批；②番禺辖区范围内的建制镇总体规划（含建制镇范围内的分区规划）和中心村规划（含中心村范围内的控制性详细规划），市局委托番禺规划分局组织编制；③重要控制区的建制镇范围内的分区规划和中心村控制性详细规划（重要控制区不编村、镇规划）、非重要控制区的建制镇总体规划由番禺规划分局初步审查后报市局按法定程序审批；非重要控制区的中心村规划市局委托番禺规划分局审批；④番禺重要控制区的总平面规划方案和修建性详细规划由市局审批（旧村改造除外），其他地区的总平面规划方案和修建性详

---

① 规划管理权限是指城市规划行政主管部门通过核发建设项目选址意见书、建设用地规划许可证和建设工程规划许可证（通称"一书两证"），根据依法审批的城市规划和有关法律规范，对各种建设用地和各类建设工程进行组织、控制、引导和协调，使其纳入城市规划的轨道。中国城市规划学会，全国市长培训中心. 城市规划读本 [M]. 北京：中国建筑工业出版社，2002.
② 主要包括广州大学城、广州新城、广州火车站及其周边地区、《广州市总体战略规划》中确定的生态廊道地区、珠江广州河段两岸、水源保护区、国家级风景名胜区等地区。

行政区划调整前后番禺区规划管理权限比较 表6-7

类别	事项名称	行政区划调整前	行政区划调整后
1. 规划编制	城市规划组织编制	负责组织编制的规划主要有：1. 市域规划；2. 组团规划；3. 镇总体规划；4. 辖区内重点地区的控制性详细规划（非重点地区由镇组织编制）；5. 辖区内重点地区的村庄规划（非重点地区由镇组织编制）；6. 专项规划	1. 除重要控制区以外的其余地区的控制性详细规划，市规划局根据《广州市深化城市规划管理体制改革方案》（穗字〔1998〕24号）和"三定方案"（穗编字〔2002〕99号）的规定，委托番禺规划分局负责组织编制并进行初步审查；2. 番禺辖区范围内的建制镇总体规划（含建制镇范围内的分区规划）；3. 番禺辖区范围内的中心村规划（含中心村范围内的控制性详细规划）
2. 规划审批	详细规划方案审批	负责组织编制的规划主要有：1. 辖区内非重点地区的控制性详细规划（重点地区由原县级市政府审批）；2. 辖区内全部项目的修建性详细规划；3. 辖区内的所有村庄规划	1. 非重要控制区的中心村规划；2. 除重要控制区以外的其他地区的总平面规划方案和修建性详细规划；3. 重要控制区内的旧村改造项目
3. 建设用地管理	核发建设项目选址意见书	依县级市城市规划管理职权审批及核发辖区内的建设项目选址意见书	受理辖区内建设项目的申请，提出选址意见
	核发建设用地规划许可证	依县级市城市规划管理职权审批及核发辖区内的建设用地规划许可证	1. 分解核发辖区内已经批准控制性详细规划的建设用地许可证；2. 成片取得建设用地规划许可证的工业区内的建设项目的建设用地规划许可证；3. 辖区内统一取得建设用地规划许可证的非公寓式（独立式）村民住宅分户用地的建设用地规划许可证，并提供建设用地规划设计条件。注：番禺规划分局分解核发的建设用地规划许可证，不得超过市局核发的建设用地规划许可证的范围，不得改变土地使用性质，并且应当使用广州市平面坐标和高程系统的地形图
4. 建设工程规划管理	核发建设工程规划许可证	依县级市城市规划管理职权由区规划分局负责审批	除市局负责的项目以外的地区的建设工程规划许可证和辖区内所有原状维修工程的建设工程规划许可证，市局委托番禺规划分局核发
5. 市政规划管理	市政规划管理权	依县级市城市规划管理职权由区规划分局负责审批	除市局负责的项目及珠江广州河段沿岸和重要地区（如市级风景名胜区、文物古迹保护区、大学城、广州新城等）范围内的市政道路交通工程、管线工程以外的其他交通工程和市政工程，依据《关于委托番禺区规划分局管理部市政规划业务的通知》（穗规〔2003〕410号）要求由番禺规划分局负责审批
6. 建设工程规划验收管理	核发建设工程规划验收合格证	依县级市职权审批所有建设工程项目。即原番禺市区内的30层以下的所有建设工程	市局委托番禺规划分局负责辖区内由分局审批的建设工程的规划验收工作，核发建设工程规划验收合格证
7. 规划监察	违法建设查处	依法查处原番禺市辖区内违法建设。依法执行县级市城市规划管理职权，主管原番禺市辖区的规划监察管理工作。具备执法主体资格	根据属地管辖原则，番禺规划分局按照城市规划部门和城市综合执法部门的法定职责分工负责辖区内规划部门职责范围的违法建设的处理。区规划分局番禺区城管综合执法部门的职责分工，按照《广州市违法建设查处条例》《广州市城市管理综合执法细则》《广州市城市规划局及各区规划分局监督检查工作规则》等规定执行

（资料来源：番禺区规划分局和《关于番禺、花都规划分局管理权限问题的通知》（穗规〔2005〕591号））

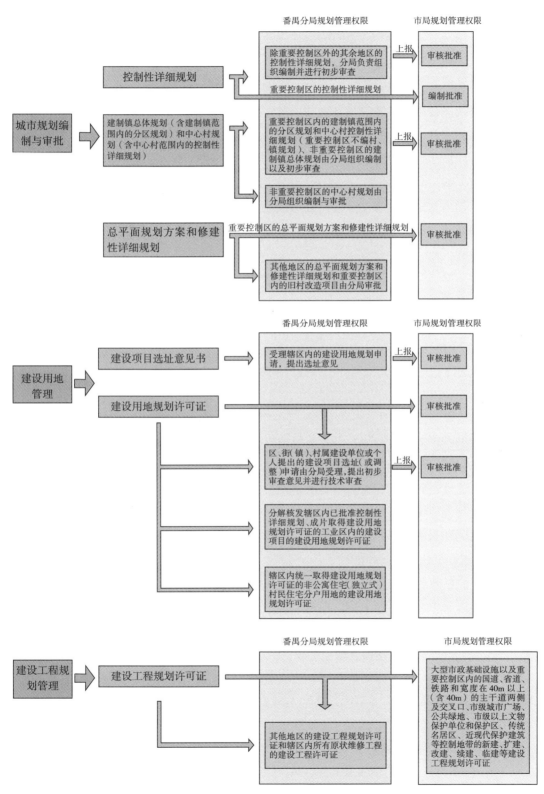

图 6-14 广州"市—区"规划管理权限划分
(资料来源:《关于番禺、花都规划分局管理权限问题的通知》穗规〔2005〕591 号)

细规划由市局委托番禺规划分局审批。

在建设用地管理方面，分局只有对"既获得市局控制性详细规划审批又成片取得建设用地许可证"的空间范围内具有建管权限，而且几乎都是被动式的管理：①市局委托番禺规划分局分解核发辖区内已经批准的控制性详细规划、成片取得建设用地规划许可证的工业区的建设项目的建设用地规划许可证，以及辖区内统一取得建设用地规划许可证的非公寓式（独立式）村民住宅分户用地的建设用地规划许可证，同时提供建设用地规划设计条件；②其余建设用地规划许可证及所有的建设项目选址意见书均由市局核发，其中区、街（镇）、村属建设单位或个人提出的建设项目选址（或调整）申请由番禺规划分局受理、提出初步审查意见并进行技术审查后再报市局审批；③番禺规划分局分解核发的建设用地规划许可证，不得超过市局核发的建设用地规划许可证的范围，不得改变土地使用性质。

在建设工程规划管理方面，也做出了明确的权限划分：①大型市政基础设施以及重要控制区内的国道、省道、铁路和规划宽度在40m以上（含40m）的主干道两侧及交叉口、市级城市广场、公共绿地、市级以上文物保护单位和保护区、传统民居区、近现代保护建筑等控制地带的新建、扩建、改建、续建、临建等建设工程规划许可证由市局负责核发；②其他地区的建设工程规划许可证和辖区内所有原状维修工程的建设工程许可证，市局委托番禺规划分局核发。

总结这种规划管理博弈背后的利益关系，我们可以发现市规划部门管理中忽视基层村镇利益，难以有效推进规划——代表上级政府决策的"市规划职能部门的管理思路"与"村镇基层的利益要求"不一致，导致规划管理出现若干僵局。市级层面的空间规划管理思路在于，通过空间控制与重大项目的建设，促进高品质的城市建设空间与城市功能形成，并在此过程中保证番禺的城镇化质量。但这样的思路却不能很好地、及时地解决眼前村镇基层的切身利益，市规划主管部门的思路、解决方案，与镇、村及农民的意愿达不成一致，这样就使规划管理出现了若干僵局，审批难、违章多，政府既定的决策难贯彻。例如，关于经济留用地的规划选址，市规划局的意见是集中选址，即统筹考虑村留用地的选址，予以集中布局，便于统一规划与管理。但从村集体利益考虑，更希望将留用地设置在村范围内，两者通常难以协调。又如，村镇建设需要按照一般程序办理，但由于往往涉及国土指标调整，办理速度非常慢，但市重大项目又可以特殊处理，以"大学城"为例，在建成两年后才办妥用地程序。这就造成了农民对规划管理的抵触情绪，给以后的管理工作造成巨大阻力。

（2）购买"用地指标"、调整"土地规划"

国家和各级政府通过制定土地利用规划和年度用地计划等管制手段，控制农用地资源过快的流失。在现有土地管理体系下，土地管理部门受地方政府影响和支配，有时不能客观、合法地履行土地管制职能，反而被认为"阻碍了经济发展"而饱受指责，"规划总是落后于现实需求，总是拖后腿"。在这种情况下，国土资源管理部门不能有效地控制农地流失，反而成为地方土地流转违规的"帮手"。

在珠三角地区，面临土地建设指标和农田保护指标的限制，就出现了通过调整土地规划、购买土地指标来创造城市发展空间的行为。一方面，由于耕地占补平衡制度的存在，地方政府通过操纵土地利用总体规划，或少报基本农田数量，或将基本农田调整到部分较差质量的农田，甚至坡地、山林地。例如根据王景新（2005b）的调研，Y县在1996年土地普查时耕地面积有49万亩，但上报耕地面积只有33万亩，"结余"16万亩耕地指标用于分年度弥补缺口，因此在随后的多年里，该县每年实际非农建设用地都在2万亩以上，而上报的非农建设用地不会超过8000亩，因此占补平衡制度对其失去了约束。另一方面，"基本农田"和"建设用地"指标都可以购买。在广东，一是通过调整，把土地指标集中在重点建设地区，例如把番禺大部分土地指标集中在北部地区；二是部分经济实力较强的城市到省内经济相对落后地区或边远地区（如肇庆、云浮等），通过高价购买土地指标置换使用，向其支付山林开垦费等。甚至一度出现"跨省域易地购买指标"的现象，其后引发的这种"耕地跨地区占补平衡"被国土资源部明文禁止[①]。

6.4　土地使用管制制度的"结构"及主体空间"能动"分析

珠三角大都市区的城市建设用地和村镇工矿建设用地在持续快速增加，在中心城外围的空间范围内，城市外拓和地方城市蔓延相互纠集在一起，形成了典型的用地混杂现象。这种用地快速非农化的背后，是多种利益主体的相互博弈，在城乡规划编制和实施领域尤为激烈，暴露出一系列问题。

6.4.1　规划管制过程中主体能动特征与作用分析

在规划编制和实施的过程中充满了有各自利益的个人和集团的影响，规划的实施结果无疑是多种利益集团之间博弈的均衡（仇保兴，2005）。在进行土地利用配置导控的时候，政府逐步转向依靠土地价格、土地租金以及土地税费等经济手段来对土地进行有效分配，这也带来了多主体利用合理权利在政府管制中发挥影响（孟星，2005）。在这个过程中，由于土地利用总体规划的编制和实施直接将土地利益主体排除在外，实际上对于土地市场化配置作用十分有限，真正对土地市场起到有效规制作用的主要是城市规划。城市规划相关利益主体指的是与城市规划发生关系，在城市的规划、建设、管理和评价过程中享有权力和利益的主体。具体说来，利益主体涉及城市规划的创造者、建设者、决策者和享用者

---

① 根据《国务院办公厅关于深入开展土地市场治理整顿严格土地管理的紧急通知》（国办发明电〔2004〕20号）的有关规定，未经国务院批准，不得跨省域进行耕地占补平衡；耕地占补平衡必须严格限定在本省（区、市）行政区域内。其后国土资源部多次发文强调加强占补平衡管理，并于2006年6月8日颁布《耕地占补平衡考核办法》。

等，且不同时期的利益主体的构成并非一成不变的。随着我国经济体制的改革，利益主体也经历了政府部门、单位、设计师、职工向地方政府、企业、公众和城市规划师等的转变。市场经济体制下，各利益主体的理性行为愈加突出，表现为典型的"理性经济人和社会人"，即人们以经济利益为目的，试图在城市规划相关工作中通过行为选择来为自己谋取最大利益。事实上，公民权利中的大部分与土地相关权利都体现在城市规划工作中，体现在城市规划的各个细微环节，直接影响着城市规划的决策。同时，也正是因为很多规划工作者在城市规划工作中忽视公民权利，导致在城市规划的编制、审批、实施以及管理中出现了侵害公民权利的现象。

在此，进一步归纳参与土地管制各主体空间行为的特点如下：

（1）各主体能动行为特征归纳

1）地方政府行为特征

我国政治制度供给不足情况下的地方对政策理解偏差。由于我国政治体制改革滞后于经济体制改革，不可避免地出现某方面的制度供给不足情况，另外由于我国地域辽阔，各地区对于国家统一颁布的宏观调控指令的理解不尽相同，地方政府对于城市规划含义的理解也不相同，对城市发展的目标与途径认识不一致，对于城市规划政策作用的认识尚不充分。"城市规划作为一项公共政策能否具有科学性和有效性的一个必需前提，就是在中央和地方之间存在合理的权力协调和制衡机制（仇保兴，2002）"。这也是我们长期以来最缺乏的保障之一。

①行为的方式

以经济增长目标为导向成为地方政府和官员的单一诉求，在很大程度上决定了政府行为的倾向。由于土地对于经济增长的重大影响，追求土地利益便在很大程度上成为地方政府及其官员集团影响城市规划的根本动机，土地利益成为地方政府在城市规划中的核心利益（彭海东、尹稚，2008）。我国 1992 年颁布的《城市国有土地使用权出让转让规划管理办法》中第二条规定"在城市规划区内城市国有土地使用权出让、转让必须符合城市规划有利于城市经济社会的发展"；第四条规定"土地使用权出让、转让应当与建设项目相结合"。城市规划行政主管部门和有关部门要根据城市规划实施的步骤和要求，编制城市国有土地使用权出让规划和计划，包括地块数量、用地面积、地块位置、出让步骤等，保证城市国有土地使用权的出让有规划、有步骤、有计划地进行。甚至在某些地方还进一步规定了（例如广州市），没有控制性详细规划不得进行土地出让等市场行为。这表明城市规划已经成为进行土地经营的重要依据和必要的条件，地方政府要促进其土地利益的实现，就必须通过城市规划不断扩大其建设用地的规模以及极力提高土地的使用效率。

由此，政府可以通过两个途径来对规划施加影响。一是在规划编制规程中，政府可以直接左右作为下属部门的城市规划部门，授意其按照政府的意愿制定规划（这种意图很大程度上是地方最高领导人的个人想法），规划部门为了迎合领导"口味"而用城市规划编制来奉迎[①]；通过城市规划推动城市规模的扩大，甚至通过不切实际的人口规模预测，以提高城市建设用地的规模。城市中所谓的"某某园区""大学城""城市经营"等现象的出现正是政府逐利的具体反映。二是在规划批准之后，在有必要的时候，地方政府还可以让规划部门对规划做出各种变动。例如，提高规划中城市经营性用地的比例、调整工业用地的面积、具体用地的开发容量指标等。由此对城市规划确定的建设用地与土地利用总体规划矛盾的时候，地方政府通常支持修改土地利用总体规划或调整平衡基本农田保护的方式来为城市发展"让路"。并且由此牺牲城市内部各类公共服务设施用地，造成城市部分地区道路用地不足，道路网密度较低，配套中小学、幼儿园、消防、加油站等用地被挤压的现象。

②行为的特征

地方政府行为的主导性：由于地方政府是城市发展和规划编制的主导者，因此以政府为代表的政府官员权力集团在城乡规划中具有主动的权力表达途径，并占据了主导地位。地方政府表现出强烈的获取地方土地收益来实现地方官员的政治或经济利益诉求下，借助手中拥有的主导能力来影响城乡规划编制和实施的过程，以实现自身的利益，这已经成为城乡规划制定的重要特征。由此带来的结果是城市规划偏离了正当的公共利益要求。"使得我国城市规划工作天然地贴上了'以政府为本'的标签（张昊哲，2008）"，强烈地表现出地方主要领导的"个人口味"。这些"政治精英"对城市规划表现出了极大的关注，无论是城市发展战略的确定，地区开发方案的选择，还是重大设施的选址，"政治精英"都成为事实上的决策者。

一是，政府行为的自相矛盾性。从地方政府影响城市规划的两个途径来看，反映出政府行为的相互矛盾性。一方面，城市规划事实上反映的是城市政府的意愿，另一方面又是城市政府在支持突破规划的行为，甚至是政府带头突破规划。这种自相矛盾的行为背后更深刻的原因是地方政府主体"多重性"的表现：地方政府具有执行中央政府宏观调控政策、服从中央政府意志的使命，同时又在地方上具有绝对的话语权，具有相对独立的发展主导权。地方政府是事实上的城市发展的主导者，通过城市规划来实现公共利益，城市政府与规划管理部门应当有一致的追求；但作为经济运行的参与者和管理者，城市政府在本质上又与城市企业有着不可分割的紧密联系，这是"缺乏公众力的不完全城市增长机器"，当企业提出与城市规划不一致的用地要求时，政府的决定将会最终影响规划能否依法实施。

二是，规划部门的定位模糊性。规划部门作为城市规划管理的专业部门，同时也是政府部门的重要组成之一。从政府机构角度，它是独立的行政主体[②]，能行使城市规划行政权，

---

① 笔者在近年参与的研究项目中，发现很多基层规划管理部门领导将规划作为迎合上级领导的重要表现手段，其目的是为争取更大的政治利益。
② 行政主体是国家行政机关和法律、法规授权以及接受委托的组织，享有国家行政权，能独立行使行政权，并能承担因此而产生的相应法律责任的组织。

保障城市规划建设法规政令的畅通，促进城乡空间和社会、经济、环境的协调持续发展，促进城市规划的合法实施，保障和维护公共利益以及各主体的相关合法权益，更加强调"合法性"。从专业技术机构角度，它应当科学合理、因地制宜地组织论证、参与编制城市规划，从综合学科的角度通过科学的管理方法来保证规划的有效贯彻落实，更加强调"科学性"。而在实际的行为中，规划部门可能沦为政府领导的传声筒，"领导出创意，规划来落实"，其定位模糊。

三是，僵化的规划"官僚"体系。长期以来以设计项目审查和规划审批为规划管理部门主要工作内容，其本质依然强调的是项目干预、控制制度，通过审查一书两证的方式来进行城市建设干预和控制，这种管理方式仍然局限于技术干预为主，难以有效发挥引导作用。

四是，合法与违规的行为并存。地方政府尽管主导了城乡规划的制定过程，但是在当前"依法治国"的法制化发展下，必然受到相关法律的约束，并接受上级政府、人民代表大会等机构的监督，要求政府行为必须符合合法性。在监督不严、法律制度尚不完善时，部分"擦边球""土政策"的违规现象就会发生，使违规行为交错并存于合法行为当中。

总而言之，地方政府处于城乡规划编制实施的核心地位，使之变相成为领导意志的承载体，规划部门则成为政府决策的附和者，城市规划难以摆脱这种主观臆断的笼罩。尤其在民主参与、多方决策和公众监督机制尚未健全的情况下，现行城市规划机制给地方政府超越公共利益留下了空间，导致地方政府的滥用公权。《城乡规划法》的颁布实施改进了规划的整体机制，从多方面提出了对行政公权的限制，进一步实施的效果还有待观察。

2）企业行为特征

追求足够的经济利益是企业经营的基本原则。工业生产型企业期望降低土地成本来减少投资，房地产开发性企业希望土地成本低、可开发容量大，其最终目标都是为了获取利益最大化。在保证经济底线的前提下，部分优质企业会提供更好的城市人居环境来提升自己的品牌和知名度，为城市公共环境做出一定的牺牲和贡献①。在改革开放后，企业尤其是房地产开发性企业已经对城市规划和土地配置产生了举足轻重的影响。企业需要根据城市规划提供的未来城市发展信息来进行未来投资决策，这些信息能够为企业带来机遇，避免损失。

开发性企业作为独立经济组织，"具有独立的预算约束，能够以独立收入来支付土地的租金和价格，行动的目标是利润最大化（李明月，2007）"，在城市规划中具有的权力实际上并不多，与公众类似，更多的是知情权和建议权，必须通过正当的参与渠道来表

---

① 事实上，这种以退为进的"让步"做法，让企业"名利双收"，建立了良好的品牌形象，可以谋取更多的政府支持和更大的经济利益。

达自己的意愿。但是由于企业占据了市场经济竞争的有利地位，拥有政府所不具备的庞大建设资金，因而成为地方政府竞相拉拢的对象。因此，企业对城市规划的影响方式表现为依托经济基础的寡头影响（张昊哲，2008）。一方面，通过自身经济影响力来引导地方政府决策的倾向性，制定对自己有利的城市规划，获取更优惠的投资条件等；个别地方政府出于发展地方经济和进行地方开发的目的，如中西部一些地方，为了进行城市扩张和建设，制定一些优惠政策甚至拿土地优惠作为条件，吸引一些在全国影响较大的开发商来此进行开发。

另一方面，开发企业可以通过在主要领导和主管者之间进行"寻租"行为，包括修改既定的城市规划，调整控制性详细规划的开发容量和指标等，更有甚者直接找设计单位提前修改相关规划指标。此外，还存在开发企业突破土地容量，超强度开发；变更土地使用性质、不合理利用；逃避建设配套设施的义务等现象，这些都引发我们进一步思考。

3）公众行为特征

公众参与是群众的基本权利之一，是城市规划体现公共利益的基本手段和重要环节，也是监督城市规划实施的保证。1960年代以后，公共参与陆续成为各国城市规划编制和实施的法定程序。国外大部分学者认为：公众参与"是权力再分配，通过这种再分配，那些被排除在现有政治和经济过程之外贫穷的公民（Have-not Citizens），能够被认真地囊括进（社会的）未来。"另外，"它是一种诱发重要社会变革的手段，通过社会变革，他们（贫穷的公民）能够享有富裕社会带来的利益"。

改革开放以来，我国各地城市规划主管部门全面推行了政务公开制度，接受人大代表和政协委员的质询，但在总的来说，公众参与城乡规划的深度和广度较低。尤其在由政府组织实施的投资项目中，市民是较少有机会参与建设项目的决策过程的。尤其是被列为政府重点工程的建设项目，如交通设施（铁路、公路、城市道路等）、城市大型公共设施的建设（体育中心、政务中心、文化中心、公园等）、城市基础配套设施（发电厂、污水处理厂、垃圾处理厂或填埋场等）及地方为发展地方经济而设立的各类工业园区等。其原因有客观的制度性因素限制，也有公众自身特点的约束。

一方面，公众的参与缺乏体制性的保障。一般社会公众层次的参与仍然停留在告知参与、咨询参与、限制参与的象征性参与中，尚属于较低层次，并暴露出一系列问题，如社会公众在获取政府有关规划信息和表达意见等方面没有明确和畅通的渠道，改变既定决策没有相关的制度和程序保证等问题，导致群众上访、信访现象屡见不鲜。对于高级专业人士（专家）的参与，还局限于规划决策阶段的审核和建议性质的参与。

另一方面，以群众为主体的"公众"自身特点束缚了参与和表达。其虽然有强烈的愿望，但因为自身的主观意识、文化素质和社会地位等的制约，往往处于被动接受状态。"宁可在家中照顾孩子"也不愿意参与规划讨论，不可能全面系统地了解城乡规划意图，其行为带有"自私自利性和短视性"的特点；过分重视个体利益、追求短期利益，带有片面性和不彻底性。因此，作为独立利益存在的公众还需要进一步学习，并加以适当的引导。

总之，现行的城乡规划机制未能有效保障社会公众的利益。这种尝试和努力一直是停留在对公众参与概念的表象化理解和实践活动中的形式化运用上，与真正意义上的公众参与还有一定的距离（公众参与不是一种公众对城市规划结果的被动了解和接受，而是对城市规划过程的主动参与，是一种观念和思想的交流和整合过程），尚是一种个体的自发行为（陈锦富，2000）。公众作为"市民和农民"的抽象代表，这一团体处于相对独立的利害关系中，参政扩大的需要和服务管理体系水平尚不能满足这一需要之间存在矛盾。未来城市规划如何激励公众参与规划、保证公众参与规划的权力是创建协调的规划机制必须思考的问题。进一步将公众参与从城市规划延伸到土地利用总体规划领域，从根本上说，地方政府违规用地，与原有的土地管理制度不力有关，更与民众在土地使用上缺乏应有的发言权紧密相联。在我国现行的土地保护制度中，主要是依靠上级对下级的监督，而且主要依靠行政手段进行监督，而缺乏有效的社会监督。正是由于公众参与监督不足，导致土地规划难以真正贯彻实施，土地违规违法行为层出不穷，因此，未来同样有必要将公众参与制度化地引入土地保护工作中，强化社会监督，有效遏制地方政府征用土地的冲动。

4）规划师行为特征

由于城市规划的专业特点，决定了城市规划师势必成为参与城市规划行动的重要角色之一。城市规划既是规划师实现自身专业理想的天地，更是一种谋生的技能，是参与市场竞争的工具。从行业性质来说，城市规划属于专业技术服务行业（张兵，1998）。在计划经济体制下，城市规划设计与研究单位是隶属于城市规划行政管理部门的技术性事业单位，规划师的工作带有半官方服务的性质，针对政府下达的规划编制任务和研究课题进行服务，以政府下属的身份来参与市场主体的活动，在这一时期，政府和规划师共同掌握了城市规划的话语权。在城市建设和发展史上的事实证明，这种依靠规划工作者的精英单一角度的、用少数人的意志乃至政府权力引导的城市建设和改造，往往是不成功的。例如，简·雅各布曾经大力抨击了美国1950~1970年代"专家"（精英）主导、联邦政府大量投入的空前绝后的城市内城改建、高速公路兴建项目。她认为，上述项目对（美国）城市问题的解决，弊大于利，是不成功的。"那些奢华的住宅区域试图用无处不在的庸俗来冲淡它们的乏味；而那些文化中心竟无力支持一家好的书店。市政中心除了那些游手好闲者以外无人光顾，他们除了那儿无处可去。商业中心只是那些标准化的郊区连锁店的翻版，毫无生气可言。人行道不知道起自何方，伸向何处，也不见有漫步的人。快车道则抽取了城市的精华，大大地损伤了城市的元气。这不是城市的改建，这是对城市的洗劫。"

在市场经济体制下，规划设计单位的企业化改制和设计市场的开放，使规划师就业单位也复杂化，可以为民营设计企业或政府下属规划设计事业单位。但都必须面对多元化的服务对象，包括政府、开发性企业、公众都有可能成为雇主。从某种意义上来说，规划师成为各利益主体参与城市规划及相关的市场行为的重要媒介。其一，政府要建设必须"规划先行"，明确城市未来发展方向、城市空间环境的营造都离不开规划师；其二，规划起到了保证开发商合法和不合法收益的作用：企业要开发首先要依靠规划来核算开发成本、引导市场消费者；公众参与城市规划必须依靠规划师通过专业技术语言的转换后（国外已经出现了类似社区规划师的角色），才能有效地参与城市土地市场相关活动。

正是由于城市规划师的职业领域涉及从法律法规制定到开发建设的各个方面，有很大的自由裁量权，也赋予其一定的权力。在这种市场化浪潮的冲击下，规划领域中不可避免地出现了"规划师庸俗化现象"，具体表现为：官本位倾向、唯利是图倾向、非职业化倾向（粗制滥造、模式教条、包装取胜、虚实不当、职业精神衰退）等（叶小群，2004）。由此，表现为多元利益主体向传统计划时代"以政府和规划师"为核心的城市规划权力组合发起了挑战。这种主体的批评所引发的争执和非议矛头直指规划师，随着众多规划中的不良现象被揭露，这些"规划师缺乏职业道德"的言语让众多规划者汗颜。为此，有识之士提出了一系列对策，如"建立技术道德—建立科学伦理观、社会责任—建立社会伦理观、历史使命—建立文化伦理观、价值追求—建设理想家园（段进，2004）""坚持以人为本的发展策略、坚持市场机制导向策略……坚持科学的精神是规划学科建设前提的策略（叶小群，2004）""以'权为民所用、情为民所系、利为民所谋'的职业理想重塑（刘作丽、朱喜钢，2005）"等众多的良策。这些对策分别集中在职业道德教育、规范编制行为、法定地位支持、社会力量监控等多个方面。

规划师不具备掌握和操控庞大市场和政治资源的能力：受规划师自身的时间、知识水平、处理问题的能力等多方面的制约，同时规划师对于权利、意识形态、价值判断、政治制度等方面的发言权有限。诸如收入、就业、卫生服务、教育、种族等多种目标都纳入规划思考的范畴，规划师怎么能够掌握、支配如此多的市场和政治资源？把城市规划作为"规划师"独有的专业领域和职业内容是不合适的，也是不可能的。规划师最终成为一个具有"协调技能"（协调不同专业团队共同工作）和"转化技能"（将多种不同专业能力转化到城市发展）的"超人"。可以说，规划师试图用城市规划政策的幌子来凌驾于其他的专业规划之上的想法是不切实际的。

总的来说，作为一种辅助性的角色，规划师能发挥的作用是受其委托者制约的。要维护规划的基本价值，其前提是必须有一个权力均衡的制度安排，而仅仅期望依靠规划师自身的职业道德来维护规划公正的做法是不实际的，也是十分脆弱的。传统的城市规划决策强调用法律和强制的手段，要求民众接受和执行有关决策。规划师等专业人士往往自觉不自觉地利用自己的专业知识，服务于自己和那些掌握权力的政治精英的利益，而不是真正的公众利益。规划师所做的工作是兼顾到各方面主体的利益，必须把城市规划看成是各方利益相互作用的共同平台，同时又是这些利益相互作用的结果。在对于利益协调方面，长期以来偏重技术服务的城市规划体系还存在着较大缺陷和不足，这直接影响着城市规划对土地配置的导控能力。

（2）空间博弈凸显权属分配的问题

我国城市规划的权属分配，在历史上有它存在的合理性，但随着形势的发展，一些弊端也逐渐暴露出来，主要有以下几个方面。

①规划实施监督权缺位：所有城市规划的审批权权属集中在上级政府，但上级政府对所审批城市的规划因为没有建立有效的监督机制，监督几乎处于空白状态。

②公众权力缺乏保障：首先是公众参与权保障不力，《城乡规划法》中虽然增加了不少关于公众参与的规定，但可操作性仍然较差。如关于"充分征求社会公众意见"的规定，怎样才算"充分"？并无可操作性的规定，容易沦为形式主义。其次是公众的知情权保障不力。《城乡规划法》规定：城市规划经批准后，城市人民政府应当公布。但对应当在批准后多长时间公布、在什么范围公布、公布多长的时间等没有明确。又如规划法强调"村民意愿"的表达，但对于乡村规划多个相关主体的分离，对于多个主体针对规划如何决策，谁更有发言权，规划法并未给出具体规定。特别是没有充分考虑农村土地与城市土地的不同权属，划分行政权与村民自治权的界限。可以预见在这种设定下村民意愿势必难以获得完整的表达。

③权属的层级设置不合理：城市政府对城市经济和社会的发展承担着总体的责任，随着财政体制的改革，上级财政对下级财政的支持作用正在逐步弱化。而城市人民政府只有城市详细规划的决定权，总体规划的决定权完全归属上级人民政府，多少显得权责不一致，加上总体规划修编程序耗时，往往与地方政府快速发展经济的愿望发生冲突，必然导致两种结果：要么是城市总体规划阻碍城市经济的快速发展；要么是城市政府从加速地方经济发展的愿望出发，摆脱城市规划的约束。不管这种摆脱最终对城市经济是否真的起了作用，但政府摆脱城市规划的行为必然会产生叠加效应，最终将严重影响规划的严肃性。

总之，这些行为方式的背后是相关权属分配的不合理，这也引出了未来对策的探讨应当首先基于合理设置规划监督权、土地利用决策权、主体公众参与权等权力分配，应当建立多方参与的土地参与决策机制。

6.4.2 "结构"与"能动"语境下的城市规划反思

从能动的角度，来对城市规划进行反思，可以返璞归真，从实践中总结城市规划的核心和本质，更有利于辨明未来发展创新的方向。

（1）空间博弈下的城市规划核心思考

在市场经济体制下，社会利益格局呈多元化发展趋势。在城市规划和建设领域，它具体表现为建设主体多元化、社会需求多元化。在此形势下，城市规划已经不是城市政府对城市建设和发展的单方面具体安排，城市政府不再是建设行为的唯一主体，而是主要担负着建设活动管理者的角色。政府投资不再是城市建设投资的主要来源，政府要通过各种政策措施来吸引社会投资。土地使用也不再是政府独家垄断，而是以商业开发和城市经营为主。传统的规划把主要精力花在研究空间规律上，认为只要在理论上说清楚空间发展规律，城市规划就实现了科学化。但在利益博弈的现实面前，规划苦心设计并陶醉其中的城市总体空间秩序却不堪一击，常常被各种土地主体空间博弈行为"解构"得支离破碎。因此，单纯就空间论空间的思维模式已经不能适应城市发展的现实需要。如果人为地剥离城市规划与社会、经济、政治的内在联系，无视其背后的利益博弈和权威性利益分配，城市规划就难以摆脱"纸上画画、墙上挂挂"的困境。因此必须强调，作为城市公共管理的重要手段之一，城市规划基本职能在于空间利益调节，各种博弈行为的核心在于空间利益，城市规划只有以协调多元社会利益诉求、维护多元利益平衡、促进公共利益最大化为出发点，才能更好地发挥其作用。

同时，我们也应当意识到：制定城市规划过程就是制定博弈规则，而"城市规划实施过程是行政力、民间协调力和市场力的利益博弈与分配的过程"。城市规划的各项内容，如用地性质、容积率、建筑高度等，都是进行开发建设的规则规定。这种博弈机制应当是具有开放性的，能够容纳多方主体参与，从而形成一种"良性"的博弈格局；同时也是一种有序的博弈机制，必须通过相应的法定程序来予以明确。

总之，空间利益调节和博弈规则制定两者构成了城乡规划的两大核心。并且由此可以进一步发现城乡规划体系内在的缺陷。

（2）城市规划体系内在的缺陷反思

自由市场的缺陷表明了公共干预的必要性，对于城市土地利用的公共干预，政府作用主要表现在金融政策、设施建设和城市规划管理三个方面，其中城市规划管理构成了政府规制的重要核心[1]。通过基于多元主体的土地利益行为特征与价值观对城市规划再审视，可以发现城市规划对土地配置导控的缺陷与不足。笔者认为城市规划对土地配置导控的内在缺陷主要有以下几点。

1）关注地方主导经济发展职能，加强对主体能动的引导力

构建于1949年后特定历史条件的我国城市规划体制，经历了"国家本位"和"政府主导"的计划经济时代，以及政策驱动下的市场经济发展时代。实行改革开放政策以来，我国的地方政府拥有了很大的发展自主权和资源配置能力；尽管历经数次宏观调控，地方政府一直保持着极强的经济职能，仍在直接介入和干预经济活动。因为事实上地方政府也是市场经济的直接利益主体，具有追求自身利益最大化的强烈冲动。中央政府保持着经济和社会发展的调控能力，并一直试图"纠正"地方发展的"偏差"。但政策往往不

---

[1] 在这些干预手段中，政府的金融政策分为财政和税收；而在城乡规划实施中，政府对于城市土地利用进行公共干预，包括了设施建设和规划行政管理两个部分，城乡规划是主要前提。参见：建设部城乡规划司. 城市规划决策概论[M]. 北京：中国建筑工业出版社，2003。

能完全贯彻，可谓"上有政策，下有对策"，表现出"打擦边球""软拖硬抗""象征性执行"、搞"土政策"等诸多曲解政策的现象。由于城市在地方经济发展中的重要作用，地方政府必定把城市规划和建设作为实现发展目标和体现政绩的主要途径。中国的发展成就举世瞩目，不但整体国力大幅提升，社会发展也取得了长足的进步。多年来，城市规划作为政府行为，服务于地方经济增长，为地方政府招商引资和提高经济效率作出了很大的贡献。

但过快的城镇化发展中也出现了一些不平衡，包括：经济领域的增长方式粗放，资源和环境的压力趋大；社会领域出现不和谐状况，对"公平"的顾及不够以至忽视。在发展观存在一定偏差的宏观背景下，"城市规划"的"工具化"倾向过重。城市规划的"物质性设计"产业的发展加快，而城市规划的"公共政策研究"领域的发展则很缓慢。此外，不时可听到一些地方城市领导者对"城市规划阻碍经济发展"的斥责；许多城市把简化和弱化规划管理作为提高行政效率、优化投资环境、促进经济发展的重要举措；一些地方的城市政府甚至给规划行政主管部门下达招商引资的年度考核指标。凡此种种，从不同侧面反映了一些政府领导人乃至一部分社会人士仅仅将城市规划看作为一种服务于经济发展的工具或手段。这些认识上的偏差也意味着城市规划应当加强对主体能动性的引导。

2）应当重视土地经济的利益平衡和土地开发运作的考量

城市规划核心是基于土地利用的空间调控，但在中国的城市建设大潮中，本应当跟上城市新形势、新趋势的城市规划滞后于城市开发，在土地之争中被"开发商牵着鼻子走"。房地产业成了城市建设的主角，出现了"以房地产和产业为主开发引导城市规划，规划迁就项目开发"的怪现象，城市规划已经失却了土地开发中的话语权（雷诚、范凌云，2008）。市场经济下，城市土地空间结构的形成及其变动，虽然也会受到城市规划的约束，但更重要的是由市场中的经济力量内生决定的（吕玉印，2000）。城市规划的作用在于引导市场、规范市场、弥补市场机制的缺陷，从而充分利用土地（郭鸿懋等，2002）。因此，笔者认为城市规划难以引导市场发展的核心原因在于：城市规划中缺乏土地开发运作[①]的经济观念，缺少土地开发运作的理论支持和恰当的土地开发运作应用方法。具体表现在三个方面。

一是城市规划受到传统计划性规划编制的遗留影响。传统计划性的规划强调对于指标的控制，忽视对城市土地开发运作的弹性理解。①对于城市土地发展规模的确定，依然沿袭传统的人均用地需求指标，核算城市建设用地的需求，忽视了土地市场供给、吸纳的能力，不重视城市对土地投入和产出的财政金融预计，城市规划失去市场指导能力或指导性不强。②对于土地用途的确定，传统计划性规划更多的是考虑城市用地的适应性和兼容性，"较少考虑土地价值的实现，对城市土地开发缺乏深入的费用效益分析"（刘

---

① 土地开发运作，也可以称之为土地运营、土地经营，主要是指围绕土地为空间载体而展开的一系列经济经营、开发建设活动的总称，其范畴涉及经济领域和经营操作两个层面，贯穿在规划编制、规划管理、城市开发、房地产市场等多个方面。本书着重分析的是城市规划编制和管理中的土地开发运作。

卫东、王炎等，1999），由此产生了不符合房地产开发的经济技术前提，导致城市规划成为一纸空文或需重新修订、调整用地性质和指标。③对城市土地结构的确定，强调土地利用结构与规范的协调平衡，仅仅反映出土地与环境、性质、产业结构的大致关系，且多以静态分析为主，"缺乏对土地利用类型、新城发展和地域分布规律的研究，对不同土地类型空间的替代、时间演替规律缺乏深刻的认识（刘卫东、王炎等，1999）"，导致城市规划适应性差、弹性小。

二是城市规划制度层面对土地开发运作重视不足，表现在以下几点。①规划编制制度的引导性偏差：在城市规划领域可以分配的最重要社会资源是城市土地开发权，以及在城市土地使用关系上建立起来的城市空间经济关系。在国家的现行规划体系框架中，各层次城市规划编制更重视物质环境层面的技术性规定，企图依靠空洞的平面构图来创造优美的城市环境，以美感和视觉效果为出发点所划分的地块以及确定的建设开发强度，由于缺乏理性的土地开发建设的经济分析，常常是偏离和违背土地市场经济规律的（唐历敏，2006）。正是由于规划编制过程缺乏严肃性和经济理论的支持，如何切实遵循土地开发运作的经济规律，将会导致规划成果的权威性和可操作性受到影响。②注册执业考试大纲的要求欠缺：《注册规划师参考教材》的城市规划相关知识科目包括建筑学、城市道路工程、城市市政公用设施、信息技术、城市经济学、城市社会学、城市生态与环境的知识[①]，没有把土地开发运作方面的内容纳入。

三是规划师缺乏土地经济意识。包括以下方面。①规划师对城市土地价格和价值的漠视：城市规划师工作的对象是城市最重要的资源——土地资源，然而众多的城市规划工作者仅仅只知道土地的重要性，对于掌控在自己手中的土地地价不甚清晰，甚至还不如城市小开发商的眼光独到。规划师普遍缺乏对城市土地开发运作的认识和研究，已经成为数字计算的工具，整日埋首于经济技术指标、用地平衡表计算之中，无暇进行土地成本和规划方案的经济核算。其结果，要么导致城市用地低效使用，要么规划实施时随意变更容积率或其他规划条件而失控。②房地产开发风头正劲，规划师成为其"傀儡"：如今，声势浩大的地产开发，也培养了一大批较具"趋利性"的规划师，规划沦为"看菜吃饭、就汤下面"的纯技术性工作。这种规划师"玩"不过开发商当中深层次的原因是，规划师没有经济成本核算和价格的概念，丧失了规划当中的主动权。③对于相关部门的政策性、规范性文件不甚了解：众多的城市规划师对于土地、房产部门的相关政策性规范性文件不甚了解。比如，建设部制定的《房地估价规范》、国土资源部制定的《城镇土地估价规程》《土地地价评估报告范本》《城镇土地分等定级规程》等政策性、规范性文件，规划师知之甚少。

3）在强调整体公共利益至上同时加强土地主体利益调节机制

利益冲突是城市规划执行当中的普遍社会现象，其本质源于法定条件下的"权利"冲突。

---

① 在2008年的注册城市规划师继续教育教材中，增加了科学发展观、健康城镇化、公共政策、资源节约型社会等内容，对于土地方面的关注仍然不够。

在城市规划领域由于主体权利能力的不一致,使得地方政府具有更大的"公权",从而引发"公共利益"和"个人利益"的冲突。即使是最为合理科学的城市规划建设工作,也不可能完全消灭利益冲突,各利益主体有满足需要的利益要求都是合理的。城市规划的难点和核心问题体现在利益协调的问题上。但城市规划对于利益的调节不是通过规划本身指令性完成的,而是通过市场这一媒介实现的经济上的利益获取,如规划中应当保证村民的土地经济利益。因而规划要调节主体之间的利益关系,首先必须面对市场,尤其要关注城市的土地市场。

因此,规划师必须要建立一个重要的共识:在市场经济制度下,对土地市场机制的认识和管理是城市建设能够按照规划进行的重要条件之一。城市规划部门的当务之急是学习运用操作土地市场机制,用市场的机制和规律来保障主体合法利益的实现,以此帮助实现城市规划的目标。规划的作用是要弥补市场自发性过强所带来的缺陷,充分发挥市场优势,限制市场的负面效果,如以牺牲公共利益换取个人或局部利益等,体现规划的政策导向作用。防止尚未完善的土地供应管理使土地市场机制未能有效发挥作用,造成土地资产流失和浪费,避免城市规划和城市发展因此受到重大影响。

事实上,在发展与转型的过程中,规划领域对于规划与市场到底应是一个什么样的关系,这始终是一个没有理得很顺的问题。一方面,规划的认识和判断自始至终不是十分清晰,依据也不充分,造成理论与手段的不适应,难以指导实际的建设,无法控制市场的自发行为,从而使其自发性过强,带来许多负面效应。另一方面,受计划体制影响,规划周期过长且不连续,失去了规划的现实和实时指导作用。规划中更多的是注重和强调空间分析,对市场的分析与研究则显薄弱和不足,特别是对于类似珠三角地区这样一个市场化程度很高的片区,计划经济体制下的规划方法和手段难以适应经济体制下城市发展的需求,从而造成规划的不作用或弱作用。

因此,要保证城市规划作用在市场中的正常发挥,就必须提升对城市规划的认识。此外,要保证政府规制与市场发展的时空统一,关键之一是如何激励公众参与城市土地市场配置,要将多主体的利益表达反映在规划中,就必须加强公共参与。"规划师在说明追求各种公共利益要素和社区所追求的目标所牵涉土地利用时,要融合这些地方和超地方的因素,只有这样,才能编制规划和策划实施它们的手段(梁鹤年,2003)"。现行的城市规划机制未能有效保障社会公众的利益,直接与社会公众未能及时参与规划有密切关系。公众客观上有参与土地市场和城市建设的需求,但显然我国目前政治体制服务管理体系水平尚不能满足这一需要,停留在告知参与、咨询参与、限制参与的象征性参与中,尚属于较低层次,而存在着巨大矛盾。

6.4.3 "能动"作用下土地管制规划创新的方向

在主体能动的推动下,我国土地相关规划管制进行了有益的探索,尤其在宏观管制规划编制方面,进行了"结构性"的创新。未来还需要进一步建立相应的微观能动协调机制。

(1) 宏观管制规划的"结构性"创新

总结我国长期以来针对土地使用管制体系和城市规划的创新方式，发现更多地集中在宏观层面，包括战略规划、多规合一、城乡一体化等多方面。

1) 战略规划创新

2000年6月，番禺、花都两个县级市合并入广州市政区。区划扩张为城市空间拓展和城市功能的重塑提供了契机。为此，广州急需要一个新城市空间发展战略，然而，传统的城市总体规划编制将耗费太长的时间。因此，广州市邀请了五个规划单位分别就城市空间发展战略提供一个方案。在五个方案独立提交后，广州市政府于同年8月又邀请了13位全国知名专家、建设部的高级官员、市人大、政协、以及各相关政府部门，来共同评价这些方案。基于研讨，制订了正式的城市总体发展战略规划（戴逢、段险峰，2003）。广州战略规划创新，学习、吸收了1960年代以来世界各国在编制城市发展战略规划的有益经验，结合中国的社会经济现实条件进行制度创新。广州是中国第一个编制战略规划的城市，并为超过200个城市所效仿，开创了中国的城市战略规划时代[①]，这也是地方政府的能动创新的体现。

2) 多规合一创新

为贯彻落实《珠江三角洲改革规划纲要》，继续在改革开放上先行先试，率先实现科学发展、和谐发展，率先基本实现现代化，以及经济发展模式向"又好又快"科学转变，区域发展越来越倾向于建立统一的空间发展平台以及相关的规划实施机制。2008年8月《中共广东省委广东省人民政府关于争当实践科学发展观排头兵的决定》提出：统筹规划城乡空间布局，建立全省空间规划协调机制，逐步推进"三规合一"，后也被称为"多规合一[②]"。由此继战略规划创新之后，广州再开国内先河，首次提出将主体功能区规划、城市总体规划与土地利用总体规划三规合一，加大了对产业、生态、土地资源方面研究的比重，生态、文化与空间并重，突出城市特色，根据规划广州将以科学发展观为统领，以世界先进城市为标杆。2014年后，"多规合一"的试点经验在全国得以推广[③]，并成为国土空间规划体系建构的前期基础。

3) 城乡一体化转型

2005年，广东省政府公布实施《珠江三角洲城镇群协调发展规划（2004—2020）》，明确了区域空间发展策略、总体布局、城镇中心体系，对广佛肇、深莞惠、珠中江三大都

---

① 2000年广州战略规划抓住城市生态环境、空间结构和综合交通三个核心问题，提出跨越式发展和适宜居住生活亦适宜创业发展的生态城市的战略目标。在2009年，广州市政府组织对战略规划进行修订，这次修订以拓展走向优化与提升为主线，更注重公共政策属性、可持续发展和公众参与，从区域、产业、文化、宜居和城乡统筹等五方面提出战略。
② 从数年来各个地方的实践来看，早期对于"三规"的理解并不相同。也有地方提出"以国民经济和社会发展规划为依据，城乡规划及土地利用规划为支撑的空间规划体系"的"三规合一"，目前主要提出将主体功能区规划、土地利用规划、城乡规划等空间规划统筹为"国土空间规划"。
③ 2014年8月，国家发展改革委会同国土资源部、环境保护部、住房城乡建设部发出了《关于开展市县"多规合一"试点工作的通知》，在全国推广。

市区以及珠三角的生态、交通、产业、市政设施等城镇发展支撑体系提出了规划指引，并制定了详细明晰的分级、分类空间管治措施；省人大公布了《广东省珠江三角洲城镇群协调发展规划实施条例》，从地方法规的层面予以保障。在 2010 年进一步提出了《珠江三角洲城乡规划一体化规划（2009—2020 年）》，进一步优化珠三角城镇群的空间结构、构建城乡规划统筹协调的一体化发展格局等要求，同时要优化空间资源的配置，在推进城乡规划一体化的进程中大力支撑和推动经济发展方式的转变。

（2）亟待建立微观土地能动协调机制

可以看出这些创新更多的集中于宏观层面的空间管制和协调，这也是非常重要的，指明了改革发展的方向，也对现有的地方政府行为提供了规范模式。但不可否认，这些规划创新都是一种"自上而下"的规划编制实施，微观土地能动的作用未能得到重视。土地使用管制从宏观过渡到微观，还需要建立一个明确的转换协调机制——能够协调相关土地利益，构建地方土地博弈的基本规则，协调相关主体的能动行为。这是自上而下和自下而上"双轨"融合的规划管制过程，也应当是土地使用管制规划"结构性"创新的方向。

总之，城市规划既是政府的规制行为，又是相关利益主体的不断协商、妥协行为的过程，是实现政府规制和市场运作时空统一的重要手段。通过我国城市规划演进分析可发现，在很长时间内，城市规划仅仅代表了政府单一主体诉求的规制行为，未能很好地协调多方主体的利益以及满足市场化运作的需求，因而往往会出现低效甚至失效。这从某种程度上也暴露出了城市规划学科自身发展的危机[①]。

2008 年 1 月 1 日，《城乡规划法》开始实施，《城市规划法》同日废止。两部法律的一字之差，却标志着中国将彻底改变城乡二元结构的规划制度，进入城乡一体化的规划管理时代。《城乡规划法》的施行，对于有关集体所有土地管理配套法规的出台提出了迫切需求。城乡统一的规划体系，无论是对于改造城中村、规范小产权房，还是推动土地二元制度的变革都意义重大。规划管理的范围扩大，要实现由二元规划到一元规划的转变，必须寻求以土地市场配置为核心的城乡规划方法皈依。

2019 年 5 月，中央发布了《关于建立国土空间规划体系并监督实施的若干意见》，提出建立国土空间规划体系并监督实施；2020 年基本建立国土空间规划体系——"多规合一"的规划编制审批体系、实施监督体系、法规政策体系和技术标准体系，形成全国国土空间开发保护"一张图"。国家层面的结构体系变革将对城乡规划编制实施产生重要影响。

从结构和能动的角度来解析，笔者认为，未来国土空间规划体系中应强化"作为重要空间利益调节、作为主体重要行动纲领、作为主体行为协调工具"三大功能。可以预见，新国土空间规划的编制应是政府、专家、公众等的研究、磋商与讨论的互动的过程，亦是

---

① 随着城市研究领域的学科构成多元化，城市规划学者逐步丧失了对城市发展的话语权，为了争夺这种话语权或者试图进入决策者的角色，城市规划大量地引入了政治学、管理学、经济学或者社会学的理论和观点来武装自己。但是随着相关研究的深入，城市规划却逐步丧失了对城市研究的主导地位，因此不可避免地形成了规划学界的"核心理论空心化"。也产生了城市规划是一种职业还是一种技能的疑问。

利益妥协的过程。在这个过程中，更多的应当强调微观层面的规划编制管制：既有政府相关职能部门的参与及将政府的政策意图转达到规划的编制中来；社会公众的参与则可将社会不同阶层、团体、个人的意见和利益反映到规划编制中来；国土空间规划技术部门的参与主要是为规划的编制提供技术上的保障和支持；唯有通过这三方面的互动，才能使以城乡规划为核心的土地使用管制回归空间利益调节、行为博弈规则制定的核心上来。

6.5 本章小结

本章研究了在我国土地使用管制制度下，以城市规划为主导的基本管制框架的构成及相关权利分配关系，重点分析各主体的空间博弈行为与土地配置的关系及其暴露出来的问题。

首先，对我国现有土地管制方式的历史演变加以梳理，认为土地使用管制体系实际上是建立在一系列法律规范基础上的土地规划和计划，涉及发展计划、土地管理和城市规划等多个部门；包括"国民经济和社会发展规划、土地利用总体规划、城市规划"在内的规划制度共同构成土地使用的管制体系。我国的二元化土地产权制度和市场制度，决定了我国城市和农村相分离的"二元用地"的管制特点；加之大都市区土地构成的复杂性，各类型规划对不同地域土地的利用管制途径和目的并不一致，土地管制存在着较大交错性，甚至矛盾性。就本研究关注的大都市区而言，城市规划较之国民经济社会发展规划和土地利用总体规划，其对城乡土地空间的影响和作用更为巨大；尤其在珠三角地方发展需求强烈的背景下，城市规划事实上已经成为城市土地发展与空间管制的最主要手段。

其次，结合城市规划的属性演变和法制化发展，从权力与利益分配的角度，分析城市规划编制实施前、后两个阶段不同层次的权力结构转变，以及不同层次利益的协调与冲突。城市规划编制实施前的权力可称为"城市规划权力（Right System of Planning）"，也可以叫作"城市规划权"，这是制度设定对于城市规划各种参与者初始权能的设定，是城市规划的权域范畴，属于制度界定的权力分配格局，也规定了主体参与城市规划的程度，针对的是"既有"权力结构。另一个层次是"城市规划中权力（Right Structure in Planning）"，针对的是由城市规划实施引发的权力结构调整所形成的"新"权力关系。本研究认为城市规划实施会打破既有的权力结构、导致新的利益格局产生，亦即如果空间秩序带来的利益调整不被权利所有者接受，规划实施将面临巨大的难题。同时，在这种权力结构格局转变过程中，还伴随着公共利益和个人利益的冲突。另外，城市规划的利益冲突"并非纯粹的经济利益多少之争，而是利益的占有、使用、收益、处分等所隐含的效用目标（包括财产法上的效率目标）、价值的冲突，以及效用与价值之间的冲突"（高洁，2006），这种冲突往往体现在主体间的空间利益博弈上。

进一步，通过案例分析来归纳空间行为类型，分析城市规划主导的土地管制中的"能动"与"结构"的相互作用。分别从发展空间的争夺行为、规划编制的博弈行为、规划管理的博弈行为三方面展开，归纳了规划管制结构演变下的各个主体的行为表现。研究发现，上级政府通过行政区划调整、划定用地控制区等措施，来限制下层级政府和基层的发展用地需求，并希望通过总体规划、战略规划控制外围城镇的无序蔓延，或是通过上收规划及用地管理审批权来为中心城区建设预留空间；而基层政府、外围村镇等为了自身发展的利益和需求，以"实际"行动来试图抵制或突破上级"编织"的规划管制结构，其"能动"行动包括不断编制各种符合自身利益要求的规划、组织各类研讨会等，希冀影响高层主体，以争取更多的发展空间和利益。

这种通过城市规划推进的空间干预可直接影响土地所有者的权益，并在法定的"基本规则[①]"下引发了不同主体的空间博弈行为。这也更清晰地反映了市、区上下级政府、村集体（农民）之间存在着的利益分歧；其相互博弈有可能导致既定土地空间规划在实施过程中发生"结构性"变化。这些问题可从土地使用管制领域的"结构"和"能动"角度来加以深入解析。

一是不同主体空间博弈行为具有强烈的上下对抗性，其根本原因在于土地利益的分配。在民主参与、多方决策和公众监督机制尚未健全的情况下，现行城市规划机制给各主体都留下了一定的"活动"空间，上下级政府、政府和群众、企业甚至规划工作者之间都可能会产生博弈行为。具体表现为：上级市政府能利用多种行政权力干预和影响空间规划，立足于城市自身外拓的发展需求，不断利用所掌握的土地规制权力来"压缩"农村的发展空间；下级区级政府、村镇集体为了自身经济发展，也试图在"有限空间实现无限畅想"，或合作、或放任、或对抗，采取多种"能动"方式为自己谋利益。

二是土地管制体系有着内在缺陷和问题，其中既包括管制体系内部"两规"之间的协调问题，也包括城市规划体系的内在缺陷。在复杂的大都市区土地权属背景下，可能出现"符合城市规划，但不一定符合国土规划"或者"符合国土规划，但不一定符合城市规划"的两难局面，"两规"矛盾暴露无遗。另外，现有城市规划编制和实施体系本身也还存在较大缺陷，如重空间引导和项目落实、轻土地权属与利用配置；公共政策包容性不足、难以适应复杂多变而且差别化的空间区域发展诉求；强调整体公共利益至上，缺失土地主体利益调节机制等。而实际上，对大都市区地区而言，大部分土地发展权都集中在集体经济组织，与空间管理主体（市政府）相分离，规划部门编制的城乡规划难以"作用于"土地权利的转移，缺乏对集体土地发展的硬约束，也就必定导致"合理"的空间规划难以有效实施。由此看来，大都市区化背景下的城乡规划体系必须要有新的变革。

---

① 例如法律规定的基层政府有编制规划的权利、规划审批的权力，参与土地市场流转、进行土地出让交易的权利等。

第 7 章

大都市区土地配置转型路径探讨

总结上文对于土地产权制度、土地市场流转制度、土地使用管制制度这三个制度层面的"结构"性问题及其相对应的不同内容、形式的"能动"行为分析，可发现大都市区发展面临着土地权益的混沌不清、主体利益的多方超越、作为空间资源配置机制的城乡规划机制有内在缺陷等问题。由此，本章对土地配置的核心要素进行归纳，在反思的基础上讨论如何实现大都市区城乡用地的协调发展，包括探讨在国有用地和集体用地两种不同土地产权性质土地上推进有序的大都市区建设；进而提出如何优化大都市区土地配置的对策和建议。

7.1 大都市区土地配置转型的方向

7.1.1 大都市区土地配置问题解释

"大都市区化"作为城市发展的一种现象，在不同国家和地区由于内在条件的不同以及外部发展环境的差异，其过程和后果也有较大差异。但总的来说，都是城市由单中心城市向城市体系、城市区域发展扩散的结果。在这个过程中，大都市区的城市化可以有两种最基本的来源或模式：即"自上"，来自农村以外"上级"的动力，尤其是国家、省一级的直接投入；或"自下"来自农村内部，包括社区乃至群众的原始投入而带动城市化的发展（崔功豪、马润潮，1999；沈建法、冯志强等，2006；雷诚、范凌云，2011；杨浩、罗震东、张京祥，2014）。就本研究选择的珠三角地区而言，更表现出强烈的"二元化"特点（或"双轨化"特点），即大城市地区和外围农村地区呈现出平行发展的格局——珠三角大都市区实质上承担了城区"自上而下"的郊区化空间外拓和区划调整背景下的区、乡镇"自下而上"式的城镇蔓延。一方面大城市依托中心城区向外拓展，表现为一种"自上而下"式的城市空间建设拓展，向外发展侵入乡村地区；另一方面都市区外围广大乡镇地区的本地城镇化则是一种"自下而上"式的城镇建设空间蔓延生长，以村镇街行政区为单位推动土地非农化，依托集体用地沿道路交通设施不断填充密实化。

"双轨化"空间扩张过程中形成了产权格局的空间变化，带来复杂的利益联系。一是，都市区核心区以国有用地为主，在向外扩张中形成的城中村实际上是地方政府"避重就轻"征地行为带来的土地产权转化不完全的空间后果——政府在征地过程中仅征收了除村庄建设用地以外的其他集体用地（除了10%~15%的预留地仍然保留了集体用地属性），实际上形成国有用地围绕集体所有土地发展的建成区空间格局。二是，在都市区边缘区，城市不断郊区化带来的边缘产权更替打破了"基于边缘区土地利益的稳固集体社会结构"，这成为引发社会矛盾的主要原因。其中，区域基础设施建设带来的产权更替形成的大量带状用地分割，冲击了既有土地群体利益，由此带来的征地补偿政策标准的不断提高和完善，实际上也是"地方政策能动行为"对于现有制度框架的有效补充。三是，外围地区土地产权结构以基层乡镇、村集体经济组织为单位，国家制度赋予了基层对于所辖土地较大的保有权，有权组织包括宅基地建设、集体建设用地分配等集体行为，制度固化了在各自行政边界范围内的土地产权及其收益，由此促使了土地市场流转中不断形成以维护自身利益的、以基层村镇为单位的"土地产权"利益群落。在这个过程中，形成较为明显的"二元分离"发展的格局，土地产权与空间利益日益结合紧密，在"不规范"市场作用下，土地规划管制面临着极大的困难。这也导致珠三角地区土地配置表现出强烈的"二元化"矛盾和冲突，这也是较其他大都市区更为突出的特征。

这些土地配置的问题可以归纳为：

一是制度性缺陷突破的尺度较大。整体结构中制度性的缺陷是造成大都市区土地违规隐性流转的首要原因。一方面地方政府可以合法利用征地的权力取得农民所有的土地，另一方面现有土地制度对于农村集体土地的经营管理权界定并不清晰，并且留下了不少政策漏洞，使得政府和村集体对于这种"制度性缺陷"突破的尺度较大，在游离于规则之外的市场获取各自的利益。而且这种"潜移默化"的作用促使《广东省集体建设用地使用权流转管理办法》的出台，对制度性的缺漏进行相应的疏堵，表现出能动超越结构之后的调整和适应。

二是地方各级政府权责分异十分明显。珠三角地方一级政府、次级政府、基层政府之间的责权、事务关系还不完善。各级政府主体之间对于城市发展的导向有着不同的理解，对于土地的配置流转也存在分歧，在城乡空间发展的背后是不同利益主体对有限土地的供给和利益争夺。市政府在土地层面的宏观调控主要是通过土地的规划控制、土地用途管制、农地转用和农地征用的审批权、土地市场规则的制定、土地税费政策的制定以及控制土地交易等手段实现的。区政府在接受上级政府统筹管理的前提下，还要配合完成重点控制地区的规划管理和拆迁安置工作，同时还有推动本地区经济发展的重要经济和政治任务，对下级村镇要落实具体计划和安排，维持一个稳定的发展环境。镇政府和村集体组织更多的是围绕辖区居民生活提供基本保障，依靠土地吸引外来资金和人员成为他们唯一的途径，并且这种1980年代以来的"以地吃饭"的路径还将保持较长时间的锁定。不同发展主体主导的土地建设发展在都市区有限的空间上重叠并置，使得各层级政府都表现出一定程度的博弈心态，导致了新编的各类规划难以有效实施，事实上各种违规用地情况不断发生。

三是基层村镇的能动性极为突出。在操作层面，村集体作为土地配置与流转最核心的利益相关者，在极大程度上决定了土地配置的现实走向。由单个村民向村民利益代表的村集体组织的转变，是随着都市区化和市场化的发展逐步形成的一个相对联系紧密、团结的利益整体。农村集体从最初的被动接受征地补偿，逐步发展到运用制度允许，利用村集体建设用地出租或建设厂房出租——既不涉及土地产权的改变，也减少了很多的繁杂手续，采用土地股份制模式将村民变成了较为牢固的利益体。

四是相关土地管制措施严重滞后。先天不足的二元土地制度也导致了规划编制体系有明显管制缺失。这表现在规划编制和规划管理多方面。规划的编制远远滞后于用地发展的扩张速度，在编制内容上也存在忽视农村集体土地发展的需求，基本忽视城乡土地产权空间交错的现状。在规划管理上也忽视了大部分土地发展权集中在集体经济组织，与空间管理主体（市政府）属于截然不同的背景，导致规划难以管制干预农村集体土地权利的市场化转移，也导致政府主导的空间规划难以有效实施。

在我国现行土地制度框架下，"结构和能动"这种复杂的关系在双轨城镇化背景下错综复杂、交织在一起，这既反映出传统空间规划的局限性和不足，同时也暴露出对问题背后的主体能动重视程度不足。由此，可以得到大都市区化土地配置问题的内在逻辑是"双轨化发展的空间诉求在土地上冲突的集中表现"，具体反映出相关主体对土地尤其是对集体土地建设权的争夺，暴露出二元土地产权制度和市场制度下的困境，同时对大都市区的空间增长形成了越来越多的约束，不仅增加了城市规划编制和用地管理的成本，而且影响了大城市的城乡空间协调发展。从结构化理论角度分析这种影响，反映出结构和能动两者之间未能协调统一的结果，笔者称之为"双轨城镇化的双向动力影响"。这种现象在其他大都市区已经有不同程度发育，也被部分学者关注，任雨来、江曼琦等（2007）将其归纳为"城市郊区化和郊区城市化"双向互动的结果。这种作用是在土地制度下的土地权力与土地利益争夺的空间演化过程，表现出的双轨路径依赖还将在长时间内存在。

这种在既定土地结构制度框架下的多元主体行为，或者说既定结构下的行为能动作用——在既有整体"结构"（制度）缺失和不足的情况下，以地方政府为核心的土地利益主体通过各种"恰当和不恰当"的实践"行为"不断超越结构，产生了由量到质的变化，进而促使整体制度发生结构性转变。这既有结构性的因素，也有能动性的作用，正是这种"结构"下制度对能动的缺陷和"能动"作用下的市场行为超越，反映出"制度"和"行为"在"相互转化"过程中还有待进一步统一。

这一逻辑关系在目前学术研究中还未有系统研究，需要进一步分析"制度"和"行为"在不同层面的作用类型和特点如下。

7.1.2 大都市区土地配置中"结构"与"能动"的类型特点

从"结构"要素的不同层面，如土地产权制度、土地市场制度、土地使用管制制度等，分别分析了制度结构框架下的主体"能动"表现，发现在不同制度层面的主体行动目的、行动方式不同（表7-1）。

（1）产权制度演进中的地方政策演绎主导特点

我国现有土地产权制度决定了土地相关权利的构成和分配，在土地产权制度构建过程中出现的各种地方政策成为制度的有效补充。在大都市区不同层次、不同地方的政策演绎行动在很大程度上影响着土地权利分配：地方政府通过调整土地征用补偿价格政策、安置政策、预留地政策，减少了在产权转换过程中的冲突和矛盾；通过村镇工业企业用地政策推动地方城镇经济和城镇化发展；通过宅基地和居民点用地政策来控制农村建设用地发

土地配置中制度与行动类型及特点归纳　　　　　　　　表 7-1

制度层面＼特点	制度特点	行动特点		
		主导方式	行为特点	问题焦点
土地产权制度	土地的基础制度	地方政府主导下的地方政策能动创新	地方主导下土地产权模式改变	二元化产权设置、地方化演绎引致上下政策偏差
土地市场制度	资产和要素流转市场的制度	国有规范性土地市场和农村影响不规范土地市场并行	地方政府企业化行为、农村隐形土地市场与利益团体行为、企业择地和开发建设行为	市场制度缺陷、市场驱动下的利益相对最大化、土地利益分配多元分化和团体化
土地使用管制制度	作为空间资源配置的管制制度	以国土空间规划为核心的土地使用管制体系	发展空间争夺行为、规划编制博弈行为、规划管理博弈行为	土地使用管制制度内在缺陷、空间发展利益的微观分配

展，体现出政府对土地政策和利益分配处于主导地位。总的来说在产权制度层面，以地方政府为主导的地方土地政策能动演绎已经成为我国制度建设的有效尝试和创新。

（2）土地市场运作中的流转利益分层契合特点

在我国二元产权制度背景下，土地作为重要的生产要素和资源，大都市区土地流转形成了"正规国有土地市场和非正规农村集体土地隐性市场"并存的局面。在城乡土地产权设定不完善的前提下，两个土地市场各自流通环节不同、参与市场运作的主体不同，各主体行为特点不同，均有着追求利益相对最大化的要求：政府行为既有较强烈的行政特点，也有独立经济人格和企业化行为倾向；农村土地主体逐步向村集体集中，在隐性市场背景下推动农村土地不断非农化流转，其行为具有团体性行为特点；企业行为在用地选择、开发方面具有更强的市场资本运作特点，甚至会超前于政府规制和土地控制，对都市区土地配置产生重大影响。在市场机制下，各个主体都能获取各自的利益所在，形成"利益分成契合"的市场运作特点，而且这三个主体之间形成了复杂的协作行为、对抗行为。

（3）土地使用管制中的发展利益空间博弈特点

土地使用管制从空间资源配置角度进行土地资源开发建设管理，本质上带有一定的政府行政色彩，具有调配空间发展利益的重要功能。但由于各土地主体能动性的干预和作用，使得这种政府管制未能取得应有的实施效果，反而引发众多土地管制矛盾和问题，围绕"土地"在规划领域产生诸多空间博弈：上级政府试图通过总体规划、战略规划控制外围城镇无序蔓延，为中心城区建设预留空间；外围村镇、下级基层政府不断编制各种规划，以"实际"行动争取各自发展空间，由此引发了在发展用地控制、规划编制、规划管理等多方面的博弈行为，其矛盾焦点仍然集中在土地利益的分配。

上述类型分析进一步剖析了不同层次制度的"结构性"不足，以及土地利益主体行为对于制度的超越带来的问题，更加明确了问题的核心所在是"制度和行动"两者之间的不协调，缺乏相应的沟通、转化机制。这种结构和能动的"二重转化"在大都市区土地配置层面有若干核心的要素，这些要素构成了转化的重要环节。

7.1.3 大都市区土地配置的核心要素

既有研究更多地强调制度建设,把问题归结到产权、市场等"制度"层面,而对于主体超越结构的能动要素重视不足。而本书通过"结构与能动"分析发现,珠三角大都市区土地配置问题核心恰恰更多地体现在能动方面,多主体、多类型的土地能动行为产生了复杂的土地配置结果。由此,对影响大都市区土地配置的核心要素归纳也基于对结构和能动作用的总结。

研究发现土地(产权、市场、管制)制度决定了参与土地流转各个主体拥有的权力,同时决定了主体共同参与土地相关决策和收益的前提条件,而权力是个人机会的集合,权力的大小决定了个人可以行动的程度和范围;其次,行为是主体在利益驱使下的一种选择,包含了私人个体的行为,也包括了公共的行为选择;然后各主体运用手中掌握的各种权利进行土地相关行为来获取"有效利益",不管是在产权、市场还是土地管制层面,土地主体都"巧妙"地运用制度赋予的权力,甚至在某种程度上超越了制度的界定,其背后是利益驱使下产生的超越自身权力的索求,并反馈作用于土地市场发展和土地管制机制,从而影响大都市区空间格局的变化。

进一步归纳:"权力、行为、利益"三者构成了土地配置的关键性要素,土地制度建设完善的过程也是不断明确细分、进行权利分配的过程,而土地能动行为过程则完成了权力的转让和利益的重新分配。由此解释任何的土地违规行为,都可能会涉及既有土地权利制度界定的不完善,即制度性的缺陷;也可能涉及主体行为超越了"法定"权利范畴,例如政府公共权利的滥用、集体土地权利拓展和忽视权利实现的前提条件等。可以说,基于这三个要素可以解释当前大都市区土地配置问题,在此意义上,土地配置也可以进一步理解为"权力分配、行为选择和利益协调"不断交织和重组的过程(图 7-1),这也构成了"制度和行动"相互协调、转换的重要环节,相应的对策研究也应当基于此展开。

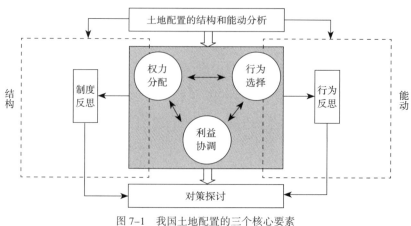

图 7-1 我国土地配置的三个核心要素
(资料来源:笔者自绘)

7.1.4　大都市区土地配置转型的方向

虽然土地配置问题的根源可以归咎到制度设计的缺陷，而笔者更重视现有制度下个体能动的作用，以及如何协调各种主体的行为。对策研究的目标也是探讨如何在完善土地制度的基础上，寻求结构和能动的统一。

在双轨化城镇发展背景下，城市建设用地向外扩张，用地紧张，与其相对的是农村用地浪费，无序建设，两条道路在大都市区并存，引发诸多矛盾，具体在土地配置上表现出"制度约束不足，主体行动超越"。从结构化理论来认识这种现象，"结构既不断融入实践活动之中，成为能动的组成部分，同时又在实践活动之中再生产出来，成为能动的结果"。即：土地制度构成行为主体交流的基础，又对行动者的行为构成制约，而通过能动而连续不断地促使新的制度产生，进而引发新的行动。由此，我们可以发现在双轨化的背后是结构和能动的分离，表现出制度和行为之间缺乏有效的转换机制，或者说是转换的过程严重滞后表现为制度和行动的相互脱节。

从大都市区整体和城乡统筹发展的角度，寻求摆脱原有的、由政府主导的、拘泥于国有土地建设城市的单一格局，学习在国有土地和集体土地上共同建设和谐发展的大都市区，这实际上是一次"土地配置方式的转型"。结构化理论不仅能解释制度和行动之间的互动关系，还能指出转型的方向——通过土地配置领域"制度和行动"这两套意义框架的互动，通过互相转化，使得相对立的整体和个体达到了相对统一。这也是笔者提出的"第三条道路[①]"——未来要打破这种"双轨"土地配置模式，必须寻求"制度和行动"相互统一、相互转化的路径。相对于学者们提出的"农村城市化两种最基本的来源或模式"（崔功豪、马润潮，1999；沈建法等，2006），一种是"自上而下"，由"自农村以外上级的动力，尤其是国家、省一级的直接投入"，在珠三角大都市区表现为城市上级政府推动的、以中心城区向外拓展为主，笔者称为"第一条道路"；另一种是"自下而上"，来自农村内部，包括社区乃至群众的原始投入而带动城市化的发展，在珠三角大都市区表现为基层镇、村集体利用集体土地开展的"规范和不规范"集体土地流转、开发，推动就地城镇化、工业化的道路，笔者称之为"第二条道路"。目前，"第一条道路"和"第二条道路"同时并存于大都市区时空范围，形成"双轨"土地发展格局，并且引发激烈的"土地配置"冲突，"第三条道路"的设想也正是源于这种复杂的土地配置问题。

必须强调，笔者提倡"大都市区土地配置方式的转型"，不仅仅是土地配置模式的转型，也是重要的社会经济发展模式的转变，更是大都市区空间发展模式的转变，解释如下。一是宏观经济发展模式的转变。珠三角面临的问题突出地反映了"分散工业化"粗放的发展模式

[①] 在吉登斯提倡的第三条道路主要内容为：在社会民主主义的基础上，肯定自由市场的价值，强调解除管制、地方分权（非核心化）和低税赋等政策。美国总统比尔·克林顿、英国首相托尼·布莱尔、德国总理格哈特·施罗德以及西班牙总统萨帕特罗等人的政策就体现了"第三种道路"的核心理念。在此笔者借用"第三条道路"的概念希望能够探索出一条大都市区土地配置的新路。

难以为继，推动经济发展方式转变必须成为大都市区发展的主题，需要构建高效益利用资源、高品质建设城乡的模式，有效地解决建设发展模式粗放、城乡区域发展不协调、资源环境压力大等深层次的矛盾和问题。二是大都市区空间发展模式的转变：珠三角普遍面临着城乡建设用地分布分散，发展重点不突出，现状用地结构失衡，村庄居住用地和企业用地所占比重过高，城镇建设用地和可开发建设用地比重偏低。分散的发展模式致使功能布局不够紧凑，这种蔓延扩张也不利于功能高效发挥和土地集约利用。未来必须寻求紧凑集约高效的空间发展模式。三是大都市区土地配置方式的转变。这是前两者发展转型的重要前提和基础。这三个转变不仅仅是以广佛为代表的珠三角大都市区发展的需求，更是我国大都市区发展面临的普遍问题。可以说，大都市区地区要实现城乡统筹，打破"双轨化土地配置"是最关键的问题。同时这与我国目前所倡导的城乡统筹的总体目标是一致的[①]，也体现了本研究的根本意义所在，这也许是打破双轨发展，实现"双轨合一"的一个有效途径。

就目前各地区尤其是国家确定的各大综合配套改革试验区的探索[②]，已经逐步涉及了最核心的土地问题。例如天津滨海新区配套改革试验区进行了土地管理改革，创新土地管理方式，开展农村集体建设用地流转及土地收益分配、增强政府对土地供应调控能力等方面的试验，成渝统筹城乡配套改革试验区探索了行政性批复和地方改革相结合的促进农村建设用地入市的模式。这些探索对于大都市区土地配置问题的解决提供了良好的制度性借鉴。可以预见，未来土地配置的整体制度的结构性变化已经有了良好的制度环境，虽然尚未形成完整的制度框架和规范模式，但土地配置的制度性变革即将拉开。

从涉及的三个核心要素来进一步解释，第三条道路——土地配置的转型实际上是"人们在利益动机的驱动下对权利结构进行的调整"，是"平衡权利、共享利益、规范行为"的和谐土地配置之路：首要是权利结构的变更，其次是利益分配格局的调整，最后才是行为秩序的规范。具体对策既包括宏观土地制度层面的探讨，也包括微观层面具体土地规制策略的研究。

7.2 探索第三条道路——大都市区土地配置问题的对策

土地配置具有"制度性、技术性、运作性"多种特点，是土地制度设定、市场交易经济和空间使用管制的统一体，这也是实现我国大都市区土地配置良性发展的着眼点。针对研究发现的土地配置问题，关注"平衡权利、共享利益、规范行为"，结合研究的三个层次"土

---

① 中央强调要城乡统筹，还有更为具体的，或者说更加直接的原因，这就是，长期以来，我国城乡经济社会发展形成了严重的二元结构，城乡分割，城乡差距不断扩大，"三农"问题日益突出，局限于"三农"内部，"三农"问题无法解决，解决"三农"问题，必须实行城乡统筹。

② 21世纪以来国家已经批复了多个综合配套改革试验区。上海浦东新区开展以"着力转变政府职能、着力转变经济运行方式、着力改变二元经济与社会结构，率先建立起完善的社会主义市场经济体制"为主要内容的综合配套改革试点。天津滨海新区围绕开发开放开展以金融体制、土地管理体制、对外开放体制、财税体制改革等为主要内容的综合配套改革试点。重庆市和成都市开展以统筹城乡发展为主要内容的统筹城乡综合配套改革试点。武汉城市圈和长株潭城市群开展以建立促进资源节约型和环境友好型社会建设的体制机制为核心的综合配套改革试点。各自改革的方向均有所侧重，但都涉及土地这一层面的探索。

地产权制度、土地市场制度、土地管制制度"来展开可能的对策探讨。在此，结合国家治理体系重构，本书尝试提出"第三条道路"来打破"双轨化"土地配置模式，有别于基于"城市国有土地"和"农村集体土地"的两条道路，第三条道路尝试协调"国有土地与集体土地"两种不同路径上的都市区发展，从"权利结构的变更、利益分配格局的调整、行为秩序的规范"三方面寻求"制度和行动"的治理统一。

对策研究涵盖宏观土地制度层面的探讨和微观层面具体土地规制，"第三条道路"提出了三条核心策略（表7-2）。首先，构建土地开发权利平衡机制，必须健全土地产权制度建设。通过引入土地发展权来建立城乡统一的土地市场，并通过在土地使用管制中设置土地发展许可的环节来加强对城乡土地开发的控制和管理。其次，通过构建土地开发利益共享机制，在制度层面明确各个主体对于土地发展权能的占有和分配，以及相应的土地利益分配关系。从市场角度来量化土地经济利益，合理分享土地利益，并且这种利益关系应当建立在科学有效地空间管制基础之上。这需要进一步强化有关土地规划管制的空间利益调控能力，在平等沟通基础上编制统一的国土空间规划，通过城乡规划合理调控土地发展权的空间分布，建立有效的土地流转制度平台。最后，构建多方参与的土地决策机制，强化土地相关利益主体参与土地相关决策的能力，通过相关行为的引导和规范，确保主体的参与权、决策权和知情权，这需要创新土地规划管制中公众参与机制。

和谐土地配置之路的对策构成　　　　表7-2

核心策略＼层次	土地产权制度	土地市场制度	土地使用管制制度
平衡权利	土地发展权	城乡土地市场	土地开发许可机制
共享利益	利益分享权	市场利益分配	空间利益调节机制
规范行为	共同决策权	主体行为规范	公共参与决策机制

同时，基于国家治理体系改革的思路，对策探讨还遵循了三个原则。一是必须聚焦于"地方"的发展。地方可以理解为是由多元主体构成的利益共同体，地方是改革开放的核心力量，地方城市发展构成了我国城市发展道路的主流。"地方"具有双重性质，既是利益主体又是调控主体（管跃庆，2006）。地方发展始终是多种利益主体相互作用和冲突、妥协的过程，需要在国家与区域的发展目标和政策的指引下，追求环境资源的可持续发展，保护城市社会的公共利益，以及维护公民、法人和其他团体的合法权益。二是强调"政府规制和市场运作的时空统筹"，即制度下的规制和主体行为运作应当在同一时间和统一空间中形成一一对应的关系，甚至部分规制还必须先行，起到更有效引导市场预期的作用，强调规制和市场的时空统一来建立和完善土地市场体系，进而利用市场机制调节作用来促进土地合理配置及集约利用。三是关注"制度设定与利益分配的统一"。在新的背景下要明确土地权力与利益统一，相应的制度设定需要适应地方利益与土地市场日益密切的市场化进程，能够协调隐藏在制度背后主体的利益动机，并促使原有的利益结构更合理。

7.2.1　构建土地开发权利平衡机制

土地发展权是土地变更为不同使用性质的权利，是一种可以与土地所有权分割而单独处分的财产权。土地发展权在西方国家是一个很普通的观点，但在我国还仅限于理论界，在实践中并未作为一个明确的概念使用。在此，本书尝试通过引入"土地发展权"来补充完善现有土地制度缺陷，明确农村集体土地所有权的权属，尤其在大都市区城乡土地交错状态下能发挥"权利统一和平衡"的作用。通过介绍土地发展权的应用背景，来构建城乡一体化的发展权市场流转平台，为农村集体土地进入土地一级市场创造合法的制度基础，并提出"土地开发许可"来完善相关土地使用管制制度。

（1）创设"土地发展权"统一土地权属

促进分散式的农村城市化走向集聚式的农村城市化，要充分注重土地产权的协调（李郇、黎云，2005）。综合国际经验和我国土地产权制度现状，建立兼顾公平和效率的发展权归属方式是解决二元发展矛盾的有效选择。本书建议采用的土地发展权作为一个产权类型，其代表了土地可以进行开发获利的大小，土地开发权的获得和转移与空间规划密切相关。我国土地研究学者对于土地发展权有不同的理解（胡兰玲，2002；孙弘，2004；张友安、陈莹，2005；刘国臻，2006；等）。在规划学界比较典型的有，"土地产权基本上由四个权属组成：①土地使用权；②土地出租及收益权；③土地发展权（土地开发权）；④出让以上部分或全部权属的权利（朱介鸣、罗赤，2008）"；城市建设和土地开发是通过土地性质或者建筑物的重大转变而获取增值收益，这些开发活动所获得的收益即"土地发展权"，又称土地开发权，这一构想最初源于采矿权可与土地所有权分离而单独出售和支配。根据学者研究，理解如下。

首先，土地发展权是一种物权，是开发土地的权利，是将土地改变使用性质或提高土地利用程度而获取土地收益的财产权，它可以与土地所有权合为一体，由土地所有权的拥有者支配，也可以单独支配，它是土地处分权中最重要的权利，是落实土地用途管制耕地与环境保护政策的基础性产权与制度设计。其基本内涵是，如果土地所有者既有土地所有权，又有土地发展权，则可享受自主开发建设相关权益；如果土地所有者只有土地所有权而没有土地发展权，这样的土地拥有者只能对其拥有的土地进行延续的使用，而不能改变其使用性质，如农田只能耕种，不能建设或开采，如需建设或开发，则必须向相关管理部门购得土地发展权。

其次，土地发展权作为解决土地开发过程中利益冲突的一项规则或手段被设计出来，是土地产权制度建设的不可或缺的内容。该产权在英美法律体系中得到了充分的肯定和运用，根据相关研究，其基本模式可以归纳为三种：

①以英国为代表的土地发展权国有：土地发展权的最早提出始于1947年英国城乡规划法，确立了"土地开发权国有化"制度，一切私有土地将来的土地开发权转移归国家所有（英国土地所有权分为私有和国家所有两种），包括变更土地性质和改变建筑物用途。

土地所有权性质不变，但土地所有者要改变土地用途性质必须向国家申请购买土地发展权，在规划管理部门经过"开发许可"后才能获得开发的权力。②以美国为代表的土地发展权归属于土地所有权者：美国在分区（Zoning）制度的基础上，创立了"TDR 制度"（土地发展权转移 Transferable Development Rights）和"PDR"制度（国家购买土地发展权 Purchased Development Right），政府为了达到资源保护、城市发展控制等目的的时候，需向土地所有权人购得土地发展权，而使土地发展权归政府所有，而土地所有者则自动丧失土地开发的权利（Paul and Jeffrey，1998；Babbitt，2006）。从产权性质上看是一项定量的可转让的财产权。③第三种是法国的"法定上限及密度限制"：制定了土地开发建设的强度限制，对土地所有者进行的建设开发权确定了一个上限，土地发展权在一定范围内归土地所有者所有，超过范围部分的土地发展权归国家所有，开发者须就超过限度的部分向政府支付一笔费用，购回超过标准的建筑开发权。上述不同制度模式设计的出发点不完全相同，分别考虑了公平与效率，"土地发展权归政府或国家所有主要是基于社会公平的考虑，土地发展权归土地所有权人主要是基于土地利用效率和耕地保护的考虑"（刘国臻，2006）。但无论土地所有权状况如何，设定土地发展权或土地开发的权力都属于国家。

总之，"土地发展权"作为一项制度设定，代表了土地能够进行开发获利的大小，与土地的其他多种产权共同作用于土地开发过程，其主要调整的是土地开发中的相关社会关系，具体包括土地开发的空间与利用秩序、开发各方当事人（权利主体）利益关系，土地开发权的获得和转移与城市规划密切相关。将这个概念引入土地制度设计中，有助于统一大都市区城乡二元化土地产权类型，并有效加强土地产权和规划管制之间的联系。国外实践证明该权力的创设在明晰土地开发权利及其归属、保护耕地和生态环境、消除因规划造成的土地所有权、使用者等权益不公等方面发挥了重要作用（Zhu. J. M, 2004）。因此，综合国际经验，结合我国土地产权制度现状，建立兼顾公平和效率的发展权归属方式是解决城乡土地空间矛盾的有效选择。按照产权运作相关流程，本书提出了土地发展权制度设计包括创设、让渡流转和许可三个环节（阶段）。其中土地发展权的创设是制度设计的基础，其让渡和流转必须建立相应的市场机制，土地发展权的许可应当纳入现有土地规划管制体系。在此重点分析在大都市区城乡土地产权交错的状态下，土地发展权的创设应当包括如下内容。

①土地发展权的类型：按照大都市区土地现状和我国《土地管理法》分类，将土地发展权分为城市建设用地发展权（即国有土地发展权，改变建设用地利用、建筑容积等内容的权利）、农地发展权（农业用地转变为开发建设用地的权利）和未利用地发展权（对未利用地进行开发的权利）三类。"城市建设用地发展权"类似于控规确定的土地开发能力的大小，已基本纳入了明确法制范围，而农地发展权的创设和管理属于新的范畴。

②土地发展权的归属：我国的土地发展权应当归属于土地所有权人，土地发展权归属于土地所有者更有利于土地市场的运转和土地资源的有效配置（黄莉、宋劲松，2008）。根据我国的土地所有权制度，城市建设用地发展权属于国家，农地发展权属于集体经济组织。考虑到我国个体农户的短视性和集体所有者的虚置等因素，政府作为管理者应运用相

应的手段进行综合协调引导,如对土地整理后转作非农的,应征收税收等方式,从而避免因暂时的利益而使耕地流失。

③土地发展权的设定:设定土地发展权的权力属于国家,包括发展权的年限[①]、内容、空间分布等相关设定,而且所有土地发展权的确定和转移必须纳入国家法定管理范围。虽然强调国家具有设定土地发展权,但面对大都市区多元化的土地所有者,必须强调农地所有者共同参与发展权的设定决策过程,共同建构土地发展权的管理决策平台。在此基础上通过整合"两规"来平衡土地发展权的大小、空间分布的权力,建构土地管制平台。

④土地发展权的实现:从土地发展权创设的基础来看,与土地规划管制联系紧密。农地转用过程中由于土地用途发生转换,土地价格会从农用地价格的水平上涨至建设用地价格的水平,从而出现土地涨价即土地增值。"这种土地增值发生在土地用途转换的情况下,而土地用途转换又以土地利用规划和土地用途管制为前提(王小映,2005)"。事实上,相关土地利用规划由于限定了不同区位土地的开发利用方向,因此也就预先设定了土地发展权。那些规划待转用的农用地,由于规划允许进行开发建设而享有土地发展权,其市场价格就会升高至建设用地价格水平,而那些规划禁止转用的农地,由于不能用来开发建设,土地开发权受到限制,其市场价格会保持在农用地的市场价格水平上。这种在土地用途转换过程中由土地用途价格差异形成的土地增值,与土地利用规划限定的土地发展权相对应,并且这种增值并非业主的投资和劳动形成,而是与政府管制相联系的一种建设用地稀缺性增值,因此,其中的大部分应由社会共享而不能由农村土地使用者独享。周其仁(2002)提出农地转换用途带来的增值不应该全部收归国有,"权利本身就有价",因此作为农地产权主体的农民必须分享集体土地的增值收益。笔者认为,强调发展权与土地制度的结合,能充分发挥产权明晰带来的效率激励,又能加强政府对土地收益的整体调控。根据产权界定(制度设计)应当使交易成本最小化,因此应当法定化土地发展权,为城乡空间的协调发展和多方利益平衡提供基本规则。

⑤土地发展权的转移:在制度设计中还应当进一步明确集体用地具体流转过程中的产权边界,建议如下:A.对集体土地开发应设置"基准发展权",其超出的发展权规国家所有;B.集体用地地下空间发展权应归国家所有;C.集体建设用地使用权出让和出租的,基准发展权随之转移;D.集体建设用地使用权转让、转租、抵押的,其发展权不能被转移;E.集体建设用地闲置的国家有权收回发展权。

(2)构建城乡一体化土地发展权市场平台

土地发展权的创设在明晰土地开发权利及其归属、保护耕地和生态环境、消除因规划造成的土地所有权、使用者等权益不公等方面发挥了重要作用。反观我国城市土地产权制度的不明晰,已经成为城市化进程中空间与土地不相协调的重要诱因之一,相关利益团体

[①] 从目前集体土地使用权使用年期制度安排看,一是年期的时间较短或不明确;二是年期终止时使用者有关财产的归属不确定,没有收回充公的制度安排。这些都是农地发展权设定需要关注的问题。

矛盾冲突的根源在于土地发展权配给的法制化管理还不完善，因此设立基于"土地发展权"的城乡土地市场平台是十分有意义的。这体现在三方面。

首先，设立基于"土地发展权"的城乡土地市场能够很好地补充现有土地制度的缺陷与不足。回顾我国土地法制建设过程，在1949年后经历了一系列土地产权制度变革，形成了以土地公有制为基础，使用权为核心的土地产权体系，包括土地所有权、使用权、征用权、出让权、开发权、租赁权、抵押权等多项权能。但在《土地管理法》《房地产管理法》《物权法》等法律当中，对于国家与集体土地所有权的关系、土地使用权以及发展权、土地开发的空间权等方面仍然存在众多问题，均未对土地发展权做出明确的界定。例如，尽管在土地所有权分类上只有国有土地和农村集体土地之分，但根据目前的土地政策，不但有基本农田保护要求，而且在建设用地方面，又分别有"纳入城市土地市场的建设用地""村镇自留建设发展用地"以及"农民宅基地"；这些用地管理的归口不一，又相互牵制，就使得若干从城乡建设控制出发的规划缺少权属整合基础，进而也就难以实现对城市建设的有效控制。

其次，设立基于"土地发展权"的城乡土地市场已经有良好的现实条件。我国实行土地公有制为基础的土地产权制度，事实上已经为"土地发展权归国家所有管理"的模式提供了良好的制度条件。按照《土地管理法》第八条~第十一条的规定，明确了"国有土地发展权归国家所有，集体土地发展权归农民集体所有"，可随着土地使用权流转而改变；第十二条"依法改变土地权属和用途的，应当办理土地变更登记手续"，需要纳入政府法制管理的范畴，体现了部分土地发展权配给法制化的思想。虽然我国没有明确法定"土地发展权"的概念，留有一定模糊空间，但实际已经隐含了"发展权公有"的思想，因此明晰界定土地发展权、推动权属法定化是必然发展趋势（郭熙保、王万玲，2006）。

最后，建立基于"土地发展权"的城乡土地市场本质是统一规范城乡可建设开发土地，是加强对大都市区土地资源的调节作用。在完善土地利用规划、合理配置土地发展权的基础上，在政府按照土地利用规划和土地供应计划批准规划待转用农地可以转用后，参照同样用途、同样年限、同样条件的国有建设用地市场价格和集体农用地市场价格之间的差价，由建设用地者直接向拥有规划等转用农地土地发展权的集体经济组织购买土地发展权，按照农地价格由建设用地者向承包待转用农地的农民购买土地承包经营权并支付相关的劳动就业补偿费用，从而建立土地发展权转让制度和规划待转用集体农地直接入市制度。这一制度的建立有利于保护和实现农民的土地财产权益，规范和理顺政府、开发商、农户的土地行为及其之间的经济利益关系，实现有效的土地市场管理；有利于保障相关土地管制的有效实施，提高土地资源的可持续利用，为农民分享工业化、城市化成果提供有效的保证，并促进社会和谐发展。

因此，建立基于"土地发展权"的城乡土地市场是平衡大都市区土地利益，协调发展矛盾冲突的必要手段和措施。土地发展权的让渡和流转必须建立在相应的市场机制上，包括以下几方面。

①建设"土地发展权"城乡土地市场的基本原则。一是，促进城乡土地市场的一体

化原则。土地具有的不可移动性决定了大都市区空间范围内的土地价值是一个连续的市场整体,具有整体性,土地市场也应当是一个完整的统一体。但是由于城乡二元土地结构的存在,导致城市和农村土地价格的人为扭曲和市场分割。并由此带来农村土地隐形市场的发展,造成了外围土地利用的混乱无序和土地配置的低效化。提倡建立在统一"土地发展权"之上的城乡土地市场一体化是协调城乡土地利用、打破都市区土地人为分割的重要手段。二是,严格界定"公益性"原则。主要针对很多政府行使土地征用或征收权时的目的都是非公共利益的,区分好"公益性"这个概念,可以防止权力的过度流转和流转不力等情况的出现,把握好界定原则,对于构建城乡一体土地市场非常关键。应当区分"公共利益"的盈利性和非盈利性,用于盈利的用地应当符合土地发展权市场的经济规律,采用市场化手段获取土地所有权,非盈利的用地按照国家政策予以征用和补偿。三是,确保农民利益不受损害原则。目前各地开展的"以城乡建设用地空间置换为主导"的农村土地流转,主要以政府推进为主,这一过程中农民的权益没有得到更为充分的保护,反而受到了一定的损害。例如"宅基地换房""土地换社保",农民需要放弃自身土地、宅基地才可能获得社会保障;"拆村并点""农民被上楼"往往打着城乡统筹、新农村建设、旧村改造、小城镇化等各种旗号,实际上是为了获城乡土地之间的级差收益,更可以突破宏观调控下紧缩"地根"的限制,但事实上使农民土地收益在一定程度上进一步受到损害。因此,建立"土地发展权"城乡土地市场必须建立在维护农民合法权利基础之上。

②赋予城镇国有土地发展权和农村土地发展权具有同等权利。通过建立土地发展权,在制度上赋予农村土地和城镇国有用地同等的权利,消除两者之间的经济不平等性。在土地用途、建设规划管制的前提下,集体土地和国有土地的使用权人具有相同的权利。对依法取得的农村集体经营性建设用地,必须通过统一有形的土地市场、以公开规范的方式转让土地使用权,在符合规划的前提下与国有土地享有平等权益,真正实现"同地同权"。

③基于统一发展权下的土地征用制度改革。农民作为土地的"主人",在土地被征用的过程中,本应成为土地的最大受益者。可事实上,农民的土地被征用后,本应该在土地上获得的收益大部分丧失。其主要原因是农民对土地权力的缺失,即:农民使用土地、处分土地和获取土地收益的权利缺失,因而缺乏获取土地使用权、处置土地财产、决定土地用途、参与利益分配和享受土地转让收益的应有权利。而土地发展权是改变土地用途和提高土地利用度的权利。如果赋予农民土地发展权,土地征用补偿应当以市场价格为标准,从而改变"现在以农业用地的年产值为标准"的非市场化格局,进而农民可以进一步分享城市化进程带来的利益。

④建立城乡协调的地价体系,完善大都市区统一土地价格分级体系。目前地价体制在大都市区建成区已经逐步形成,但在边缘和外围地区由于土地市场的缺失,尚未建立相应的地价体系。城乡地价体系的建立有利于完善征地制度,促使征地补偿逐步与市场接轨。建立与大都市区整体空间分布统一的土地价格分级体系的关键在于城镇国有土地发展权市场和农村土地发展权市场的协调和衔接,要通过制定相应的税费、流转机制,在集体建设

用地流转前对资产价值进行评估，建立包括不同类型土地入市初次价格、二次转用价格在内的完整地价体系，建立科学的土地价格评价机制，从而使两个市场合并运行，形成一个城乡统一的土地市场。同时，应支持建立农村土地流转机构，建立相关的中介服务机构，形成系统的土地流转服务体系。

⑤推动集体土地流转相关税费制度的改革，引入利益分享机制。在现有的农村集体土地流转中，形成与城市土地市场相对应的独立利益链，围绕"土地租金"形成农村集体土地利益链，将使政府难以获取相关土地收益，也无法进行相应的基础设施配套建设，从而形成无序、散乱的建设格局。在统一城乡土地市场后，更应当探讨政府、村集体、村民共同分享土地增值的利益，应当逐步建立与土地制度关联度极高的财税制度，特别是地方政府的财税体制，由此形成多方共赢的利益格局。

（3）设置土地发展许可，规范土地流转配置

土地发展权的实现必须对应具体的开发行为，包括土地性质和利用状况的改变、建设强度和使用的转变系列行为；是土地产权关系发生改变的过程，包括产权性质的改变和发展权的获取。因此，在城乡土地发展权市场制度建立完善后，还需要加强对土地发展的相关行政许可。其中一个重要条件就是要符合相应的规划空间管制。在国土空间规划体系条件下，城市规划行政许可的规制对象已经扩展为建设活动与土地使用（何明俊，2019）。因此，本书提出与土地发展权制度设置相对应，完善城乡规划制度设计，在空间规划领域设置相应的"土地发展许可"，即任何改变土地开发状态的行为必须经过国家相关管理部门同意，笔者把这种行政审批称为"土地发展许可"。该许可与我国长期以来城市国有土地建设实行的"开发许可制"密切相关，是规划对大都市区内所有土地发展的行政干预作用，影响着土地发展权的转变。

在国土空间规划过程中，土地发展许可以由三个不同阶段的"分层赋权"构成。

一是土地发展权的赋权①与认可：即发展可行权获得。通过城镇、乡村总体规划，确定城镇开发边界、生态保护红线和永久基本农田边界、明确建设用地界限和保护用地范围。根据《城乡规划法》第四十二条"城市规划主管部门不得在城乡规划确定的建设用地范围以外做出规划许可"，只有"符合城乡规划建设用地范围"以内的土地才有开发建设的可能性和可行性，即"能发展还是不能发展，优先发展还是后续发展"——城乡建设用地范围明确了哪些土地能有发展权，哪些土地被限制或剥夺了发展权。对于这种允许土地发展的权力获得，笔者称之为"发展可行权"赋权。

二是土地发展权的确权与调整：根据控制性详细规划深化土地用途和量化发展权指标，进一步具体化各地块的土地发展权。控制性详细规划中各项指标的确定事实上是政府动用了公共部门的规划权而赋予土地使用者的发展权（田莉，2007），这种发展权一旦确

---

① 针对发展可行权是一种抽象权，采用了"赋权"，赋权是指赋予对方获得决策和行动的权力；后文针对土地发展权是一种具体、可量化的权属，采用了"确权"，确权是依照法律的规定，经过规定程序确认的所有权、使用权的隶属关系和其他项权利。

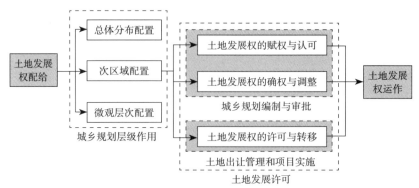

图 7-2 城乡规划层级赋权作用分析——土地发展许可
（资料来源：笔者自绘）

权就难以进行重新调整[①]。

三是土地发展权的许可与转移：通过一系列的规划申请和行政许可，获得合法土地发展权的许可阶段，在我国通常是"一书三证"（选址意见书、建设用地规划许可证、建设工程规划许可证和乡村建设规划许可证），同时必须在土地管理部门办理规定手续后，就完成了相应的土地使用权和土地发展权转移，开始进入具体建设实施与运作阶段（图 7-2）。

概而言之，本书提出的"发展可行权赋权—土地发展权确权—土地发展权许可"构成了"土地发展许可"，是土地发展权配给过程的主要部分，也是城乡空间发展的重要环节，直接对应于我国空间规划的编制和管理，前两个属于空间规划编制和审批过程，后一部分属于土地出让管理和建设项目实施过程。

7.2.2 构建土地开发利益共享机制

基于土地发展权概念的引入，构成了不同发展路径下的土地研究基础，在强调城乡统筹发展，双轨化背景下的国土空间规划应当从单一的空间调控、追求土地利用规划科学性，转向调控土地实际占有者"利益的平衡"。必须研究如何让政府、农民共同分享集体土地流转的收益，形成"农民收租—企业赢利—政府收税"的利益分配格局，构成完整的"土地利益共同体"（魏立华、袁奇峰，2007）。这需要合理统筹大都市区两种不同城镇化道路的发展目标，既要保证城乡空间资源分配的效率，又要更多地关注土地利益主体的合法财产权益的增值，将农地利用的市场价值反映在土地利用决策框架之中。通过"调节土地收益分配以刺激不同土地使用者配置使用效率的积极性，加强对土地使用管理的科学性和有效性，这是政府调控土地市场的主要手段之一（赵民等，1998）"，这需要构建土地开发利益共享机制，加强开发运作层面的收益分配研究，走共同获益道路。

---

① 尤其《城乡规划法》进一步强化了控制性详细规划的行政管理作用（第三十七、三十八条），"控制性详细规划修改涉及城市总体规划、镇总体规划的强制性内容的，应当先修改总体规划（第四十八条）"，从城乡规划审批程序上避免了土地发展权调整的随意性。

构建土地开发利益共享机制需要在制度层面明确各个主体对于土地发展权能的占有和分配，以及相应的土地利益分配关系；从市场角度来量化土地经济利益，合理分享土地利益；并且这种利益关系应当建立在科学有效地空间管制基础之上，这需要进一步强化有关土地规划管制的空间利益调控能力。

（1）明确土地利益分享权与主体的对应

根据上文分析，现在形成了两条平行的利益链，一是围绕"土地出让金"形成的城市利益链，即国有土地使用权出让的收益，通俗地讲就是"地价"，其主要获益者是地方政府；二是围绕"土地租金"形成的农村集体土地利益链，由于集体用地流转方式以出租为主，其主要获利者是农村集体和农民。这两条利益链相互平行，在分层契合的市场交易中获取各自的利益，并把"对方"排除在利益格局之外。城市建设用地的利益获取建立在大量"征用"农民土地、剥夺农民利益的基础上，随着征地制度的改革，通过征地获取土地的难度将会越来越大。由于城市建设用地存量市场的利益格局已经较为稳固，而增量市场的发展将打破这种城乡分离的土地利益分配模式，未来大都市区必将走向政府、农民共享土地利益的格局。

在新的经济形势下合理地调整和重划国家、集体、个人业已形成的利益格局，其重点在于农村集体土地收益分配，这是集体土地使用制度改革的关键所在——不仅能有效地调动各方的积极性，更是成功进行集体建设用地使用制度改革的稳定器。收益分配是指收益在各权能间合理配置并形成多元利益主体的过程。在集体建设用地流转过程中的收益分配实际上主要就是如何正确地确定收益分配主体以及收益在各主体间如何分配的问题。这需要从以下几个方面来推进。

1）土地发展权的确权

土地确权是一种行政行为。我国现行法律规定，对土地权利的确认，是国家行政机关的权力，即人民政府依法对土地的相关权属进行认定，明确土地权属的行政行为。在大都市区层面，土地发展权确权包括两个层次的内涵：一是权属与所有者的对应关系，二是权属的空间对应关系。前者应当在土地登记法规的指导下，完善农村土地登记发证制度，以土地产权证书的形式对农村集体土地所有权、集体建设用地使用权、土地承包经营权、林权和房屋所有权进行确权登记，明确产权，逐步建立城乡统一的土地财产权利登记体系。集体土地所有权、集体建设用地使用权确权到村或组。承包地、自留地、宅基地和农民的房屋确权到户。后者需要在统一编制的土地发展权分配方案基础上，将发展权落实到具体地块空间，最后落实到具体的土地利益者。

2）土地宏观利益的平衡

在土地规划空间管制下，由于主体功能区和空间管制的存在，必然会出现"优化开发区、重点开发区、限制开发区和禁止开发区"等不同类型，这些分区具有不同的土地发展权或限制发展，这就需要通过构建"区域利益补偿平衡制度"，避免由于规划控制下的土地权益不公平现象。在优化开发区、重点开发区、限制开发区和禁止开发区之间建立公平合理的土地利益共享机制和土地利益合理补偿机制，通过"土地发展权转移"和地方财政转移支付方式，给予经济补偿或生态补偿，来实现"责任共担、利益共享、协调联动"的总体利益平衡。

3）土地流转利益的分享

土地利益分配是农村集体用地发展权流转能否健康推进的关键，需要建立"责权统一，共赢共享"的多级政府、村集体与村民多方共赢的利益分享新机制。改变政府征地、村民只能获得一次性补偿的做法，让村民也成为发展的利益主体，参与土地开发经营，按比例长期受益。这需要明确各方主体各自的责任和权益关系。

一是多级政府的责任与利益分配。不同层级政府分别承担了宏观利益调控、相关制度建设、提供公共服务、土地利益分配调节等责任。作为社会经济的管理者，要搞好宏观调控，要建立健全的法律制度为农民集体服务，要提供公共产品并征收合理税收，以维护社会公平，要为农村提供教育、基础设施建设等公共产品，并建立农村社会保障体系等内容。因此，对于农地转用中取得的土地增值收益，各级政府尤其是市、县（区）、乡政府有必要提取一小部分，用来协调由于土地利用规划引起的土地发展权配置不均带来的地区之间、城乡之间、村社集体经济组织之间的利益冲突。土地增值收益要纳入各级地方财政，并严格规定其用途，主要用于农用地开发整理、农业农村基础设施建设、公共公益事业建设、农村社会保障、小城镇建设等方面。此外，政府还可以通过收取土地使用者相关费用（基础设施配套费和相关税费等）来提高对于土地资源调控的能力。

二是农村集体的责任与利益分配。农民集体作为最基层的单位代表者，在实现本集体利益增进的同时，要遵守国家的法律法规，要按章纳税，要承担集体资产的保值增值工作。集体在实现收益的同时，要保证农民个人参与收益分配的权利，要为农民个人提供社会保障，同时对农民的经济行为进行监督，以确保集体利益不受损失。因此，村集体应当获得一定比例的土地收益。

三是农民个体的责任与利益分配。农民个人在实现自身利益的同时，要遵守法律法规，各项土地经济收入都应依法纳税，要为集体的发展做出自己的贡献，同时也有权力约束集体行为，确保集体经济利益与整个社会利益相一致。作为农村土地直接利益者应当获得土地收益的主要部分。

此外，在推动土地利益格局变革的同时，必然涉及打破现有的珠三角地区农村股份合作制。该股份制属于"封闭式社区股权模式"，通过土地和村民的股权内部分配，基本将政府利益排除在外。未来还需要建立更为开放式的股份合作方式，将多方利益通过新形势纳入分配框架。

（2）规范土地市场利益管理与分配监督

1）量化土地流转收益

无论采用哪种流转方式，无论是内部流转还是外部流转，其重要的前提是要科学合理地确定这一收益。进行集体建设用地流转很重要的一点就是为了显化集体土地所包含的巨大资产收益，而对收益的量化则是进行流转不可缺少的重要组成部分。因此必须在借鉴城市土地地价评估体系的基础上建立起一套完善的集体建设用地地价评估体系。结合我国正在推进的农村土地产权制度改革,推进两方面的股份化建设:一是农村集体资产股份化。对有条件的村集体资产或经营性资产,根据人口、农龄等设置股权,进行股份制改造,实现集体资产股份化。二是农村土地承包经营权股权化[①]。实现承包经营权的价值化、数量化和有偿化,股权作为资本可以入股、入社、流转、继承和转让。通过股份或股权抵(质)押,可以进行农村产权融资,解决发展资金难题。通过这种方法,使得土地在部分、全部征用或流转时,基本按照收益共享原则,建立合理的收益分配机制,股东按所持土地股权享受收益分配。在与主体衔接上,该方法把对集体生产资料的收益权明晰地量化到人,以此作为享受集体分配的依据,但使用权却集中到集体,从而使得权责更加明晰。

2)细化流转分配比例

由于集体土地本身的复杂性、流转的多样性等因素,应当区分集体建设用地和农用地,对分配比例进行细化。

对于集体建设用地,应当针对不同类型集体用地流转,建立相应的利益分配比例。按照集体建设用地的三种类型——乡镇(村)企业用地、乡镇(村)公共设施和社会公益事业用地、农民宅基地,划分不同的分配比例。在三类用地中,与农民关系最密切的是宅基地,也是他们赖以生存的最后资本,所以在宅基地流转中的绝大部分收益(80%~90%)应当归农民所有,以体现宅基地的重要保障作用。对于乡镇(村)企业用地和乡镇(村)公共设施用地属于村集体投入资金、资源来运营,分配利益时应当尊重这一点,确定比例为村集体组织:原农民=6:4。基层政府通过相关税费的收取、证件办理加强农村建设用地流转监管,原则上不参与这一块分配。同时村集体留存资金应当用于健全农民的社会保障、村集体资本再次运营等,并应当建立一定的保障机制。

对于农用地,应当根据相关土地使用管制的要求,在政府共同参与下来进行利益分配,尤其是基层县区、乡镇政府的参与,能有效规避"由于农村集体建设用地流转所导致的利益风险、法规风险等,均由用地者或集体、农户承担"的不利局面,从而一定程度上减少了社会矛盾或隐患。农用地的流转应当严格按照土地发展权的相关制度设定,县区、乡镇、村集体、村民之间分配比例应当为 0.5:0.5~1:5:3.5~4,体现强化村集体、村民占有更多受益的导向。

3)监管集体收益分配

土地历来就是农民的社会保障,在进行集体土地流转时,作为农民集体所有的土地必须要充分发挥对本集体经济组织的农民的保障功能,充分保护农民的利益。如何合理地管理和支配集体经济组织获得的收益是保证集体建设用地持续健康流转、保证社会稳定的重要一环。最重要的一条就是,集体土地所有者取得的那一部分流转收益中必须要拿出相当一部分用于农村的社会保障,解决失地农民的后顾之忧。总的来说必须要在明确集体经济

---

① 因为土地所有权是集体的,不是承包经营者的,所以承包经营权只能股权化,不能股份化。

组织产权主体的基础上，对其在土地流转中取得的收益进行合理的管理和必要的监督，政府应当建立相应的监督管理机构，并以法律的形式给予规范。根据部分学者研究，从前面所述的集体土地与生俱来的保障功能出发，所获收益应该用于以下几个方面：为集体成员建立社会保障，其包括医疗保险、养老保险和失业保险，集体经济组织必要的日常开支、兴办集体公益事业和基础设施事业等，同地要完善财务透明、收支公开制度，要建立起强有力的监督机制等。通过这些措施，促使农民集体获得的土地流转收益真正能为农民服务，为深化集体建设用地制度改革服务，为发展农村经济服务。

（3）强化利益调节的国土空间规划管制

长期以来大都市区不同空间规划体系条块分割严重，各类城市规划、村镇规划、土地利用总体规划等相关规划都对土地的发展提出了设想。空间规划管理权限分散于市政府和区（县）政府的职能部门，主要集中在发展和改革、规划、国土资源等部门，甚至还涉及农业、园林、环境保护等职能部门。这种既有纵向的上级政府指导、管理，又有横向同级部门间的协作，使规划内容交叉重叠、规划效果不尽理想和规划管理混乱等（林坚、吴宇翔等，2018）。由于空间规划领域涉及极为复杂的土地及相关利益，也使得规划编制主导者的意图均在于通过规划来谋取更多的自身利益，"自觉不自觉"地压制其他利益方。

"城市规划对土地使用和开发配置，所调控的本质对象是不同群体在空间开发和使用过程中的利益（何子张，2009）"，城乡规划应当回归本源，直指"利益调节"的核心。土地发展权的提出和流转建立在"明确土地用途"的基础上，并在符合规划管制的前提下开展土地流转，因此在土地规划管制方面，需要创新城乡规划编制体系，建构面向大都市区化的规划编制体系。

1）聚焦国土空间规划体系：精准面向大都市区化发展需求

随着国家层面的管理机制改革，中央对空间规划领域的制度改革框架已经落地。2019年5月10日，中共中央 国务院印发《关于建立国土空间规划体系并监督实施的若干意见》，在经过数年的试点后，决定将我国特有的主体功能区规划、土地利用规划与城乡规划等空间规划融合为"国土空间规划"，实现"多规合一"的融合模式。国土空间规划体系改革将从根本上解决长期以来国土空间规划顶层设计的缺失难题，未来中国国土空间开发模式和国家空间治理模式在内涵和形式上都将发生变化（徐海贤等，2019；武廷海，2019；赵民，2019）。

在国土空间规划新体系下，需要进一步思考如何从空间资源的整体性和网络经济的关联性出发，以核心城市为中心，建立相关的管理权限分配机制，把市区、郊区、村镇纳入统一的总体规划序列，综合谋划城乡空间整体开发和建设。通过城乡规划的政策性引导，调节不同土地配置方式的收益分配，有效杜绝土地违规流转，引导城市土地实际占有者自愿地趋向于将土地开发方式纳入城市整体的合理化发展框架之中。

首先，基于国土空间总体规划对用地权属整理的基础上（图7-3），编制"都市区分区规划"，进而汇总编制"总体结构规划"。通过分区规划，对次区域的城镇土地利用、人

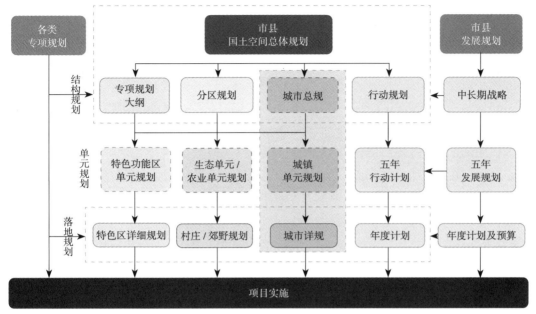

图 7-3　市县国土空间规划中的城市规划示意
（资料来源：武廷海. 国土空间规划体系中的城市规划初论 [J]. 城市规划，2019（10）：9-17）

口分布和公共服务设施、基础设施的配置等做出进一步的安排，对控制性详细规划的编制提出指导性要求。通过上位规划中土地利用总体规划与城市总体规划的多规整合，强调从"土地利用战略"转向"土地发展战略"，改变原有的土地利用总体规划采取自上而下的指标控制规划模式，从保守静态防御式的土地利用战略转向主动导控型土地发展战略。因此，需要市级政府和区级、村镇集体组织共同参与城乡空间统筹，建立一套可供"市—区"协同管理的发展权配给总图，清楚地界定哪些空间是可以重点作为城市建设发展的，哪些空间是非城市建设控制的，哪些空间是作为村镇整合过渡的，不同空间的发展权配置政策不同，即突出"政策分区"——市和区可以在这套总图的基础上合理分配各自管理权限。由此，本研究认为可采用规划纲要的形式，编制大都市区分区规划。具体措施如下。

①土地权属整理：按国有土地和集体土地大类，疏理都市区的土地权属，国有用地包括已建设用地、批而未建、闲置用地等；集体土地包括农田、居民点用地、村镇经济发展用地等。②基于既有的各区战略定位，结合现状建设发展与人口分布状况，在规划纲要中明确发展的政策分区。政策分区至少分为三类，一是城市重点发展区；二是都市区整合区；三是新农村发展区。③在"城市重点发展区"内按分区规划内容要求编制控制要求；在"都市区整合区"内，参照总体规划（中心城区规划）内容要求编制；在农村社区发展区内结合乡村振兴建设的要求，推进用地综合整治。④在政策分区的基础上确定城市建设用地的空间结构，并根据土地利用规划，将农保指标按空间结构的控制要求，分配于不同的发展政策分区内。相应划定不同政策分区内的禁建区、限建区、适建区和已建区，并制定空间管制措施。这些措施要能体现不同政策分区内的空间调整弹性，并相应提出土地权属的调

整措施。⑤在外围各区"都市区分区规划纲要"的基础上,强调"市—区—镇"多级政府的互动,而不是传统总体规划自上而下式的编制程序,有效掌握空间发展的现实需求,避免总体规划成果过于理想化而难以有效实施。⑥以市辖行政区为单位,在"都市区分区规划"的总图基础上,利用GIS平台,建立土地权属的动态数据库,基本空间单元为"居委"和"村委",掌握空间发展整合中的用地性质变化和权属变化。在可能的条件下,叠加建构城市管理数据库。如人口情况、居住能力(房地产租售信息)、就业岗位、工业企业单位、市政设施配置、公用服务设施与能力等。

其次,在给定的城市发展边界内推进控规全覆盖,明确土地发展权的微观分配。根据《城乡规划法》,建设用地规划必须具有控制性详细规划,这也是实现明确土地发展的微观分配的重要前提条件。控规编制范围是在土地发展权总体分配的基础上分别确定,应当在《大都市区分区规划》给定的城市发展边界内推进控规全覆盖。具体思路如下。

①在城市重点发展区内,推行控规全覆盖,但需合理划分控制管理单元。在分区规划的基础上对现有控制管理单元进行调整,根据管理单元分别组织编制控规,以保证控规编制深度,便于后继调整,建议控制管理单元划分在 $2\sim3km^2$ 之间;②对于都市区整合区,只在城市增长界线范围内推行控规全覆盖,如果涉及建制镇,则还需根据分区规划编制镇总体规划,并进一步明确镇区建设增长界线。其他地区则编制农村住宅布点规划、中心村(村庄)规划;并根据分区规划,相应编制中央、省、市、区各级重点项目的安置区及留用地规划。③对于新农村发展区,只需在分区规划,或镇总体规划确定的镇区发展范围内推行控规覆盖。其他地区则结合农田土地利用规划,分片编制新农村建设发展规划,将村自留地、农业、水利、乡村保护风貌保护、旅游开发、中心村等相关规划内容整合在一起。

2)城乡规划治理体制协同:建构城乡一体的土地规划管理平台

首先,基于部门整合契机,建立空间规划治理体系。现行大都市区的规划管理体制实行切块式城乡规划和分散于多个职能部门的规划管理,这不利于综合性空间规划的全覆盖;不利于国民经济和社会发展规划与行业(或专项)规划的衔接;更不利于空间规划与发展规划的融合与协调。这需要加强相关土地规划部门之间的协作,合理分配管理权限。随着2018年党的十九届三中全会后"自然资源部"的成立,将国家发改委的组织编制主体功能区规划职责、住房城乡建设部的城乡规划管理职责统一划归自然资源部,进一步统筹城乡用地的规划和使用,并逐步建立起新的国土空间规划治理体系。

一是加强空间规划治理与土地管理相结合。土地利用规划管理是整个土地管理工作的最基础的核心部分,包括规划编制的前期研究,编制组织和审批,与相关的国民经济社会发展规划、城市规划、村镇规划等衔接相调;土地利用年度计划编制和用地审批;土地利用的用途管制等制度的执行等直接性内容。规划管理不能脱离整个土地部门的其他管理工作的协调和配合。土地管理中的地籍管理、土地开发整理管理、土地征收征用管理、土地储备管理、土地市场管理、土地执法监察管理等其他管理工作,关系着土地利用规划的目标实现、耕地占补平衡、土地的合理布局利用、土地用途管制的落实等一系列问题。因此,规划管理要与整个土地管理密切配合、各司其职，才能真正保障规划管理落到实处。

二是加强空间规划编制与规划实施相结合。规划的编制和实施是一个相辅相成的整体。缺乏规划方案的编制，土地管理将会无的放矢、工作中无所适从；规划编制出来后不能切实实施，规划无法与土地管理相结合，土地管理也必然处于盲目、无序状态。强化土地规划管理的保障措施要落到实处，首先要在规划修编前期工作阶段，就充分研究完善规划实施的保障机制和规划实施的管理问题。其次，要从确保规划有效实施的管理体制、运作机制和政策、法律等角度出发，重点解决地方政府和用地单位按规划办事的意识，确定规划执行的法律程序和行政管理程序的严肃性及规划的法律效力。最后，在土地用途管制的前提下，利用土地利用年度计划、项目用地设计报告和建设用地项目预审等程序化的管理手段，使规划的数量管理和空间布局管理都得以在实施中得到体现，从而使规划编制和规划实施以管理为纽带形成一个有机的整体。

其次，应加强"市—区"级规划编制沟通，通过地方法制化建设形成"一张图"。对于新的国土空间规划体系统筹协调内容众多，无论是"市"还是"区"级规划主体，都难以单独完成，因此在规划编制管理方面需要进一步沟通联合，强化多部门沟通协调基础上形成统一的"一张图"和"空间信息平台"（图 7-4）。所形成的"一张图"就是统筹划定城乡建设用地控制线、基本农田控制线、生态红线等各类规划控制线，推动空间规划要素在同一张图纸上进行表达和协调，实现城乡空间"一张图"管理。"一个信息联动平台"就是以实现规划、国土、发改、环保等相关部门的数据共享、交换与协同的平台。建议如下：①区政府发起制订年度规划编制计划，市局和区政府联手组织，成立领导小组并设定技术路线；分局负责具体操作，市局技术把关，在"都市区分区规划（纲要）"基础上编制各政策分区规划，报市政府批复；②调整控制性详细规划的编制权限，对于涉及市级重

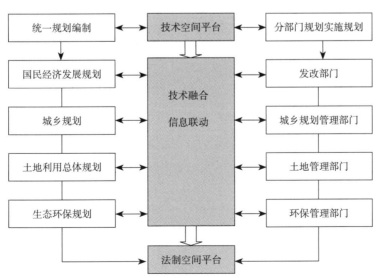

图 7-4　地方化法制空间信息联动平台建构
（资料来源：范凌云，雷诚. 地方城乡规划法制化体系建设思考 [J]. 规划师，2015（12）：19-24）

要控制区的控规管理单元,应由市局审定规划任务书后,区局具体组织编制控规,由市局进行技术审查,报市局审批;③加强规划编制审批的行政时限要求。

对于农村地区突出的用地管理问题,如村镇工业园整治、农民"建房难"等,建议将审批权分政策区下放,并实现"市—区"权责对等,具体权力分配如下。①都市区整合政策区、新农村发展政策区的审批权下放到区一级政府职能部门。市级主管部门负责政策制订,并施以监督和指导,区级职能部门负责实施管理。②在城市重点建设区内,涉及市重要控制区范围内的,由市级主管部门审批,并同时承担实施管理责任,区级职能部门配合实施管理。③城市重点建设政策区内,非市重要控制区范围内的,审批权下放到区一级政府职能部门。市级主管部门负责政策制订,并施以监督和指导,区级职能部门负责实施管理。④"都市区分区规划"编制后,对于现状批而未建、批而未供地的案件,宜认可原来已经批准规划的效力,辅以必要的调整,保持规划的延续性。⑤加强建设用地审批的行政时限要求,应提倡"超出时限未作出批复等同于获准"的行政制度。

7.2.3 构建多方参与土地决策机制

(1) 强化共同参与决策权的制度建设

针对市政府和主要决策者对土地利用集权化决策、边缘化区级决策主体、削弱镇村弱势决策主体话语权的现象,需要进一步改变土地利用决策结构。根据大都市区目前土地参与主体构成状况,应当从横向地方机制建立和纵向土地发展权配置两方面入手,核心在于确保基层群众的参与权、决策权和知情权。

在横向地方机制建立上,应当建立合理的土地利用决策结构、决策和监督分离体系、强化土地决策信息沟通机制。一是调整土地利用规划决策结构:充分发挥城乡规划在地方公共政策体系中的作用,在规范土地管理制度基础上建立合理的土地利用决策框架;决策体系从层级制的中心结构和线形结构向平等型的网络结构转移,建立"市、区、镇(村)"三级共同参与的用地开发决策机制,形成以政府作为权力枢纽、专家共同参与、区政府和村镇集体分工合作决策的权力结构和运行机制。二是强化土地利用规划权力分离:地方主要领导将土地利用规划编制决策权、土地利用规划实施决策权和土地利用规划监督权等多种决策权集中于一体,农村集体和农民基本上处于决策权层之外,影响了决策的公平、效率与正义,使决策监督流于形式。没有监督和约束的决策权反过来强化了集权式的决策,也导致了土地利用规划的部分失效。未来应当设置相应的土地开发委员会和监督机构,吸纳政府、专家、村集体代表共同参与,将规划编制决策权、土地开发实施决策权和土地监督权相分离,强调决策的公平、效率与正义,实现决策权力的分权和制衡。三是加强土地决策信息沟通机制:信息不对称是目前土地规划决策体系的重要缺陷。土地利用规划决策过程就是信息的搜集、处理加工、定型传递和控制的循环互动过程,因此真实信息获取和传播对决策有决定性影响(谢俊奇、吴次芳,2004)。需要加强专业领域和公众信息的透明化,应当设置制度化的土地利用规划信息宣传、公布机构,提供较为准确的土地利用规划决策信息。

在纵向土地发展权配置阶段上,按照土地发展权的赋权、许可、交易转移三个阶段,分别设计相应的主体参与机制,按照参与主体与客体、参与内容、参与时间、参与特征来设置制度安排(表7-3)。

土地发展权配置各阶段主体参与决策机制　　　　　表7-3

	参与主体与客体	参与内容	参与时间	参与特征
土地发展权的赋权阶段	主体:市政府(相关职能部门)、政府、镇村政府、村集体(村民代表) 客体:规划师	土地管制规划编制、土地发展权设置	规划编制、修改全程	建立相应的规划协商沟通委员会(小组),共同确定土地发展权的赋权和认可
土地发展权的许可阶段	主体:规划管理部门、镇村政府、村集体(村民代表) 客体:土地使用者	规划许可证手续办理	土地使用者和村集体申请许可方共同参与	土地使用者和村集体共同申请办理相关土地开发许可
土地发展权的交易转移阶段	主体:土地使用者、村集体、村民、规划管理部门、土地交易部门 客体:政府监督机构	土地发展权进入市场交易,收益分配	全程参与,政府重点监管	土地使用者申请土地使用,通过办理相关产权证书、税费缴纳,各主体按照设定分配比例

(2)土地利益主体市场行为引导及规范

土地资源配置关乎各个行为主体的利益追求,是要谋求社会各种矛盾不断获得解决和协调,其中,各种矛盾主要来源于土地利益主体行为之间的矛盾,如政府、企业和公众,体现了对土地资源配置的不同偏好。因此,必须在可持续发展观指导下,对不同主体的行为进行合理的引导和规范。

①地方政府行为引导及规范:规范土地规制中的政府利益与行为,首先必须明确政府土地规制[①]行为的理性价值取向的准确,其基本价值取向应当聚焦于"维护公众利益,实现公众权利"。对土地的规制是为实现具有公共品性质的土地的合理利用而进行的布局和安排。这也是政府维护公共利益的重要职能之一,并直接关系到国计民生,尤其是公共基础设施用地、防洪等国民生命财产安全保障用地、经济适用住房用地、生态环境保护用地等。因此,进行土地规制的基本出发点应当立足于"增进社会福利,确保土地公共品的持续、高效利用"。其次,要构建政府土地规制价值取向由不规范回归理性的途径。一是要转变政府职能,从全能向有限转变。在土地规制中,政府行为应局限于弥补"社会不能"和"市场失灵"的行为定位上,除此之外的其他一切事务全部交还给社会,由社会自主管理,尤其不能粗暴干预经济的正常运行。要通过有效的政绩考核制度,消除地方政府在短暂任期内的土地发展冲动,政府要学会通过经济政策和经济杠杆来配置土地,切实保障社会、企业、公民的合法土地权益;总之,政府维护自身利益是一个客观事实,是各国政府都存在

---

① 在此将由政府颁布实施的、与土地相关的城乡规划、土地利用总体规划、土地政策等统称为"土地规制"。

的一种普遍现象。政府自利性膨胀是导致公共政策价值偏差、政府非理性行为的根源，是政府自我控制能力弱化的表现。只有在政府自身的价值取向回归理性后，才能真正地实现"从自利政府向公益政府转变"。因此，在土地相关规制中，政府要加强自律性、进行自我约束和自我控制，并广泛接受公众的监督，才能保障地方政府自身利益实现的同时，发挥其社会性和提高其威信，使规划的价值取向归于理性。

②企业行为引导及规范：市场经济环境中，随着现代企业制度的建立，企业对土地利用必须是高效的。企业是使用土地的主体，实践表明，如果企业仅仅追求利润最大化，往往会影响土地的可持续利用。企业的用地违规行为通常与政府和职能部门的监管有密切关系，利用制度后门制造寻租空间。因此对企业行为的规范应当建立在完善市场竞争机制和价格机制基础上，对土地市场的供求活动应尽可能通过市场进行，严格控制市场上非均衡状态下的排他与独占行为。同时建立具有强大威慑力的事前监督和事后惩罚机制，加大对土地市场的执法监督管理，进一步完善土地招拍挂交易的制度，采取严厉打击违规取得土地使用权行为，严格控制土地的二次转让；政府部门要严格控制建设项目相关开工审批、产权报备等手续。

③农村集体和农民个体行为引导及规范：应当建立农民利益表达机制，提高农民参与土地决策的能力、深度和广度。在农村土地流转的过程中，农民自身的才能与资质显然弱于拥有行政职权的政府机关，以及拥有严密组织机构的农业企业和集体经济组织，在形式平等之下有着实质上的不平等。农民缺乏必要的合同法知识，缺少对土地升值的预见性，信息来源不畅，权利意识不强，力量分散，话语权薄弱。这些都直接导致分散的农民个体无力去争取并维持自己的合法利益，必须更多地依靠村集体的力量。未来应当提高村集体、农民的公众参与意识、法制意识和自我保护意识，建立农民在土地流转中应有的政治权利和合法的经济利益的有效实现途径，使得他们在政府前景规划、制度设计、利益分配等国家决策中发出自身的有力声音。政府需要建立农民利益表达机制，具体措施有：加强对农民的普法教育、规划参与，让农民真正了解国家的法律、政策，提高农民的法治意识和民主意识；重大事务由村民直接投票决定，彻底推行村务公开，细化村务公开程序、内容和罚则，民主管理，民主监督。

（3）空间规划及治理中公众参与创新

任何一项政策实施和运作都必须以社会公众为基础。土地开发管制的目的是为了协调发展矛盾、共享发展利益，其所确定的土地发展方案必须符合农民群众的根本利益。加强土地开发管制中的公众参与，有利于群众认识土地规划的重要性和必要性，有利于提高他们对土地规划方案实施的支持和理解，使其对土地规划方案实施和管理采取积极的合作态度，使规划的实施更加富有成效，借以提高土地利用总体规划的权威性和有效性。尤其在大都市区，在农用地转为非农用地的过程中，农民作为土地的使用者，在制定具体的土地开发政策时，其话语权和应有的决定权应当得到充分的尊重，从而更好地保障农民在土地利益博弈过程中取得自身利益。

①建立沟通式规划，加强规划过程的开放性：大都市区土地使用管制相关规划编制应该

更具开放性,要打破长期以来规划走的封闭性的行政干预式的土地利用规划路线,采取"沟通式规划"方式,体现"以人为本"的科学发展观,提高公众的参与度和透明度,走专家和群众相结合的路线,广泛征求群众的意见。如在规划编制过程中能够建立专家参与、咨询制度和有广大城乡居民参加的听证制度。在具体的编制规划过程中可采取政府组织、专家领衔、部门合作、公众参与和科学决策的模式,从而完善规划编制方法,提高规划工作质量。

②改变参与方式,建立土地管理公众参与团体及平台:改变现行土地规划管制公众参与方式,变公众在事后被动地接受政策为主动参与土地规划管制各项工作全过程,增加公众直接参与土地规划管制、与政府进行沟通的机会。现行参与土地规划管制的公众,其沟通能力显然不足,且公众尚未形成团体,不能通过团体达到参与土地规划管制、运用团体常用的联盟、质询、迟滞等策略来完成公众对土地管理各项工作的建议。

③加强城乡规划的公共政策引导能力,提升公共参与空间:城乡规划作为我国城市政策的主要框架和纲领之一,要加快城乡规划向城市公共政策的转型,才能扩大城乡规划的社会影响力、提高城乡规划的社会约束和公众参与能力,才能够逐步实现规划的预期目的和规划者期待的政策作用。有部分学者提出应当用城乡规划将城市和社会整体组织在有关完整而协调的行为之中,这种观点从范畴上分析,应当说是"大规划"的范围,与本文所说的扩大城乡规划的政策影响范围是不谋而合的。其中关键的是,我们应当更多地探讨如何将城乡规划的内容融入城市公共政策当中,从而提升公众参与的空间作为城市政府部门公共政策的内容之一。这种转化使城乡规划摆脱了仅局限于少量专业人员明了的专业图纸、蓝图式终极目标状态,转化成契约式、法令式、关注城乡规划实施过程的引导城乡规划模式,也使得城乡规划在政策状态下能发挥更大的社会作用。

④建立公共参与专项基金:在公众参与过程中可能要反复和公众协商、反复更改规划等,公众参与土地管理必然会增加经济和时间成本,势必导致相关规划编制实施过程复杂,周期加大,导致政府管理成本增加,这也是导致政府有意无意地放弃公众参与的原因之一。因此建议未来针对目前主体参与相关土地规划编制、管理决策的成本较高问题,设置相应的专项基金,支持扩大公共参与的力度。

⑤重大决策应当引入听证制度:听证制度是当今世界各国普遍采用的一种公众参与制度,听证制度自 1990 年代中期进入中国后,发展十分迅速,范围也不断扩大,从开始时的价格决策听证、行政处罚听证已经逐步扩展到与群众利益相关的立法听证、重大行政许可听证、重大基础设施建设听证等方面。对于部分重大项目的土地决策应当采取更为广泛的土地听证制度。

7.3 本章小结

本章通过总结前文不同层次的土地制度和主体行为,归纳土地配置问题的核心所在,从整体上闭合研究框架;并对如何进行土地配置问题的对策提出了一定探讨。

首先，总结了土地配置问题的内在逻辑是"双轨化发展的空间诉求在土地上的冲突集中表现"，本研究也称之为"双轨城镇化的双向动力影响"，这种冲突集中于不同主体对土地建设发展权（尤其是对集体土地建设权）的争夺，是在土地制度结构下的主体土地权力与土地利益争夺的空间演化过程，并直接导致大都市区诸多土地配置问题。进一步研究结构与能动类型及特点，发现在三个制度层面下主体行动目的、行动方式不同，表现为：产权制度演进中的地方政策演绎主导特点、土地市场运作中的流转利益分层契合特点、土地使用管制中的发展利益空间博弈特点。

然后，在多种类型特点归纳的基础上，发现土地制度赋予了主体参与土地相关决策和收益的基本权力，决定了主体能力和机会，影响着行动的基本规则和范围；主体在土地流转中利用权力获取相应的利益，其行为可能会超越"法定的边界"。在利益驱动下主体对权力效用的不断拓展，反馈作用于土地相关制度中，进而对大都市区空间格局产生重要影响。这其中，"权力、行为、利益"三者构成了土地配置的关键性要素，未来土地配置必然是"权力分配、行为选择和利益协调"不断交织和重组的过程，由此可以解释大都市区土地配置问题，并展开对策探讨。

本研究中的对策探讨应当区别于既有研究多聚焦于制度设计的单一，强调寻求"结构"和"能动"的统一，从大都市区整体和城乡统筹发展的角度，寻求二元化发展的空间统一，实现国有土地和集体土地共同和谐建设大都市区的目标，这实际上是一次"土地配置方式的转型"——这种转型实际上是"人们在利益动机的驱动下对权利结构进行的调整"。其基本着力点首要是"权利结构的变更"，其次是"利益分配格局的调整"，最后是"行为秩序的规范"。研究提出了三个具体对策，包括：

①构建土地开发权利平衡机制，必须健全土地产权制度建设，通过引入土地发展权来建立城乡统一的土地市场，并通过在土地使用管制中设置土地发展许可的环节来加强对城乡土地开发的控制和管理。②构建土地开发利益共享机制，在制度层面明确各个主体对于土地发展权能的占有和分配，以及相应的土地利益分配关系；从市场角度来量化土地经济利益，合理分享土地利益；并且这种利益关系应当建立在科学有效的空间管制基础之上，这需要进一步强化有关土地规划管制的空间利益调控能力，在平等沟通的基础上编制统一的土地发展战略规划，通过城乡规划合理调控土地发展权的空间分布，建立有效的土地流转制度平台。③构建多方参与土地决策机制，强化土地相关利益主体参与土地相关决策的能力，通过相关行为的引导和规范，确保主体的参与权、决策权和知情权，这需要创新土地规划管制中公众参与机制。

必须强调，本书提出的对策研究，由于涉及较多的土地制度、管理体制方面的改变，更多的还局限于学术上的探讨，在具体实施过程中必然会有较大的难度。

第 8 章

结论与展望

8.1 研究结论

在某种意义上，研究可归为安东尼·吉登斯的"结构化理论"在城市研究领域的推演和应用实证。通过"由抽象到具象"的路径，研究基于"结构化理论"框架并运用新制度主义相关理论和方法，对大都市区土地配置的核心问题进行了分析，对具体问题从"结构"和"能动"的多方面展开了规范性研究。主要结论如下：

（1）基于国内外大都市区发展的比较分析，择选珠三角大都市区为重点研究案例，对其发展过程中的"土地特征"和"土地配置问题"深入分析，可以发现大都市区具有城乡交错的复杂特点，涉及国有、农村的多种土地权属类型和发展主体；而"大都市区化"与"双轨"城镇化具有内在联系。大都市区高层级（市级）政府主导的、以主城区为中心向外延伸的"城市郊区化"外扩，与以村镇街行政区为单位、依托集体用地沿道路交通设施不断填充密实化、蔓延生长的"本地的工业化城镇化"同时存在，这种"双向土地配置"引发和加剧了大都市区的土地配置问题。"城市向郊区外扩"是一种"自上而下"式的城市空间建设拓展，表现为城市发展持续侵入乡村地区；大都市区外围地区的"本地城镇化"则是"自下而上"的发展，表现为非农建设在广大乡村集体土地上不断蔓延。由此，土地配置中产生了一系列"混沌"的产权和利益关系，主体的行为也变得极为复杂。这种双轨化及多头发展格局下，争夺土地发展建设权的现象普遍，尤其是对集体土地发展建设权的争夺，涉及城市政府、村镇集体、农民等多种类型的土地权利主体。本研究提出，都市区化的土地配置问题其背后是"双轨"城镇化发展的空间"诉求矛盾"，亦是"双轨"城镇化的双向动力不协调所致。

（2）在我国现行土地制度框架及双轨城镇化背景下，"制度决定的权利和主体能动行为"错综复杂、相互交织。研究发现，"权力、行为、利益"三者是影响土地配置的关键性要素，可以用以解释当前大都市区的土地配置问题。土地制度建设完善的过程是一个不断明确细分"权利"的过程，而土地行为的"能动"过程则进一步完成了权力的转让和利益的重新分配。因此，在此意义上，土地配置也可以理解为"权力分配""行为选择"和"利益协调"的不断交织和重组过程。

（3）运用结构化理论，从产权、市场、管制三个不同层次及制度角度展开深入分析，可归纳出三种不同特点的"结构"和"能动"关系，揭示了不同的土地配置问题。分述如下：

一是，在土地产权制度层面，土地产权制度是流转的基础，决定了土地权利的构成和分配；而地方经济发展和以政府土地政策为核心的行政干预是土地权益流转的两大动力，直接推动着土地产权的变更和重置。我国土地产权制度的发展，具有"法律"和"政策"相互交织的特点。一方面，由于在物权法定的基础上形成的土地产权具有空间财产权的属性，由此形成的土地产权格局同样具有空间权益的特点，并与大都市区空间结构相对应。同时，土地产权制度存在着较明显的"二元化、双轨制"的结构性缺陷，这也是导致"城市建设用地紧缺"与"集体建设用地利用低效"的矛盾现象并存于大都市区的主要原因之一。而在这种配置方式转变过程中，不仅是大都市土地利用形态与结构在改变，其中的诸多种利益群体之间所固有的经济联系和利益格局也在发生变化。另一方面，在土地产权变化过程中出现的各种土地"政策行为"，是对"正式制度"的补充或扩展，并且对以"产权"为核心的土地权利分配有重要的影响。这种政策行为的主导者是地方政府，"权利不对等"和"农村权利集体化"导致了地方政府涉及土地产权的能动行为——土地政策行动，在一定程度上推动和改变着既定的产权框架，推动地区土地产权格局的变化；而对于政策相对方和农村土地实际权益所有者——农村集体和村民而言，其行为选择具有较强的被动性。客观而言，地方的不同形式的"政策行动"对正式的土地制度创新具有"诱导"作用。

二是，在土地市场制度层面，由于大都市区空间覆盖了城市、城乡结合部、乡村等多重地域范围，涉及比单一土地市场更为复杂的土地交易关系：既有政府主导的较规范的国有土地的市场运作，也有村集体、村民和开发商主导的不规范的集体土地流转，其中涉及多层次土地产权问题和市场交易。在"城与乡"土地产权设定不完善情况下，城市国有土地市场和农村土地市场各自流通环节构成不同，参与市场运作的主体也很不同，必定也是土地资源争夺最激烈的领域。这种多元化市场主体行为及其"超越"，形成了两条平行的土地利益链，其各自相对独立的利益关系表现为不完善市场下的"分层契合行为结果"。即：在同一的制度框架下，各主体可以根据各自掌控的权利，在各类市场经济交易过程中获取各自的利益；这种权利与市场契合的行为相互之间是独立的，同时平行作用于大都市区空间范围内，并由此引发了对土地利益的激烈博弈。该过程形成了主体"分层契合"的市场行为选择，同时，在发展的基调下"行为"逐步突破既有"规则"。所以这也正是都市区多样性问题和矛盾的来源[①]。

三是，在土地管制制度层面，大都市区土地管制的主要手段是土地利用规划，即通过与土地配置相关的规划来对土地空间发展做出特定的安排或布置；这也是各类土地权利主体实现土地市场利益的重要"结构"条件之一。不同的主体利用制度赋予的权利实施空间行动，不断达成利益平衡。在现实中，规划管制会打破旧的权益结构，并导致新的利益格局产生；这既与政府的规制行为有关，又表现为相关利益主体的不断协商和妥协过程。如果空间格局和秩序变化所导致的利益调整不被权利所有者接受，就意味着规划实施将面临巨大的困难，最后往往是"规划"做出变通，甚至"名存实亡"。研究发现，现有土地管制体系存在着种种缺陷；为了提高土地配置的效率，必须寻求土地管制的内容和方法创新，尤其是要正视大都市区化背景下城乡规划体系所面对的复杂土地产权结构及多元权利主体，切实提高城乡规划的应对能力。

---

① 这种由模糊权益关系引发的不同的土地配置方式通过自由市场经济收获了各自土地利益，这也是在物权不清晰条件下的市场自发补充。从理论上来看，可以有三种方法来界定权益，一是由交易双方讨价还价（由市场交易来决定权益）；二是由交易双方相互合并成一个经济体（也就是通过内部化来处理难以界定的权益边界）；三是通过政府来界定物权及其用益。本书这种情况属于第一种，土地制度缺陷前提下，造成了市场对这种权益的认可界定。

（4）从整体角度认识珠三角大都市区的土地配置历程：在既有整体"结构"（制度）缺失和不足的情况下，以地方政府为代表的土地利益主体通过各种"恰当"和"不恰当"的实践"行为"不断"超越"结构，进而由量变到质变，促使整体制度发生了"结构性"蜕变。这个过程充分显现了结构化理论中的所谓"结构和能动的互构性"——"结构不仅对人的行动具有制约作用，而且也是行动得以进行的前提和中介，它使行动成为可能；行动者的行动既维持着结构，又改变着结构"。

总的来说，基于结构化理论的分析框架可以重新解释什么是土地配置，以及大都市区土地配置问题所在。至此，本研究的预定目标已基本达成。但从制度理论的视角，还可以引申出如下论点：

一是，对我国的土地配置与开发问题的理解，仅凭借经济学及空间理论是不够的，它是一种"制度变迁"与"行为能动"之间的平衡，涉及经济利益与政治决策及制度建构的博弈。本研究提出，"权力、行为、利益"构成了大都市区土地运作的核心要素，必须关注"权力分配""行为选择"和"利益协调"这一不断交织和重组的过程。主体对于制度约束不仅仅是被动的遵从，而是在市场中不断体现出能动行为或反应——具体涉及地方与中央的博弈、地方内部不同主体之间的博弈。在博弈中不断达新到平衡以及产生制度化的结果。

二是，调查发现，与土地有关的几乎所有主体——从地方政府、企业、房地产开发商，到市民和农民，一定程度上都存在着违反现行土地法律、法规、政策的行为。这也意味着，我国的土地制度与经济社会发展现实之间脱节的情况较为严重；土地产权制度的改革以及实施必要的修补弥合已是势在必行。而土地制度改革的关键在于如何对待农村集体土地。中央已批准一些省区先行探索农村土地的流转改革。这一实践"暗合"了诺斯提出的"正式规则的演变总是先从非正式约束的'边际'演变开始，边际的演变就是习惯的演化和对既定规则的不断突破，而正式制度在边际上的连续演变造成了制度中正式的也是可见的规则变迁"。

三是，本研究通过"结构"和"能动"的相互作用分析，认为我国长期以来城市发展中的政府管制滞后于市场发展及开发商的脚步，政府不断被市场力量所"俘获"。即：一些政府和企业在不断谋取各自利益的同时，牺牲的是广大城市居民和农民的直接或间接利益。由此，改变未来公共参与土地配置调控的机制将是可预期的正当性诉求。

四是，通过对现实中的城市规划编制和实施做分析，研究认为缺乏对土地配置的"微观规制"与利益调控能力是导致城市空间政策与土地利用、土地供给脱节的主要原因，"单一的以城市为核心的空间规划管理"实际上已难以维系；在今后的改革和制度建设中，必须重视市场运作、强调利益平衡和发展权的公平。

（5）本研究在应用吉登斯的结构化理论的同时，也试图辨析其局限性和提出适应性补充。首先，笔者认为仅指出结构与能动的相互转化和依存的特点和规律是不够的，有必要对结构和能动之间的具体转化阶段和"拐点"做出较为准确的判断。其次，该理论源于西方相对完善的市场经济条件，而在我国目前尚不完善的市场环境下，"结构"自身还存在较多漏洞和缺陷，势必难以直接用既有理论来分析我国城市发展的各类主体在市场经济下的行为多样性，这一点在本研究中已得到了很好的证明。最后，将该理论应用于城市发展的分析时，必须注意到，在不同空间范围内结构和行为的互动表现是不一致的。据本研究，其成因在于主体的分异性以及空间上的分治制度。如在大都市区核心区涉及市民、企业和市政府，边缘区和外围地区涉及农民、村集体、企业和市区镇多级政府；同时不同空间范围内适用的土地规制制度与政策是不同的，甚至是二元对立的。总体上与结构化理论所产生的西方背景有着较大区别。

8.2　主要创新点

对于大都市区土地配置的研究，分散于地理学、城市规划学、土地学等学科，其研究各有侧重但都不全面。地理学研究角度主要集中于土地利用方式、土地利用结构、土地可持续发展战略等方面；城市规划学主要关注大都市区空间发展战略、规划编制、增长管理等方面；土地学的研究集中于土地利用效率、土地规划决策及主体行为、土地规划实施和控制等方面。鲜有从大都市区发展的深层次结构性、过程性以及综合角度展开研究。

相对于既有的研究，本研究主要创新是"大都市区土地配置的解释性理论框架建构和应用"，即基于制度分析，运用"结构化理论"建立起分析框架，从"结构"和"能动"的双向角度来解释现实的大都市区土地配置问题成因及过程。研究所构建的大都市区土地配置解释模型，主要是基于著名的社会学家安东尼·吉登斯的结构化理论，但与原始理论相比更着眼于中、微观层面的应用分析，因而解释的对象也更为具体，希望能从应用中加以创新。要点如下：

一是，借助相关理论创新了大都市区研究路径及框架。通过对结构化理论的分析，结合我国具体的情况、根据要素性界定进行了城市物化演绎，设计了"由抽象到具象、再由具象升华为抽象"的研究路径，将结构化理论"嫁接"到大都市区发展的具体应用中，并展开对我国土地制度的提出整体性分析和思考。由于结构化理论属于高度抽象的社会学理论概念，其范畴特征是对于整个社会实践的分析，尚缺乏较为具体的理论指导性，因而在本书的整体研究框架构建中，引入了制度变迁理论和社会选择理论作为分析手段，共同构成研究的"理论源泉"。

二是，理论框架契合并较好地解释了我国大都市区发展轨迹。从历史发展过程来看，"结构"和"能动"始终处于相互转换的动态演变中，但在某一时间段内两者之间存在一种相对静态的平衡关系。因此，研究截取我国大都市区改革开放 40 年发展这一时间段，以便进一步解释土地配置中不同利益主体利用制度赋予的权利而进行市场博弈的平衡状态。

三是，研究发现土地配置中的三个核心作用因素分别是"权力、行为、利益"。主体通过权力交易的行为选择来获取利益，而市场在本书中作为外部隐含性要素和媒介，是从权力获取利益的一个重要实现途径,"权力、行为、利益"在市场要素作用下,具有"分层契合"的特点。反之,从这三个核心要素来对"结构"和"能动"进行反思,尤其是对促使结构和能动走向新平衡的土地配置具体对策的思考。

8.3 讨论与应用展望

结构化理论把"制度分析和主体行动"结合起来,反映现实中相互依存、相互转化的实践化情景,强调"结构"和"能动"相互转换和时空统一过程,揭示了个体行为与社会系统互动关系。虽然结构化理论有着不足和缺陷,但仍然被认为是继马克思学说之后最重要的社会学理论之一。由于结构化理论脱胎于社会学、经济学、政治学等学科,属于经验回顾性的理论工具,是一种高度抽象的理论框架,其理论"应用工具"并不具体。因此,本书构建了"由抽象到具象、再由具象升华为抽象"的论证框架,经过"理论的具体演绎和物化——形成研究的概念框架——问题分析——结构化理论解释与结论",这也形成了本文的基本研究路径设定。

本研究基于结构化理论构建逻辑框架,针对大都市区化背景下严峻的土地配置问题展开经验研究,解释了我国大都市区土地配置的过程,即:土地配置的制度性框架是怎样的?不同层次土地制度下相关利益主体的行为关系是怎样的?自由经济机制下不同土地相关主体是如何通过市场运作来谋取利益的?政府对土地配置的规制是如何作用于市场的?在地方能动发展背景下的"不规范土地行为"是否与制度性缺陷有关?未来政府需如何统一协调土地规制和市场运作?等等。这样一个逻辑推演过程较为完整地解释了"大都市区土地配置"过程中结构与主体行为的互动。

此外,研究结合社会学的一些相关假定,针对所解释的对象进行了若干一般化界定,这种设定来源于对现实中一般规律的抽象,以便于逻辑分析。主要有三部分的设定。一是对主体的界定:具体包括主体能动性及特征的假设界定。认为主体是具有主体行为能力的个体,具备相互学习模仿的特性;同时设定地方政府、企业、公众都是独立经济人(经济组织),具有追求自身效用最大化或者最大化经济利益的目的和需求,这种"逐利需求"也是土地配置中各种矛盾的内因。二是运行环境的设定:这是对于现有体制的框架性设定,总体背景是发展环境具有制度不完善的缺憾。市场化机制的不完全、整体社会发展的规范性与不规范性并存,这是各种矛盾得以长期存在和相互妥协的基础。三是将"政策"和"制度"融合为一体,共同形成制度性框架的构成。

在对我国基本条件进行设定的基础上,结合研究问题对结构化理论进行推演:"结构"代表了规则和资源,在城市土地配置中主要表现为土地制度及其确定的土地权利(土地产权、利益等关系),研究中将土地制度分为土地产权制度、土地市场制度、土地管制制度,它们共同构成了土地配置的制度和规则;"能动"是主体和行为的一体化,在城市土地配置中可解释为地方土地多元主体在市场化推动下的"规范"行为和"不规范"行为对现有体制和政策的作用和反馈、甚至是超越的过程；由此，"结构"与"能动"共同作用于土地配置。这是本书解释大都市区土地问题的逻辑基点。

通过本研究的实践，笔者认为该解释性分析框架可能有如下应用前景：

一是，实现我国改革开放社会历史观的重建：以结构化理论为指引、重新审视我国改革开放的演进历程，能获得一定的新解释。诸如：认清结构性要素是"制度性的建设"，其行动性要素为"人的思想大解放"带来的能动效应；在市场经济改革和政治体制改革进程中，表现为渐进式政策实验和制度性自我完善，根据这种实验发展后果的稳定性允许出现能动性反作用，包括转化为下一轮的制度创新来源等。

二是，理论分析应用与我国实际发展的契合：通过该理论解释框架，可以进一步探寻大都市区空间发展的土地配置理论及分析工具，尤其是对于土地配置核心要素的归纳，具有一定的现实指导作用。对于城乡规划学科发展而言，如能真正明晰城乡规划控制与管理当中的不足及成因，就能有针对性地完善城乡规划法制体系和运作机制。因此研究分析制度与政策中的漏洞和缺陷，必然有助于新的制度设计和政策工具完善。

三是，有利于我国城市问题研究的理论性建构：本研究已展示，对既有的结构化理论加以规范化补充和应用性扩展是可能的。这种"嫁接和调整"应当进一步建立在对我国发展问题的深入把握基础上，结合相关的社会学、政策学等理论工具，未来如果能进一步建构起符合我国发展现实条件的研究框架，可能获得更具解释力的研究成果。

尽管本研究已基本完成预期的研究目标，即：通过相关理论的文献检索、综述，以结构化理论为基础，辅以其他相关理论工具，建构一个统一的解释性研究框架。运用这个框架对"大都市区土地配置问题"做出了整体的解释。如果要将这个理论解释框架发展成为一个能够对大都市区相关土地配置问题进行清晰模拟的应用理论工具，而不仅仅是局限于对理论推演的实证，则还有赖于更为复杂的数据处理和模型建构。尽管在本书的研究中，通过对珠三角地区的广州、佛山、深圳等大都市区化进程的分析和多类型案例的考察和分析，在一定程度上对土地配置中的"结构"和"能动"关系作出了解释，但研究框架的有效性还需要进一步结合不同案例地区加以验证。因为不同大都市地区的土地配置各有其特点，历史、文化、政治、社会等因素的差异性和影响很大，所以下一步的研究工作必须要考虑案例地区的特定性，并对研究框架做必要的修正。

参考文献

【中文文献】

[1] 班鹏飞, 李刚, 袁奇峰, 等. 区域视角下大城市的功能疏解及广佛都市区的实证[J]. 规划师, 2018（09）: 20-25.

[2] 毕宝德. 土地经济学[M]. 北京: 中国人民大学出版社, 2001.

[3] 北京京投土地项目管理咨询股份有限公司. 城市土地开发与管理[M]. 北京: 中国建筑工业出版社, 2006.

[4] 曹荣林. 论城市规划与土地利用总体规划相互协调[J]. 经济地理, 2001（5）: 605-608.

[5] 曹广忠, 柴彦威. 大连市内部地域结构转型与郊区化[J]. 地理科学, 1998（3）: 234-234.

[6] 曹国华, 张培刚. 经济发达地区半城市化现象实证研究——以江苏省常熟市为例[J]. 规划师, 2010（4）.

[7] 陈富良. 放松规制与强化规制[M]. 上海: 上海三联书店, 2001.

[8] 陈梅英, 郑荣宝, 王朝晖. 土地资源优化配置研究进展与展望[J]. 热带地理, 2009（5）: 466-471.

[9] 陈鹏. 中国土地制度下的城市空间演变[M]. 北京: 中国建筑工业出版社, 2009.

[10] 陈银蓉. 我国政府土地管理行为的研究[M]. 武汉: 长江出版社, 2003.

[11] 陈瑞莲, 等. 破解城乡二元结构: 基于广东的实证分析[M]. 北京: 社会科学文献出版社, 2008.

[12] 陈庆云. 公共政策分析[M]. 北京: 中国经济出版社, 1996.

[13] 陈美球. 中国农村城镇化进程中的土地配置研究[D]. 杭州: 浙江大学, 2002.

[14] 陈贝贝. 半城市化地区的识别方法及其驱动机制研究进展[J]. 地理科学进展, 2012（2）: 210-220.

[15] 陈有川. 大城市规模急剧扩张的原因分析与对策研究[J]. 城市规划, 2003（4）: 33-36.

[16] 陈锋武, 刘前. 关于土地利用总体规划的编制及实施[J]. 国土经济, 1997（6）: 15-17.

[17] 陈锦富. 论公众参与的城市规划制度[J]. 城市规划, 2000（7）: 52-55.

[18] 陈佑启. 城乡交错带名辩[J]. 地理学与国土研究, 1995（1）: 47-52.

[19] 程哲, 蔡建明, 杨振山, 等. 半城市化地区混合用地空间重构及规划调控——基于成都的案例[J]. 城市规划, 2017（10）: 53-59.

[20] 崔功豪, 武进. 中国城市边缘区空间结构及其发展——以南京等城市为例[J]. 地理学报, 1990（4）: 399-410.

[21] 崔功豪, 马润潮. 中国自下而上城市化的发展及其机制[J]. 地理学报, 1999（2）: 106-115.

[22] 丛艳国, 魏立华. 珠江三角洲农村工业化的土地问题——以佛山市南海区为例[J]. 城市问题, 2007（11）: 37-43.

[23] 丛屹. 中国城市土地使用制度的改革与创新[M]. 北京: 清华大学出版社, 2007.

[24] 戴逢, 段险峰. 城市总体发展战略规划的前前后后——关于广州战略规划的提出与思考[J]. 城市规划,

2003（1）：24-27.

[25] 戴小平，陈红春. 城市规划的制度作用与制度创新[J]. 城市规划，2001（2）：22-25.

[26] 董才生，王远. 论吉登斯结构化理论的内在逻辑[J]. 长白学刊，2008（3）：21-25.

[27] 邓红蒂，董柞继. 建立土地利用规划实施管理保障体系[J]. 中国土地科学，2002（6）：4-10.

[28] 邓红蒂，俞冠玉，张佳，等. 土地利用规划中公众参与的实践与分析[J]. 中国土地科学，2005（6）：8-14.

[29] 段洲鸿. 工业用地供给对经济发展的贡献分析——以宁波市区为例[D]. 杭州：浙江大学，2008.

[30] 段进. 法制时代的道德自律——现代城市规划师的职业要求[J]. 城市规划，2004（1）：28-30.

[31] 方修琦，章文波，张兰生，等. 近百年来北京城市空间扩展与城乡过渡带演变[J]. 城市规划，2002（4）：56-60.

[32] 范凌云，雷诚. 地方城乡规划法制化体系建设思考[J]. 规划师，2015（12）：19-24.

[33] 冯健，周一星. 北京都市区社会空间结构及其演化[J]. 地理研究，2003（4）：465-483.

[34] 冯健，周一星，王晓光，陈扬. 1990年代北京郊区化的最新发展趋势及其对策[J]. 城市规划，2004（3）：8-13.

[35] 郭谊. 政府的"边界"在哪里[J]. 经营与管理，2003（2）：32-34.

[36] 郭鸿懋，江曼琦，陆军，等. 城市空间经济学[M]. 北京：经济科学出版社，2002.

[37] 郭熙保，王万玲. 土地发展权、农地征用及征地补偿制度[J]. 河南社会科学，2006，4：18.

[38] 郭炎，袁奇峰，李志刚，等. 破碎的半城市化空间：土地开发治理转型的诱致逻辑——佛山市南海区为例[J]. 城市发展研究，2017（9）：15-25.

[39] 顾朝林. 简论城市边缘区研究[J]. 地理研究，1989（3）：95-98.

[40] 顾朝林. 论中国"多规"分立及其演化与融合问题[J]. 地理研究，2015，34（4）：601-613.

[41] 顾朝林，丁金宏，等. 中国大城市边缘区研究[M]. 北京：科学出版社，1995：30-35.

[42] 顾京涛，尹强. 从城市规划视角审视新一轮土地利用总体规划[J]. 城市规划，2005（9）：9-14.

[43] 郭剑鸣. 地方公共政策研究[M]. 北京：中国社会科学出版社，2006.

[44] 管跃庆. 地方利益论[M]. 上海：复旦大学出版社，2006.

[45] 高洁. 城市规划的利益冲突与制衡[J]. 华东经济管理，2006（10）：32-36.

[46] 广东省城市发展研究中心. 广东省城镇化发展趋势及其用地需求研究[Z]. 2007.

[47] 广东省住房和城乡建设厅，香港特别行政区政府发展局，澳门特别行政区运输工务司. 大珠江三角洲城镇群协调发展规划研究[Z]. 2009.

[48] 广州市人民政府. 广州市土地利用总体规划（1996—2010）[Z]. 1998.

[49] 广州市规划局. 新一轮广州市城市总体规划前期研究报告[Z]. 2007.

[50] 广州市城市规划局，佛山市规划局. 广佛同城化城市规划城镇空间发展战略规划[Z]. 2009.

[51] 广州市规划院，同济大学. 顺德区总体规划[Z]. 2009.

[52] 韩长赋. 中国农村土地制度改革[J]. 农村工作通讯，2018-12-28.

[53] 韩非，蔡建明. 我国半城市化地区乡村聚落的形态演变与重建[J]. 地理研究，2011（7）：1271-1284.

[54] 何明俊. 国土空间规划体系中城市规划行政许可制度的转型[J]. 规划师，2019（13）：35-40.

[55] 何子张. 城市规划中空间利益调控的政策分析[M]. 南京：东南大学出版社，2009.

[56] 何丹. 城市政体模型及其对中国城市发展研究的启示[J]. 城市规划，2003（11）：13-18.

[57] 贺建军. 社会企业与农村社区化——以吉登斯的结构化理论为视角[J]. 人文杂志，2016（7）：114-121.

[58] 贺卫. 寻租经济学[M]. 北京：中国发展出版社，1999：206-242.

[59] 胡兰玲. 土地发展权论[J]. 河北法学，2002（2）：143-146.

[60] 华杰媛，孙斌栋. 中国大都市区多中心空间结构经济绩效测度[J]. 城市问题，2015（9）：68-73.

[61] 黄鹤群. 规范农村土地流转，完善风险防范机制——以南通市农村土地流转为例[J]. 现代经济探讨，2015（3）：57-60.

[62] 黄莉，宋劲松. 实现和分配土地开发权的公共政策——城乡规划体系的核心要义和创新方向 [J]. 城市规划，2008（12）：16-21.

[63] 胡序威，周一星，顾朝林，等. 中国沿海城镇密集地区空间集聚与扩散研究 [M]. 北京：科学出版社，2000.

[64] 胡亦琴. 农村土地市场化进程中的政府规制研究 [M]. 北京：经济管理出版社，2009.

[65] 洪银兴，曹勇. 经济体制转型期的地方政府功能 [J]. 经济研究，1996（5）：12-17.

[66] 季刚，沈正平，尹立成. 我国城市土地利用研究的重要进展. 浙江国土资源，2006（2）：46-48.

[67] 姜怀宇. 大都市区地域空间结构演化的微观动力研究 [D]. 长春：东北师范大学，2006.

[68] 贾若祥，刘毅. 中国半城市化问题初探 [J]. 城市发展研究，2002（2）：19-23.

[69] 蒋省三，刘守英. 土地资本化与农村工业化——广东省佛山市南海经济发展调查 [J]. 管理世界，2003（11）：87-9.

[70] 焦利民，龚晨，许刚，等. 大都市区城市扩张过程及形态对比分析——以东京、纽约和上海为例 [J]. 地理科学进展，2019（5）：675-685.

[71] 建设部城乡规划司. 城市规划决策概论 [M]. 北京：中国建筑工业出版社，2003.

[72] 金小红. 安东尼·吉登斯的结构化理论与后现代主义思潮 [J]. 晋阳学刊，2006（6）：38-42.

[73] 金小红. 安东尼·吉登斯的结构化理论与"第三条道路" [J]. 郑州大学学报（哲学社会科学版），2007a（1）：34-37.

[74] 金小红. 权力分析的特点与文化分析的缺失——对吉登斯结构化理论的一点思考 [J]. 南京社会科学，2007b（7）：89-93.

[75] 金小红. 吉登斯结构化理论的逻辑 [M]. 武汉：华中师范大学出版社，2008：131.

[76] 孔善广. 征地补偿、耕地保护与农民利益的现实困境——从佛山南海农村"返还地"说起 [J]. 学习与实践，2008（4）：34-39.

[77] 孔祥智，张琛. 十八大以来的农村土地制度改革 [J]. 中国延安干部学院学报，2016，（2）：118-124.

[78] 赖寿华，闫永涛，刘冠男，等. 珠三角区域规划回顾、评价及反思 [J]. 城市规划学刊，2015（4）：12-19.

[79] 雷爱先. 土地政策与市场配置 [J]. 国土资源情报，2006，10：106.

[80] 雷诚，范凌云. 土地开发运作理论在城市规划中应用研究 [J]. 规划师，2008（3）：59-62.

[81] 雷诚，范凌云. 广州市城乡结合部土地配置的问题与对策——以番禺区为例 [J]. 城市问题，2010（2）：74-79.

[82] 雷诚，范凌云. 破解城乡"二元"土地困境的重要议题——关注大都市区"土地配置"问题 [J]. 城市规划，2011（3）：14-16.

[83] 冷炳荣，王真，钱紫华，等. 国内外大都市区规划实践及对重庆大都市区规划的启示 [J]. 国际城市规划，2016（6）：112-119.

[84] 李红卫. 城市土地使用与管理 [M]. 广州：广东人民出版社，2002.

[85] 李红专. 当代西方社会历史观的重建——吉登斯结构化理论述评 [J]. 教学与研究，2004（4）：55-62.

[86] 李慧敏，张洁. 走向教育的"二重性"——探求安东尼·吉登斯结构化理论的教育意义 [J]. 河北大学学报（哲学社会科学版），2005（5）：100-103.

[87] 李强，杨开忠. 西方城市土地利用规制方法研究综述 [J]. 外国经济与管理，2004，26（4）：40-44.

[88] 李军杰，钟君. 中国地方政府经济行为分析 [J]. 中国工业经济，2004（4）：27-34.

[89] 李明月. 我国城市土地资源配置的市场化研究 [M]. 北京：中国经济出版社，2007.

[90] 李猛. 哈贝马斯、吉登斯和社会学基础的批判性重建 [J]. 国外社会学，1995（1）：32-34.

[91] 李王鸣，等. 城市总体规划实施评价研究 [M]. 杭州：浙江大学出版社，2007.

[92] 李郇，黎云. 农村集体所有制与分散式农村城市化空间——以珠江三角洲为例 [J]. 城市规划，2005（7）：39-43.

[93] 李双菊. 乡镇集体企业产权特征的演变 [J]. 乡镇经济，2006（5）：25-28.

[94] 林坚，许超诣. 土地发展权、空间管制与规划协同 [J]. 城市规划，2014，38（1）：26-34.

[95] 林坚，吴宇翔，吴佳雨，等. 论空间规划体系的构建——兼析空间规划、国土空间用途管制与自然资源监管的关系 [J]. 城市规划，2018（5）：9-17.

[96] 林坚，陈诗弘，许超诣，等. 空间规划的博弈分析 [J]. 城市规划学刊，2015（1）：10-14.

[97] 刘作丽，朱喜钢. 规划师的社会角色与道德底线 [J]. 城市规划，2005（5）：71-74.

[98] 梁健雄，侯的平，等. 番禺城镇空间扩展与土地利用问题探讨 [J]. 热带地理，2003（12）：364.

[99] 梁印龙. 半城市化地区土地利用困境及其破解之道——以江阴、顺德为例 [J]. 城市规划，2014（1）：85-90.

[100] 李罗力. 对我国综合配套改革试验区的若干思考 [J]. 开放导报. 2006（5）：3.

[101] 栾峰. 改革开放以来快速城市空间形态演变的成因机制研究 [D]. 上海：同济大学，2005.

[102] 吕玉印. 城市发展的经济学分析 [M]. 上海：上海三联书店，2000.

[103] 吕维娟，杨陆铭，等. 试析城市规划与土地利用总体规划的相互协调 [J]. 城市规划，2004（4）：58-61.

[104] 刘芳梅. 浅析土地规划在实施中存在的问题与对策 [J]. 兰州学刊，2005（6）：200-201.

[105] 刘彦随. 城市土地配置的权力因素及其互动机制 [J]. 南京师大学报（自然科学版），1997（3）：61-65.

[106] 刘伯龙，竺乾威，等. 农村公共政策研究 [M]. 上海：复旦大学出版社，2005.

[107] 刘小玲. 制度变迁中的城乡土地市场发育研究 [M]. 广州：中山大学出版社，2005.

[108] 刘国臻. 中国土地发展权论纲 [J]. 学术研究，2006（5）：64-68.

[109] 刘利锋，韩桐魁. 浅谈"两规"协调中容易产生的误区 [J]. 规划师，1999（3）：21-24.

[110] 刘守英. 城乡中国的土地问题 [J]. 北京大学学报（哲学社会科学版），2018（3）：79-93.

[111] 刘卫东，王炎，何芳. 城市土地利用的规划管理 [A]. 城市科学与管理——99上海跨世纪发展战略国际研讨会论文集. 1999.

[112] 陆春萍，邓伟志. 社会实践：能动与结构的中介——吉登斯结构化理论阐释 [J]. 学习与实践，2006（3）：76-83.

[113] 马向明，陈昌勇，刘沛，等. 强联系多核心城市群下都市圈的发展特征和演化路径——珠江三角洲的经验与启示 [J]. 上海城市规划，2019（2）：34-39.

[114] 毛传新. 区域开发与地方政府的经济行为 [M]. 南京：东南大学出版社，2007.

[115] 孟星. 城市土地的政府管制研究 [M]. 上海：复旦大学出版社，2005.

[116] 孟勤国，等. 中国农村土地流转问题研究 [M]. 北京：法律出版社，2009.

[117] 孟庆民，韦文英. 可持续土地利用三大行为主体分析 [J]. 中国土地，2000（8）：19-21.

[118] 宁越敏. 上海大都市区空间结构的重构 [J]. 城市规划，2006（11）：44-45.

[119] 宁越敏，邓永成. 上海城市郊区化研究 [A]// 李思名，邓永成，等. 中国区域经济发展面面观. 台湾大学人口研究中心，香港浸会大学，林思齐东西学术交流研究所联合出版，1996.

[120] 彭涛，易晓峰. 大城市外围地区的二重性特征——以广州市花都区为例 [J]. 城市问题，2007（4）：50-52.

[121] 彭海东，尹稚. 政府的价值取向与行为动机分析——我国地方政府与城市规划制定 [J]. 城市规划，2008（4）：41-48.

[122] 仇保兴. 从法治的原则来看《城市规划法》的缺陷 [J]. 城市规划，2002（4）：11-14.

[123] 仇保兴. 中国城市化进程中的城市规划变革 [M]. 上海：同济大学出版社，2005.

[124] 曲福田，陈江龙，陈会广. 经济发展与中国土地非农化 [M]. 北京：商务印书馆，2007.

[125] 钱忠好. 中国农村土地制度变迁和创新研究 [M]. 北京：科学文献出版社，2005.

[126] 饶烨, 宋金平, 于伟. 北京都市区人口增长的空间规律与机理 [J]. 地理研究, 2016（01）: 149-156.

[127] 任雨来, 江曼琦, 等. 天津市中心城区外围地带规划建设时序与发展模式研究 [M]. 北京: 中国建筑工业出版社, 2007: 4-5.

[128] 孙弘. 中国土地发展权研究土地开发与资源保护的新视角 [M]. 北京: 中国人民大学出版社, 2004.

[129] 孙施文.《城乡规划法》与依法行政 [J]. 城市规划, 2008（1）: 57-61.

[130] 孙铁山, 王兰兰, 李国平. 北京都市区人口——就业分布与空间结构演化 [J]. 地理学报, 2012（6）: 829-840.

[131] 石秋霞, 杨振斌, 等. 地方政府行为模式及发展趋向求解——谨防地方政府由经营城市转向经营管制 [J]. 湖北经济学院学报, 2007（1）: 100-104.

[132] 石楠. 论城乡规划管理行政权力的责任空间范围——写在《城乡规划法》颁布实施之际 [J]. 城市规划, 2008（2）: 9-15.

[133] 石忆邵, 张翔. 城市郊区化研究述要 [J]. 城市规划汇刊, 1997（3）.

[134] 石忆邵, 谭文垦. 从近域郊区化到远域郊区化: 上海大都市郊区化发展的新课题 [J]. 城市规划学刊, 2007（4）: 103-108.

[135] 施源, 陈贞. 关于行政区经济格局下地方政府规划行为的思考 [J]. 城市规划学刊, 2005（2）: 45-49.

[136] 林树森, 戴逢, 施红平, 等. 规划广州 [M]. 北京: 中国建筑工业出版社, 2006.

[137] 沈建法, 冯志强, 黄钧尧. 珠江三角洲的双轨城市化 [J]. 城市规划, 2006（3）: 39-44.

[138] 上海市人民政府. 上海土地利用总体规划（2006—2020）[Z]. 2009.

[139] 宋艳玲. 土地资源优化配置途径 [J]. 宁夏农林科技, 2001（5）: 23-24.

[140] 宋启林, 陈铎, 黄应伍. 必须有偿使用城市土地 [J]. 城市规划, 1983（6）: 34-35.

[141] 苏国勋. 当代西方著名哲学家评传: 第10卷: 社会哲学 [M]. 济南: 山东人民出版社, 1996: 552.

[142] 唐历敏. 走向有效的规划控制和引导之路 [J]. 城市规划, 2006（1）: 28-33.

[143] 唐红波, 彭波. 城市土地配置过程中的博弈论分析 [J]. 湖北社会科学, 2005（2）: 70-75.

[144] 唐健. 我国耕地保护制度与政策研究 [M]. 北京: 中国社会科学出版社, 2006.

[145] 唐子来, 寇永霞. 面向市场经济的城市土地资源配置——珠海实证研究 [J]. 城市规划, 2000（10）: 21-26.

[146] 谭荣. 集体建设用地市场化进程: 现实选择与理论思考 [J]. 中国土地科学, 32（8）: 34-41.

[147] 谭纵波.《物权法》语境下的城市规划 [J]. 国际城市规划, 2007（6）: 127-133.

[148] 田启波. 吉登斯现代社会变迁思想研究 [M]. 北京: 人民出版社, 2007（9）: 45-63.

[149] 田莉. 有偿使用制度下的土地增值与城市发展——土地产权的视角分析 [M]. 北京: 中国建筑工业出版社, 2008.

[150] 田莉, 戈壁青. 转型经济中的半城市化地区土地利用特征和形成机制研究 [J]. 城市规划学刊, 2011（3）: 66-73.

[151] 土地市场制度建设调研分报告 [J]. 国土资源通讯, 2002, 5.

[152] 同济大学. 广州市总体发展战略规划咨询 [Z]. 项目负责人赵民. 2007.

[153] 同济大学建筑与城市规划学院, 广州市城市规划局番禺分局. 广州市番禺区规划编制与管理实施体系检讨 [Z]. 项目负责人赵民. 2007.

[154] 王安栋. 中国地方公共财政与城市发展 [M]. 北京: 中国经济出版社, 2005.

[155] 王海滔, 陈雪, 雷诚. 大都市外围地区空间绩效评价及演化机理研究——以苏州市为例 [J]. 规划师, 2019（18）: 5-11.

[156] 王莉. 简论吉登斯的结构化理论及其分析途径 [J]. 兰州交通大学学报, 2008（2）: 51-54.

[157] 王亮, 加雨灵. 北京市城市空间的扩展与空间结构演变分析 [C]// 城市时代, 协同规划——2013中国城市规划年会论文集. 北京: 中国建筑工业出版社, 2013.

[158] 王兴平. 都市区化：中国城市化的新阶段 [J]. 城市规划, 2002（4）：56-80.
[159] 王小映. 推进集体建设用地市场化改革中国土地 [J]. 2005（12）：34-35.
[160] 王旭. 美国城市发展模式——从城市化到大都市区化 [M]. 北京：清华大学出版社, 2006.
[161] 王旭. 大都市区的形成与发展：二十世纪中期以来世界城市化转型综论 [J]. 历史研究, 2014（6）：130-146.
[162] 王景新. 现代化进程中的农地制度及其利益格局重构 [M]. 北京：中国经济出版社, 2005a.
[163] 王景新. 乡村新型合作经济组织崛起 [M]. 北京：中国经济出版社, 2005b.
[164] 王文革. 城市土地配置利益博弈及其法律调整 [M]. 北京：法律出版社, 2008.
[165] 王人潮, 王珂. 论中国土地利用总体规划的作用及其实施基础 [J]. 浙江大学学报（农业与生命科学版）, 2005（1）：42-45.
[166] 王松林, 郝晋珉. 建立科学的公共决策模式 – 关于土地利用总体规划中社会选择行为的探讨 [J]. 中国土地, 2001（4）：22-24.
[167] 王正明. 政府微观经济干预的合理边界及其重构 [J]. 江苏大学学报（社会科学版）, 2005（2）：18-21.
[168] 韦亚平. 二元建设用地管理体制下的城乡空间发展问题——以广州为例 [J]. 城市规划, 2009（12）：32-38.
[169] 韦亚平, 赵民. 都市区空间结构与绩效——多中心网络结构的解释与应用分析 [J]. 城市规划, 2006（4）：9-16.
[170] 魏立华, 袁奇峰. 基于土地产权视角的城市发展分析——以佛山市南海区为例 [J]. 城市规划学刊, 2007（3）：61-65.
[171] 吴可人, 华晨. 城市规划中四类利益主体剖析 [J]. 城市规划, 2005（11）：82-87.
[172] 吴予敏. 城市公共文化服务的结构二重性和社会行动者——以吉登斯结构化理论为视角 [J]. 学术研究, 2016（10）：44-50.
[173] 吴唯佳. 中德城市规划法比较 [J]. 城市规划, 1996（1）：12-14.
[174] 武廷海. 国土空间规划体系中的城市规划初论 [J]. 城市规划, 2019（10）：9-17.
[175] 谢立中. 主体性、实践意识、结构化：吉登斯"结构化"理论再审视 [J]. 学海, 2019（4）：40-48.
[176] 谢俊奇, 吴次芳. 中国土地资源安全问题研究 [M]. 北京：中国大地出版社, 2004：205-212.
[177] 谢守红. 大都市区的空间组织 [M]. 北京：科学出版社, 2004.
[178] 谢守红, 宁越敏. 广州城市空间结构特征及优化模式研究 [J]. 现代城市研究, 2004（10）：43-47.
[179] 徐海贤, 顾朝林. 温州大都市区形成机制及其空间结构研究 [J]. 人文地理, 2002（2）：18-23.
[180] 徐海贤, 庄林德, 肖烈柱. 国外大都市区空间结构及其规划研究进展 [J]. 现代城市研究, 2002（2）：34-38.
[181] 徐海贤, 孙中亚, 侯冰婕, 等. 规划逻辑转变下的都市圈空间规划方法探讨 [J]. 自然资源学报, 2019（10）：2123-2133.
[182] 徐和平. 美国郊区化的启示——郊区发展在我国城市化中的作用 [J]. 贵州大学学报, 1996（2）：33-38.
[183] 徐寒梅, 李继东, 等. 广州都市圈空间结构与整合发展浅说 [J]. 经济前沿, 2005（9）：21-23.
[184] 许学强, 林先扬, 等. 国外大都市区研究历程回顾及其启示 [J]. 城市规划学刊, 2007（2）：35-38.
[185] 薛凤旋, 杨春. 外资：发展中国家城市化的新动力——珠江三角洲个案研究 [J]. 地理学报, 1997（3）：193-206.
[186] 郇建立. 国家政策、农民与农村贫困——一个"结构化理论"的视角 [J]. 北京科技大学学报（社会科学版）, 2007（3）：6-13.
[187] 阎小培, 等. 转型时期的中国大都市发展 [J]. 人文地理, 2000（3）：7-14.

[188] 杨浩, 罗震东, 张京祥. 从二元到三元: 城乡统筹视角下的都市区空间重构 [J]. 国际城市规划, 2014, 29（4）: 21-26.

[189] 杨廉, 袁奇峰. 基于村庄集体土地开发的农村城市化模式研究——佛山市南海区为例 [J]. 城市规划学刊, 2012（6）: 34-41.

[190] 杨俊锋. 中国土地配置基本制度的法律解读与改革 [J]. 学术月刊, 2014（8）: 26-38.

[191] 杨瑞龙. 外部效应与产权安排 [J]. 经济学家, 1995（5）: 6.

[192] 杨瑞龙, 杨其静. 阶梯式的渐进制度变迁模型再论地方政府在制度变迁中的作用 [J]. 经济研究, 2000（3）: 17-25.

[193] 杨木壮, 宋榕潮, 等. 珠三角集体建设用地流转的经验与发展对策 [M]// 节约集约用地及城乡统筹发展——2009年海峡两岸土地学术研讨会论文集. 2009.

[194] 杨忠伟, 范凌云. 中国大都市郊区化 [M]. 北京: 化学工业出版社, 2006.

[195] 杨重光. 房地产市场宏观调控的几个重要问题研究 [J]. 现代经济探讨, 2006（11）: 12-14.

[196] 易承志. 大都市与大都市区概念辨析 [J]. 城市问题, 2014（3）: 90-95.

[197] 叶小群. 防范规划师庸俗化倾向 [J]. 规划师, 2004（6）: 90-91.

[198] 叶嘉安, 徐江. 二元化土地制度下的多样化土地交易与中国城市空间结构, 转型与重构中国城市发展多维透视 [M]. 南京: 东南大学出版社, 2007: 83-88.

[199] 于洪彦, 等. 制度变迁与农户经营行为的结构化理论分析 [J]. 调研世界, 2008（6）: 15-18.

[200] 尹向东. "两规"协调体系初探 [J]. 城市规划, 2008（12）: 29-32.

[201] 尹海林. 贯彻施行《城乡规划法》面临的问题及应对措施 [J]. 城市规划, 2008（1）: 29-31.

[202] 袁弘, 陈田, 谢婷. 半城市化地区非农土地利用及整合研究进展 [J]. 地域研究与开发, 2008, 27（1）: 88-93.

[203] 袁剑. 城市土地资源配置调控模式构建 [J]. 中国土地, 2003（9）: 12-14.

[204] 袁畅彦. 土地资源配置过程中违规问题分析 [J]. 干旱区资源与环境, 2008（6）: 63-67.

[205] 曾伟. 地方政府"制度行为"对我国城市土地配置的影响及改进 [J]. 广东财经大学学报, 2015（04）: 53-61.

[206] 张兵. 城市规划实效论 [M]. 北京: 中国人民大学出版社, 1998.

[207] 张丽. 成都市半城市化地区城乡一体化的实证研究 [D]. 成都: 西南交通大学, 2007.

[208] 张京祥. 城市土地集约使用条件下规划思维的变革 [J]. 城市规划, 1998（2）: 63-67.

[209] 张京祥, 刘荣增. 美国大都市区的发展及管理 [J]. 国外城市规划, 2001（5）: 6-8.

[210] 张京祥, 罗震东, 等. 体制转型与中国城市空间重构 [M]. 南京: 东南大学出版社, 2007: 39-43.

[211] 张京祥, 吴缚龙. 从行政区兼并到区域管治——长江三角洲的实证与思考 [J]. 城市规划, 2004（5）: 25-30.

[212] 张欣炜, 宁越敏. 中国大都市区的界定和发展研究——基于第六次人口普查数据的研究 [J]. 地理科学, 2015（6）: 665-673.

[213] 张友安, 陈莹. 土地发展权的配置与流转 [J]. 中国土地科学, 2005（5）: 11-16.

[214] 张恒龙, 陈宪. 社会选择理论研究综述 [J]. 浙江大学学报（人文社会科学版）, 2006（3）: 80-87.

[215] 张昊哲. 基于多元利益主体价值观的城市规划再认识 [J]. 城市规划, 2008（6）: 84-87.

[216] 张青森. 建立城市规划用地管理新机制 [J]. 城市规划, 1998（05）: 22-25.

[217] 张晓莲. 美国城市郊区化与都市区发展 [J]. 城市问题, 2001（4）: 58-60.

[218] 张玉鑫. 从"接轨"上海的空间现象解读上海大都市区空间发展战略 [J]. 规划师, 2011（4）: 57-62.

[219] 章光日. 从大城市到都市区——全球化时代中国城市规划的挑战与机遇 [J]. 城市规划, 2003（5）: 33-37.

[220] 郑德高, 朱郁郁, 陈阳, 等. 上海大都市圈的圈层结构与功能网络研究 [J]. 城市规划学刊, 2017（5）:

41–49.

[221] 郑艳婷，刘盛和，陈田. 试论半城市化现象及其特征——以广东省东莞市为例 [J]. 地理研究，2003（6）：760–768.

[222] 周其仁. 产权与制度变迁：中国改革的经验研究 [M]. 北京：社会科学文献出版社，2002.

[223] 周建军. 论"三分规划，七分管理"——对转型期中国城市规划管理现状与改革的思索 [J]. 城市规划，1998（5）：12–16.

[224] 周业安，赵晓男. 地方政府竞争模式研究构建地方政府间良性竞争秩序的理论和政策分析 [J]. 管理世界，2002（12）：52–61.

[225] 周诚. 城市土地综合经济评价的理论方法初探 [J]. 地理学报，1989（3）：323–333.

[226] 周水仙. 多元治理：完善乡村治理机制的必然选择 [J]. 江苏省社会主义学院学报，2007（1）：28–30.

[227] 周轶昆. 深莞惠都市圈一体化发展历程回顾与推进策略研究 [J]. 中国经济特区研究，2017（1）：170–183.

[228] 周一星. 北京的城市郊区化及引发的思考 [J]. 地理科学，1995，16（3）：198–206.

[229] 周一星. 对城市郊区化要因势利导 [J]. 城市规划，1999，23（4）：13–17.

[230] 赵民. 国土空间规划体系建构的逻辑及运作策略探讨 [J]. 城市规划学刊，2019（4）：11–16.

[231] 赵民，鲍桂兰，侯丽. 土地使用制度改革与城乡发展 [M]. 上海：同济大学出版社，1998.

[232] 赵民，柏巍，等. "都市区化"条件下空间发展问题及规划对策 [J]. 城市规划学刊，2008（1）：37–43.

[233] 赵民，雷诚. 论城市规划的公共政策导向与依法行政 [J]. 城市规划，2007（6）：21–27.

[234] 赵晓. 启动第三次土地革命正当其时 [J]. 中国新闻周刊，2008（7）：10–12.

[235] 赵尚朴. 城市土地使用制度研究：欧美亚各国城市土地使用制度探索 [M]. 北京：中国城市出版社，1996.

[236] 赵燕菁. 制度经济学视角下的城市规划（上）[J]. 城市规划，2005（6）：41–47.

[237] 赵燕菁. 阶段与转型：走向质量型增长 [J]. 城市规划，2018（2）：10–21.

[238] 赵永革. 农地新政对城乡规划编制实施的影响分析 [J]. 城市规划，2009（2）：15–19.

[239] 周江. 城市土地管理 [M]. 北京：中国发展出版社，2007.

[240] 周建春. 小城镇土地制度与政策研究 [M]. 北京：中国社会科学出版社，2007.

[241] 朱介鸣，罗赤. 可持续发展：遏制城市建设中的"公地"和"反公地"现象 [J]. 城市规划学刊，2008（1）：30–36.

[242] 朱介鸣，刘宣，等. 城市土地规划与土地个体权益的关系 [J]. 城市规划学刊，2007（4）：62–65.

[243] 朱才斌. 城市总体规划与土地利用总体规划的协调机制 [J]. 城市规划汇刊，1999（4）：10–13.

[244] 朱喜钢，官莹. 有机集中理念下深圳大都市区的结构规划 [J]. 城市规划，2003（9）：73–76.

[245] 中国社会科学院财贸经济研究所，美国纽约公共管理研究所. 中国城市土地使用与管理 [M]. 北京：社会科学出版社，1992.

[246] 中国城市规划设计研究院. 珠江三角洲城镇群协调发展研究报告 [Z]. 2004.

【外文文献】

[247] Anthony Giddens.Central Problem in Social Theory：Action，Structure and Contradiction in Social Analysis[M]. Berkeley：University of California Press，1979.

[248] Adrian, G. A. Peri–urbanization illegal settlements and environmental impact inmexico City[J]. Cities. 2008（3）：133–145.

[249] Babbitt B.Cities In The Wilderness：A New Vision of Land Use In America[M]. Island Press，2006.

[250] Burgess R. Land and welfare: theory and evidence from China[M]. London School of Economics Working Paper.

[251] Barlow I. M. Metropolitan Government: New York and London[M]. Routledge, 1991.

[252] Bromley D. Property Relations and Economic Development: The Other Land Reform[J]. *World Development*, 1989, 17: 867–877.

[253] Caitlin Kontgisa. Annemarie Schneidera Jefferson Fox. Monitoring peri-urbanization in the greater Ho Chi Minh City metropolitan area[J]. *Applied Geography*, 2014 (9): 377–388.

[254] Cai.Y..Collective ownership or cadres' ownership? The non-agricultural use of farmland in China[J]. *The China Quarterly*, 2003, 166, 662–680.

[255] Christian, L. Metropolitan Government and Governance in Western Countries, A Critical Review[J]. *International Journal of Urban & Regional Research*, 1996, 2 (1).

[256] Douglas I.Changes in land use and land cover: human settlements[M].London: Cambridge University Press, 1994.

[257] George C. S. Lin .Reproducing Spaces of Chinese Urbanization: New City-based and Land-centered Urban Transformation[J]. *Urban Studies*, 2007 (9): 1827–1855.

[258] Gerrit. Knaap .Land Market Monitoring for Smart Urban Growth[Z]. Cambridge, MA: Lincoln Institute of Land Policy, 2001.

[259] Gerrit Knaap, Arthur C. Nelson.The Regulated Landscape Lessons on State Land Use Planning from Oregon[Z]. Cambridge, MA: Lincoln Institute of Land Policy, 2003.

[260] Ho. S.P.S. and Lin. G.C.S. .Converting land to nonagricultural use in China's coastal province[J].Modern China, 2004, 30, 81–112.

[261] Ley D. A. Social Geography of the City. New York: Harper and Row Publishes, 1983.

[262] John.N.. Compendium of Land Use Laws for Sustainable Development[M]. IUCN Academy of Environmental Law Research Studies. Cambridge University Press, 2006.

[263] Kung.J.K.Egalitarianism, Subsistence provision and work incentives in China's agricultural collective[J]. *World Development*, 1994, 22 (2): 175–188.

[264] Kim H.M.. A comparative study on industrial competitiveness of world cities[J]. *internation review of public administration*, 2004, 9 (1): 57–69.

[265] Ma.L.J.C.. Urban transformation in China, 1994-2000: a review and research agenda[J]. *Environment and Planning* A, 2001, 33: 1545–1569.

[266] L. Rodwin and B. Sanyal. The Profession of City Planning: Changes, Images and Challenges: 1950-2000[M]. New Brunswick, NJ: CAUPR, Rutgers The State University of New Jersey, 2000.

[267] Patsy Healey, Susanm.Barrett. Structure and Agency in Land and Property Development Processes: Some Ideas for Research[J]. *Urban Studies*, 1990 (27): 89–104.

[268] Pahl R E. Urbs in Rure: The Metropolitan Fringe in Hert-fordshire[M]. London: *London School of Economics and Political Science*, 1965: 2–20.

[269] Paul N. Balchin, Jeffrey L.. Kieve and Gregory H. Bull. Urban Land Economics and Public Policy[M]. Forth Edition, Macmillan Education Ltd, 1998.

[270] Patsy Healey, Susanm. Barrett. Structure and Agency in Land and Property Development Processes: Some Ideas for Research[J]. *Urban Studies*, 1990 (27), 89–104.

[271] Peter F. Dale, John. D.mclaughlin. Land Administration[M]. OXFORD University Press, 1999.

[272] Rakodi C..Review of the Poverty Relevance of the Peri-urban Interface Production System Research. *Report for the DFID Natural Resources Systems Research Programme*, Sanderson, 1998.

[273] Robert C. Ellickson, Vicki L. Been.Land use controls: cases and materials. CITIC Publishing House, 2003.

[274] Seabrooke.W. and Knet.P.Resolving institutional uncertainty in international real estate decision[M]. Oxford Blackwell publishing, 2004: 35–72.

[275] Stone.Urban regimes and the capacity to govern: a political economy approach[J]. *Journal of Urban Affairs*, 1993 (15).

[276] Patsy Healey, Susanm.Barret .Structure and Agency in Land and Property Development Processes: Some Ideas for Research[J]. Urban Study, 1990 (1): 89–104.

[277] Walder, Andrew G.. Local Government as Industrial Firms: An Organizational Analysis of China's Transitional Economy[J]. *American Journal of Sociology*, 1995, 101 (2): 263–301.

[278] Webster D.. On the edge: Shaping the future of peri-urban East Asia[M]. Stanford University: *The Asia Pacific Re-search Center*, 2002.

[279] Wu.F.L.. The (Post-) socialist entrepreneurial city as a state project: Shanghai's reglobalisation in question[J]. *Urban Studies*, 2003a (9): 40.

[280] Wu.F.L.. China's changing urban governance in transition towards amoremarket-oriented economy[J]. *Urban Studies*, 2003b, 40 (9): 78.

[281] Yao, Y.. The development of the land lease market in rural China[J]. *Land Economics*, 2000, 76 (2): 252–266.

[282] Zhu.J.M.. Urban development under ambiguous property rights: a case of China's transition economy[J]. *InternationalJournal of Urban and Regional Research*, 2002, 26: 135–146.

[283] Zhu.J.M.. From Land Use Right to Land Development Right: Institutional Change in China's Urban Development[J]. *Urban Studies*, 2004 (7): 1249–1267.

[284] Enrico Gualini, Willem G.M.Salet. 多样化集约式土地使用政策的制度构建——在大都市高度分化环境中的协调行动 [J]. 袁媛, 译. 国外城市规划, 2002 (6): 4–12.

[285] 爱伦·斯密德. 财产、权力和公共选择——对法和经济学的进一步思考 [M]. 黄祖辉, 蒋文华, 等译. 上海: 上海三联书店, 上海人民出版社, 1996.

[286] 安东尼·吉登斯. 社会的构成 [M]. 李康, 李猛, 译. 北京: 三联书店, 1998a.

[287] 安东尼·吉登斯. 民族—国家与暴力 [M]. 胡宗泽, 等译. 北京: 三联书店, 1998b.

[288] 安东尼·吉登斯. 社会学方法的新规则——一种对解释社会学的建设性批判 [M]. 田佑中, 刘江涛, 译. 北京: 社会科学文献出版社, 2003.

[289] 爱德华·李孟. 大都市区: 中国城市化进程中的新一轮挑战 [D]. 科瑞澳 (Chreod) 咨询公司研究报告, 2006.

[290] 梁鹤年. 简明土地利用规划. Land use Planning Made Plain[M]. 谢俊奇, 等译. 2版. 北京: 地质出版社, 2003.

[291] 克鲁格曼. 地理与贸易 [M]. 北京: 北京大学出版社, 2000.

后 记

本书是在笔者博士论文的基础上调整修改而成。本书的成稿和出版颇有波折，毕业后一直忙于各种教学、科研、管理等繁琐事务，博士论文一直被束之高阁。期间也与好友交流讨论过论文出版一事，好友和同学都对论文给予充分肯定和鼓励，但均未能付诸行动。恰好今年在美国华盛顿大学访学之余，才从旧电脑里把文档翻了出来，重新做了一番梳理和增补。重写的这篇后记也算是对从博士毕业至今多年研究工作的小结，并对给予支持和帮助的师友亲人致以诚挚谢意。

对土地问题的关注始于就读同济博士研究生。入学不久我就写了一篇关于"土地开发运作理论"的文章请恩师赵民先生指导。但真正聚焦"大都市区土地配置"选题是在参与了赵老师负责的广州、珠海等城市战略规划系列研究课题后。珠三角地区复杂的土地产权、流转等关系及土地快速变迁所表现出来独特魅力深深地吸引了我；前所未见的沿海发达地区土地开发配置模式，突破了我在重庆大学（重建工）十余年就学和工作积累的专业认知，不断拓展我对国内特大城市、大城市空间演化的知识积累。这些课题调研所激发的思绪，历经多次讨论逐步清晰为研究选题——以土地配置问题为切入点，立足大都市区化这一历史背景下来探讨城乡土地空间演化的内在机制。

在研究深化过程中，选题的学术价值不断被挖掘出来，也不断打破瓶颈和困惑。在先生的指导下，尝试选择了"结构化理论"来构建全文的概念框架。盖因结构化理论源于哲学理论的思辨，从抽象的哲学理论演绎为一个具体可操作的论文框架是非常困难的，除了要吃透这些艰涩的哲学、社会学概念外，还要契合我国土地发展的历史背景。前期构建整体框架着实花费了不少心力，最后凝练出"土地产权制度与政策行为、土地市场制度与运作行为、土地管控制度与博弈行为"三个核心研究问题和作用机制，也形成了全文最主要的创新点。余以为，本研究紧密关注土地配置和空间规划，在重构国土空间规划体系的当下仍具有深入探讨和推广的价值。通过对"结构化理论"融入中国特色语境下的二次解构，本书在人文地理学的研究范畴内建立了一个独特的解释性框架，可以归结为一种结构主义方法论，由此所构建的"结构与能动"一定程度上解释了改革开放以来我国城乡发展的内在机理，"结构在限制能动的同时，能动不断超越结构形成新的结构"，也可以说是一种新的"解释范式"。虽然这种"移花接木"的理论嫁接和应用对珠三角地区的解释基本可行可信，但不能以偏概全，还需要更多的试验性探索来加以论证。限于本人能力和水平，文中难免会有错误和疏漏不足之处，恳请大家批评指正。

从"二元化、双轨化"发展到城乡土地市场的逐步融合，我国大都市区空间演化及内在土地驱动机制走出了一条与众不同的发展道路，具有深刻的历史时代烙印，是一个具有极大价值的"学术金矿"。应该说，通过挑战这个"宏大"课题的研究，不仅构建了对我国城市区域发展认知的系统框架，也奠定了本人近年持续研究的方向和基础。结合大都市区研究的前期积累基础上，进一步深耕苏南都市地域发展，先后成功申请国家自然科学基金青年项目和面上项目，以及各级纵向课题资助近二十项。延续探讨了大都市外围地区空间演化的绩效与能动关系、大都市区社区公共服务设施供给、城乡产镇融合等课题，并在国内外会议、核心期刊上发表了有一定显示度的成果。这些成绩归根到底还是前期积累打下的扎实基础。

"饮其流思其源"，回顾本书的写作和出版过程，有太多师友要感谢。首先对恩师赵民先生致以最崇敬的感谢，能够在他的门下就读博士是人生的一大幸事。先生之风，高山仰止，常感师恩浩荡，铭心永感。不管是在校期间还是走上新的工作岗位，每次与先生的长谈都让我拨云见日、获益匪浅，他的明锐洞察、渊博学识、严谨治学风范是我一生的榜样和目标。感谢我的硕士导师重庆大学赵万民先生，在恩师的鼓励和支持下，我得以求学深造，其后更多次关心支持我的学业进展和事业发展。还要感谢同济大学王德、唐子来、吴志强、潘海啸等多位老师的专业指点，李王鸣、童明、朱若霖等评阅答辩老师的中肯意见和优秀论文评价，诸多携手之谊的优秀同门，论文调研写作过程中提供素材和调研帮助的地方规划院同仁等。回顾工作岗位上这些年，还要感谢苏州大学建筑学院院长吴永发教授、书记邹学海、查佐明、黄志斌、陈国凤等领导的关爱和指导，以及规划系全体同仁在工作上的鼎力相助，让我有相对宽松的时间来进一步完善成果。感谢我的家人多年来的默默鼓励和支持，更多的感激尽在不言中。最后，本书的付梓离不开中国建筑工业出版社杨虹编辑团队的辛勤付出，一并致以深切谢意！

苏州大学建筑学院

审图号：GS（2020）7204号
图书在版编目（CIP）数据

大都市区土地配置机制及转型路径研究：以珠三角地区为例/雷诚著．—北京：中国建筑工业出版社，2020.5
ISBN 978-7-112-25094-3

Ⅰ.①大… Ⅱ.①雷… Ⅲ.①城市土地—土地管理—研究—中国 Ⅳ.①F299.232.2

中国版本图书馆CIP数据核字（2020）第075906号

责任编辑：杨　虹　尤凯曦
书籍设计：康　羽
责任校对：姜小莲

大都市区土地配置机制及转型路径研究
——以珠三角地区为例
雷　诚　著

*

中国建筑工业出版社出版、发行（北京海淀三里河路9号）
各地新华书店、建筑书店经销
北京雅盈中佳图文设计公司制版
北京富诚彩色印刷有限公司印刷

*

开本：787毫米×1092毫米　1/16　印张：$20\frac{1}{4}$　字数：440千字
2020年5月第一版　2020年5月第一次印刷
定价：**98.00元**
ISBN 978-7-112-25094-3
　　　（35890）

版权所有　翻印必究
如有印装质量问题，可寄本社图书出版中心退换
（邮政编码 100037）